쓸모 있는 하나님의 사람이 되려는 그대에게

소예언서의 쓸모

권혁관 지음

본서는 낯설고 불편해서 멀리했던 소예언서가 어떤 쓸모가 있는지를 쉽고 편안하고 흥미로운 언어로 알려준다. 소예언서의 '쓸모' 를 확인해 주는 본서의 '쓸모' 는 다음과 같다. 첫째, 소예언서가 제시하고 있는 그리고 여전히 현대의 성도들에게도 외치고 있는 온전한 신앙과 삶의 좌표를 확인하게 한다. 둘째, 현대적 언어와 예를 사용해서 소예언서의 메시지를 설명하기에 하나님이 선지자들을 통해 현대 독자들에게 전달하려는 말씀이 훨씬 더 가깝고 실제로 다가오게 한다. 셋째, 선지자들이 사역했던 시대의 백성들에게 그러셨던 것처럼 지금 나를 바라보시면서 때론 책망하시고 위로하시고 소망을 주시는 하나님을 마주 대하게 한다. 넷째, 소예언서가 그 옛날 이스라엘 백성과 유다 백성에게만 전달된 하나님의 말씀이 아니라 나에게도 '쓸모' 가 있기에 꼭 읽고 묵상하고 삶에 적용해야겠다는 마음을 갖게 한다. 독자는 본서의 '쓸모' 를 통해 소예언서의 '찐쓸모' 를 확인한 후, 스스로 소예언서를 읽으면서 하나님이 기뻐하시고 인정하시는 '남은 자' 로 살겠다는 결단을 할 수 있기를 바란다.

조휘 교수, 아신대 구약학

권혁관 박사가 이번에 <소예언서의 쓸모>를 출간하게 된 것을 진심으로 기뻐하며 축하를 드린다. 저자가 서론에서 언급한 대로 본서는 열두 권의 소예언서를 한 권의 맥락에서 의미를 찾아 각 권이 갖고 있는 메시지를 전달하고 있다. 저자는 1부에서 소예언서 각 권이 갖고 있는 신학적 주제를 네 개로 뽑아 각 권이 무엇을 말하려고 하는지 목적을 명징하게 보여주면서 다른 책과의 관계에서 각 권이 어떤 역할을 하는지를 설명했다. 그의 글에서 심판, 회개, 구원, 정의와 공의, 교만, 순종, 믿음, 하나님의 주권, 성전 건축과 같은 다양한 주제를 만나볼 수 있다. 어려운 예언서를 쉽게 풀어 설명했다. 재미까지 더했으니 독자들에게는 일거양득이다. 공감적 언어로 가득 차 있다. 그의 글 2부는 각 권에서 흥미로운 주제를 선택해 다룸으로 소예언서에 대한 독자의 관심을 증폭시켰다. 그동안 예언서가 어렵거나 지루하다는 편견에 사로잡혀 무관심했다면, 주저하지 말고 본서와 함께 소예언서 읽기를 시도해 보길 권면한다. 소예언서 각 권만이 아니라 한 권으로서 열두 권이 어떻게 얽혀 있는지 맥을 확실히 붙잡게 될 것이다.

이학재 교수, 맛싸 대표/RU Adjunct Professor

나는 권 박사의 글이 너무 재미있다. 읽으면서 '으흐흐~' 할 때도 있고 가끔은 '우하하~' 하고 폭소를 터뜨릴 때도 있다. 거룩한 하나님의 말씀을 풀며 어찌.... 그런데 하나님께서도 "흐흐 재미있게 잘 썼구나!" 하실 듯하다. 나는 권프의 글에서 주님 안에서 기쁨을 누리는 자의 여유와 촌철살인 블랙 유머의 경건함을 발견한다(권 박사는 매일 10km 마라톤을 뛰는 자신을 '포레스트 권프' 라고 불러 편하게 그를 권프라고 칭했다). 내가 알고 있는 권혁관, 권프는 선교사다. 그는 양(羊)의 일상적인 안위를 걱정하지 않는다. 그 대신 그들이 밟아 나가야 할, 생명으로 인도하는 진리의 길에 뿌려져 있는 사금파리를 부지런히 걷어낸다. 배짱 없이 선교사가 되겠다고 주님 앞에 서는 자가 있겠냐 만은, 권프는 정말 땡삐였다. 맷집도 대단했다. 선한 싸움을 싸웠고 믿음을 지켰다. 그는 말씀이라는 말뚝에 아예 자기 몸을 묶은 사람 같다. 본서 <소예언서의 쓸모>는 그가 어떻게 또 얼마나 말씀에 붙잡혀 살아가는 지 보여주는 하나의 텍스트다. 그의 주님 계획에 대한 경배와 말씀 사랑이 오롯이 담겨 있다. 권프는 오늘도 예수의 길을 성령님과 함께 달린다. 모두가 그와 함께 본서로 예수 그리스도를 만나는 진리의 길을 힘차게 달려 보시길 추천한다. 하나님의 영광을 위한 자신의 쓸모가 어디에 있는지 확실히 발견하게 될 것이다.

유인애 권사, 한울섬김교회

권 박사님이 건네주신 원고를 읽다 보니, 맨 마지막 장이 눈에 크게 들어왔다. "십일조 싱크홀에 빠진 말라기서 구해내기"라는 제목이 거기 붙었다. 이거 혹시 십일조에 관해 편 가르기를 하는 내용이면 어쩌나 싶어서, 책을 거꾸로 잡고 마지막 장부터 읽었다. 역시 권혁관 박사는 대단한 선생님이라는 생각이 들었다. 왜 말라기가 십일조에 관한 이야기를 꺼냈는지 당시 상황과 연결 지어 충실하게 다뤘다. 나같이 배움이 짧은 사람도 쉽게 이해할 정도니 더 말해 무엇하겠는가. 젊은 시절의 권 박사님을 조금은 안다. 이분은 타협의 원칙을 지키면서도 원칙의 타협은 절대 하지 않는 신학적 강골이다. 그런 신앙을 바탕으로 써내는 책에서 발견되는 흐름이 감탄스럽다. 그러면서도 독자를 섬세하게 배려했다. 딱딱한 내용을 쉽게 이해시킬 뿐 아니라, 편하게 사람들에게 성경을 소개하려는 마음이 읽힌다. 이 또한 감사하다. 책을 읽다 보니 미소가 생기고, 왜 이런 글을 썼는지 이해가 흠씬 갔다. 책을 읽은 사람들이 앞으로 소예언서를 사랑하게 되겠다는 생각도 든다. 아무쪼록 책을 통해 많은 사람이 성경의 쓸모에 관해 알게 되기를 바라는 마음이 크다.

김세권 목사, Joyful Korean Community Church(Dallas)

권혁관 박사가 두 번째 책이 출간된다는 소식을 듣고 참으로 기뻤다. 추천서를 부탁 받아 그의 글을 읽어보니 역작이라는 생각이 들었다. 구약의 예언서는 성도에게 또는 목회자에게 무조건 어렵다는 생각부터 갖게 하는, 그래서 선뜻 가까이 못하게 만드는 책으로 인식되는 경향이 있었다. 그런데 권 박사가 그런 부정적 인식을 한 방에 무너뜨려 줬다. 그가 진작 본서 <소예언서의 쓸모>를 썼다면 많은 크리스천이 구약의 예언서를 좀 더 일찍 옆에 두고 사랑하지 않았을까, 생각했다. 지금에서야 출간된 게 아쉬운 감이 없지 않지만, 그래도 고맙고 감사한 것은 본서의 제목대로 성도, 목회자 구분 없이 모두가 소예언서의 쓸모를 제대로 알게 될 기회를 얻게 되었기 때문이다. 누구나 본서를 읽는다면 자신의 신앙을 돌아보게 되고 하나님을 간절히 찾게 될 것을 확신한다. 나는 하나님 말씀을 재미로 읽는 것은 아니라고 생각한다. 하지만 하나님 말씀에 재미를 붙여 읽어야 한다고 생각한다. 권혁관 박사는 그걸 정확히 파악했다. 본서는 그의 독특한 문체에서 구약의 소예언서에 재미를 붙이고 묵상하도록 만들었다. 반드시 일독을 강추한다. 본서로 목회자는 사명을 잃지 않는 쓸모 있는 사역자로, 일반 성도는 하나님의 기쁨을 한 몸에 받아 쓸모 넘치는 그분의 자녀 되길 기도한다.

김형윤 목사, FMB 세계순회선교사

선지자들이 활동하던 시대의 역사적 배경, 사회적 환경을 충분히 이해하지 못하는 그리스도인들에게 소예언서 설교는 어렵다고 생각했다. 덜 중요한 책이 아닌데도, 나도 모르게 덜 중요하게 여겨서 주목 하지 못했던 소예언서를, 저자는 '쓸모' 라는 단어를 사용하여 쉽고 재미있게 풀어 놓았다. 본서는 적용이 쉽지 않아 설교하기를 주저했던 설교자들에게 예언서에 대한 호기심을 자극하고, 독자의 언어와 시선으로 접근하여 하나님의 백성으로서의 정체성과 삶의 방향을 찾아주는 등대가 되고 있다. 세상을 움직이는 이미지가 교회 안으로 스며들 때 교회는 오염되고 타락한다. 작금의 교회는 거룩한 백성으로서의 한 몸인 교회다움이 사라지고 언제부터인가 세상 방식을 추구하는 이익 집단이 되었다. 저자의 원고를 읽는 동안 "여호와 하나님께 돌아가라"고 외쳤던 선지자들의 소리가 내 귀에서 교회에 대한 나의 소명을 다시 일깨웠다. 나는 남은 인생을 어떻게 살아가야 하는가? 본서를 통해 소예언서 열두 권을 한 권으로 묶어 외치는 이 시대의 선지자를 만나게 될 것이다. 첫 페이지부터 마지막 페이지까지 자기 백성과의 관계에서 포기하지 않는 하나님의 사랑이 진하게 배어 있다. 독자는 소예언서의 쓸모를 제대로 알게 되는 당연함을 넘어 본서로 인해 자신이 쓸모 있는 인생으로 이끌리고 있음을 경험하게 될 것이다.

이준행 목사, 대공원교회

구약의 예언서를 개인적으로 읽을 때는 괜찮았다. 하지만 설교를 해야 할 때면 은근 고민이었다. 심판이 주를 이루다 보니 성도들에게 위로와 힘을 주진 못하고 더 의기소침하게 하는 건 아닌가 싶었기 때문이다. 그러다 보니 예언서 설교는 일 년 중에 구색 맞추기 식으로 끼워 설교했었던 게 사실이었다. 권혁관 박사가 말한 대로 나 역시 구약의 쓸모 중에 특히 예언서의 쓸모를 잘 모르는 건 아니었나 싶었다. 구약은 어떤 본문이라도 모두 성령의 숨결이 들어간 살아있는 하나님의 말씀일진대, 그걸 깊이 있게 체험하지 못했다는 걸 알았다. 저자의 <소예언서의 쓸모>는 구약 예언서가 살아 운동력 있어 관절과 골수를 찔러 쪼개는 하나님의 말씀임을 다시 한번 생각하게 만들었다. 소예언서 하면 마이너리그 급 선지자들이 선포한 예언이라는 생각이 나도 모르게 있었다. 그래서 구약의 예언서를 설교해야 할 때면 이사야서나 다니엘서 같은 본문을 주로 다뤘다. 대예언서만큼 소예언서에 관심 갖지 못한 게 사실이다. 그러나 이젠 권 박사의 <소예언서의 쓸모>를 통해서 소선지자들이 외치는 소리에 귀를 기울일 수 있었다. 호세아서부터 말라기서까지 선지자 한 사람 한 사람을 만나 그들의 목소리를 직접 듣는 기분이었다. 열두 권 중 각 권만이 아니라 전체를 한 권으로 읽어야 한다는 저자의 말에, 그동안 소예언서를 너무 파편적 지식으로만 알고 있었다는 걸 깨닫게 되었다. 소예언서 각 권의 주요 신학적 주제를 알기 쉬우면서도 친절하게 때론 유머러스하게 전하는 그의 글에 완전히 푹 빠졌다. 소예언서가 쓸모 있는 책으로 내게 생생하게 다가왔음은 물론이다. 책을 읽었다는 느낌보단 열두 편의 짧은 드라마를 본 것 같았다. 몰랐던 부분을 알게 된 것도 많았다. 소예언서의 쓸모를 알아 가니 나의 쓸모도 자연스럽게 알아 가는 것 같다. 저자의 <소예언서의 쓸모>를 통해 모두 자신의 쓸모를 찾게 될 줄 확신한다. 누구보다 먼저 저자의 원고를 읽을 수 있었다는 게 은혜였다. 본서로 인생에서 자신의 쓸모를 찾아 떠나기를 적극 추천한다.

김형철 목사, 하나엘교회

저자 권혁관 박사는 중동에서 말씀을 전했고 기도하면서 영광과 상처를 온 몸으로 겪어낸 하나님의 종이다. 그래서 그런지 소예언서 저자들의 삶과 사역이 권혁관 박사의 지난 과거와 함께 본서에 담겨 있는 것처럼 다가왔다. 선지자들처럼 하나님과의 씨름이 저자에게도 있었다. 저자는 호세아 선지자처럼 하나님의 사랑을 담아 끝까지 영혼을 사랑하려 했고, 요엘 선지자처럼 마음을 찢으면서 하나님을 찾으려 했고, 하박국 선지자처럼 불의가 팽배한 곳에서 믿음으로 살려고 했다. 미국과 이라크 전쟁이 있었을 때 이라크 바그다드와 모술(앗수르 니느웨)에서 복음을 전했던 사람이기도 했다. 요나서에 대한 그의 글을 읽으면서 그가 어떤 감상에 젖었을지를 떠올려봤다. 1부의 글에서 소예언서가 얼마나 쓸모 있는 하나님 말씀인지 편안한 울림, 이해하기 쉬운 언어로 각 권의 신학적 주제를 독자에게 전달해 주었다. 그래서 나는 소예언서 각 권을 균형 있게 바라보면서 그 책이 말하고자 하는 바에 집중할 수 있었다. 2부에서 말한 주제도 상당히 흥미롭다. 깊이 있는 연구와 묵상으로 본문에 집중하게 하는 힘이 진득하다. 요엘 2:23 해석이 흥미롭고, 아모스 선지자의 자기 변론이 부르심에 대한 소명을 일깨우는데 큰 도움이 되었다. 나훔서를 요나서와 비교하면서 앗수르의 패망 원인을 말하고 유다가 나훔서를 통해 위로를 얻지만 결국 앗수르의 패망처럼 바벨론에 패망하는 유다를 보며 나 또한 언제나 주님 앞에 겸손하게 서 있어야 함을 일깨웠다. 예전에 소예언서를 시리즈로 설교한 적이 있다. 그때 설교 준비하다가 여러 번 저자와 저자의 선교사 시절을 떠올렸었다. 그가 <소예언서의 쓸모>라는 본서를 쓴 것은 그 어떤 저자보다 자격 있고 잘 어울린다. 쓸모를 잘 알지 못했던 소예언서 본문을 쓸모 있는 본문으로 알려 준 그가 고맙고, 소예언서가 하나님의 말씀임을 기억하게 해 준 그가 고맙다. 권혁관 박사, 그는 이 책을 씀으로 그의 쓸모를 보여줬다. 모두에게 본서를 기쁜 마음으로 추천한다.

임성도 목사, 디딤돌교회

저자의 원고를 읽으면서 나는 산 정상에서 아래를 내려다 보는 등산인의 기분을 만끽했다. 저자의 글에 거대한 산맥들이 있었고, 계곡과 등성이들이 있었다. 기이하게 생긴 바위들과 아름답게 쭉쭉 뻗은 나무들도 있었다. 그것들이 서로 모여 하나의 산을 이루어 장관을 만들고 있음이 한눈에 들어왔다. 나는 풀과 나무, 바위가 만들어낸 열두 개의 숲을 차례대로 지나면서 그 숲만이 주는 쉼과 힘을 얻었다. 1부 능선과 2부 능선을 지나 드디어 책의 마지막 에필로그 정상에 올랐을 때 호세아서부터 말라기서까지 선지자들이 공통적으로 외쳤던 메시지가 메아리로 내 귀에 들려오는 것 같았다. 나는 그때 "주님의 날에 하나님의 보호를 받는 남은 자가 되길 간절히 원합니다"라고 기도했다. 저자는 주님 심장 안에 있는 사랑의 불꽃을 우리 가슴속에 지폈다. 그는 소예언서 각 권이 말하는 주제와 소예언서 전체가 하나의 책으로 어떻게 진행되고 있는지를 주님의 마음으로 해설했다. 저자의 본문 해석과 친절한 안내에 놀랐다. 내게는 한 문제라도 더 맞춰 보려고 간절히 애쓰는 수험생에게 핵심을 짚어주는 족집게 과외 선생과도 같았다. 소장해야 할 쓸모 있는 책이다. 단어 하나 하나에 저자의 숨결이 녹아 있다. 행간의 여백이 참으로 흥미로워진다.

송우열 목사, 빛과소금교회

성경책에서 손때가 가장 많이 묻은 부분은 구약의 창세기와 신약의 마태복음일 것이다. 반면에 소예언서는 지금 막 구입한 성경책과 같이 대부분 깨끗하다. 소예언서는 분량이 적음에도 불구하고 평상시에 손이 잘 가지 않는다. 중요하지 않아서가 아니라 아마도 이해하기가 쉽지 않기 때문일 것이다. 그러면서도 소예언서에 대한 갈증은 성경에 관심 있는 이들이라면 누구나 갖고 있다. 이런 갈증과 부담감을 구약학 전공자이자 내 친구이기도 한 권혁관 박사가 본서를 통해 해결해 주고 있다. 그것도 아주 쉽고 재미있게 말이다. 예언서 전공의 권위자다운 모습을 본서를 통해 여실히 보여줬다. 신학서는 소설류의 책과 달라서 단박에 읽기가 쉽지 않다. 필요한 부분만 읽게 되는 것이 신학서이다. 하지만 본서는 원문 해석을 포함한 신학서임에도 불구하고, 논스톱으로 한 번에 읽게 하는 힘이 있다. 그는 우리가 적잖이 어렵게 취급하고 있던 소예언서를 아주 쓸모 있도록 감칠맛 나게 잘 정리해 주었다. 권혁관 박사의 지난 저서인 <역사서 정확히 읽기>는 2021년 9월에 출간되었다. 이 책이 나온 지 일 년도 채 되지 않아서 본서가 출간된 것은 그가 얼마나 연구하는 신학자인지를 잘 보여주고 있다. 역사서 해석으로 많은 설교자에게 큰 도움을 주었던 것과 같이 소예언서 해석 역시 그 이상의 도움을 주리라고 믿는다. 소예언서를 맛있게 설교하고 싶은 설교자들과 소예언서를 정확히 이해하면서 말씀 묵상을 하고 싶은 이들에게 기쁨으로 권한다.

김용대 목사, 청지기교회

프롤로그

소예언서의 쓸모를 찾아 나서다

30년 전 대학생이던 시절, 필자는 연말이 되면 습관적으로 일 년 치 주보를 살폈다. 그해 목사님을 통해 교회에 말씀하신 하나님을 다시 기억하고 묵상하기 위해서였다. 지금 다시 생각해봐도 어린 나이에 어떻게 그렇게 예쁜 짓을 했는지 나란 놈이 기특해 잠시 토닥토닥 쓰담쓰담 자뻑한다.

"어! 뭐야. 없네, 없어…진짜 없는 거야!" 주보 넘김이 빨라졌다. 눈은 자동 두 배로 커졌다. 카투사 시험도 주일이라 과감히 포기한 주일성수 지킴이인데, 이걸 못 알아차리고 있었단 말인가! 순간 나는 그동안 바보였는지도 모르는 바보였거나, 그제야 바보였다는 걸 알게 된 바보 같았다.

주일 오전, 저녁은 물론이고 수요예배까지 깡그리 확인해 가던 나는, 어느 절기 때 한 번, 교회 행사가 있던 어느 주일 예배 때 한 번, 그렇게 두 번만 있었다는 걸 알았다. "그래도 아예 없지 않았네, 있긴 있었어." 새벽예배 때 있었겠지만, 주보에 나타난 그해 구약 본문 설

교는 오직 두 번이었다. 그때 생각했다. '구약이 이렇게 쓸모가 없단 말인가?'

교회 역사에서 구약이 쓸모가 없다고 생각한 사람들이 있었다. 말시온주의자들이다. 말시온(Marcion)과 그의 추종자들은 이원론(dualism)을 기초로 구약의 하나님과 신약의 하나님이 다르다고 생각했다. 그들에게 구약의 하나님은 잔인한 분이셨다. 반면 신약의 하나님은 사랑이셨다. 율법과 복음을 대조하면서 구약과 신약의 연속성을 부정한 결과였다.

지금의 나이에서 나 또한 목사로서 그때 그 목사님을 떠올려본다. 당시 목사님이 '구약은 쓸모없다' 라고 생각하셨기 때문에 구약 설교를 거의 하지 않으셨다고는 생각하지 않는다. 단지 구약의 쓸모를 모르셨기 때문에 구약 설교를 못 하신 것이라 생각한다. 그러면 구약을 모르고 신약을 말할 수 있을까?

나의 대답은 "결코 그럴 수 없다"이다. 신약의 사람들은 모두 구약의 말씀을 읽고 들으면서 메시야 예수의 말씀을 받아들였다. 바울은 구약에 그리스도 예수 안에 있는 믿음으로 말미암는 구원의 지혜가 있다라고 말했고, 구약은 모두 하나님의 감동으로 된 글(γραφή/그라페)이라고 말했다(딤후 3:15-16). 사도들과 바울이 쓴 글들이 신약성경이 되기 전까지 모두 그들은 구약을 성경으로 읽었다. 예수님은 구약이 자신을 말하고 있음을 증명했다. 순교한 예수의 제자들과 바울은 구약에서 예언한 메시야가 나사렛 예수에게서 성취된 것을 확신했다. 그들은 메시야 예수가 해석해 준 신앙으로 구약의 하나님을 믿고 섬겼다.

한국 교회가 구약 본문을 늘 홀대했던 건 아니다. 부흥회 때만큼은 예외였다. 텔레비전 보급이 잘 안되어 있던 시절, 부흥사들은 구약 본문에서 성도들을 배꼽 잡고 나자빠지게 만들었다. 하지만 모두 목표는 오직 복받는 법에만 올인 되어 있었다. 구약 본문이 전혀 설교 되지 않은 거나, 구약이 설교 되었지만 물질적 복 찾기에만 치우쳤던 것은 모두 구약의 쓸모를 제대로 파악하지 못한 결과였다.

필자는 지금도 구약의 홀대와 잘못 다룸을 보고 있다. 홀대 중의 홀대인 구약의 예언서를 특히 안쓰럽게 느끼고 있다. 선지자들이 당대에 느꼈을 거절감과 외로움을 현대 독자들에게서도 받는 것 같아 나라도 선자자들을 위로하고 싶다는 생각에 빠져 있다. 아브라함 헤첼(Abraham Heschel)은 "선지자가 된다는 것은 명예로운 일인 동시에 고통스러운 일이다"라고 말했다.[1] 나 역시 이 시대 선지자적 삶을 살아야 하는 사역자로 부르심 받았기에 구약의 다른 어느 곳보다 예언서에 손길이 간다.

가뜩이나 구약의 예언서가 홀대받지만 그중 소예언서(Minor Prophets)가 받는 홀대는 대예언서(Major Prophets)보다 심하다. 큰 것이라면 무조건 좋다고 생각하는 한국 사람이라서 그럴까? 나라 이름도 대(大)한민국이고 다리 이름도 일단 대교(大橋)라고 붙이고 본다. 예언서도 대예언서(또는 대선지서)라고 불리는 이사야서, 예레미야

1. 하젤 불록, 『구약 선지서 개론』, 류근상 역 (고양: 크리스챤출판사, 2003), vii 재인용.

서, 에스겔서나 찾는다. 소예언서는 대예언서의 자투리로 여겨지거나, 주목받지 못한 선지자들의 예언을 이래저래 한 데 엮어 놓은, 그다지 쓸모는 없지만 버리기는 아까운 계륵(鷄肋) 같은 쓸모로 다뤄진다.

구약을 잘 모르는 사람도 분량 많은 이사야서, 예레미야서, 에스겔서가 소예언서보다 더 중요한 것처럼 느낀다. 대예언서라는 말에 큰 선지자의 글이라는 인식이 깔려 있기 때문이다. 지금도 "우리 목사님 큰 종 되게 해 주세요"라는 기도를 가끔 교회에서 듣는다. 이런 시각에선 소예언서의 선지자들은 당연히 작은 종들이다. 소예언서를 대하는 우리는 아직도 대(大)자가 능력 많고 잘 나가던 선지자 이름 앞에 붙여진 것이고, 고만고만 사역하던 선지자들에게 붙여진 것이 소(小)라는 생각에 갇혀 있다. 영어에서는 대(大)와 소(小)를 메이저(major, 大)와 마이너(minor, 小)로 표기한다. 이유는 뭘까? 다른 거 없다. 구분의 근거는 선지자의 능력이 아닌 책의 분량이다. 많이 쓴 것도 능력이라고 말하면 할 말 없다. 순전히 분량이 많은 걸 갖고 대와 소로 구분한 것이니 대와 소라는 타이틀에 큰 의미를 부여할 필요 없다. 유대인들은 우리처럼 소예언서로 부르지 않는다. 그들은 '십이 예언서' (שְׁנֵים־עָשָׂר/ Twelve)로 부른다.

비슷비슷한 소리를 하고 또 하고, 흥미진진한 이야깃거리 없는 예언서의 글을 인내하면서 읽기는 힘들다. 이해도 쉽지 않다. 설령 쪼끔 이해한다고 해도 도통 혼내는 내용으로 도배되어 있으니 읽기 불편하다. 위로받으려 했다가 되레 상처받는 꼴이니 성경 통독 차원에서 억지로 예언서를 읽을 뿐이지, 좋아서 읽는 건 아니다. 소예언서에서 요나서만큼은 이런 불편함에서 예외다. 여타 예언서와는 확실히 전개가 다르다. 소예언서에서 독자 조회수로서는 대체 불가 원탑이다. 그다음은 호세아서 정도다. 나훔이나 오바댜서 내용은 아예 모른다. 아마 그런 책이 있는지도 모르는 크리스천들도 꽤 있겠다. 말라기서는 호감도에서는 아니지만 인지도 면에서는 높다. 구약성경 맨 마지막에 있는 데다, 목사님들이 "복 받으려면 십일조 반드시 해야 한다"라고 말하는 책이니 초신자들도 대부분 알고 있다.

이런저런 이유로 안 읽는 예언서 중 덜 중요한 책으로 여김 받는 소예언서는, 주전 722년 앗수르에 북이스라엘이 망하기 이전 약 30년 전부터 주전 586년 바벨론에 의해 남유다가 멸망하기 전까지 활동했던 선지자들의 예언과 유다 백성이 바벨론 포로에서 예루살렘으로 귀환하여 성전을 건축하던 주전 4세기 때 활동했던 선지자들의 예언을 담고 있다. 소예언서를 읽으면 하나님이 선택한 백성이 무엇 때문에 패망했고, 무엇 때문에 회복되는지를 하나님이 보내신 선지자들의 예언을 통해 알게 된다.

이제 소예언서 중 특별한 어느 한 책만 읽지 말자. 잘 몰랐던 책도, 관심 갖지 못했던 책도 들쳐 보자. 필자는 소예언서 열두 권에서 각 책이 갖는 쓸모를 알려서 소예언서의 쓸모를 찾아주고자 본서를 기획했다. 그뿐만 아니라 열두 권이 한 권(a single book)으로 그 역할을 하여 소예언서 전체 메시지를 파악하고 적용하도록 의도했다.

캔자스 주에 지구 종말 대피소가 있다는 얘길 들은 적 있다. 핵전쟁 후에도 호화 생활을 할 수 있다는 지하 벙커인데, 내비게이션 지도에도 잡히지 않는 곳이라고 한다. 거기에 갈 수 있는 사람은 백만

장자뿐이다. 생각해 봤다. 그곳에 백만장자가 아니라도 갈 수 있는 행운의 프리 티켓을 받는 유일한 사람이 내가 된다면?

(1) 몇 년이야 더 살 수 있다.
(2) 그래봤자 죽음 자체는 피하지 못한다.

죽고 사는 생명에 관한 한, 하나님이 최종 결정권자이시다. 어디서 얼마를 더 살든, 야훼 하나님을 끝까지 경외하며 산 남은 자(쉐에리트)가 되길 바랄 뿐이다. 소예언서, 이것저것 대강 대충의 쓸모가 아닌 찐쓸모로 우리 앞에 있다. 이제 그 찐쓸모로 야훼의 날을 기억하며 남은 자가 되길 함께 애써보자.

책 제목에 '쓸모'라는 이름을 붙였다. 본 책은 소예언서를 깊이 있게 접하지 못했던 크리스천들을 위한 버전(version)과 나름 축적된 지식을 갖고 있는 목회자들을 위한 버전 둘 다를 고려했다. 1부는 소예언서 체계를 이해할 수 있도록 스케치 형식으로 다루면서 소예언서 각 권의 주요 쓸모(중심 주제)를 다뤘다. 2부에서는 소예언서 각 권에서 더 깊은 생각을 하고 들여다봐야 할 본문, 잘못 이해하고 있는 본문, 놓치면 아쉬운 본문들을 위주로 다뤘다. 아무쪼록 본시기 읽는 모두에게 쓸모 있기를 기도한다.

2022년 계절의 여왕, 5월 어느 한 날 연구실에서

Contents

제 1부에서는

소예언서 각 권이
말하고 있는
주요 신학적 주제를
4개의 소제목으로 다루면서
열두 권에서의
각 권의 쓸모를 다룹니다.

또한
다른 책과의 관계에서
각 권의 쓸모를 말합니다.

문체는
독자와 소통하는
대화체 형식을
사용했습니다.

제 2부에서는

소예언서 각 권에서 흥미로운 주제나 바로 알아야 할 본문, 소홀히 생각했던 주제를 선택해서 1부 내용보다는 좀 더 심층적으로 본문을 접근했다.

문체는 설명과 논증의 형태를 취했다. 소예언서 각 권에서 특정 본문에 대한 바른 이해와 관심 갖고 생각해 봐야 할 주제들을 원문에서 면밀히 살펴봄으로 본문 이해의 깊이를 더하게 될 것이다.

서론

예언을 아십니까?

"인상이 참 좋으시네요~." 혹 나를 아는 사람인가 싶어 잠시 멈칫했다. 급히 두뇌를 풀가동해 보지만 도통 기억나지 않아 최대한 당황하지 않은 척하고, 조심스럽게 말을 건넸다. "실례지만, 혹시…저를 아세요?"

"저희는 마음공부 하는 사람들인데요, 참 복이 많은 얼굴이시네요. 잠시 이야기 좀 나눌 수 있을까요?"

미끼였구나 싶어 "아! 예~ 제가 지금 바빠서"라는 말을 꺼내려는 순간, "조상 업보가 끼어 있어요. 당장 조상님께 제사 지내지 않으면 큰 화를 당해요"라는 말이 들려온다.

'이건 무슨 시추에이션! 방금 전까지 복이 많게 생긴 얼굴이라더니 이젠 큰 화를 당할 얼굴이라고? 이건……저주다.'

예언!

초면인 사람에게 다짜고짜 "인상 좋으시다"라고 말하고, "조상께 당장 제사 지내지 않으면 화를 당한다"며 제사 비용 챙기는 일명 도를 안다는 사람들의 수작질처럼 들리는가? 예언을 보통, 미래에 일어날 일을 미리 알고 말하는 것으로만 알고 있다. 예언을 이렇게 이해하면, 성경 독자는 구약의 예언서 읽기를 주저하게 된다. 차라리 모르면 편할 텐데 알게 된 것 때문에 불안하고, 또 알 듯 말 듯한 표현에 신경써서 알아야 한다는 중압감도 구약의 예언서 기피에 한몫한다.

미래 판타지 소설류를 좋아하는 사람들이야 반색이다. 나 같은 쫄보는 차라리 모르는 편을 택한다. 건강검진받고 큰 병 있는 것 알게 될까 봐, 아예 건강검진 안 받고 편하게 지내는 사람 심리라고나 할까. 괜히 걱정하게 되는 거 딱 질색인 사람에게 구약의 예언서는 그래서 비호감이다. 몇 번 읽어도 뭔 말인지 못 알아먹는 게 많아도 너무 많다. 구약의 예언서가 죄-심판-회복이라는 비교적 분명한 패턴을 가지고 있음에도 불구하고 오경 족장 이야기나 역사서와 같은 내러티브적 요소가 없어 재미 어필도 젬병이다. 단순하게 말해도 될 걸 일부러 비비꼬아 복잡하게 말하고 있는 것 같고, 별일 아닌 것도 심각하게 말하면서 죄라고 몰아붙이는 것 같아 이 또한 불편하다.

남들과 다른 걸 즐기는 별종이라면 모를까. 목회자들도 구약의 예언서를 그다지 좋아하지 않는 것 같다. 성도들이 구약의 예언서 듣기를 꺼려해서 그러는 것인지 아니면 본인 관심사도 없어서 그러는 것인지, 얘기를 나눠보면 어느 한쪽도 아니고 둘 다인 경우가 다반사다.

30년 전 이야기다. 필자가 청년이던 시절, 출석하던 교회의 일 년 설교 중 구약 본문 설교가 딱 두 번밖에 없던 적이 있었다. 구약의 예언서는 두 번째 치고 구약 자체가 거의 설교 되지 않았다는 것에 충격

받았다. 아직도 구약은 까마득한 그때 한때 진리였던 하나님 말씀이지만, 신약은 지금 이 시대에 진리인 하나님 말씀으로 비교되는 경향이 있다.

간혹, 구약의 예언서 설교가 있는 교회도 접한다. 본문 문맥을 통해 건전하게 해석된 설교가 전달되는 교회도 있지만, 어떤 설교는 영 못 봐줄 정도인 것도 있다. 어느 누구도 풀지 못한 걸, 자신은 직접 하나님으로부터 들어 모두 아는 사람인 양 설교한다. 청중은 이전에 한 번도 들어보지 못한 설교자의 기막힌 해석에 놀라고, 미래에 일어날 일을 술술 푸는 설교자의 신비한 영발에 압도되어 설교자의 말 한마디 한마디에 "아멘!"을 외친다. 문맥 살피기, 이스라엘의 문화나 배경, 역사적 상황, 모두 없다. 그딴 것들은 육에 속한 사람들이나 추구하는 방식이고, 영에 속한 사람은 금식과 기도로 하나님이 주시는 직통 계시로 바로바로 해석한다고 자랑한다.

성경에서 말하는 예언은 지금까지 말한 사이비 접근과는 거리가 멀다. 구약의 예언서를 읽으려면 예언이 무엇을 말하는지부터 알아야 한다. 베드로후서 말씀에서 살펴보자.

> 20먼저 알 것은 성경의 모든 예언은 사사로이 풀 것이 아니니 21 예언은 언제든지 사람의 뜻으로 낸 것이 아니요 오직 성령의 감동하심을 받은 사람들이 하나님께 받아 말한 것임이라(벧후 1:20-21).

구약의 예언서를 지금 말하고 있는데 지금 어디서 예언을 말하려고 하는 것인가, 라며 놀라지 마시길. 베드로 사도 당시 신약성경은 존재하지 않았다. 그가 말한 성경은 곧 구약성경이다. '성경의 모든 예언' (πᾶσα προφητεία γραφῆς/파사 프로페테이아 그라페스) 표현은, '성경에서 예언에 해당하는 모든 부분' 이 아니라, '성경이 모든 예언' 이라는 뜻이다. 만일 그렇지 않으면, 예언에 관한 부분만 성령의 감동하심을 받은 사람들이 하나님께 받아 말한 것이 되고, 예언이 아닌 부분은 성령의 감동하심을 받은 사람들이 하나님께 받아 말하지 않은 것이 되거나, 성령의 감동하심을 받지 않은 사람들이 스스로 한 말이 된다. 오경이나 성문서는 예언이 아니기 때문에 성경이 되지 못하는 경우도 생긴다. 또한, 예언서 안에서 예언만 추려야 하는 일도 생긴다.

예수님도 구약을 예언 자체로 보셨다. 누가복음 텍스트에서 예수님은 부활하신 후 엠마오로 가던 두 제자에게 모든 성경에 쓴 바 자기에 관한 것을 자세히 설명하셨다(눅 24:27). '모든 성경에' (ἐν πάσαις ταῖς γραφαῖς/엔 파사이스 타이스 그라파이스)는 구약 전체를 말한다. 구약성경이 앞으로 오실 메시야 예수를 말하고 있다면 그것 자체로 예언이다. 물론 이것이 오경이나 성문서도 예언서 범주 안에 있다고 말하는 것은 아니다. 베드로가 구약을 오경이나 성문서도 예언이라고 표현한 것에서 예언의 정의를 생각해 볼 수 있다는 말이다. 베드로에 의하면, 예언은 미래에 관해 말하는 것만이 아닌 당대 백성들에게 선포된 하나님 말씀인 구약성경이다.

우리는 하나님의 모든 예언인 구약성경에서 소예언서로 분류된 열두 권의 책에 집중하려 한다. 선지자들은 미래에 일어날 일을 선포하기도 했지만(foretelling), 당대 백성들에게 말씀하시는 하나님의 메시지를 전달(forthtelling)하기도 했다. 예언이란 글자의 '예'(豫)는 '미리'와 '맡기다'라는 두 개의 뜻을 모두 갖고 있다. 즉 예언은 이전에 계시된 하나님 말씀에 기초하여 현재 들려지는 말씀이면서, 미래에 일어날 일에 대한 말씀이다.

시대는 달랐어도 선지자들이 선포한 공통된 메시지는 이스라엘 역사에 나타났던 신실하신 하나님에 대한 기억과 관련되어 있었다. 선지자들의 주요 메시지는 "야훼께 돌아오라," "야훼를 찾으라," "야훼와 함께 걸으라"였다.

여기서 잠깐! 소선지자, 대선지자의 소(小)와 대(大)에 대해 생각해 보자. 소선지자는 일명 대선지자라고 불리는 이사야, 예레미야, 에스겔보다 사역 스케일이나 영적 파워에서 밀리는 잔챙이 선지자로 생각하면 안 된다. 대선지자, 소선지자 명칭 구분은 오직 선지자 이름을 딴 책 분량과 관련해서 붙여졌을 뿐이다. 즉 책 분량이 많은 선지자를 대선지자(major prophets)라고 부르고, 적은 분량 선지자를 소선지자(minor prophets)라고 부른다. 다시 본래 얘기하던 대로 돌아가면, 우리는 소예언서에서 하나님이 당대에 선지자들을 통해 전달하신 말씀과 또 미래에 일어날 일들을 모두 붙잡아야 한다.

하나님이 아주 특별하게 개인에게 미래의 일을 말씀해 주시는 일이 없지야 않겠다. 로또 복권 번호라도 알려 주시면 얼마나 좋을까마는 굳이 하나님이 그러셔야 할 이유라도 있을까? "예 그래야 합니다"라고 뭐든 갖다 붙이면 이유야 되겠지만, 그런 이유는 모두 탐심에서 나온 소리일 뿐이다. 성경에서 하나님은 구속사를 이끌어 가는 과정에서 앞으로 겪게 될 고난을 보여 주셨다. 구약의 인물들이 당하는 고난은 장차 오실 메시야의 모습을 미리 보여주는 전조 역할을 했다. 우리가 알기 원하는 미래가 어디에 땅을 사고, 어느 주식을 사야 대박을 터뜨리는지와 같은 거라면 지금 당장 자기 머리 한 대 쥐어박자. "부자 돼서 하나님을 위해 큰일 하려 한다"는 말, 하나님께 안 통한다. 하나님은 고난을 통해서 일하신다.

성경에서 마지막 때와 시한을 계산해 언제라고 못박았던 시한부 종말론자들이 있었다. 당일 날 아무 일도 일어나지 않았음에도 교주는 천연덕스럽게 이유를 둘러댔다. 신도들은 자신의 신념이나 태도를 합리화하는 인지부조화(cognitive dissonance)에 빠져 교주의 말을 또 따랐다. 뉴스를 보던 사람들은 "세상에 저런 바보들이 있단 말인가! 종교에 미쳐도 단단히 미쳤다"라고 비웃었다.

극단적 종말론자들처럼 가출해서 자기네들끼리 공동체 생활하거나 매캐한 향을 피우는 점집을 찾아 다녀야 꼭 잘못된 예언을 구하는 게 아니다. 타로점이나 오늘의 운세를 심심풀이로 보는 것도 거짓 예언에 미혹된 거다. 긴말 필요 없다. 하나님이 몹시 혐오하시는 우상숭배다.

혹여나 "일 년에 한두 번 재미 삼아 할 수도 있는 걸 갖고 심각하게 몰아붙이지 말라!"는 크리스천이 있다면, 묻고 싶다. "그대는 한 번 재미로라도 사탄과 춤추려는가?" 하나님과 직접 소통하던 아담과 하와도 사탄에게 쉽게 넘어갔다. 우리가 사탄의 간교함을 이길 수 있을까? 어지간히 정신 차리지 않으면 어림없다. 사탄은 대적할 상대지, 대화 상대가 아니다. 이때는 군대 용어가 제격이다. 오줌도 그쪽을 바라보며 누지 말자. 잠언에 다음과 같은 말씀이 있다.

> 24이제 아들들아 내 말을 듣고 내 입의 말에 주의하라 25네 마음
> 이 음녀의 길로 치우치지 말며 그 길에 미혹되지 말지어다 26대
> 저 그가 많은 사람을 상하여 엎드러지게 하였나니 그에게 죽은
> 자가 허다하니라 27그의 집은 스올의 길이라 사망의 방으로 내려
> 가느니라(잠 7:24-27).

가던 길에 점집, 유흥업소 나오면, 돌아서 가자. 피할 수 없거들랑, 기도하자. 시험에 들지 않게 하시고 악에서 구하옵소서! 저곳에 무릎 꿇고 회개하며 하나님을 부르는 역사가 일어나게 하소서!

반 게메렌(Van Gemeren)은 "구약 선지자들은 '예수'에 관하여 말하였고 예수는 '그들'의 말을 해석하였다고 말함으로써 복음서 연구는 구약의 예언서 다음이어야 한다"며 구약 예언서의 중요성을 말했다.[2] 그렇다면 우리는 '예언서를 어떻게 읽어야 하는가?', '예언서를 읽는다는 것은 어떤 영역을 포함하고 있는 것인가?'를 생각해야 한다. 히브리서 1:1-2에 그 해답이 있다.

> 1옛적에 선지자들을 통하여 여러 부분과 여러 모양으로 우리 조
> 상들에게 말씀하신 하나님이 2이 모든 날 마지막에는 아들을 통
> 하여 우리에게 말씀하셨으니 이 아들을 만유의 상속자로 세우시
> 고 또 그로 말미암아 모든 세계를 지으셨느니라(히 1:1-2).

우리는 먼저 '옛적에'라는 시대를 읽게 된다. 이는 구약의 예언들이 전달된 시기를 가리키는 것으로 창조 직후부터 구약의 예언서가 마무

---

2 W. A. 반 게메렌, 『예언서 연구』, 김의원 · 이명철 공역 (서울: 엠마오, 2007), 4.

리되는 시기를 통틀어 말씀하시는 것으로 이해할 수 있다. 두 번째는 '선지자들'에 대한 연구이다. 성경의 예언에 대한 적절한 이해를 위해서는 선지자들에 대한 이해가 필요하다. 세 번째는 '여러 부분과 여러 모양'에 대한 연구이다. 여러 부분은 구약성경 일부 또는 전체를 의미한다. 여러 모양은 구약성경이 쓰인 문학적 형태 및 선지자들이 선포한 전달 형태를 의미한다. 네 번째는 '우리 조상들'로, 듣는 대상이었던 이스라엘 백성들에 대한 연구이다. 마지막으로 '아들을 통하여'는 선지자들이 전한 메시지 핵심이 바로 예수 그리스도였음을 인식하는 것이다. 예수님은 구약성경이 바로 자신을 가리켜 말씀하고 있음(prophecy)과 자신에 관한 기록들이 모두 성취(fulfillment)될 것을 가르치셨다(눅 24:44). 소예언서를 읽거나 연구할 때 지금 언급한 다섯 가지 요소를 고려해야 한다는 걸 기억하자.

이제 정리해 보자.

예언은 하나님이 선지자들을 통해 미래뿐만 아니라 당대에 관해 말씀하신 메시지다. 그 예언의 메시지는 당대의 역사적 정황 속에서 그 시대의 전달 방식 즉 문학적 형태로 이스라엘 백성들에게 전달되었다. 그 메시지 중심에는 늘 오실 메시야 예수가 있었다.

소예언서 왜 읽어야 하는가?

이 질문은 소예언서를 읽는 목적에 관한 것이다. "왜 읽어야 하긴, 하나님 말씀이니까"라고 답해도 좋다. 하지만 질문의 의도를 정확히 파악하지 못한 대답이다. 질문은 "소예언서를 읽는 목적, 또는 그것이 주는 유익이 무엇인지 아는가?"에 관한 것이다. 읽었어도 읽은 책이 말하려는 의도와 목적을 파악하지 못한다면, 지금부터 말하는 목소리에 귀를 기울여야 한다. 간략하게 소예언서를 읽어야 하는 이유 세 가지만 생각해 보자.

첫째, 시대를 초월한 하나님의 일관된 메시지를 알 수 있다. 우리는 살면서 알다가도 모르겠다 싶은 아리송한 일들을 수없이 겪는다. 기도 응답이 맞는지 아니면 아닌지 헷갈려할 때도 부지기수다. 내 생각이 하나님 생각과 계획을 담아낸 것인지 아니면 자의적 생각이나 의지가 투영된 것인지 헷갈릴 때도 많다. 소예언서는 선지자 한 사람이 전한 이야기만을 다루지 않는다. 열두 명의 선지자들이 각 시대적 상황에서 하나님 말씀을 받아 외친 열두 개의 이야기니 들을 게 많다. 한 사람 얘기만 듣는 것보다 많게는 400년 차이 나는 이 사람 저 사람의 얘기를 다양하게 들어보는 것이 풍성함을 더해주고, 내용의 깊이와 진실성을 쉽게 헤아리게 한다. 그런 면에서 이사야서나 예레미야서 단 권을 읽는 것보단 소예언서 열두 권을 한 번에 다 읽어 보는 것이 유익이 더 크다. 소예언서 열두 권이 각자 이야기를 하고 있지만 결국은 같은 얘기를 하고 있다는 걸 발견하게 된다면, 확실한 소득이다. 시대적 상황이 달랐어도 저마다 그 상황 속에서 하나님의 말씀을 받아 외친 공통된 선지자들의 메시지는 무엇이었느냐에 주목하는 것이다. 여기서 놓치지 말아야 할 것은 하나님과 당시 백성들의 모습이다. 하나님은 선지자들을 통해 무엇을 어떻게 말씀하셨고, 그 말씀을 받은 백성은 하나님께 어떻게 반응했는지 그들의 태도를 살피는 것이다.

둘째, 다양하면서 일관된 하나님의 메시지는 우리에게 어떻게 사는 것이 하나님 앞에서 바르게 사는 것인지 좌표를 확인하게 한다. 흔히들 열심히 살면서 교회에서 직분자로 봉사하는 것이 최선의 삶이라고 생각한다. 하나님이 우리에게 요구하시는 것과 우리가 원하는 삶의 방식에는 거리가 있다. 소예언서는 하나님의 백성들이 하나님 앞에 어떤 삶을 살아야 하는지 명징하게 보여준다. 극단적 이기주의와 향락주의에 빠져 있던 당대 사회에서 사회적 책임을 외친 아모스서와 미가서, 형제 아픔에 방관하고 고통을 준 에돔 족속에게 심판을 선언한 오바댜서, 어떻게 사는 것이 바른 믿음인지 천명한 하박국서, 우선순위의 문제를 짚는 학개서, 하나님의 영으로 살아가야 할 것을 가르쳐 주는 요엘서, 하나님의 자비에 시비를 건 요나서, 하나님과의 언약적 관계를 헌신짝처럼 버린 백성들의 죄를 지적한 호세아서와 말라기서, 이런 것들을 알게 될 때, 단순히 우리는 그저 나를 중심으로 살아가는 열심에서 멈춰, 많이 가졌건 적게 가졌건 우리가 할 일은 오직 하나님과 함께 즐거워하는 것임을 알게 되어 그분을 높이게 된다. 소예언서는 각자의 목소리를 내고 있지만, 공통적인 핵심 메시지는 야훼의 날에 집중하고 있다. 아모스 선지자는 야훼의 날에 대한 북이스라엘의 왜곡된 인식을 비판했고 스바냐 선지자는 남유다의 진정성 없는 회심에 야훼의 날로 경각심을 주었다. 소예언서 읽기는 두렵고 떨리는 마음으로 야훼의 심판을 소망하는 경건을 회복시켜 준다.

셋째, 은혜만 말하는 요즘, 경각심을 갖기 위해 소예언서는 필요하다. 교회에서 꾸짖음이 사라졌다. 삯꾼 목사들이 하는 헌금 강요, 목회자를 하나님같이 섬겨야 복 받는다는 겁박, 이런 비성경적 꾸짖음을 말하는 게 아니다. 우리는 언젠가부터 힐링, 위로의 늪에 빠졌다. 그러다 보니 나약해졌다. 조그마한 것에도 쉽게 상처받고, 무조건 위로에 목매단다. 잘못한 것에 대해선 말도 꺼내지 말고 잘한 것만 칭찬하고 격려해 달라고 한다. 크리스천이라고 해서 다 같은 크리스천이 아니다. 네 부류가 있다. 일반인, 일꾼, 군인, 좋은 군인이다. 일반인은 그냥 크리스천이다. 예수 믿어 천국은 가게 되었으니, 삶은 내가 하고 싶은 대로 산다는 부류다. 일꾼은 일반 크리스천보다는 깨어 있는 자로 하나님 나라가 뭔지 알고 봉사하며 살지만, 자기 일이 바쁠 때나 우선이라고 생각되는 부분이 있으면 언제든지 하나님 말씀에 따른 삶은 뒷일로 미루는 부류다. 군인은 자기 생활보다는 하나님 우선의 삶을 살고, 남들이 즐기는 삶의 일정 부분을 포기하며 살아가는 자나 고난이 생기면, 군인의 삶에서 물러서는 부류다. 반면 좋은 군사는 어떠한 고난에도 하나님을 영화롭게 하기 위해 복음을 위한 최전선에 서는 부류다.

소예언서는 독자로 하여금 자신이 어떤 부류의 크리스천인지 분별하게 해 준다. 소예언서의 용어로 고쳐 말하면, '남은 자' (שְׁאֵרִית/쉐에리트)로 살라는 외침을 듣는다. '남은 자'라는 말에서 인지하듯, 그 숫자는 많지 않다. 좋은 군사는 많지 않다. 소예언서는 백성들에게 외치는 하나님의 심판 메시지가 반을 이룬다. 성령께서 말씀하시는 꾸짖음을 듣는 자가 지혜롭다(잠 3:11). 그 꾸짖음은 나를 나락에 빠지지 않게 하고 더 든든히 말씀에 서도록 만드는 사랑이다. 하나님께 회개할 수 있다는 게 얼마나 큰 복인가! 군복을 입었다고 해서 군인이 아니다. 훈련받고 전투에 참여할 수 있는 자가 되었을 때 비로소 군인이다. 예배에 빠지지 않고 헌금 잘 드린다고 자신을 괜찮은 크리스천이라고 착각하지 말자. 소예언서는 고난을 이겨내는 좋은 군사로 남아야 한다고 우리를 일깨운다.

소예언서 읽기 유익을 세 가지로 말하기엔 부족할 수 있다. 성령님께서 어떤 책 어느 부분에서 우리의 마음을 건드리실지 모른다. 나 자신이 호세아서 처음부터 반응하게 될지, 아니면 마지막인 말라기서에서 반응하게 될지 모른다. 어쩌면, 호세아서부터 말라기서까지 다 읽어도 특별한 감동이 안 올 수도 있다. 하지만 기억할 것은 내가 이해 못 했고, 내가 뭔가를 느끼지 못했다고 유익이 없는 것은 아니라는 점이다. 아직 그 유익을 알지 못한 상태라는 것뿐이니, 소예언서 읽기를 포기하지 말자.

소예언서 각 권에 대한 이해가 있는 사람이라면, 쉽게 본문의 정황에 자신의 몸을 던질 수 있다. 그러나 그렇지 못한 경우에는 "뭘 말하고 있는지 도대체 감을 잡을 수 없어"라고 한숨 지을 수 있다. 이 책이 쓰인 목적이 여기 있다. 본서의 1부를 통해 소예언서 각 권의 쓸모를 파악하고 나서 소예언서 한 권 한 권을 읽으면, 각 권이 한눈에 들어오게 될 것이다. 먼저 1부를 다 읽고 나서 소예언서 읽기를 시도하면 쉽게 읽을 수 있다. 또는 1부의 호세아서의 쓸모를 읽고 나서 호세아서를 읽는 방식도 좋다. 2부는 각 권에서 흥미로운 주제를 선정해 쓴 것들이다. 1부가 소예언서 각 권에 대한 쓸모로 전체적 개관에 해

당하는 글이라면, 2부의 내용은 각 권에서 말하고 있는 여러 주제 중 하나에 대한 글이다. 1부 내용보다는 전문적이지만, 1부를 이해했다면 흥미롭게 읽게 될 것이다.

열두 권을 각 권이면서 한 권으로 읽는 쓸모

"소예언서 열두 권을 한 권으로 읽어야 한다"라고 말하면, 어떤 생각이 드는가. "아! 숨차. 시간 많이 걸리겠는데"는 생각부터 드는가. 베스킷라벤스 31 아이스크림도 먹고 싶은 것부터 먹는데, 소예언서를 꼭 순서대로 읽어야 하나, 싶을 수 있다. 어떤 식으로 읽던 그거야 읽는 사람 마음이다. "요나서가 재미있으니 그것부터 읽겠다" 할 분도 있겠고 "오바댜서가 1장이니 제일 짧은 것부터 공략하겠다" 할 분도 있겠다. 하지만 의도된 읽기라는 게 있다. "열두 권의 소예언서를 한 권처럼 읽으라"는 말에는 소예언서 열두 권이 마치 책 한 권처럼 주제적으로 구조를 이루면서 배열되어 있다는 뜻이다. 소예언서 열두 권을 한 권으로 순서대로 읽는 것은 다른 책과의 관계에서 어떻고, 또한 그 책은 한 권 속에서 무엇을 말하고 있는지 아는 유익이 있다.

유대인들은 소예언서를 열두 권이 아닌 한 권(a text as a whole)으로 다룬다. 이게 무슨 말인지 찬찬히 생각해 보자. 유대인들은 구약을 타나흐(תנך)라고 부른다. 타나흐라는 명칭은 토라(תּוֹרָה), 네비임(נְבִיאִים), 케투빔(כְּתוּבִים)의 첫 글자를 따서 붙인 이름이다. 토라는 오경이고, 네비임은 예언서, 케투빔은 성문서다. 우리가 구약을 오경, 역사서, 시가서, 예언서로 분류하는 것과 다른 것이다. 구약성경은 우리에겐 39권이지만 유대인들에겐 24권이다.

토라(תּוֹרָה, 오경): 5권

창세기, 출애굽기, 레위기, 민수기, 신명기

네비임(נְבִיאִים, 예언서/선지서): 8권

전기 예언서(4권): 여호수아, 사사기, 사무엘서, 열왕기서

후기 예언서(4권): 이사야, 예레미야, 에스겔,

소예언서(십이 예언서)

케투빔(כְּתוּבִים, 성문서): 11권

지혜서 (3권): 시편, 욥기, 잠언

메길로트(다섯 두루마리, 5권): 룻기, 아가, 전도서,

예레미야애가, 에스더

그 외(3권): 다니엘, 에스라-느헤미야, 역대기

그들은 소예언서를 후기 예언서인 이사야서, 예레미야서, 에스겔서 다음에 한 권으로 배열한다. 성경 사본에서도 소예언서는 두루마리 한 권에 기록되어 있다. 얼핏 보면 전기 예언서인 여호수아서, 사사기서, 사무엘상하서, 열왕기상하서가 네 권인 것과 짝을 맞추기 위해서 그런 것처럼 보인다. 다른 한편에서는 책의 분량 때문에 그런 것처럼 보인다. 이사야서는 66장, 예레미야서는 52장, 에스겔서는 48장, 소예언서 열두 권은 66장이다.[3]

---

3 전체 장 수에는 상관 없지만, 히브리 성경과 우리 말 성경의 장 구분에는 차이가 있다. 히브리 성경에서는 요엘서가 4장, 말라기서는 3장이다. 우리말 성경에서는 요엘서가 3장, 말라기서가 4장이다.

유대인들이 소예언서(십이 예언서)를 한 권으로 보는 시각을 반영하면, 우리가 주목해야 하는 것은 그 열두 권의 순서다. 어울리지 않는 어종 열두 마리가 한 두름으로 묶여 팔릴 수 없듯, 소예언서 열두 권도 마찬가지다. 열두 권은 배열된 순서에서 각 권이 갖는 신학적 의미를 반영한 구조를 갖고 있다. 소예언서는 호세아서로 시작해 말라기서로 끝난다. 소예언서 읽기의 정석은 열두 권 순서에 따라 읽으면서 각 책이 앞뒤에 배열된 책과 어떤 관계에 있는지 살피는 것에 있다. 조금이라도 지혜로운 사람은 열두 권의 배열 순서에 따른 구조를 이해하고 각 책이 상응하는 책을 살피는 일도 놓치지 않는다.

보통 우리가 책 한 권을 어떻게 읽는지부터 생각해 보자. 대부분 서론 부분을 먼저 읽고, 그다음 결론 부분을 읽지 않는가! 서론은 저자가 무엇을 말하려고 하는지 목적을 기술하고 있다. 그다음, 결론으로 점프해서 저자가 최종 말하려는 걸 확인한다. 서론에서 문제 제기를 알았고, 그 문제 제기에 대한 저자의 결론을 알았다면, 마지막으로 저자가 결론을 얻기 위해 어떤 과정을 거쳤는지 본론을 확인한다. 독자는 본론에서 저자가 어떻게 자기주장을 논리적으로 전개하며 증명해 나가는지 과정을 따라가며 자기 생각을 정리한다. 이어서 최종적으로 저자가 내린 결론에 오류가 있는지 없는지를 점검한다. 만일 저자가 논증하는 본론에서 모순이나 허점을 발견하면, 그의 글을 비평하며 개인 연구를 발전시켜 자신의 결론을 도출한다. 자신의 결론이 저자의 결론과 일치할 수도 있고, 다를 수도 있다.

위와 같은 책 읽기를 적용하면, 열두 권의 소예언서를 한 권으로 읽을 때, 제일 먼저 읽어야 하는 책은 배열상 처음인 호세아서다. 그다음은 요엘서가 아니고 마지막에 배열되어 있는 말라기서다. 물론 지금 말하는 책 읽기 순서는 열두 권에 대한 개념 파악을 위한 일차 시도일 뿐이다. 이미 열두 권의 책이 한 권으로 구조를 이루고 있다는 걸 파악했다면, 지금 우리가 들고 있는 책 순서로 읽는 게 좋다. 가령, 호세아서, 요엘서, 아모스서 순서대로 읽게 되면, 자연스럽게 요엘서가 왜 호세아서와 아모스서 중간에 있어야 하고 그 책이 두 책 사이에서 어떤 역할을 하고 있는지 파악하는 방식이다. 그러면 소예언서 열두 권을 한 권으로 읽을 때 한 권으로서의 구조를 생각해 보자. 다음은 김창대 박사의 소예언서 구조 분석이다.

A. 호세아서: 언약 위반과 하나님의 사랑
　B. 요엘서: 포로 귀환과 하나님의 성전인 시온에서 열국의 심판
　　C. 아모스서: 야훼의 날, 언약의 저주(5:11-12), 하나님의 공의, 남은 자 사상
　　　D. 오바댜서: 에돔에 대한 심판-하나님은 공의의 하나님
　　　　E. 요나서: 니느웨에 관한 말씀
　　　　　F. 미가서: 성전에서 하나님의 통치 실현, 메시야, 남은 자의 죄 용서, 언약성취
　　　　E′ 나훔서: 니느웨에 관한 말씀
　　　D′ 하박국서: 유다와 바벨론에 대한 심판-공의의 하나님
　　C′ 스바냐서: 야훼의 날, 언약의 저주(1:13), 하나님의 공의(3:5), 남은 자 사상
　B′ 학개서와 스가랴서: 포로에서 귀환한 공동체의 성전 재건, 시온에서 열국의 심판
A′ 말라기서: 언약 회복과 하나님의 사랑[4]

열두 개의 내용을 담고 있는 소예언서 한 권이 교차 대구 구조로 되어 있다. 위의 구조 분석에서 보듯, 호세아서 - 말라기서, 요엘서 - 학개서/스가랴서, 아모스서 - 스바냐서, 오바댜서 - 하박국서, 요나서 - 나훔서가 주제적으로 상응하고 미가서가 열두 권의 중심에 있다. 이것은 미가서의 신학적 내용이 열두 권 전체를 아우르고 있음을 보여준다. 이런 구조를 이해했다면, 책 읽기가 한층 쉬워진다. 갑자기 열두 권이 여섯 권으로 확 줄어든 느낌이다.

호세아서와 말라기서와의 관계만 얘기해 보자. 모두 언약에 대한 이야기를 다룬다. 호세아서에서 이스라엘은 언약을 파기했다. 그럼에도 하나님은 이스라엘을 사랑하셨다. 반면 말라기서는 이스라엘이 언약 파기로 형벌을 받았다가 회복되었음에도 불구하고 여전히 언약에서 떠난 삶을 사는 이스라엘에게 질책과 더불어 언약의 사자가 임할 것이라는 약속이 주어지는 내용이다. 하나님의 사랑도 변치 않으신다. 구조를 이해하고 보니, 어떤가? 책 한 권이다. 열두 권이 따로 놀지 않는다. 완벽하게 열두 권이 책 한 권을 만들면서 또 각 권이 책이 되고 있다.

아들하고 순댓국을 처음 같이 먹던 날, 신기한 걸 목격했다. 나는 처음부터 밥을 말아먹는 데 아들은 거의 공깃밥 바닥이 보일 때까지 따로 먹고 있었다. 아직 어려서 순댓국 먹을 줄 모르는 것 같아 어른으로서 맛있게 먹는 법을 가르쳐 주려고 말을 꺼냈다.

---

4 김창대, 『한 권으로 꿰뚫는 12예언서』 (서울: IVP, 2013), 39-40.

"아들아! 순댓국은 이렇게 밥을 말아 먹어야 제맛이야. 깍두기 국물도 살짝, 새우젓도 조금 넣고, 한 숟갈 가득 퍼서 깍두기와 함께 우적우적 씹어봐. 기가 막혀."

아드님이 뚱한 목소리로 말씀하셨다.

"저는 국물에 밥 말아 먹는 거 좋아하지 않아요."

그렇게 먹어봤는데 자기한테는 별로였다는 거였다. 순간, 당황했다. 괜한 꼰대질만 한 게 되고 말았다. 뻘쭘해서 뚝배기에 코 박고 먹기만 했다. 어떻게 먹든 자기 취향이 있는 법이다. 존중한다. 국밥도 처음부터 밥이 말아 나오는 국밥이 있고 공깃밥이 딸려 나오는 따로국밥이 있으니 내 좋아하는 방식을 강요할 순 없다.

소예언서 읽는 방식도 개인 취향이라는 게 있겠지만, 한 번에 말아 먹는 순대국밥처럼 열두 권을 한 권으로 읽어야 한다. 이것이 바로 소예언서의 의도다. 단, 처음에 벅차다면 따로국밥 먹듯 따로따로 읽되, 나중에는 한 권으로 읽을 수 있어야 한다.

그럼 어떻게 지금 이 순서가 된거야?

무엇이든 순서란 게 없을 순 없다. 무질서 속에 질서라는 말이 있듯, 의미 없어 보이는 무작위 순서인 것 같아도 패턴이란 게 숨어 있다. '스프를 먼저 넣는 것과 면을 먼저 넣는 것 중 어떤 라면이 더 맛있냐' 는 논쟁은 짜장 짬뽕 대전만큼 막강하다. 소예언서도 어떤 순서에 따라 열두 권을 읽느냐에 따라 각 권을 읽는 맛이 달라진다.

학자들은 그동안 시대와 저자가 각각 다른 열두 권의 책이 모아진 후에 특별한 이유 없이 순서가 정해진 것으로 이해해 왔다. 4QII[a](4번째 쿰란 동굴에서 발견된 소예언서 사본), 70인역(LXX), 맛소라 사본(MT, Masoretic Text)의 배열 순서를 보면 서로 그 순서가 다르다. 그러나 각 사본은 별생각 없는 무작위 순이 아니라 나름의 합리적 근거에 의해 열두 권 순서가 정해졌다고 보는 것이 상식에 가깝다. 배열 순서는 연대기 순이나 분량 순일 것이라는 생각을 먼저 해 볼 수 있다.

하지만 호세아서는 12장, 요엘서는 3장(맛소라 사본에는 4장), 아모스서는 9장, 미가서는 7장, 오바댜서는 1장으로 되어 있기 때문에, 4QII[a]와 LXX(칠십인역)에서는 분량 순이 오바댜서까진 맞는다 하더라도 그 이후는 맞지 않아 분량 순서도 아닌 걸 알 수 있다. 연대기적 순서도 큰 틀에서 보면 맞는 것 같지만 전적으로 보면 맞는 것도 아니다. 호세아, 아모스, 미가는 동시대 선지자들이었다. 사역 활동 시작으로 보면 아모스 선지자가 호세아 선지자보단 약 7년 앞선다. 그러면 아모스서가 호세아서보다 앞서 배열되어야 하는데 아래 표에서 보듯, 어느 사본에서도 아모스서가 호세아서보다 앞서지 않고 있다. 아모스서가 4QII[a]와 LXX에서 호세아서보다 두 번째로 밀린 것은 십분 이해한다고 하더라도 호세아서와 아모스서 사이에 끼어든 맛소라 사본의 요엘 위치는 어떻게 설명할 것인가, 문제가 남는다.

〈열두 예언서 사본 발전 단계〉[5]

	4QII[a]	LXX	MT
1	호세아	호세아	호세아
2	아모스	아모스	요엘
3	미가	미가	아모스
4	요엘	요엘	오바댜
5	오바댜	오바댜	요나
6	나훔	요나	미가
7	하박국	나훔	나훔
8	스바냐	하박국	하박국
9	하박국	스바냐	스바냐
10	스가랴	학개	학개
11	말라기	스가랴	스가랴
12	요나	말라기	말라기

연대기 순서나 분량 순도 아니라면, 열두 권의 소예언서는 서로 유기적 관계에서 신학적으로 배열되어 있다고 보는 것이 가장 자연스럽다. 이와 같은 견해는 소예언서를 각 권이면서도 앞뒤 성경과의 관계, 그리고 전체 열두 권을 한 권으로서 고려하면서 읽어야 한다는 의미를 갖는다. 소예언서 각 사본의 순서 차이는 편집한 사람들이 각자 신학적 메시지와 주제 전개에서 나름의 기준에 따라 정한 결과다. 호세아서가 열두 권의 제일 앞에 배열되어 있는 이유는 열두 권이 한 권의

5 Barry Alan Jones, *The Formation of the Book of the Twelve: A Study in Text and Canon* (Atlanta: Scholars Press, 1995), 226-27.

책(a text as a whole)으로 간주될 때, 호세아서가 서론 역할을 하기 때문이다.

따라서 소예언서 각 권을 알기 위해서는 한 권으로서 소예언서 구조에서 순서와 신학적 의미를 파악하는 것이 중요하다. 여기까지는 비교적 쉽게 이해할 수 있는 부분이다. 그러면 우리는 어떤 사본이 과연 원본의 순서인지가 궁금해진다. 4QII[a]처럼 요나서를 열두 권의 제일 마지막으로 읽을 때, 느끼는 감정은 달라진다. 앞에 배치된 학개, 스가랴, 말라기의 포로 후기하고는 완전 다른 북이스라엘 여로보암 2세 때 이야기로 끝나는 요나서를 설명할 수 있어야 한다. 위의 세 사본 중 어느 사본 순서가 원본의 순서인지 규명하기는 어렵다. 그럼에도 맛소라 사본이 원본 순서일 것이라는 추정을 하는 것은 열두 권이 한 권으로 읽히기를 의도했다고 했을 때, 완벽한 교차 대구 구조를 이루기 때문이다. 앞에서 이야기한 소예언서 전체 구조를 머리에 두고 순서에 따라 읽어보자.

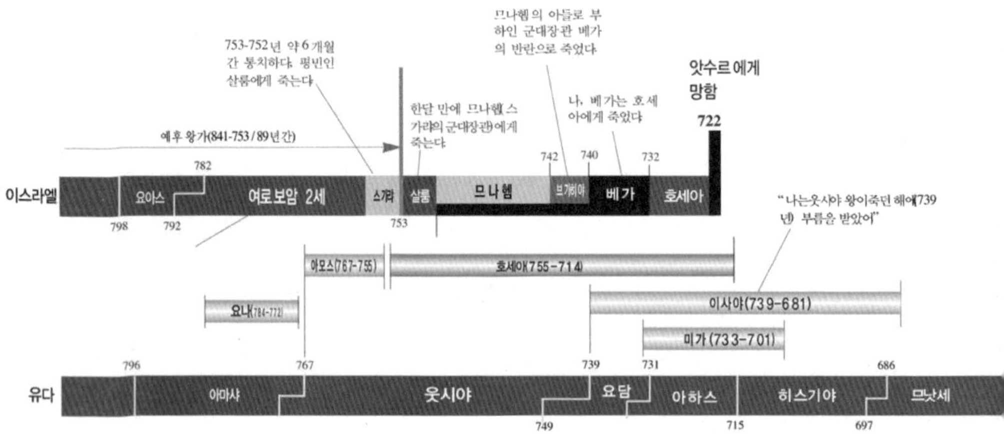

소선지자들이 언제 어디서 활동했는가?

소선지자들이 언제 어디서 활동했는지 간단하게 나마 위 도표를 통해 생각해 보자. 위 도표는 그리심 출판사의 <백투더바이블>에서 인용했다. 연도는 학자들마다 1년 정도 빠르거나 느리게도 보기 때문에 차이가 날 수도 있다. 연도 앞에 주전(B. C.)이 생략되어 있다. 감안하고 보면 된다. 소예언서가 열두 권으로 이뤄졌으니 당연히 소선지자는 12명이다. 그들이 활동했던 시기는 주전 8세기 때부터 주전 4세기 때까지였다.

주전 8세기는 북이스라엘이나 남유다가 모두 국가적으로 안정과 번영을 이루고 있었던 때였다. 그때 북쪽에서는 아모스와 호세아가 활동했고 남쪽에서는 미가가 활동했다. 아모스는 남유다 사람으로 북이스라엘에 가서 예언 활동을 했다. 소선지자중 제일 먼저 사역한 요나도 이와 비슷했다. 그는 북이스라엘 사람이었지만 북이스라엘이 아닌 앗수르 니느웨에 가서 사역했다. 도표에서 보면 요엘 선지자와 그의 사역 시기가 빠져 있다. 그의 사역 시기가 바벨론 포로 이전이었는지 이후였는지 정확한 가늠이 어렵기 때문

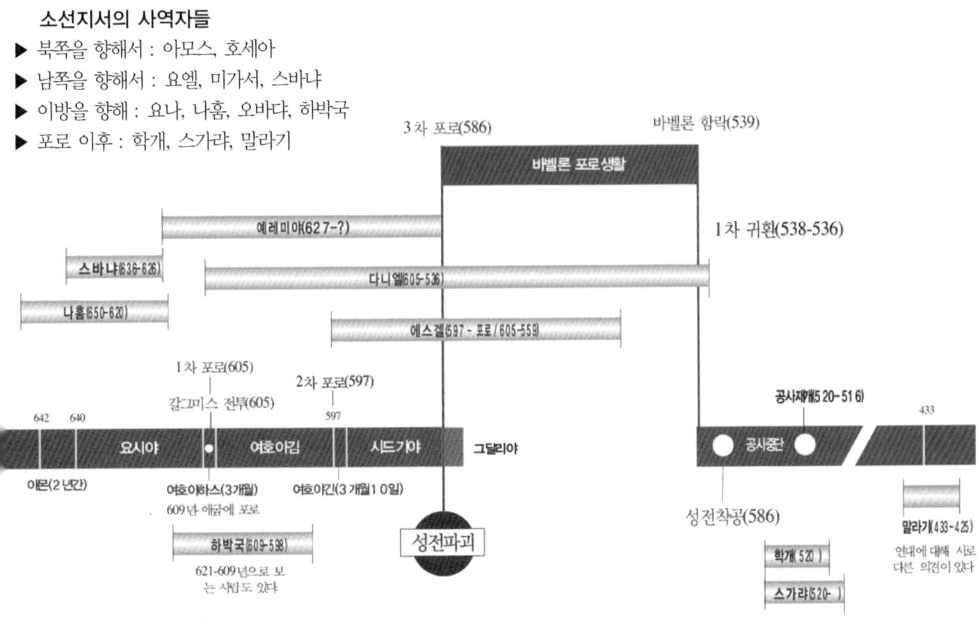

이다. 학자들은 요엘서에서 그의 사역 연대를 정확히 추정할 만한 단서 부족으로 저마다 다른 견해를 제시하고 있다. 확실한 것은 본문에서 성전이 언급되고 있기 때문에 요엘은 남유다에서 활동하던 선지자였을 거라는 것뿐이다.

이스라엘이 바벨론 포로가 되기 직전까지 사역했던 소선지자는 스바냐와 하박국이 있었다. 나훔은 남유다 출신으로 앗수르가 멸망할 것을 예언했으므로 스바냐나 하박국보다 사역 시기가 이르다. 포로기에 사역한 소선지자는 없었다. 이스라엘 백성이 포로에서 귀환하여 성전을 재건하면서 학개와 스가랴가 활동했다. 그들은 동시대 사역자로 서로 짝부처럼 사역했다. 학개가 스가랴 보다 두 달 일찍 사역했다. 제2성전이 지어지고 나서도 이스라엘 땅에 회복이 없자 백성들은 하나님에 대한 믿음에 회의가 생겨 타락하기 시작했다. 그때 말라기 선지자가 활동했다.

Part 1에서는

소예언서 각 권이 말하고 있는
주요 신학적 주제를
4개의 소제목으로 다루면서
열두 권에서의 각 권의 쓸모를 다룹니다.
또한
다른 책과의 관계에서
각 권의 쓸모를 말합니다.
문체는
독자와 소통하는
대화체 형식을 사용했습니다.

Part 1

소예언서 각 권의 쓸모

01

호세아서의 쓸모

이런 바보 사랑 또 어디 있어요?

창녀를 사랑한다는 스토리, 파격적으로 들리긴 하지만 영화적 요소로는 클리셰입니다. 병태와 거지 민우가 사창가 여자 벙어리 춘자를 구해 내는 <고래사냥> 영화와 살짝 닮았어요. 만약 이 글을 읽는 당신이 영화광이라면 호세아서에서 그래도 식스 센스(sixth sense)급 반전을 기대했을 텐데 그게 없네요. 살짝 맥 빠질 겁니다. 아마도 화를 버럭 내게 되지 않을까 싶습니다. "세상에 여자가 어디 고멜 하나뿐이더냐! 바보~ 똥멍청이!" 호세아 선지자에게요. 한 여자에 대한 순애보는 보기에는 아름답지만, 고구마 열 개를 물 한 모금 없이 꾸역꾸역 먹은 것처럼 가슴이 답답하게 됩니다. 불륜에 빠져 바람난 고멜이라는 여자보다, 그 여자에 미련을 떨쳐 버리지 못하는 호세아 선지자에게 더 화가 날지 모릅니다.

왜 주인공 호세아는 고멜에게 집착했을까요? 연출가이자 작가인 하나님이 "끝까지 그녀를 사랑하라"고 말씀하셨기 때문이겠지요. 마음

같아서는 벌써 헤어지는 길을 선택했을 것입니다. 당시 이혼이 어려웠던 것도 아닙니다. 남자는 하늘, 여자는 땅도 아닌 땅의 티끌로 취급받던 시대였거든요. 호세아가 고멜하고 이혼한다고 해서 호세아를 뭐라 말할 사람은 당시에 아무도 없었습니다. 당시 이스라엘 문화권에서 아내의 지위는 인격체라기보다는 남편 재산의 일부로 여김 받던 시절이었기 때문입니다. 그래서 그런지 몰라도 일찍이 모세 율법은 남편이 아내를 간음 이외의 경우에는 마음대로 내버리지 못하도록 법으로 규정하고 있었습니다. 고멜의 외도는 이혼당할 분~~~~명한 사유가 되는 행위였습니다.

자식 셋을 낳았습니다. 그런데요. 그 세 명의 자식 모두 호세아 선지자의 자식일까, 하는 의심이 드네요. 고멜, 그렇다면 진짜 무서운 여자지요. 남편을 감쪽같이 속였으니까요. 아무래도 첫째는 호세아의 자식이 분명할 겁니다. 결혼 생활 1-2년은 부딪치는 시간을 보내지만, 그래도 그 기간은 불붙는 로맨스 기간이잖아요. 둘째와 셋째에 의심이 갑니다. 하나님이 둘째를 '로루하마'(לֹא רֻחָמָה, 긍휼히 여김 받음 없음), 셋째를 '로암미'(לֹא עַמִּי, 내 백성이 아님)라고 지어 주셨습니다(1:6, 9). 요즘 같으면 유전자 검사 하나로 간단히 친자 확인을 끝낼 수 있는 문제입니다만 그때는 그게 불가능했겠지요. 우리의 친자 확인은 오직 기록된 말씀에서입니다.

히브리 본문에서 보면 유일하게 첫째 이스르엘에 대해서만 "그(호세아)에게(לוֹ/로) 아들을 낳으매"(1:3, וַתַּהַר וַתֵּלֶד־לוֹ בֵּן/밧타하르 밧텔레드-로 벤)라고 되어 있습니다. 둘째와 셋째에게는 그런 문구가 없는 것이죠.

호세아는 둘째와 셋째가 자기 자식이 아니라는 걸 알았던 것 같습니다. 하나님이 이름을 그렇게 지으라고 하신 것은 바로 친자가 아니라는 걸 말해 주는 것과 같으니까요. 순간 호세아의 심정은 어떠했을까요? 꼭지 돌아갔을 겁니다. 아내의 불륜 현장을 잡기 위해 흥신소를 찾았을까요. 현장에서 잡아 버리면 고멜을 돌에 맞아 죽게 하는 즉결 심판이 가능했습니다.

세상에 이런 남자가 어디 있드래요. 만일 있다면 천연기념물처럼 길이길이 잘 모셔야 하겠습니다. 호세아서는 순애보의 끝판왕입니다. 마치 누군가 한 사람을 사랑한다면 그 사람을 끝까지 사랑해야 한다는 고전 사랑학을 설파하는 것처럼 보입니다.

마음 놓고 큰 약 한번 써보기를 주저하며
남루한 살림의 한구석을 같이 꾸려오는 동안
당신은 벌레 한 마리 죽일 줄 모르고
악한 얼굴 한 번 짓지 않으며 살려 했습니다.

그러나 당신과 내가 함께 받아들여야 할
남은 하루하루의 하늘은
끝없이 밀려오는 가득한 먹장구름입니다.

처음엔 접시꽃 같은 당신을 생각하며
무너지는 담벼락을 껴안은 듯
주체할 수 없는 신열로 떨려왔습니다.

그러나 이것이 우리에게 최선의 삶을

살아온 날처럼, 부끄럼 없이 살아가야 한다는
마지막 말씀으로 받아들여야 함을 압니다.

암으로 투병하는 아내를 보며 가슴 아프게 써 내려간 도종환의 시 <접시꽃 당신> 일부입니다. 호세아서가 사랑 이야기인 것은 맞습니다. 그런데 자신을 배신하고 떠나 불륜에 빠진 아내를 다시 맞아들인다는 얘기가 사랑 이야기라고 할 수 있을까요? 차라리 바보, 똥멍청이 얘기라고 해야 하지 않을까요. 호세아가 지금 시대의 이스라엘 사람이라면, 저는 그에게 아리랑 노래를 가르쳐 줄 겁니다.

"날 버리고 가시는 임은 십 리도 못 가서 발병 난다."

워낙 얘기가 진지해서 가짜 이야기라고 생각할 수 있겠습니다. 그런데 그렇지 않아요. 호세아서는 실제 있었던 리얼 스토리입니다. 어느 정신 나간 한 남자의 순애보 이야기처럼 보이지만, 진짜였다니까요. 호세아서는 주전 8세기 북이스라엘에 살고 있던 한 남자가 어느 날 "음란한 여자와 결혼하라"는 하나님 말씀을 듣는 거로 시작합니다. 고멜이 미혼모였는지 몸을 팔고 있던 창녀였는지 아니면 음란 끼가 있었던 여자였는지에 대해서는 견해가 분분합니다.

클레오파트라 얼굴을 한번 보고 싶다는 생각, 좀 엉뚱한가요. 남자분들이라면 한 번쯤은 생각해 봤을 것 같네요. 얼마나 예뻤길래 파스칼은 "클레오파트라의 코가 1cm만 낮았어도 세계 역사는 바뀌었을 것이다"라고 했을까, 싶습니다. 여성분들도 궁금해하는 얼굴이라고 생각합니다. 인터넷 정보에 의하면, 오늘날 미(美)의 기준에서 예쁜 얼굴은 아니었을 거라네요. 고멜이 남자들을 홀릴만한 미색이었는지는 모르겠어요. 좌우간 고멜은 이성에 사족을 못 쓰는 그런 여자였던 것 같습니다. 헤픈 여자였지요.

그런 여자와 결혼한 남자가 호세아였습니다. 그의 이름의 뜻이 기가 막힙니다. 히브리 발음으로는 호쉐아(הוֹשֵׁעַ)인데 예수님의 이름과 뜻이 같습니다. '구원하다'(save)입니다. '구원(救援)'이라는 말이 어렵게 들릴 수도 있을까요. '어려움이나 위험에 빠진 사람을 구해내 살린다'라는 뜻입니다. 호세아의 이름에서 알 수 있듯 그가 고멜을 구원하고 있지요. 예수님의 이름 뜻은 '자기 백성을 그들의 죄에서 구원할 자' 라는 뜻입니다(마 1:21).

하나님은 호세아를 통해서 자신의 심정을 전달하고 싶으셨답니다. 이스라엘 백성이 자신을 버리고 이방 신을 따라갔거든요. 이스라엘 백성은 하나님이 어떻게 살아야 하는지 가르쳐 준 율법을 버렸습니다. 얼마나 그리고 어떻게 하나님은 자기 백성을 사랑하시는지 호세아의 결혼을 통해 보여주셨던 것입니다. 하나님이 우리를 찐사랑하시는 이야기, 하나님의 찐러브 스토리, 이것이 바로 호세아서의 이야기입니다. 그리고 이것이 소예언서(12 예언서)에 호세아서가 있는 쓸모고요. 하나님은 호세아의 결혼 생활을 통해서 자신이 얼마나 이스라엘 백성을 사랑하는지 보여 주시길 원하셨습니다. 즉 호세아의 아내 사랑은 바로 하나님의 이스라엘 사랑을 그대로 보여주는 바보 사랑이었습니다.

드라마에서 예수님 역할을 맡으면 간지 나겠지요. 호세아 선지자가 바람난 아내를 용서하는 남편 역할의 드라마 배우로 하나님 마음을 잡깐 전하는 거였다면, 괜찮았을 거예요. 그건 그냥 연기였으니까요. 호세아는 연출가 하나님이 맡겨 주신 배역을 잘 감당하기만 하면 된다고 생각할 수 있었겠습니다. 그러나 드라마가 종영되지 않습니다. 호세아에게 고멜 남편은 배역이 아니었고 실제였습니다. 아내 고멜은 남편 호세아에게 돌아오지 않습니다. 말로는 "사랑한다"라고 합니다. 그러나 호세아 선지자는 알고 있었습니다. 진짜 그래서 그렇게 말하는 게 아니라는걸요. 툭하면 외박하고 몇 달을 가출합니다. 찾고 보면, 고멜이 발견되는 곳에 항상 딴 남자가 있었습니다. 호세아 선지자처럼 바보 같은 사랑을 할 수 있는 사람이 이 지구상에 과연 얼마나 될까요?

호세아서의 쓸모는 우리에게 어떤 남자와 또는 어떤 여자와 결혼을 해야 할 것인가에 대한 연애학 개론이나 원만한 부부생활을 위한 가이드 책은 아닙니다. 호세아서의 쓸모는 우리가 고멜과 진배없는 죄인이라는 사실을 똑똑히 알려 주는 데 있습니다. 그리고 그 죄인을 사랑하기를 포기하지 않으시는 하나님의 바보 같은 순애보 이야기입니다. 하나님을 바보라고 부르면 신성모독이 될까요? 하나님이 바보같이 우리를 사랑하셨습니다. 우리가 하나님을 떠나도 하나님은 그런 우리를 떠나지 않고, 찾아오시고 또 찾아오시는 바보 사랑을 하셨습니다.

진짜 회개 맞아요?

호세아서는 "난 바보처럼 호세아와 같이 살지 않을 테야"라고 결심하는 데 있지 않습니다. 하나님이 우리를 얼마나 사랑하시는지, 그 마음을 알고 하나님을 사랑하는 데 있습니다. 또한 그렇게 남편을 버리고 외도한 고멜이 바로 우리 자신이라는 걸 알고 회개하는 데 있습니다. 고멜이 우리라니까요. 이사야 선지자는 "우리는 다 양 같아서 그릇 행하여 각기 제 길로 갔거늘"(사 53:6)이라고 말했습니다. 우리라고 하니까 죄의식이 조금 덜할 수도 있겠군요. 우리라는 공동체 속에 나 자신을 숨기는 건 자신의 죄를 타인에게 전가하는 것과 같습니다. 고멜이 바로 나입니다. 야고보 사도는 "간음한 여인들아 세상과 벗된 것이 하나님과 원수 됨을 알지 못하느냐? 그런즉 누구든지 세상과 벗이 되고자 하는 자는 스스로 하나님과 원수 되는 것이니라"(약 4:4)라고 말했습니다.

"내가 고멜입니다."

호세아 선지자가 사역할 당시 북이스라엘의 왕은 여로보암 2세였습니다. 그는 열왕기 저자에 의해 악한 왕으로 평가받았지만, 세상적으로 볼 때는 크게 성공한 왕이었습니다(왕하 14:23-25). 당시 나라가 안정되었고, 경제적으로 큰 번영을 누렸거든요. 여로보암 2세는 41년이나 통치했습니다(왕하 14:23). 굉장했죠. 그러니 사람들은 어떤 삶을 살았겠습니까? 당연히 하나님을 찾는 신앙보단 쾌락을 추구했겠죠. 고멜의 문란한 삶은 바로 북이스라엘 사람들이 하나님을 버리고 이방 신을 섬기며 율법에서 떠난 배교와 방종을 상징했습니다. 하나님보다 세상과 벗이 되고자 하는 것, 그것이 바로 간음입니다.

호세아서를 읽으면서 고멜이 바로 나였음을 알게 된다면 호세아서의 쓸모가 제대로 작동된 겁니다. 고멜의 모습에서 자신의 수치가 보여야 합니다. 하나님을 사랑한다고 하면서 실은 하나님을 사랑하지 않고 사는 신실하지 못한 나의 삶, 그런 것을 볼 수 있어야 합니다. 자신의 수치스러운 행동이 들킬 때 "다시는 그렇게 하지 않아야겠다"라는 결심을 합니다. "이번 한 번만 용서해 달라"는 말도 하죠. 당시 북이스라엘 사람들도 그랬습니다. 안타깝게도 그런 말은 면피용 멘트였습니다.

호세아 6장을 보면, 북이스라엘 사람들의 진정성 없는 회개는 습관이었습니다. "야훼께로 돌아가자"라고 말하고 "하나님이 우리를 살리실 것이다"라고 말하며 제사 지냈지만, 며칠 못 갔습니다. 언제나 구호에 그쳤죠. 그때뿐이었습니다. 당장의 위기만 넘기면 된다는 안일한 생각에서 벗어나지 못합니다. 하나님은 북이스라엘 사람들이 자신을 사랑하는 걸 보고 "너희의 인애가 아침 구름이나 쉬 없어지는 이슬 같도다"(6:4)라고 했습니다. 하나님은 백성들이 "우리가 야훼께로 돌아가자"라고 말할 때마다 씁쓸함을 느끼셨습니다.

율법을 제대로 가르쳐야 했던 제사장들은 자신들의 책무를 다하지 않았습니다. 호세아 선지자는 제사장들의 삶을 보며 개탄했습니다(4:9). 백성은 세 가지가 없었습니다. 그 3무(無)는 진실(אֱמֶת/에메트), 인애(חֶסֶד/헤세드), 하나님을 아는 지식(דַּעַת אֱלֹהִים/다아트 엘로힘)이었습니다(4:1). 하나님은 이 세 가지가 없는 이유로 북이스라엘을 심판하시겠다고 말씀하셨습니다. '진실'로 번역된 히브리어 '에메트'(אֱמֶת)는 '충성스러움'의 뜻에 더 가깝습니다. '인애', '헤세드'(חֶסֶד)는 변치 않는 신실한 사랑입니다. 그리고 '하나님을 아는 지식', '다아트 엘로힘'(דַּעַת אֱלֹהִים)은 '하나님에 대한 앎'이라고 보면 되겠습니다. 백성은 희생제물로 하나님의 화난 마음을 달랠 수 있다고 생각했습니다. 이건 순전히 그들의 착각이었습니다. “나는 인애를 원하고 제사(희생제물)를 원하지 아니하며 번제보다 하나님을 아는 것을 원하노라”(6:6).

우리는 하나님께 진짜 회개하고 있는 것일까요?

총 14장으로 구성되어 있는 호세아서는 “이스라엘아 네 하나님 야훼께로 돌아오라”는 회개 촉구로 마지막 장을 엽니다(14:1). 단락 구분으로 볼 때는 14:1부터가 아니라 13:15부터가 맞습니다. 이러한 구분은 심판-회복 또는 죄-심판-은혜의 구조에 잘 들어맞습니다(참고. 1-3장; 12-14장). 하나님은 북이스라엘(에브라임)에 대한 긍휼을 포기하지 않습니다(11:8). “이스라엘아”라고 부르는 호세아의 심정은 하나님의 애절한 마음을 대변합니다. 그가 바람난 현장에 있던 고멜에게 “여보!”라고 부르며, “내게 제발 돌아와요”라고 불렀던 모습이 떠오릅니다. 호세아 선지자는 ‘야훼’를 ‘네 하나님’(אֱלֹהֶיךָ/엘로헤하)라고 주의를 환기시킵니다(14:1). 이스라엘이 지금껏 바알을 따르던 것에서 벗어나 오직 이스라엘의 신은 야훼뿐임을 각인시키는 간절한 호소였습니다. 이스라엘은 부유해지면 부유해질수록 바알을 섬겼습니다(2:8; 13:1). ‘네 하나님 야훼께로’ 문구에서 ‘네 남편 호세아에게로’가 들리는 것은 무슨 이유일까요.

호세아 선지자는 이스라엘이 돌아올 때 이전에 그들이 가지고 왔던 번제제물이 아니라 말씀을 가지고 오라고 촉구합니다(참고. 6:6; 14:2).

'말씀' 이 단수 '다바르' (דָּבָר)가 아닌 복수형 '데바림' (דְּבָרִים)인 것은 각각의 삶 속에서 맺은 열매를 가리킵니다(14:2). 14:2의 개역개정 '수송아지를 대신하여 입술의 열매를' 은 원문에서는 '우리 입술의 수송아지를' (פָרִים שְׂפָתֵינוּ/파림 세파테누)입니다. '입술의 수송아지'란 형식적인 제물이 아닌 참된 돌이킴에서 나온 기도와 헌신입니다. 그들의 입술의 수송아지는 앗수르의 구원을 의지하고, 손으로 만든 것을 신으로 삼는 불의를 버리고 야훼 하나님에게서만 긍휼을 바라는 진실한 마음과 행동이었습니다(14:6).

징계는 어쩔 수 없어요

하나님이 북이스라엘 백성을 심판하시려는 이유를 기억하시나요? 잘살게 되면 될수록 하나님을 영화롭게 한 게 아니라 이방 신을 섬기기 위해 돌을 쌓았기 때문이었습니다(10:1). 이것은 이스라엘 조상이 가나안 땅에 들어가게 될 때 염려되었던 것으로 하나님이 광야에서 백성들을 주지시켰던 말씀이었습니다.

> 11내가 오늘 네게 명하는 야훼의 명령과 법도와 규례를 지키지
> 아니하고 네 하나님 야훼를 잊어버리지 않도록 삼갈지어다 12네
> 가 먹어서 배부르고 아름다운 집을 짓고 거주하게 되며 13또
> 네 소와 양이 번성하며 네 은금이 증식되며 네 소유가 풍부하게
> 될 때에 14네 마음이 교만하여 네 하나님 야훼를 잊어버릴까
> 염려하노라(신 8:11-14).

호세아 선지자를 통해 북이스라엘이 경고 메시지를 들었을 때 그들

이 하나님을 잘 섬기겠다고 말한 것은 순전히 진심이 아니었던 것이죠. "이젠 너희들 벌 받아야겠다"(10:2)라고 하나님이 결심하셨습니다. 모든 걸 무너뜨리는 것입니다. 그들이 자랑하던 모든 것들, 그들이 기쁨으로 삼던 모든 대상을 자빠뜨리는 것입니다. 북이스라엘 사람들이 이룬 안정과 번영은 결국 그들의 목을 칠 부메랑이 되어 돌아왔습니다. 하나님이 말씀하셨습니다. "이는 네가 네 길과 네 용사의 많음을 의뢰하였음이라"(10:13).

북이스라엘 사람들이 종일 하는 일이라곤 거짓과 포악이었습니다. 하나님을 의지하지 않고 이웃 나라를 더 의지했습니다(12:1). 예전 그들의 조상인 야곱이 천사와 씨름까지 하면서 매달리던 간절함이 없었습니다(12:3-4). 하나님은 부르짖는 자의 소리를 들으시고 만나 주시는 분이셨습니다. 호세아는 북이스라엘 백성들에게 다음과 같이 회개하라고 가르칩니다.

> 우리가 앗수르의 구원을 의지하지 아니하며 말을 타지 아니하며 다시는 우리의 손으로 만든 것을 향하여 너희는 우리의 신이라 하지 아니하오리니 이는 고아가 주로 말미암아 긍휼을 얻음이니이다 할지니라(14:3).

호세아의 절절한 호소가 이명처럼 들리는 것 같네요. "야훼께로 돌아오라"라는 말을 수없이 듣지만 그게 나에게 향한 소리로 들리지는 않았습니다. 호세아서에서 "내게 돌아오라"라고 애절하게 호소하는 하나님의 목소리를 들었으면 좋겠습니다. 비록 죄로 인한 징계는 받겠지만 하나님은 그 징계 속에 있는 나와 당신을 버리시지 않고 그곳에서 보호하시며 새롭게 단련시켜 하나님께서 기뻐하시는 나와 당신을 만들어가실 겁니다. 아무것도 의지할 것 없는 그곳은 하나님만 의지하게 될 곳입니다. 징계의 장소는 광야입니다. 광야는 고통스럽겠지만 하나님을 새롭게 알게 되는 영광의 장소입니다(2:20).

내가 어찌 너를 놓겠느냐

호세아서는 앞으로 열두 권의 책이 어떻게 하나로 묶여 한 권의 옴니버스(omnibus) 책이 될지 보여주는 첫 신(scene)이 되는 책입니다. 호세아서를 펼치면 "내가 이렇게까지 널 사랑한다"라는 노랫말이 멜로디와 함께 울려 나오는 걸 들으실 수 있을 겁니다. 이 노랫말 울림은 열두 번째 기록된 말라기서에서도 "내가 널 이렇게 사랑했다"로 반향 되어 있습니다. 하나님의 발라드 감성 애절 보이스(voice)는 "나는 널 포기하지 않겠어"로 폭발합니다.

> 에브라임이여 내가 어찌 너를 놓겠느냐 이스라엘이여 내가 어찌 너를 버리겠느냐 내가 어찌 너를 아드마 같이 놓겠느냐 어찌 너를 스보임 같이 두겠느냐 내 마음이 내 속에서 돌이키어 나의 긍휼이 온전히 불붙듯 하도다(11:8).

하나님이 사랑하는 북이스라엘을 결국은 심판하십니다. 그러나 이것이 그들을 버리신다는 의미는 아닙니다. 하나님의 가슴 아픈 사랑입니다. 심판할 수밖에 없는 하나님의 사랑에 고통이 묻어 있습니다. 하나님의 딜레마가 여기 있습니다. 사랑하기에 심판하실 수밖에 없는 건 새롭게 서로 사랑하기 위해서입니다. 하나님의 북이스라엘 심판 목적은 다른 데 있지 않습니다. 북이스라엘이 진정으로 자신에게 돌아오길 원하셨기 때문입니다. 심판은 고통이 따르지만, 영원한 것은 아닙니다. 고통받는 기간은 북이스라엘이 자신의 태도를 고치는 특별한 은혜의 시간입니다(14:4). 마치 조상들이 가나안 땅에 처음 들어가기 전에 광야에서 훈련받았던 것과 같습니다(2:14-15).

호세아 선지자는 자기 고집과 태도를 바꾸지 않는 고멜을 향해 돌을 들 수도 있었겠습니다. 하지만 그는 그렇게 하지 않았습니다. 고멜의 허물을 감췄습니다. 그는 그녀를 용서했을 뿐만 아니라 사랑했습니다. 그러니 호세아 선지자가 집착남이 될 순 없겠지요. 고멜은 그냥 좋아하는 여자가 아니라 아내였습니다. 호세아는 하나님의 명령 때문에 고멜의 문제를 알면서도 그녀를 사랑하기로 하고 결혼했습니다. 고멜은 이전의 삶을 문제 삼지 않고 자신에게 청혼한 호세아 선지자가 고마워 그만을 사랑하기로 굳게 약속했었을 것입니다. 그런데 시간이 지나자 그와의 약속을 언제 자신이 했냐는 식으로 깬 거죠.

호세아는 아모스와 동시대 사역자인 것은 맞지만, 아모스보다 7년 늦게 선지자 사역을 시작했습니다. 그런데도 호세아서가 아모스서보다 앞에 배치되어 있습니다. 열두 권을 놓고 볼 때도 제일 먼저입니다. 열두 권이 모두 사람 이름으로 되어 있으니 우리 같았으면 ㄱ, ㄴ, ㄷ 순서로 배열해야 군소리 없을 것 같은데 그렇지 않습니다. 열두 권을 한 권으로 묶은 최종 편집자는 열두 권을 시대별로 배열하면서도 각 권의 연관성을 고려하면서 신학적 주제에 따라 배치했습니다. 그렇게 해서 호세아서가 제일 먼저가 되었습니다.

호세아서는 우리에게 어떤 쓸모로 열두 예언서의 처음 자리에 있는 것일까요? 아모스서는 사회 정의에 초점이 맞춰 있습니다. 반면 호세아서는 하나님의 '헤세드' (חֶסֶד)에 맞춰 있습니다. 히브리어 '헤세드'는 우리말 번역에서는 인애로 번역되어 있습니다. '헤세드'는 언약적 사랑(covenantal love)입니다. 언약적 사랑이란, 서로 사랑하기로 약속한 것에 근거해 신실하게 사랑하는 것을 말합니다. 소예언서의 마지막은 말라기서입니다. 그 책 또한 하나님의 '헤세드'를 다루고 있습니다. 이쯤이면 열두 선지서, 소예언서는 하나님의 '헤세드'로 시작하고 하나님의 '헤세드'로 끝나고 있다고 이해해도 좋겠습니다.

호세아가 꽃미남 존잘남에 부유층 자제였다면 고멜이 바람 안 피웠을까요? 그렇지 않습니다. 고멜은 끊임없는 탐욕과 욕망에 사로잡혀 살아가고 있는 우리의 자화상입니다. 고멜은 호세아가 보는 앞에서 다른 남자를 만나러 나갔었을 수도 있습니다. 호세아는 그런 고멜 뒤통수를 바라보며 신신당부했겠죠. "가지 말아요. 제발 멈춰요"라고.

우리는 고멜을 보면서 "으그, 저 나쁜 여자…."라며 십자포화를 해댑니다. 그런데 그렇게 손가락질하면서 욕한 고멜이 실은 바로 나 자신의 모습입니다. 호세아는 '미워도 다시 한번' 영화를 백 번은 찍었을 삶을 살았습니다. 우리 하나님은 우리 때문에 아니 나 때문에 백 번이 아니라 천 번, 만 번 '미워도 다시 한번' 영화를 찍고 계십니다. 하나님의 그 사랑이 눈물 나도록 고맙습니다. 진짜 하나님께로 어서 돌아갑시다. 호세아서의 찐쓸모는 가슴 아픈 하나님 사랑을 아는 데 있습니다.

02

요엘서의 쓸모

언제 이런 일이 있었나요?

세상에 이런 일이 언제 있던 적이 있었나요? 코로나 19로 전 세계가 팬데믹에 빠진 상황에서 누구나 할 것 없이 모두가 하는 말입니다. 일상의 삶이 멈춰 버렸습니다. 새로운 일상(뉴 노멀)에 익숙해야 하는데 참 쉽지 않습니다. 1347년 말 흑사병(Yersinia Pestis)이 유럽을 강타했을 때, 인구가 1/3 수준으로 줄었습니다. 1351년까지 그 흑사병은 지속되었다고 합니다. 당시 의학 수준으로는 원인 파악도 제대로 안돼 애먼 유대인과 문둥병을 앓고 있던 이들이 화를 입었나죠. 사람들이 그들을 흑사병 유포자로 내몰아 학살했거든요. 공포의 병이었습니다. 일단 감염되면 고열에 시달리다 피를 토하고 호흡 곤란으로 정신 잃다가 24시간 내에 사망했다고 합니다. 할 수 있는 것이라곤 시체와 환자가 쓰던 물건을 불태우는 것만이 유일한 해결책이었습니다. 그야말로 속수무책이었습니다.

지금은 그때에 비하면 그래도 다행입니다. 백신이 개발돼서 확산을 막고 있으니까요. 코로나 시대에 우리는 어떤 말씀을 통해서 힘을 얻어야 할까요? 요엘서가 여러 답 중 하나가 될 수 있습니다. 요엘서는 재앙에 속수무책으로 쓰러질 수밖에 없는 연약한 인간에게 희망의 쓸모로 있습니다.

하나님이 이스라엘 민족을 심판하실 때 사용하신 무기가 세 개 있었습니다. 칼, 기근, 전염병입니다. 칼은 전쟁을, 기근은 굶주림을, 전염병은 전염되는 질병입니다. 이 세 개로 하나님은 이스라엘 민족을 심판하셨습니다. 셋 중에 하나로 심판하실 때도 있었지만, 세 개 모두 차례대로 또는 한 번에 모두를 사용하신 때도 있었죠. 환난을 겪을 때 우리는 그것이 어떤 이유였든 또한 어떤 형태로 왔든 간에 무조건 하나님을 찾아야 합니다. 그게 사는 길입니다.

> 환난 날에 나를 부르라 내가 너를 건지리니 네가 나를 영화롭게 하리로다(시 50:15).

요엘서는 위드 코로나 시대와 같은 당대의 팬데믹 상황을 그리고 있습니다. 기근입니다. 얼마나 심각했던지, 당시 백성은 "이런 일이 조상 때에 있었다는 얘기를 들어본 적 없다"라며 땅이 꺼져라 한숨 쉬며 말했습니다. 배고픔 앞에서는 양반도 없다고 하죠. 아람 왕 벤하닷이 사마리아를 에워쌌을 때 성 안에 있던 백성들이 크게 굶주리게 되는 일이 있었습니다. 그때 먹을 것을 구하지 못해 자기 자식을 잡아먹는 일까지 일어났습니다(왕하 6:24-33).

요엘서 1장 상황을 보면, 그것에 준하는 상황까지 간 것 같습니다.

요엘 선지자가 "너희의 날에나 너희 조상들의 날에 이런 일이 있었느냐"(1:2)라고 외치는 것을 보면, 굶주림의 상황은 사마리아 때보다 훨씬 심했던 것 같습니다. 요엘서가 남유다에서 일어난 역사적 상황이라고 보면, 엘리사 선지자 시절, 북이스라엘의 위기와 비교될 수는 없겠습니다. 만일 요엘서 역사적 배경이 포로 후기라면, 그거야 물론 진짜 이스라엘 역사 통틀어 가장 힘든 시기였다고 말하는 것이 되겠습니다. 어쨌든 "이런 일은 전에 없었다!"는 게 요엘서에서 말하고 있는 절망적인 한탄이었습니다.

배고픔의 문제라고 하면 우리나라도 심각하게 겪었습니다. 보릿고개라는 시기가 있었죠. 요즘 젊은 세대는 "무슨 고개 이름인가?"라고 생각할지 모르겠습니다. 등산 코스에서 깔딱 고개가 있는 것처럼 보리가 많이 있는 고개로 알까요. 보릿고개는 지난해 가을 수확한 식량이 모두 떨어지고 보리가 아직 여물지 않아 어려움을 겪어야 했던 음력 사오월을 말합니다. 1960년대 후반 경제개발 5개년 계획이 실시되면서 차차 사라졌다고는 하지만 지역마다 차이가 있었습니다. 50대 중반인 필자가 강원도 산골 초등학교(당시 국민학교)에 다닐 때만 해도 대부분 아이들 얼굴에 버짐이 있었습니다. 저도 그중에 한 아이였습니다. 이런 얘기를 전에 자식들에게 말했더니 "먹을 것 없었으면 그냥 라면 끓여 드시지 그러셨어요"라며 제가 몹시 답답하다는 듯이 말하더군요. 누가 진짜 답답한 걸까요?

요엘 선지자는 외칩니다. "너희의 날에나 너희 조상들의 날에 이런 일이 있었느냐? 너희는 이 일을 너희 자녀에게 말하고 너희 자녀는 자기 자녀에게 말하고 그 자녀는 후세에 말하라"(1:2-3). "팥중이가 남긴 걸 메뚜기가 먹고 메뚜기가 남긴 걸 느치가 먹고 느치가 남긴 걸 황충이 먹었다"(1:4)라고 말합니다. 어린 시절 시골에서 살았지만, 팥중이는 뭐고 느치는 뭐고 황충은 뭔지 모르겠습니다. 메뚜기 하나는 확실히 압니다. 나머지 모두는 그냥 메뚜기과 곤충이겠지요. 여하간 그것들이 부스러기 하나 남기지 않고 죄다 먹어 치웠다는 것 아니겠어요.

사람 입에 넣을 것이 하나도 없습니다. 비참합니다. 포도주를 마시던 사람들은 절망합니다(1:5). 포도나무는 모두 꺾였고, 무화과나무는 껍데기까지 홀딱 벗겨져 하얗게 되었습니다(1:7). 농부들은 밭에 소산이 없어 절망에 빠집니다(1:11). 출하량이 많아 가격이 폭락해서 밭을 갈아엎으며 절망한 게 아닙니다. 소출 자체가 없습니다. 나무란 나무는 다 시들었습니다(1:12). 나무껍질, 그걸로라도 허기진 배를 채워보려 하지만, 그마저 구하지 못합니다(1:7). 어릴 적 칡뿌리 캐시던 어른들이 생각나는군요. 제사장들은 하나님께 드릴 소제(grain offering), 전제(drink offering) 제물을 구하지 못합니다(1:9). 마치 모두 불에 타버린 것처럼 먹을거리가 없습니다. 가축도 배고파 울부짖습니다. 들짐승들도 헐떡입니다. 시냇물도 말라 땅바닥을 드러냈습니다(1:18-20).

울어라!

코로나 직격탄을 맞은 자영업자들이 줄줄이 폐업을 하고 있습니다. 하루아침에 실직한 사람들이 도처에 생겨납니다. 생활고로 생명을 포기했다는 안타까운 소식을 더 자주 듣습니다. 교회도 예배당에 모여 예배를 못 드리게 되는 초유의 사태가 일어났습니다. 일제 식민지 시대에도, 6.25 전쟁 중에도 주일에 예배당은 열려 있었습니다. 비대면(contact-free) 예배도 예배지만, 누가 예배당에서 예배를 드릴 수 없는 현실이 올 것이라고 예측이라도 했던 사람이 있었을까요? 이럴 때는 어떻게 해야 하나요?

<오징어 게임> 넷플릭스 드라마가 글로벌 흥행을 이룬 것은 드라마 자체의 탄탄한 줄거리 파워도 있겠지만, 코로나라는 위기 상황에서 보는 이들의 감정이입이 어떤 드라마보다 컸던 게 아닌가 싶습니다. 나훈아는 "오늘이라는 날이 고맙기는 하지만 죽어도 오고 마는 또 내일이 두렵다"라며 "세상이 왜 이래, 왜 이리 힘들어!" 테스 형을 찾으며 노래합니다. 희망 없는 내일을 오늘로 또다시 맞아야 하는 현실 앞에 절망할 수밖에 없습니다. 당시 이스라엘 백성은 지금 우리가 겪고 있는 절망보다 더 큰 절망을 겪고 있었습니다. 우리는 그래도 먹을 것은 있으니까요.

절망에 빠진 백성들에게 요엘 선지자가 해결책을 제시합니다. "너희는 금식일을 정하고 성회를 소집하여 장로들과 이 땅의 모는 주민들을 너희 하나님 야훼의 성전으로 모으고 야훼께 부르짖을지어다"(1:14). 테스 형이 아니라 하나님을 찾아야 합니다. 하나님만이 위기 탈출 넘버 원입니다. 다른 데 가서 도움을 청해봤자, 모두 부질없습니다. 더 큰 절망에 빠져들 뿐입니다. "금식일을 정하라"고 합니다. 이건 어려운 일이 아닙니다. 당시 백성은 먹을 것 없어 굶주렸는데, 금식일 정하는 게 뭐 대수였을까요. "굶고 있었던 것, 그냥 오늘이라도 당장

금식일로 정하자," 그러면 되는 것 아니었을까요. 하나님께 나아가겠다는 결단이라고 보면 좋겠습니다.

그렇게 결단하고 하나님께 나아가 살려 달라고 부르짖으며 우는 겁니다. 이게 요엘 선지자가 제시한 해결책입니다. 하나님을 모르는 사람들은 소주병 들이키면서 세상을 원망하고 욕하다가 결국 눈물 흘리며 울죠. 하나님을 아는 사람들도 힘든 순간에는 원망도 하고 절망도 하고 울기도 합니다. 그래도 다른 점이 있다면, 그러다가도 하나님께 나아가 기도한다는 점입니다. 어차피 우는 것은 같습니다. 하나님께 나아가 그분 앞에서 울면, 웃게 되는 은혜가 있습니다. 시대는 다르지만 이사야 선지자는 예언했습니다.

> 무릇 시온에서 슬퍼하는 자에게 화관을 주어 그 재를 대신하며 기쁨의 기름으로 그 슬픔을 대신하며 찬송의 옷으로 그 근심을 대신하시고 그들이 의의 나무 곧 야훼께서 심으신 그 영광을 나타낼 자라 일컬음을 받게 하려 하심이라(사 61:3).

울어야 할 때는 울어야 합니다. 울면 안 되는 상황은 싼타 할아버지 앞에서나 그렇습니다. 싼타 할아버지는 우는 사람에게는 선물을 안 주시지만, 하나님 아버지는 그렇지 않습니다. 구한 것보다 더 좋은 것을 선물로 주십니다. 하나님께 나아와서 우는 민족에게는 희망이 있습니다. 하나님께 나아와 우는 교회는 희망이 있습니다. 하나님께 나아와 우는 사람은 희망이 있습니다. 국가적 위기든 개인적 위기든 위기의 순간은 하나님이 "나를 찾으라"고 부르시는 때입니다. 요엘서의 쓸모가 점점 분명해집니다. 우리는 고난을 겪을 때 누구 앞에서 울고 있었나요?

> 누구든지 야훼의 이름을 부르는 자는 구원을 얻으리니(2:32).

누구 앞에서 언제 울든 울음 자체에 치유의 힘이 있다고 말합니다. 그렇다고 잠깐 속이 후련해진 걸 갖고 문제가 모두 해결된 걸로 생각해선 안 되겠지요. 하나님 앞에서 울어야 문제가 해결됩니다. 시편에서 다윗이 어떻게 하나님 앞에서 절규하며 부르짖었는지 아는 게 도움이 될 것 같습니다. 다윗은 왕인데도 기도하며 흘리는 눈물을 창피하게 여기지 않았습니다. 하나님 앞에서 울어야 하는데도 울지 않는 게 오히려 창피일 뿐입니다. 하나님 앞에서 울며 흘리는 눈물은 다이아몬드보다 더 값진 보물입니다.

내게로 돌아오라!

문제 해결에 우는 게 전부라면, 어린아이가 당연 최고일 것 같습니다. 절망의 순간에 우는 것은 누구라도 다 할 수 있습니다. 못난 자신 때문에 울 수도 있습니다. 크리스천이라면 하나님이 의당 돌봐줘야 하는데 그렇지 않으면 하나님을 원망하는 마음에서 울 수도 있겠지요. 그걸로 울라고 요엘 선지자가 말한 게 아닙니다. 하나님이 요엘 선지자를 통해 말씀하셨습니다.

> 야훼의 말씀에 너희는 이제라도 금식하고 울며 애통하고 마음을 다하여 내게로 돌아오라 하셨나니(2:12).

울며 애통해야 할 것은 하나님이 원망스러워서 그러는 게 아니라 하나님께 죄를 지은 사실 때문에 그래야 하는 겁니다. 요엘서는 이스라엘 백성들이 무슨 죄를 지었는지에 대한 기록이 없습니다. 그래서 회개해야 할 구체적인 이유를 짐작하는 데 어려움이 있습니다. 요엘서가 이스라엘의 범죄 목록을 언급하지 않고 있다고 해서 그들의 죄가 없다거나 있는 죄가 감춰지는 것은 아닙니다. 신명기 28장에서 답을 찾아볼 수 있겠습니다.

> [38]네가 많은 종자를 들에 뿌릴지라도 메뚜기가 먹으므로 거둘 것이 적을 것이며 [39]네가 포도원을 심고 가꿀지라도 벌레가 먹으므로 포도를 따지 못하고 포도주를 마시지 못할 것이며 [40]네 모든 경내에 감람나무가 있을지라도 그 열매가 떨어지므로 그 기름을 네 몸에 바르지 못할 것이며 [41]네가 자녀를 낳을지라도 그들이 포로가 되므로 너와 함께 있지 못할 것이며 [42]네 모든 나무와 토지 소산은 메뚜기가 먹을 것이며(신 28:38-42).

어떤가요? 요엘서 1장의 상황과 너무 똑같지 않습니까? 이런 일이 있게 되는 이유는 바로 이렇습니다.

> [15]네가 만일 네 하나님 야훼의 말씀을 순종하지 아니하여 내가 오늘 네게 명령하는 그의 모든 명령과 규례를 지켜 행하지 아니하면 이 모든 저주가 네게 임하며 네게 이를 것이니 [16]네가 성읍에서도 저주를 받으며 들에서도 저주를 받을 것이요(신 28:15-16).

꼭 어떤 하나님 말씀에 불순종했냐고 따져봐야 할까요? 만일 그래야 한다면, 그것은 우상숭배였을 것입니다. 또 하나는 사회 정의 문제였을 것입니다. 소예언서의 첫 번째 책인 호세아서와 요엘서 다음에 배치되어 있는 아모스서가 바로 이점을 지적하고 있습니다. 호세아서와 아모스서가 북이스라엘의 범죄를 지적하고 하나님께 돌아가야 할 것을 호소하고 있다면, 그 가운데 끼여 있는 요엘서는 하나님께 범죄한 백성들이 겪는 언약적 저주를 생생하게 보여주면서 하나님께 돌아가야 할 것을 호소하고 있다는 것에 차이가 있습니다.

우리가 울어야 하는 이유는 하나님께 죄를 지은 사실 때문에 울어야 하는 것이지, 먹고살기 힘들어졌기 때문에 우는 것이 되어서는 안 됩니다. 먹고살아야 한다는 이유로 하나님 말씀을 외면했던 사실에 대해 가슴을 치며 울어야 합니다. "이 못난 죄인 용서해 주세요"라며 애통해야 합니다. 악어의 눈물로 하나님을 기망해서는 안 됩니다. 하나님이 바로 아십니다. 괜히 옷을 찢어가며 회개하는 척하지 말아야 합니다. 하나님 속이려고 했다가 큰코다칩니다. "내 코는 작으니 안 다친다" 하는 사람은 설마 없겠죠. 상황은 달라 적용에서 차이는 있을 수 있겠지만, 사도행전에 이런 말씀이 있습니다.

> 그러므로 너희가 회개하고 돌이켜 너희 죄 없이 함을 받으라 이 같이 하면 새롭게 되는 날이 주 앞으로부터 이를 것이요(행 3:19).

사도행전 3:19에서 '새롭게 되는 날'은 하나님의 자녀로서 영생을 소유한 날입니다. 그러나 이 말씀을 요엘서에서 적용해 보면, 새로운 날은 언약적 저주가 풀려 언약적 복이 회복되는 날입니다.

> 13너희는 옷을 찢지 말고 마음을 찢고 너희 하나님 야훼께로 돌아올지어다 그는 은혜로우시며 자비로우시며 노하기를 더디하시

> 며 인애가 크시사 뜻을 돌이켜 재앙을 내리지 아니하시나니 14주께서 혹시 마음과 뜻을 돌이키시고 그 뒤에 복을 내리사 너희 하나님 야훼께 소제와 전제를 드리게 하지 아니하실는지 누가 알겠느냐(2:13-14).

진정성 없는 회개는 쇼입니다. 곤경에 처할 때만 자신을 살피는 경건과 이젠 작별해야 합니다. 회개가 잠시 반짝이다가 사라지는 휘발성 경건 이슈가 되어서는 안 됩니다. 요엘서는 그동안 우리가 어떻게 하나님 앞에 회개 생활을 해왔는지 돌아보게 합니다. 요엘서의 쓸모 중 하나는 우리가 지금까지 남에게 보여주려는 신앙생활을 했던 것은 아닌지 살피게 되는 데 있습니다. 어쩌면 남들 앞에서 기도할 때 길게 기도하거나 큰 목소리로 기도하는 것도 "나 경건하다"라고 과시하고자 했던 행동은 아니었나요? 여기서 부득불 요엘 2:14을 히브리 원문에서 말해야겠습니다.

> 2:14 מִי יוֹדֵעַ יָשׁוּב וְנִחָם וְהִשְׁאִיר אַחֲרָיו בְּרָכָה
> מִנְחָה וָנֶסֶךְ לַיהוָה אֱלֹהֵיכֶם

개역개정의 번역은 "주께서 혹시 마음과 뜻을 돌이키시고 그 뒤에 복을 내리사 너희 하나님 야훼께 소제와 전제를 드리게 하지 아니하실는지 누가 알겠느냐"입니다. 히브리 원문에서 필자의 번역은 "누가 알겠느냐? 야훼께서 돌아오셔서 불쌍히 여기시고 그분 뒤에 복을 남겨 놓으실지. 너희 하나님 야훼를 위한 소제와 전제를"입니다. 개역개정과 필자의 번역 차이는 '복'(בְּרָכָה/베라하)에 대한 이해에 있습니다. 개역개정은 "충분히 받은 복 때문에 야훼 하나님께 소제와 전제도 드릴 수 있게 될 것이다"라고 봅니다. 그러나 저는 "복은 하나님께 드리는 소제(מִנְחָה/민하)와 전제(נֶסֶךְ/네세흐) 자체"로 봅니다.

문법적으로 볼 때, '베라하' (בְּרָכָה/복)는 '민하 바네쎄흐 라도나이 엘로헤헴' (מִנְחָה וָנֶסֶךְ לַיהוָה אֱלֹהֵיכֶם/너희 하나님 야훼를 위한 소제와 전제)와 동격입니다. 하나님께 값나가는 제물을 드린다고 해서 하나님이 받으시는 건 아니죠. 이 부분에 대해서는 미가서의 쓸모에서 자세히 말할 수 있을 것 같습니다. 하나님이 제물을 받으신다는 얘기는 하나님께 긍휼을 입었다(נִחַם/니함)는 얘기와 같습니다. 하나님이 진노의 마음을 푸셨다는 얘기죠. 우리가 '복', '복' 하는 '복'(福)은 물질의 풍성함에 갇혀 있지 않습니다. 요엘 2:14에 의하면 복은 하나님과의 관계에 있습니다. 야훼 하나님과의 관계의 깊이가 바로 복의 척도입니다.

> 그 때에 야훼께서 자기의 땅을 극진히 사랑하시어 그의 백성을 불쌍히 여기실 것이라(2:18).

내가 내 영을 만민에게 부어주리니

오순절 날 제자들이 성령을 체험했을 때, 베드로가 함께 한 제자들에게 구약의 어느 책이 성취되었다고 설교했는지 혹시 알고 계시나요? 바로 우리가 지금 살펴보고 있는 요엘서입니다. 예수님이 승천하시고 난 뒤 제자들이 예루살렘을 떠나지 않고 기도하고 있었을 때 요엘 2:28-32 말씀이 오순절 날 성취되었습니다(참고. 행 2:17-21). 하나님의 영이 만민에게 부어진 것입니다. 구약 시대에 하나님의 영은 특별한 사람에게만 임하였었습니다. 하지만 요엘서는 "그 후에(אַחֲרֵי־כֵן/아하레-헨) 자신의 영을 만민에게 부어 줄 것이다"(2:28)라고 말하고 있습니다. 예수님도 자신이 "하나님께로 돌아가면 성령을 보내시겠다"(요 16:5, 13)라고 말씀하셨습니다. 요엘서를 읽을 때, 사도행전과 짝을 이뤄 읽는 게 좋습니다. 사도행전의 또 다른 이름은 성령행전입니다. 성령에 붙잡힌 사도들의 이야기인 것이죠.

요엘 선지자는 미래에 하나님이 성령을 누구에게나 부으실 것을 보았습니다. 어린 자녀들이 장래 일을 말하고 나이 든 분들이 꿈을 꾸고 젊은이들이 이상을 봅니다. 젊음과 늙음의 나이에 상관없이 성령이 임합니다(2:28). 남녀노소 국적을 구분하고 더도 덜도 강하게 약하게도 아닙니다. 모두 충만과 능력으로 임합니다(2:29). 요엘 선지자는 야훼의 크고 두려운 날이 올 것을 경고하고 있습니다(2:30-31; 3:1-13). 그때 "야훼의 이름을 부르는 자는 누구든지 구원을 얻으리라"(2:32)라고 외칩니다. 요엘서에서 말하는 크고 두려운 날 야훼의 날, '욤 아도나이' (יוֹם־יְהוָה)는 하나님이 세상을 심판하시는 종말론적 날입니다.

요엘서는 우리에게 매 순간 야훼의 날을 의식하며 살아야 할 것을 가르쳐 주고 있습니다. 거룩한 행실로 하나님께 합당한 삶을 살고 있는지 말입니다. 우리가 지금 겪고 있는 코로나도 큰 틀에서 보면 야훼의 날에 속합니다. 하나님이 우리를 심판하시는 날인 것이죠. 그러면 우리는 무엇을 해야 할까요? 그렇습니다. 우리의 행실을 돌아보고 마음을 찢으며 하나님께 회개해야 합니다. 그다음에는요. 성령에 사로잡혀야 합니다. 나의 힘이 아닌 성령의 힘을 의지하는 것입니다. 예수님의 제자들이 이스라엘 나라를 회복하려고 자신들의 힘을 키우지 않았습니다. 그들은 약속하신 성령을 기다리면서 기도에 힘썼습니다.

요엘서의 쓸모가 이제 확실해졌습니다. 하나님과 자신과의 관계가 어떤지 순간순간 살펴야 한다고 알려주고 있습니다. 우리가 하나님께 하는 회개가 요식 행위는 아니었는지 돌아보게 하는데도 아주 적격입니다. 그동안 "주여! 주여! 주여!" 삼창하고 기도하던 습관들로 하나님을 간절히 찾았다는 착각 속에 살았는지도 돌아보게 합니다. 무엇보다 가장 큰 요엘서의 쓸모는 성령의 부으심에 대한 약속일 것입니다. 위기가 어떤 것이었든지 간에 그것을 이겨낸 사도들의 행적은 모두 성령의 임재와 능력 때문에 가능했습니다.

요엘서는 한 번도 경험해 보지 못한 코로나 시대에 살고 있는 우리에게 "회개하고 성령의 임재와 능력을 덧입으라"라고 교훈하고 있습니다. 살림살이가 이전보다 나아졌다는 것을 회복으로 말하는 건 요엘서가 말하려는 참된 회복이 아닙니다. 이른 비와 늦은 비를 때를 따라 주시는 권한은 오직 주 야훼 하나님께 있습니다(2:23). 하나님이 살림살이 회복을 주시든 주시지 않든 그것은 하나님의 주권입니다. 우리는 그것과 상관없이 오직 성령의 임재와 능력을 사모해야 합니다. 그것만이 어떤 위기도 이겨낼 수 있는 진정한 힘입니다. 요엘서의 쓸모를 제대로 알아야겠습니다. 위기의 순간으로부터 빨리 벗어나는 비책으로 회개를 생각해선 곤란합니다. 몇 년째 지속되고 있는 코로나로 회개 운동은 많이 일어났습니다. 하지만 성령의 임재와 그 능력을 의지하는 운동은 별로 들어보지 못했습니다.

이제 요엘서를 새로운 마음으로 다시 읽어 보면 어떨까요. 3장밖에 되지 않습니다. 요엘서를 읽으면서 마음 깊은 곳에서 자신의 죄를 알게 되고 그걸 하나님께 고백하고 그분의 긍휼을 구하다 성령의 임재와 능력을 입게 된다면 요엘서의 쓸모가 제대로 나에게 반응한 것이 됩니다. 참! 그러고 보니 깜빡 하나 잊을 뻔했습니다. 요엘서를 덮기 전에 잠깐이라도 진실된 마음에서 기도하는 것이 어떨까요. "누구든지 야훼의 이름을 부르는 자는 구원을 얻으리니"(2:32), 이 말씀을 기억하면서 말입니다.

> 9주의 얼굴을 내 죄에서 돌이키시고 내 모든 죄악을 지워 주소서
> 10하나님이여 내 속에 정한 마음을 창조하시고 내 안에 정직한 영을 새롭게 하소서(시 51:9-10).

03

아모스서의 쓸모

내 자리가 왜 여기야?

아모스가 문서 예언자(또는 선지자) 중 제일 먼저 자신의 사역 활동과 예언을 글로 남긴 선지자라고 앞서 말씀드렸던 것 기억나시죠? 문서 예언자란 자기 이름으로 전해진 책을 남긴 선지자를 말합니다. 호세아서의 쓸모에서 언급했었습니다. 호세아 선지자가 아모스 선지자보다 예언을 기록으로 남기는 데 오래 걸렸던 이유는 그가 아모스보다 오래 사역했기 때문입니다. 아모스는 남유다 사람으로 주전 8세기 북이스라엘 여로보암 2세 때(주전 793-753) 북이스라엘에서 활동했던 선지자였습니다(1:1). 호세아 선지자가 아모스 선지자보단 연장자였습니다. 하지만 사역 시점에서 보면 아모스 선지자가 호세아 선지자보다 7년 정도 빨랐습니다(주전 760). 나이는 밀려도 사역은 빠른 선배였던 셈이죠. 아모스 선지자가 나이에 밀렸나요? 소예언서 제일 앞자리를 호세아서가 차지했네요. 그러면 당연히 그다음 자리라도 차지해야 하는데 그것도 아니고 세 번째에 위치해 있습니다. 어째 최초 문서 예언자라는 그의 타이틀이 무색해집니다.

소예언서 배열 순서가 중요도 순서는 아닙니다. 꼭 1번이 으뜸을 말한다는 건 없습니다. 야구에서 공을 제일 잘 치는 사람이 3번이나 4번입니다. 몇 번째 배열되어 있느냐로 아모스서가 소예언서의 중요도 중심에 있다, 없다가 되는 건 아닙니다. 그러면 어떤 기준으로 순서가 결정되었을까요? 우선 소예언서는 연대기 순서로 배열되지 않았다고 말씀드렸습니다. 이것이 전혀 연대기 순서를 고려하지 않았다는 뜻은 아닙니다. 나름 연대기를 고려했지만, 소예언서 배열에 더 중요한 고려는 신학적 이유와 다른 책과의 관계였습니다. 아모스서가 요엘서 뒤와 오바댜서 앞에 있는 이유를 생각하는 게 좋다는 뜻입니다. 소예언서 최종 편집자 관점에서는 아모스서는 바로 요엘서와 오바댜서 사이가 딱 좋겠다 싶었다는 겁니다. 요엘서 3장이 열국의 심판을 다루고 있기 때문에 그 뒤에 아모스서가 있으면 이스라엘 이웃 나라와 북이스라엘 심판을 다루는 아모스 1장과 2장이 자연스럽게 연결되지요. 아모스서 마지막 장인 9장에서 '에돔의 남은 자'가 언급되어 있습니다(9:12). 그러니 에돔 족속 심판을 다루는 오바댜서가 바로 아모스서 뒤에 나오면 이야기 흐름이 매끄럽게 연결되는 효과가 아무래도 있겠지요.

아모스서는 소예언서 중 세 번째 위치에 배열되어 소예언서 전체를 조화롭게 하고 의미를 풍성하게 하고 있습니다. 같은 시대 북이스라엘에서 사역했던 아모스 선지자와 호세아 선지자 둘 사이를 괜히 라이벌로 몰았던 것 같네요. 여하튼 최초 문서 예언자인 아모스의 책이 자신보다 약 7년이 늦은 호세아 선지자의 책보다 뒤로 밀려 배열되어 있다는 것에 문제 삼지 않으면 된다는 말씀입니다.

어떻게 해서 잘 나가게 된 겁니까?

북이스라엘의 여로보암 2세 통치 기간이 어떤 때였을까요? 호세아서의 쓸모에서 언급했습니다만, 북이스라엘의 여로보암 2세 통치 기간은 국가적으로 최고 잘나가던 시절이었습니다. 후에 고대 근동의 패권을 쥐게 된 앗수르는 아직까진 힘을 못쓰고 있었거든요. 다윗과 솔로몬 시대 영토 대부분이 회복되었습니다. 무역이 활발하게 일어났습니다. 상업 도로를 지나가는 사람들에게 통행세를 거둬들였죠. 부유층 지배 계급이 형성되었습니다. "내가 제일 잘 나가" 소리치는 사람들이 많아졌습니다. 2NE1만 "내가 제일 잘나가" 외쳤던 것이 아니었던 거죠. 그런데 이런 번영과 부강에는 어둠의 그림자도 있었습니다. 경제적 불평등입니다. 쉽게 말하면 부자인 사람은 더 큰 부자 되고 가난한 자는 더 가난하게 되는 구조였습니다.

부유층은 강남 아파트는 기본이고 빌딩과 별장을 갖고 있습니다. 제주도에 세컨드하우스를 마련하고 계절에 따라 서울 집과 제주 집을 왔다 갔다 하는 사람도 있습니다. 집 많은 사람 갖고 뭐라 할 건 아닙니다. 열심히 벌어서 장만했을 수도 있잖아요. 능력 있는 부모 만나 부자로 살고 있을 수도 있겠지요. 살짝 배는 아프겠지만 그렇다고 어쩔 수 있겠어요. 주어진 삶에 감사하며 하루하루 최선을 다해 살면 되죠. 북이스라엘 부자들도 집을 여러 채 보유하고 있었습니다. 여름에 지내는 집이 따로 있었고 겨울에 지내는 집이 따로 있었습니다(3:15). 그냥 집이 아니고 모든 게 갖춰 있는 펜트하우스(penthouse)와 같은 그런 집, 성에 가깝다고 보면 됩니다. 그런데 아모스 선지자가 야훼 하나님의 말씀이라면서 외칩니다.

> [9]아스돗의 궁궐들과 애굽 땅의 궁궐들에 선포하여 이르기를 너희는 사마리아 산들에 모여 그 성 중에서 얼마나 큰 요란함과 학대함이 있나 보라 하라 [10]자기 궁궐에서 포학과 겁탈을 쌓은 자들이 바른 일 행할 줄을 모르느니라 야훼의 말씀이니라(3:9-10).

아스돗은 블레셋 도시 중 하나입니다. 아스돗과 애굽의 궁궐들에게 "북이스라엘 수도 사마리아에 가서 그곳 궁궐들에서 뭔 일이 있나 보라"라고 말합니다. 개역개정은 '베아르메노테헴'(בְּאַרְמְנוֹתֵיהֶם)을 '자기 궁궐에서'로 번역했습니다. '궁궐'이라고 하니 왕이 사는 집으로 볼 건 아닙니다. '아르몬' (אַרְמוֹן)은 '요새화된 집'을 말합니다. 정확한 뜻은 '그들의 요새화된 집들에서' 입니다. 왜 있잖아요. 울타리가 무진장 높고 튼튼해서 안을 절대 들여다볼 수 없는, CCTV 수십 대가 하루 종일 이곳저곳에서 뱅글뱅글 돌아가며 움직이는 모든 것들을 죄다 촬영하는 넘사벽의 집, 그런 집 말입니다. 사마리아 부자들은 그런 곳에서 살았습니다.

아모스 선지자는 그곳에서 일어나는 모든 일을 마치 이전에 CCTV로 보고 있었던 것처럼 말합니다. "포악과 겁탈을 쌓은 자들"이라고 말하면서 "바른 일 행할 줄을 모른다"(3:10)라고 말합니다. '포악' 으로 번역된 '하마쓰'(חָמָס)는 가혹하고 무자비한 폭력을 의미합니다. '겁탈'로 번역된 '쇼드'(שֹׁד)는 타인의 재산과 생명을 강제로 빼앗는 강도와 살인 행위를 말합니다. 부자들 대부분은 위정자였습니다. 그들은 백성들의 재산을 폭력으로 빼앗았습니다. 그리고 그걸로 자신들의 집을 멋 떨어지게 지었습니다. 나중에는 이방 나라에 빼앗길 집을 말이죠. 온갖 사치 행각이 그 안에서 벌어졌습니다.

> [3]너희는 흉한 날이 멀다 하여 포악한 자리로 가까워지게 하고 [4]상
> 아 상에 누우며 침상에서 기지개 켜며 양 떼에서 어린 양과 우리
> 에서 송아지를 잡아서 먹고(6:3-4).

부자들이 "내 돈 갖고 내가 쓰겠다는 데 뭐라 할 것 있소!"라고 핏대 올리며 말할 수도 있겠습니다. 그런데 진짜 내돈내산(내가 돈 주고 내가 산 것)이었나요? 힘없는 사람들 재산을 빼앗아 부정으로 축척한 부는 정말이지 없나요! 평범한 회사원이 5년 20개월 근무에 퇴직금으로 50억을 받았다면, 상식 선에서 볼 때, 뭔가가 있었던 것 아니겠어요! 아버지가 힘깨나 쓰는 정치인이었기 때문에 가능했다는 걸 삼척동자도 다 아는 것 아니겠습니까. 주전 8세기 북이스라엘에서 자신의 권력으로 힘없는 자들을 괴롭혀 재산을 축척한 폭력과 부정부패가 21세기 대한민국에도 있다는 게 안타깝고 슬플 뿐입니다.

힘없는 사람들은 억울한 일을 당해도 어쩔 수 없었습니다. 재판하는 사람들이 모두 가진 자들과 한통속이었거든요. 일종의 정경유착입니다. 재판하는 자들은 부자들이 찔러주는 돈을 먹고, 가난한 자들의 억울한 송사를 뭉갰습니다. 유전무죄 무전유죄였습니다.

> [11]너희가 힘없는 자를 밟고 그에게서 밀의 부당한 세를 거두었은

즉 너희가 비록 다듬은 돌로 집을 건축하였으나 거기 거주하지 못할 것이요 아름다운 포도원을 가꾸었으나 그 포도주를 마시지 못하리라 [12]너희의 허물이 많고 죄악이 무거움을 내가 아노라 너희는 의인을 학대하며 뇌물을 받고 성문에서 가난한 자를 억울하게 하는 자로다(5:11-12).

지식층들이 이때 한마디씩 했어야 했는데 모두 권력자 앞에 꿀 먹은 벙어리로 있었습니다(5:13). 받아먹은 게 있으니까 그랬겠죠. 지배층들은 아쉬울 게 하나도 없었습니다. 마음만 먹으면 얻고 싶은 걸 손에 다 넣을 수 있었습니다. 하나님을 찾는 건 절기나 성회 때만 찾아도 되는 것이었습니다. 자신들의 힘이 곧 신이었습니다(6:13). 하나님 말씀 없이 살아도 아무런 찔림이 없었습니다. 하나님 말씀 없이 살아가는 게 얼마나 힘든 것인지 그때는 몰랐던 겁니다. 아모스 선지자는 후에 이런 말을 했습니다.

주 야훼의 말씀이니라 보라 날이 이를지라 내가 기근을 땅에 보내리니 양식이 없어 주림이 아니며 물이 없어 갈함이 아니요 야훼의 말씀을 듣지 못한 기갈이라(8:11).

양식이 없으면 주리지만, 하나님 말씀이 없으면 이미 죽은 상태라는 걸 기억해야 합니다. 아모스 선지자는 북쪽 태생의 사람이 아니고 남유다 출신이라고 말씀드렸죠. 베들레헴에서 남쪽으로 약 10킬로미터쯤에 있는 드고아 목자 출신입니다. 뽕나무도 재배했습니다(7:14). 뽕나무가 아니고 무화과나무(sycamore-figs)라는 얘기도 있습니다. 무슨 나무였든 중요한 건 남유다 사람이, 그것도 직업도 분명히 있던 사람이 북이스라엘까지 가서 선지자로 하나님 말씀을 선포했다는 사실입니다. 북이스라엘이 나가도 너무 막 나가니까 하나님께서 남쪽 사람을 불러 한 소리 하게 하셨다고 보면 되겠습니다.

아모스서의 쓸모가 어디 있을까요? 내가 요즘 잘 나간다 싶으면, 무조건 아모스서를 살펴야 합니다. 아모스서의 쓸모는 지금 나의 잘 나감이 어떻게 해서 된 것인지 돌아보게 하는 데 있습니다. 나의 지금 형통이 정당한 방법과 노력에 의해 얻어진 것인가요? 아니면 남을 짓밟고 속여 빼앗은 결과인가요? 누군가 나로 인해 짓밟혀 눈물로 잠을 설치고 있는 사람이 있을 수 있습니다. 아모스서는 내가 이룬 성공에 불법과 부정이 있었는지 돌아보게 합니다.

세리장 삭개오라는 사람이 있었습니다. 그는 부자였지만 키가 난쟁이 똥자루만 해 늘 무시당했습니다. 어느 날 여리고를 지나가시는 예수님을 보고자 뽕나무(또는 돌 감람나무나 무화과나무) 위로 올라갔다가, 예수님의 눈에 띄어 예수님과 함께 식사를 하게 되었습니다. 그는 예수님에게 자신이 그동안 축척했던 재산을 가난한 자를 위해 내어놓겠다고 했습니다. 부당한 세금 징수로 가난한 자의 피를 뽑았던 것이 있다면 네 배로 갚겠다고 말했습니다(눅 19:1-10). 아모스서에서 삭개오와 같은 자가 나타나야 합니다. 삭개오는 이 글을 읽는 여러분과 이 글을 쓰고 있는 제가 우선적으로 되어야 함은 두말할 것도 없겠죠.

"내 인생 한 번도 잘나가본 적 없으니 난 아니야"라고 대꾸할 분도 있을까요. 만일 그렇다면, 하나님이 형통케 하시는 날이 있기를 축복합니다. 아무리 현재 상황이 나빠도 아모스서는 읽어야 합니다. 가진 자가 노블레스 오블리주(noblesse oblige)를 이행하지 않은 것에 대해 하나님이 심판하신다는 건, 하나님이 약자를 돌보신다는 것과 같습니다. 내일 내 인생이 어떻게 갑자기 바뀔지 알겠습니까! 로또 1등 당첨을 미리 알고 복권을 사는 사람은 없습니다. 아모스서는 하나님이 복을 주셔도 그 복 때문에 넘어지지 않고 겸손하게 약자와 함께 할 수 있는 법을 배우게 합니다. 아모스서는 가난하고 억눌린 자에게 위로를 주고, 부유하고 권력 있는 자에게는 경각심을 줍니다.

착각도 유분수지!

'듣고 싶은 대로 듣는다'는 말이 있죠. 아모스 선지자가 야훼의 날 이야기를 꺼냈을 때 북이스라엘 지도층들은 환호를 질렀습니다. "야훼의 날은 우리를 위한(for) 날이다"라는 희망 회로가 과부하 걸릴 정도였습니다. 실은 자신들을 대적하는(against) 날일 것이라고는 1도 생각하지 않았습니다. 아모스 선지자 입장에서는 "이건 무슨 시추에이션이지"라고 당황했을 것 같습니다. 아모스 선지자는 저들이 잔뜩 쫄아서 벌벌 떨며 자신을 붙잡고 "어떻게 해야겠습니까"라고 매달릴 것을 상상했을 텐데, 그게 아니고 좋아라 환호성을 치니 말이죠. 그들은 야훼의 날을 지금보다 더 크게 복 받아 실컷 플렉스(flex/돈 많다고 과시하는 행위) 하게 되는 날로 믿고 있었던 것입니다. 도대체 탐욕이 어디까지였는지, 여기서 신봉선 씨의 유행어 "짜증 지대로다"라는 말을 한 번 뱉고 가야 속이 내려갈 것 같네요. 착각도 아주 제대로 하고 있었습니다. 완전히 돈과 권력에 미쳐 있었던 거죠.

> 18화 있을진저 야훼의 날을 사모하는 자여 너희가 어찌하여 야훼
> 의 날을 사모하느냐 그 날은 어둠이요 빛이 아니라 19마치 사람
> 이 사자를 피하다가 곰을 만나거나 혹은 집에 들어가서 손을 벽
> 에 대었다가 뱀에게 물림 같도다 20야훼의 날은 빛 없는 어둠이
> 아니며 빛남 없는 캄캄함이 아니냐(5:18-20).

기득권, 부유층들이 야훼의 날이 자신들을 위한 날이라고 믿고 있었다는 건, 그들이 얼마나 돈과 권력에 미쳐 있었다는 걸 증명합니다. 그들의 의식 속엔 '더 많이 더 높게'가 있었습니다. 자신들이 무엇 때문에 지도층의 자리에 있는지 망각했습니다. 가난한 자들도 사실 별반 다르지 않았습니다. 그들은 그들 세계에서 자신보다 더 가난하고 힘없는 자들을 억압했고 착취했습니다. 자기보다 힘없고 연약하면 그 사람은 무조건 먹잇감이 되었습니다(2:7).

아모스 선지자는 너희는 섰다고 생각하지만 엎어졌다고 말합니다. 일어나지 못할 거라고 말합니다(5:2). 곧 망한다는 겁니다. 이스라엘에 천명이 있다고 하면 나중에 열 명만 남게 될 것이라고 말합니다(5:3). 아모스는 북이스라엘 사람들이 잘났다고 떠들고 있을 때, 그들을 보며 큰 슬픔에 빠졌습니다. 자신들에게 닥칠 운명도 모르고 철딱서니 없이 깝죽거리는 애들 같았으니까요. 아모스 선지자는 그래도 야훼 하나님이 말씀하시는 희망을 선포합니다.

> 너희는 야훼를 찾으라 그리하면 살리라(5:4, 6).

아모스서의 쓸모입니다. 하나님이 우리에게 오늘이라는 날을 주신 것은 하나님께 나아가 생명을 얻을 기회가 있다는 것을 말해 줍니다.

"야훼 하나님을 찾으면 살리라." 이것만큼 강렬한 메시지가 또 어디 있을까요? "하나님이 너희를 심판하시기 전, 빨리 야훼를 찾으라. 그러면 산다"는 것 아니겠습니까. 이 메시지가 북이스라엘 사람들의 귀에 들렸을까요. 그렇지 않았습니다. 자신들이 뭘 잘못하고 있는지 몰랐습니다. 알았어도 자신만 그러는 게 아니고 모두가 그러는데 그런 건 그들에게 잘못이 아니었습니다. 그냥 삶의 방식, 문화라고 치부했습니다.

심판의 날은 "안전하다. 평안하다" 할 때에 갑자기 닥칩니다(살전 5:3). 평소에 하나님을 찾아야 합니다. 심판 때 하나님을 찾으면, 하나님께서는 "애야! 때가 늦었다"라고 말씀하실 겁니다. 지금 이 글을 읽는 순간에도 야훼 하나님을 찾아야 합니다. 아모스서의 쓸모는 특별한 날만이 아닌 모든 날에 하나님을 찾게끔 합니다.

착각은 그만해야겠지요. 하나님이 나를 위해 존재하시는 것이 아니라 내가 하나님을 위해 존재하는 것이니까요. 하나님은 창조주이시고 우리는 그에 의해 만드신 바 된 피조물입니다. 하나님이 무조건 나를 위하지는 않습니다. 내가 그분 안에 있을 때 그분도 우리 안에 거하십니다. 서로가 서로 안에 거해야 하는 겁니다. 예수님께서 "내 안에 거하라 나도 너희 안에 거하리라"(요 15:4)고 말씀하셨습니다. 늘 주님 안에 거하는 삶을 살며 하나님을 찾는다면 세상을 심판하시는 야훼의 날이 언제 어떻게 갑자기 올지라도 그날이 두렵지 않을 겁니다. 물질과 권력의 소유에 가치를 두면, 하나님을 떠날 확률이 높습니다. 오직 우리의 삶의 가치는 하나님과의 관계에 둬야 합니다.

정의를 물같이 공의를 강같이

저수지와 강의 차이점을 아시지요. 저수지는 물이 고여 있는 곳이고, 강은 물이 흐르고 있는 곳입니다. 고여 있는 물은 썩습니다. 그곳에서 아무리 몇 떨어진 연꽃이 피어나도 사람이 먹을 수 있는 물을 주지는 못합니다. 아모스 선지자는 "정의를 물같이, 공의를 마르지 않는 강같이 흐르게 할지어다"(5:24)라고 외치고 있습니다. 아모스 선지자가 북이스라엘을 보면서 개탄한 게 사회 전반에 있는 불의, 부정부패, 폭력, 압제였습니다.

아모스서는 끊임없이 사회 정의 문제를 짚습니다. 이것은 예수 믿는 크리스천의 삶을 돌아보게 합니다. 우리끼린 은혜를 말하고 감사를 말하고 간증을 나누지만 예수를 모르는 사람들과의 어울림이 있는 직장과 학교에서 과연 정의와 공의를 행하느냐의 문제입니다. 여기서 '쩨다카' (צְדָקָה/공의)와 '미쉬파트' (מִשְׁפָּט/정의)의 의미를 원어에서 설명하는 것은 너무 깊어질 것 같아 피하고자 합니다. 간단하게 '이웃과 평화롭게 더불어 사느냐' 의 문제로 이해하면 충분합니다. 남의 눈물로 나의 웃음을 만들지 말라는 얘기입니다. 하나님과 사람 앞에 정직하라는 얘기입니다.

하나님을 사랑한다면 이웃을 사랑해야 합니다. 예수님께서 성경(구약)을 두 가지 계명으로 정리하셨습니다. 예수님 당시에는 구약이 성경 그 자체였습니다. 하나님 사랑과 이웃 사랑입니다(눅 10:27). 하나님을 사랑함으로 이웃을 사랑하고, 이웃을 사랑함으로 하나님을 사랑해야 합니다. 사도 요한이 이런 말을 했습니다.

누구든지 하나님을 사랑하노라 하고 그 형제를 미워하면 이는 거짓말하는 자니 보는 바 그 형제를 사랑하지 아니하는 자는 보지 못하는 바 하나님을 사랑할 수 없느니라(요일 4:20).

예수님의 친 동생이었던 야고보는 참된 예배에 대해 다음과 같이 말했습니다.

하나님 아버지 앞에서 정결하고 더러움이 없는 경건은 곧 고아와 과부를 그 환난 중에 돌보고 또 자기를 지켜 세속에 물들지 아니하는 그것이니라(약 1:27).

개역개정 야고보서 1:27에서 '경건' 이라고 번역된 헬라어는 '스레스케이아' (θρησκεία) 입니다. 이 단어의 뜻은 '경건'이라기보다는 '종교' (religion) 또는 '예배' (worship)에 가깝습니다. 곧 하나님이 받으시는 예배는 '사회적 약자를 돌보면서 자신을 세상 가치관에서 지키면서 거룩하게 사는 삶' 입니다.

아모스 선지자는 북이스라엘 사람들에게 하나님은 "너희가 지키는 절기들, 성회들을 하나님은 기뻐하지 않으신다. 오히려 미워하고 멸시하신다"(5:21)라고 외쳤습니다. "아무리 번제, 소제를 드려도 살진 희생의 화목제를 드려도 받지 않으신다"(5:22)라고 말했습니다. "하나님을 높이는 노랫소리도 비파 소리도 집어치우라"(5:23)고 말했습니다. "그딴 것들은 모두 집어치우고 남들과 똑바로 살라"고 하나님께서 말씀하시는 것이었습니다. 그렇지 않고선 하나님이 상대를 안 하시겠다는 말씀입니다.

21내가 너희 절기들을 미워하여 멸시하며 너희 성회들을 기뻐하
지 아니하나니 22너희가 내게 번제나 소제를 드릴지라도 내가 받
지 아니할 것이요 너희의 살진 희생의 화목제도 내가 돌아보지
아니하리라 23네 노랫소리를 내 앞에서 그칠지어다 네 비파 소리
도 내가 듣지 아니하리라 24오직 정의를 물같이, 공의를 마르지
않는 강같이 흐르게 할지어다(5:21-24).

5:24 시작에 '오직'이라는 말이 보이시나요. 흘러가야 할 물이 흐르지 않고 그대로 있으면 사람이 마실 수 있는 물이 될 수 없습니다. 정의와 공의라고 붙여진 물은 반드시 흘러야 합니다. 그래야 이 사회를 살릴 수 있습니다. 형식적인 제사보다 정의와 공의를 행하는 것이 중요합니다. 하나님께 무엇을 드렸다는 것은 '기브 앤 테이크'(give and take)의 거래 관계를 생각나게 합니다. 하지만 이웃에게 선을 행하는 삶은 하나님과 동행하는 인격적 관계를 설명합니다.

북이스라엘 사람들이 아모스 선지자의 이런 외침을 듣고 하나님을 찾았을까요? 아니면 안 찾았을까요? 안타깝게도 안 찾았습니다. 벧엘의 제사장이었던 아마샤는 "너는 유다 땅으로 빨리 도망가서 거기서나 밥이나 먹으면서 예언하라"고 아모스 선지자를 협박했습니다(7:12). 히브리 원문에서 '레흐 베라흐-레하'(לֵךְ בְּרַח־לְךָ)는 "너, 너 말이지 빨리 도망이나 가라. 그렇지 않으면 죽는다"라는 의미입니다.

아모스 선지자는 알았습니다. 타락한 북이스라엘이 정의와 공의를 행하지 않을 것을요. 또한 야훼 하나님을 찾지도 않을 것을 말입니다. 그는 결국 북이스라엘이 앗수르라는 나라에 멸망하게 될 것을 예언했습니다.

> 26너희가 너희 왕 식굿과 기윤과 너희 우상들과 너희가 너희를
> 위하여 만든 신들의 별 형상을 지고 가리라 27내가 너희를 다메
> 섹 밖으로 사로잡혀 가게 하리라 그의 이름이 만군의 하나님이
> 라 불리우는 야훼께서 말씀하셨느니라(5:26-27).

말해줘도 듣지 않는 건 어쩔 수 없지요. 여로보암 2세 당시 북이스라엘 사람들이 불쌍하게 느껴집니다. 그들은 겉으로 보기에는 건장했지만 몇 달 못 사는 말기 암 환자라는 걸 모르고 의사 진료 자체를 무시한 사람들 같았습니다. 하나님 말씀 없이 사는 것이 자신들이 죽는 것인 줄 몰랐던 것이지요. 아모스서는 말합니다. "너희가 살려면 야훼를 찾으라!"(5:4). "악은 버리고 선을 구해라 악을 미워하고 선을 사랑해라"(5:14-15). 하나님의 정의와 공의를 흘러가게 해야겠습니다. 그렇지 않으면 내 몸은 썩어 결국 나를 죽게 만듭니다.

아모스의 쓸모를 이제 아셨나요? 지금부터 아모스서의 교훈을 여로보암 2세 당시 북이스라엘 사람들처럼 따르고 안 따르고는 전적으로 나, 자신에게 달렸습니다. 부디 아모스서를 통해 허물어진 것들을 다시 일으키며 구멍 난 곳을 메꾸었으면 좋겠습니다.

04

오바댜서의 쓸모

편견을 버려 주세요

"오바댜서 어! 구약에 이런 책도 있었어"라고 하실 분이 있을까요. 오바댜서가 구약 전체 39권 속에 파묻혀 있는 느낌이 있습니다. 요엘서처럼 3장이라도 되었다면(히브리 성경에서는 4장이에요), 존재감이라도 있겠는데 달랑 1장입니다. 절 수는 21절밖에 안 됩니다. 그러다 보니 도대체 어디에 붙어 있는 건지 모르실 분도 꽤 있을 것 같습니다. 오바댜서를 찾으려고 이리저리 넘기는 분들이 아마 꽤 계실 것 같습니다. 아모스서 뒤에 붙어 있습니다. 붙어 있다고 하니까 아모스서의 꼬봉이라고 말하는 것은 아니에요. 그냥 그 뒤에 있다는 것뿐 그 이상 그 이하도 아닙니다. 요나서 앞에 있다고 말하는 게 더 나을 뻔했나요. 아모스서 다음이 오바댜서라는 설명이 큰 도움이 안 될 수도 있겠다고 생각합니다. 아모스서가 어디 있는지 모르면 말짱 꽝이 되니까요. 그래도 오바댜서 위치는 아모스서 뒤라는 사실을 아는 게 중요합니다. 아모스서와 연관이 있거든요.

분량이 저자의 능력이나 위대함을 말하는 게 아니라는 건 다 아시죠. 오바댜서가 분량이 적어도 그리스도 예수 안에 있는 믿음으로 말미암아 구원을 주는 하나님의 말씀으로 66권 중 하나로 당당하게 있으니 대단하지 않습니까(딤후 3:15). 그동안 오바댜서가 분량이 적다는 이유로 성경에서 홀대받은 느낌이 있습니다. "나 좀 찾아줘요. 나 좀 읽어줘요." 오바댜서가 그렇게 우리를 부르는 것 같습니다. 오바댜서 분량이 적다는 것은 독자에게 어쩌면 기분 좋게 하는 도전이 된다고 봅니다. 왜냐구요? 오바댜서 완전정복이 그만큼 쉬워지니까요. 다 읽는 데 긴 시간이 필요하지 않습니다. 몇 분이면 됩니다. 앞으로 소예언서 중 가장 많이 읽은 책이 오바댜서가 될 것 같은데요.

앞서 말했듯이 오바댜서는 아모스서 뒤에 있습니다. 두 권은 자연스럽게 연결되어 있습니다. 아모스 5:18에서 '야훼의 날'이 오바댜 11절에서 '형제의 날', '재앙의 날', '고난의 날', 15절에서 '만국을 벌할 날'로 등장합니다. 아모스 9:12의 '에돔의 남은 자'라는 문구는 이모스서 뒤에 위치해 있는 오바댜서와 딱 들어맞습니다. 오바댜서는 에돔 족속에 대해 심판을 선언하는 책이거든요. 또한 오바댜 18절의 '에서 족속에 남은 자'는 아모스서와 관련성을 깊게 보여주는 문구가 됩니다. 아모스 9:12과 연결시켜 오바댜서를 읽어보면 하나님이 에돔 족속을 무조건 모조리 멸망시키는 건 아니라는 사실을 알게 됩니다. 오바댜 18절은 심판의 관점에서 말하는 것이기 때문에 아모스 9:12과는 차이점이 있습니다. 하나님이 소돔과 고모라를 멸망시켰어도, 롯과 두 딸을 구해내셨지요. 에돔 족속도 마찬가지입니다. 하나님을 찾는 사람은 그 누구, 그 어떤 족속이라도 구원을 얻는다는 걸 기억해야 합니다.

> [11]그 날에 내가 다윗의 무너진 장막을 일으키고 그것들의 틈을 막으며 그 허물어진 것을 일으켜서 옛적과 같이 세우고 [12]그들이 에돔의 남은 자와 내 이름으로 일컫는 만국을 기업으로 얻게 하리라 이 일을 행하시는 야훼의 말씀이니라(암 9:11-12).

아모스 선지자의 관점에서 보면 에돔 족속도 야훼 하나님께 피하면 구원을 받게 될 '남은 자'(שְׁאֵרִית/쉐에리트)가 될 수 있습니다. 그들은 하나님의 백성인 이스라엘과 함께 만국을 기업으로 얻게 된다고 말씀하고 있잖아요. 특정 사람들이 어떤 면에서 나쁠 순 있어도 모든 면에서 다 그런 것은 아니니 싸잡아 "다 그렇다"고 말하는 것은 위험합니다. 일반화의 오류에 빠지지 말아야겠습니다. '에돔 족속은 야곱(이스라엘) 족속을 괴롭힌 사람들이었습니다. 그렇기 때문에 에돔 민증(주민등록증)을 갖고 있는 사람들은 무조건 심판받아야 돼' 와 같은 논리는 곤란합니다. 아시아계라고 해서 흑인들이 주먹을 날리는 일이 미국에서 종종 일어나고 있습니다. 이런 뉴스를 접하면 화가 머리끝까지 솟아올라옵니다. 자기네들은 백인들에게 그렇게 오랫동안 괄시를 받아왔으면서…. 인종차별이 얼마나 나쁜 것인지 다 알만한 사람들이 그렇게 '묻지 마' 폭행을 하냐구요….

흥분된 마음을 좀 진정시키고 릴랙스 좀 하겠습니다. 흑인들만 그러는 건 아니지요. 백인들 중에도 그런 사람들이 있습니다. 우리도 외국인 노동자에게 친절하지 않은데요. 부아가 치밀어 오르면 이렇게 저도 싸잡아 말하게 되네요. 똑같은 사건이 계속 반복되다 보면 편견이라는 게 생깁니다. 일부러라도 편견에서 벗어나려고 애써야겠습니다. "에돔 족속은 생각할 것 필요도 없이 그냥 나쁘다"라고 확신한다든가, "분량 적은 오바댜서! 별 것 있겠어, 없다 없어," 이런 편견을 버리는 겁니다.

오바댜서 누구를 위해 종을 울리나!

오바댜 선지자는 자신의 메시지를 누구에게 들으라고 외쳤을까요. "에돔 족속에 대한 심판 선언이니 에돔 족속들이 들으라고 하는 말 아닐까요?" 맞는 말입니다. 하지만 정확히 말하면, 오바댜서는 에돔 족속에게 상처 입은 이스라엘(야곱)을 위로하기 위해 남유다 백성에게 선포된 예언입니다.

학폭으로 피해를 본 학생을 이스라엘(남유다)이라고 생각하고, 가해 학생을 에돔이라고 생각해 보자구요. 학교에서 학폭 위원회가 열렸습니다. 학폭 위원장인 오바댜 선지자가 가해 학생인 에돔 족속을 향해 죄를 조목조목 지적합니다. 이것저것 때문에 처벌이 있을 것이라고 말합니다. 개역개정은 '레에돔' (לֶאֱדוֹם)을 '에돔에 **대하여**'로 번역했습니다(1:1). 본래의 뜻은 '에돔**에게**' 입니다.

좀 더 자세히 설명해 볼까요. 학폭 위원회가 소집되어 가해 학생과 피해 학생이 각각 분리된 상태에서 조사를 받습니다. 학폭 위원장이 가해 학생에게 어떻게 그가 피해 학생을 괴롭히는 괴물이 된 것인지 원인을 진단해 봅니다(1:3, 7-9), 이어서 그가 하지 말았어야 할 어떤 몹쓸 짓을 했는지 조목조목 쭉 열거하는 것이죠(1:10-14). 그다음 "확실한 처벌을 내리겠다"라고 말하는 겁니다. 그러면 그 내용을 알게 된 피해 학생은 어떤 마음이 들까요? 자신을 괴롭히던 가해 학생으로부터 이젠 놓일 수 있겠다는 생각에 안도의 숨을 내쉬겠지요. 오랫동안 쌓였던 깊은 상처 응어리가 한 순간에 녹아 내리는 기분을 느끼게 될 것입니다. 오바댜서는 이스라엘 백성에게 위로였습니다.

> 3찬송하리로다 그는 우리 주 예수 그리스도의 하나님이시요 자비의 아버지시요 모든 위로의 하나님이시며 4우리의 모든 환난 중에서 우리를 위로하사 우리로 하여금 하나님께 받는 위로로써 모든 환난 중에 있는 자들을 능히 위로하게 하시는 이시로다(고후 1:3-4).

하나님의 사람은 박해를 받지만 종국에는 기뻐하고 즐거워하게 될 것입니다(마 5:10-12). 이 세상에서 사는 동안 체감하는 위로는 부족할 수 있습니다. 하지만, 하늘에서는 온전한 위로와 합당한 보상이 약속되어 있습니다. 예수님은 '상'(μισθός/미스소스, reward)이 있다고 말씀하셨습니다. 이전에 있던 선지자들도 박해를 받았다고 말씀하셨습니다(마 5:12). 오바댜서는 누군가로부터 상처 입은 영혼에게, 그것도 형제처럼 믿었던 사람에게 받은 배신의 고통을 치료해 주는 위로의 책입니다. 상처를 준 사람은 자신이 무슨 상처를 준지 새까맣게 잊습니다. 가해자는 두 발 쭉 뻗고 자지만, 상처 입은 사람은 그때 트라우마로 평생 고통 속에 잠 못 이룹니다. 성공한 연예인들이나 스포츠 스타들이 한순간에 추락하는 걸 종종 봅니다. 학창 시절 주먹질과 삥뜯기로 급우를 괴롭혔다거나, 선수 시절 폭언과 폭력으로 후배를 갈궜다는 과

거가 언론에 폭로될 때입니다. 오바댜 선지자가 하나님이 에돔 족속을 심판하신다는 메시지를 선포했을 때 이스라엘이 받았을 위로를 생각해 보십시오.

> 오바댜의 묵시라 주 야훼께서 에돔에 대하여 이와 같이 말씀하시니라 우리가 야훼께로 말미암아 소식을 들었나니 곧 사자가 나라들 가운데에 보내심을 받고 이르기를 너희는 일어날지어다 우리가 일어나서 그와 싸우자 하는 것이니라(1:1).

오바댜 선지자가 하나님으로부터 에돔 족속을 심판하실 하나님의 계획을 듣습니다. "우리가 야훼께로 소식을 들었다"(1:1). 분명히 자신이 하나님으로부터 들은 것인데 오바댜 선지자는 "**우리가** 들었다"(שְׁמוּעָה שָׁמַעְנוּ/쉐무아 샤마누)라는 표현을 썼습니다. 그가 들은 소식이 '우리의 소식'이 된 것은 이스라엘 백성에겐 반가운 소식이라는 걸 의미합니다. 하나님께로부터 보냄 받은 사자(צִיר/찌르, envoy)가 이방 강대국 지도자들에게 "일어나서 에돔과 싸우자"라고 마음을 부추겨 에돔을 멸망시킨다는 계획이었습니다.

> 야곱 족속은 불이 될 것이며 요셉 족속은 불꽃이 될 것이요 에서 족속은 지푸라기가 될 것이라 그들이 그들 위에 붙어서 그들을 불사를 것인즉 에서 족속에 남은 자가 없으리니 야훼께서 말씀하셨음이라(1:18).

에서는 에돔과 같은 말입니다(창 36:1, 9). 에서는 동생 야곱의 쌍둥이 형으로 태어났습니다. 그의 이름이 에서가 된 이유는 태어날 때 온몸이 붉고 털옷 같았기 때문이었습니다(창 25:25). 장성한 어느 날 사냥하고 돌아온 에서가 배고픔에 장자권을 가볍게 여기고 동생 야곱에게 붉은 죽 한 그릇에 팔았습니다. 에서가 에돔('붉다' 라는 뜻)으로 불리게 된 이유는 이 때문입니다(창 25:30). 아버지 이삭이 기력이 다하게 된 나이가 되자 에서가 해 주는 사냥 고기를 먹고 축복하려고 합니다. 하지만 야곱이 속임수로 형이 아버지로부터 받을 축복기도를 가로챘습니다. 에서는 자신이 누릴 장자의 복을 동생 야곱에게 빼앗긴 것에 분노를 참지 못하고 기회를 봐 그를 죽이려고 했습니다. 야곱은 그런 형에게서 지금 터어키 남부에 위치에 있는 하란 삼촌 집으로 도망갔다가 20년 만에 다시 가나안 땅으로 돌아오게 됩니다. 야곱은 자신을 죽이려고 했던 에서와 만나게 되는 찰나에 얍복강가에서 천사와 밤을 새는 씨름을 하며 하나님의 도우심을 간구합니다. 결국 야곱은 그 씨름에서 이기고 이스라엘이라는 이름을 얻습니다. 하나님의 도우심으로 둘 사이에 극적인 화해가 이루어집니다. 이후 야곱과 에서는 서로 흩어져 살면서 이스라엘과 에돔이라는 나라를 이룹니다. 그의 후손들은 조상 에서와 야곱 사이에 티격태격 다툼이 있었듯, 이스라엘과 에돔 두 나라도 티격태격 다툼 속에 살아갑니다.

에돔의 죄는 무엇이었나요?

형제들 사이에 티격태격은 어느 정도 있을 수 있지요. 어쩌면 티격태격도 없다면 형제 사이가 아니라고 봐야 할 것 같습니다. 티격태격은 형제 사이에서 용인되어야 한다는 건 아니지만 성장하는 과정에서 자연스러운 일이기도 합니다. 형제라도 넘지 말아야 할 선은 분명히 있습니다. 에돔 족속이 심판을 받는 건 하나님이 보셨을 때 넘지 말아야 할 선을 넘었다는 것을 의미합니다. 오바댜 선지자는 에돔 족속에게 그들이 한 죄목을 짚습니다.

> 네가 네 형제 야곱에게 행한 포학으로 말미암아 부끄러움을 당하고 영원히 멸절되리라(1:10).

오바댜 선지자는 하나님의 말씀을 선지자로서 전하고 있습니다. 그가 이스라엘 사람이라고 해서 무조건 이스라엘 편에 서서 말하는 것이 아닙니다. 선지자들은 이스라엘 사람들이 하나님 앞에서 죄를 짓게 되었을 때 호되게 질책했습니다. 오바댜 선지자가 꺼낸 말에 "네가 네 형제 야곱에게"라는 말이 있습니다. "그렇게 하면 안 되었다"라는 말이 내포되어 있는 것이죠. 어떤 나라에게도 난폭한 행동은 안 되지만 야곱 즉 이스라엘 나라에게는 특히 그러면 안 되는 것이었다고 말하는 겁니다. "둘이 어떤 관계인데 그랬냐"는 것이죠. 지금 오바댜서를 보고 있으니까 에돔 족속만 계속 이스라엘 나라에게 잘하라고 말하고 있는 것 같은데 그렇지 않습니다. 형과 동생이 싸웠는데 형한테만 "형이 동생한테 그러면 안 돼"하면 형은 돌아버립니다. 이스라엘도 에돔 사람을 잘 대해야 했습니다. 왜요? 형제가 이룬 나라였으니까요.

> 너는 에돔 사람을 미워하지 말라(신 23:7).

요엘서의 쓸모가 여기서 보입니다. 형제를 골육 사이에서 적용하는 것이 우선일 수 있겠지만, 우리는 예수님을 믿는 자들이니 믿는 자와의 관계에서 적용해 볼 수 있겠습니다. 믿는 자들이 '서로를 어떻게 받아들이냐'의 문제입니다. 사도 바울은 "기회 있는 대로 모든 이에게 착한 일을 하지만 더욱 믿음의 가정들에게 하라"(갈 6:10)고 권면했습니다. 사도 요한은 "그 형제를 미워하는 자마다 살인하는 자니 살인하는 자마다 영생이 그 속에 거하지 아니하는 것을 너희가 아는 바라"(요일 3:15)라고 말했습니다. 사도 요한이 말한 형제는 예수 그리스도 안에서 하나님의 자녀가 된 자들을 부르는 말입니다. 형제끼리 해야 할 일은 서로 사랑과 격려입니다.

동생이 이룬 나라가 계속 잘 나간 것 때문에 질투가 깊어졌나요? 에돔 족속은 이스라엘 나라가 망하기만을 마치 기다리고 있던 원수처럼 행동했습니다. 이방 나라가 이스라엘을 침략했을 때 그들은 "잘 됐다"고 손뼉 치며 크게 기뻐했습니다(1:12). 119에 신고 안 하면서 불난 집 구경하는 정신 나간 사람처럼 서 있기만 했나요? 그랬기만 했어도 얄밉다가 말죠. 아닙니다. 그들도 바벨론 사람들처럼 예루살렘에 들어가서 불 지르며 유다 백성 재산에 손을 댔습니다(1:13). 전쟁으로 도망가는 자들을 도망가지 못하도록 길을 차단하질 않나 심지어 불난 집에서 뛰쳐나오는 사람들을 잡아다 바벨론 사람들에게 넘겼습니다(1:13-14).

왜 그랬을까요? 바벨론 사람들의 형제 나라 침공을 직간접적으로 도움으로 자신들은 바벨론으로부터 보호를 받으려는 속셈이었겠죠. 그들의 계획이 성공하겠습니까. 이럴 땐 잠언의 말씀을 생각해 보아야겠습니다.

사람이 마음으로 자기의 길을 계획할지라도 그의 걸음을 인도하시는 이는 야훼시니라(잠 16:9).

에돔은 하나님을 의지하지 않고 바벨론을 의지한 것입니다. 아무리 바벨론이 당시 고대 근동의 패권을 쥐고 있었다지만, 그들을 믿은 건 착각이었습니다. 정말이지 착각 제대로 했습니다. 믿을 사람을 믿었어야죠. 오직 믿을 이는 하나님 한 분밖에 없습니다.

너와 약조한 모든 자들이 다 너를 쫓아 변경에 이르게 하며 너와 화목하던 자들이 너를 속여 이기며 네 먹을 것을 먹는 자들이 네 아래에 함정을 파니 네 마음에 지각이 없음이로다(1:7).

자기 꾀에 자기가 속습니다. 형제 나라 이스라엘을 배반하면서까지 얻으려 했던 계획이 물거품이 될 것입니다. 하나님을 의지하지 않으면 자기 딴엔 꽤 지혜롭게 보이지만 어리석은 행동을 하고 맙니다. 요엘서의 쓸모가 이제 눈에 들어옵니다. 자신의 안전을 위해 멀쩡한 누군가를 희생양으로 삼았는지 돌아보게 합니다. 형제의 잘 나감에 손뼉치지 못하고 뒤에서 험담하면서 그를 끌어내리려고 작당한 것은 아니었는지 돌아보게 합니다. 하나님의 심판이 있기 전에 빨리 악한 손을 거둬야겠습니다. 오바댜서에서 중요한 신학적 주제 중 하나는 바로 "행한 대로 받는다"라는 인과응보(因果應報) 사상입니다.

야훼께서 만국을 벌할 날이 가까웠나니 네가 행한 대로 너도 받을 것인즉 네가 행한 것이 네 머리로 돌아갈 것이라(1:15).

에돔 나라는 앞으로 이방 나라들 가운데서 크게 멸시를 받게 될 것입니다(1:2). "멸시를 받는다"(בָּזָה/바자)라는 표현은 창세기 25:34에서 "장자의 명분을 가볍게 여김이었더라"에서 '가볍게 여김'과 같은 단어입니다. 하나님이 에돔 족속을 작게 할 것이기 때문에 이방 나라에 의해 에돔 나라가 크게 멸시를 받게 될 것을 참작하면, 에돔이 당할 운명은 하나님을 가볍게 여겼기 때문에 있게 될 심판입니다. 하나님을 어떤 마음에서 섬기고 있는지, 하나님을 어떻게 모시고 살아가는지 자신의 태도와 행동을 살펴봐야겠습니다.

무엇이 에돔을 멸망하게 만든 건가요?

에돔의 근본적 문제가 무엇이었을까요? 하나님은 오바댜 선지자를 통해 하신 말씀에 따르면 에돔 스스로 속은 것이라고 말합니다.

> 너의 마음의 교만이 너를 속였도다 바위 틈에 거주하며 높은 곳에 사는 자여 네가 마음에 이르기를 누가 능히 나를 땅에 끌어내리겠느냐 하니(1:3).

마음의 교만에 자신이 속았습니다. 에돔 족속은 세일 산 근처에 살았습니다. 그곳은 바위산으로 둘러싸여 있는 천연 요새였으며 구리가 풍부한 광산 지역이기도 했습니다. 또한 애굽(이집트)과 메소포타미아 지역을 잇는 무역 요충지(왕의 대로)이기도 했습니다. 그러했으니 군사적, 경제적으로 보장된 혜택은 떼놓은 당상이었습니다. 그걸 믿고 까분 거죠. 아모스서에서 북이스라엘 부유층이 망한 이유와도 관계가 있습니다. 에돔 사람들은 "누가 나를 능히 땅에서 끌어내리겠느냐"(1:3)

라는 생각을 마음에 담고 살았습니다. 군사적, 경제적 부 그것 말고 하나 더 있었습니다. 에돔 지역에는 지혜자들이 많았습니다. 군사적으로 튼튼하겠다, 경제적으로 부유하겠다, 지혜로운 자도 많겠다, 아쉬운 거라곤 하나도 없는 그런 나라였습니다. 남들이 갖고 싶은 것은 다 가진 완벽남, 완벽녀였던 것입니다.

그러면 뭐 하나요. 하나님을 섬기는 마음이 없었는데요. 주신 것에 감사하며 겸손한 마음이 없었는데요. 에서가 장자권을 하나님이 주신 은혜로 알고 겸손히 살았다면, 그렇게 죽 한 그릇에 장자권을 팔지는 않았을 것입니다. 누군가는 좋은 환경에서 태어나 남이 누리지 못하는 부를 누리며 삽니다. 가진 것에 감사하고 남과 더불어 함께 하는 사람도 있지만, 대부분은 그걸 갖고 플렉스(flex)하면서 남들하고 다른 어나더 라이프(another life)를 과시하며 살아갑니다. 자신이 가진 걸로 자신을 위해 쓰겠다고 하는데 뭐라 할 건 아니지만, 남들을 무시하고 멸시하는 그따위 행동은 안 되는 것이지요. 가난한 자를 게으른 자로 평가합니다. 사람을 사람으로 취급하지 않고 감정 소비의 대상으로 삼습니다. 언제나 갑질입니다. 자신들은 천년만년 잘 나갈 거로 생각합니다. 하나님이 회개할 때까지 기다리는 것뿐이라는 걸 모르고 날뜁니다.

마음의 교만은 포학으로 나타납니다. 그런데요. 꼭 마음의 교만이 가진 것이 많아서, 머리에 든 것이 많아서만 나타나는 것은 아니라는 걸 기억해야 합니다. 없으면 자격지심에 무슨 말을 해도 고깝게 듣습니다. 자신을 무시한다는 피해 의식에 사로잡혀 공격적 성향을 띠게 됩니다. 오바댜서는 "누가 능히 감히 나를"에서 "어찌 제가 감히"로 나아가게 합니다.

에돔 족속은 야훼 하나님을 자랑하지 않았습니다. 그들은 자신들이 사는 지역을 자랑했고, 자신들이 소유한 재산을 자랑했고, 자신들이 축척한 지식을 자랑했습니다. 그러나 그 모든 것이 하나님을 경외하는 것 한 가지보다 못한 것이 되었습니다. 강남에서 사는 것이 자랑이고 빌딩 소유하는 게 자랑이고 미국 아이비리그 대학 학위 가진 걸 자랑하게 되는 것이 인생의 목적이 될 순 없습니다. 그런 것들은 하나님이 주신 은혜로 감사한 것들이지 자랑거리가 되어서는 안 됩니다. 오직 자랑은 우리 주 예수 그리스도뿐이어야 합니다.

오바댜서의 쓸모는 내가 누리고 있는 것들이 나의 힘과 지혜가 아닌 하나님으로부터 말미암은 은혜였음을 고백하게 합니다. 또한 형제라 불리는 이들과 비록 티격태격하는 다툼이 있다손 치더라도 그걸 분노와 원한으로 푸는 것은 잘못이라는 걸 알게 하는데도 쓸모를 발휘합니다. 섭섭한 것이 있다고 해서 그걸 화풀이하면 좀생이고, 툴툴 털어버리면 대인배입니다. 에돔은 야곱의 형인 에서가 세운 나라입니다. 역사적으로 동생 야곱 나라인 이스라엘이 더 컸고 잘 됐습니다. 앞에서 살펴본 대로 에돔도 나름 잘 나갔습니다. 동생 나라보다 잘나가지 못한 게 자존심 구기는 일이었겠죠. 늘 동생 그늘에서 속국으로 있어야 하는 것도 스트레스였겠구요. 인간적 입장에서 에돔의 복수가 전혀 이해가 안 되는 것은 아닙니다.

엄마 뱃속에 있을 때부터 에돔과 이스라엘 조상, 에서와 야곱은 싸웠습니다(창 25:22). 하나님은 리브가에게 "두 국민이 네 태중에 있구나 두 민족이 네 복중에서부터 나누이리라 이 족속이 저 족속보다 강하겠고 큰 자가 어린 자를 섬기리라"(창 25:23)고 말씀하셨습니다. 믿는 자 사이에서 '누가 누구보다 강하고, 누구보다 위에서 섬김 받고' 프레임에 갇혀 살면, 에돔 족속과 같은 부질없는 교만에 사로잡히게 되고 결국 그것 때문에 쫄딱 망하게 됩니다. 사도 바울이 말한 대로 우리가 싸워야 할 것은 혈과 육이 아니요, 공중 권세 잡은 자입니다.

> 우리의 씨름은 혈과 육을 상대하는 것이 아니요 통치자들과 권세들과 이 어둠의 세상 주관자들과 하늘에 있는 악의 영들을 상대함이라(엡 6:12).

에돔 족속은 싸울 대상자를 잘못 선택했습니다. 하나님을 부인하고 대적하려는 본성과 싸워야 했습니다. 하나님이 아니라 자신이 가진 힘과 지혜를 자랑하려는 것과 싸워야 했습니다.

오바댜서의 쓸모를 정리해 보겠습니다. 메시지는 짧지만 파워는 만만치 않습니다. 에돔과 같은 교만한 마음이 우리에게 있다면, 얼른 그 마음을 하나님 앞에서 깨뜨리고, 자신에게 주어진 것들로 이루려는 목표가 무엇이었는지를 점검해 보아야 합니다. 이스라엘처럼 환난을 받고 있을 때 믿었던 사람이 에돔 사람처럼 자신을 대할지라도, 하나님이 모든 걸 기억하시고 행한 대로 갚으시는 공의로운 하나님을 신뢰해야 합니다.

오바댜서가 "너는 무얼 자랑으로 살아가니?"라는 물음을 던집니다. "그게 바로 네가 누구이고 누구의 종이라는 걸 증명한다"라고 일러 줍니다. 하나님이 다른 사람도 많은데 하필 야훼의 종이라는 뜻을 가진 오바댜(עֹבַדְיָה)를 통해 에돔 족속에게 심판 메시지를 선포했을까요? "나는 오직 주님의 종으로 살겠습니다"를 고백하게 위함이 아니었을까요.

21절로 이뤄진 오바댜서가 당신에게 쓸모 있는 하나님 말씀으로 기다리고 있습니다. 얼른 읽어보세요! 컵라면 하나 끓이는 3분이면 충분합니다.

05

요나서의 쓸모

나 그렇게 쉽지 않아요

요나서! 어때요? 반갑죠. 소예언서를 읽을 때 빨리 읽고 싶어도 진도 안 가는 부분이 있었을 겁니다. 요나서는 다른 소예언서의 어떤 책보다 달라도 너무 다릅니다. 우선 재미있어요. "책은 뭐니 뭐니 해도 재미있어야 된다." 전혀 엉뚱한 얘기는 아닙니다. 일단 재미있어야 읽히겠죠. 필자의 본 책도 독자들에게 재미를 드렸으면 좋겠습니다. 과유불급이라는 말이 있습니다. 요나서는 너무 재미있어서 오히려 그 쓸모가 가려지지는 않을까, 싶은 우려가 있습니다. 재미가 쓸모를 가리는 것이 아니라 오히려 더 나타내기를 소망해 봅니다.

'강자가 이긴다'라는 기존 법칙을 소년 다윗이 깨뜨렸죠. 거인 골리앗이 소년 다윗이 던진 돌멩이 한방에 개구리처럼 쭉 뻗었을 때, "야호" 소리쳤었어요. 내 쪼그마한 두 주먹에도 울트라 슈퍼 파워가 생기는 줄 알고 그때 힘을 꽉 쥐었다니까요. 신났습니다. 하지만 극적 요소는 요나서 하고는 게임 상대가 안 되었습니다. 주일 학교에서 가장 드라마틱하게 들은 성경 말씀이 요나서 이야기이었던 것 같습니다. 갑자기 태풍이 불어 모두 죽게 될 상황에 처하자, 어찌 되어 이런 일이 일어나게 된 것인지 상황 파악이 빨랐고 양심은 있었던지 자신만 바다에 던져지길 바라고, 그리고 바다에 던져지고 그러다 물고기한테 삼켜 3일 동안 뱃속에 있다가 살아났는데, 얼마 못 가 차라리 죽는 게 낫다고 지X 발광을 떨고…. 그런 요나 이야기가 아주 우스우면서도 재미있었습니다.

독자분들도 저와 비슷한 생각을 하지 않을까, 싶습니다. "요나서 어디서 많이 들어본 얘기 같다"라고 생각하시는 분 많을 거예요. 바닷물에 빠지는 얘기는 심청이가 인당수에 빠지는 얘기 같고, 요나가 고래 뱃속에 있었다는 얘기는 피노키오를 찾아 나선 제페토 할아버지가 고래에 삼킨 얘기와도 비슷하죠. 성경에서는 고래라고 명시되어 있지는 않아요. 그냥 큰 물고기입니다. 큰 물고기하면 당연 고래, 이렇게 생각하게 되죠. 어쨌든 요나서는 아이들에게 상상력을 주고자 만들어낸 동화로 여겨질 것 같습니다. 소예언서의 다른 책들은 실제 있었던 역사에서 말하고 있는 거라면, 요나서는 실제 이야기가 아니라 무언가 의도를 위해 만들어낸 재미난 허구로 생각할 수 있습니다. 이런 이유 때문에 요나서가 쉽게 읽을 순 있지만, 쉽게 믿어지지는 않을 것 같습니다.

이렇게 생각해 보자구요. <피노키오 모험>은 1883년 이탈리아 동화 작가 카를로 콜로디의 작품이거든요. 카를로 콜로디가 주전 8세기에 일어난 실제 이야기인 성경 요나서에서 영감을 얻어 <피노키오 모험>을 창작했을 가능성은 있었겠죠. 성경의 요나서가 허구 스토리와 비교되어 역사성까지 의심받을 이유는 없어야 합니다. 요나서가 우리의 삶에 쓸모 있으려면, 먼저 요나서 이야기가 허구가 아니라 실제 이야기라는 사실을 믿는 것에서 출발합니다.

아직까진 못 믿겠다구요. 그러면 믿을 수 있도록 도와드리겠습니다. 제일 황당한 얘기는 아무래도 '고래 뱃속에 사람이 어떻게 3일을 있었는데도 살아남을 수 있겠느냐?' 는 것인데요. 실제 고래 뱃속에 들어갔다가 살아남은 사람이 있습니다. 1981년 제임스 비틀리가 고래 뱃속에서 15시간 있다가 살아남았다는 기사가 있구요, 2019년 2월, 남아공의 레이너 쉼프도 고래 뱃속으로 빨려 들어갔다가 나왔다는 기사가 있습니다. 기사는 조작될 수 있겠다는 의심을 가질 수 있겠죠. 그럼 우리가 가장 신뢰하는 예수님피셜을 살펴보자구요. 예수님은 자신에게 표적을 요구하는 서기관과 바리새인들에게 "요나의 표적밖에는 보일 표적이 없다"라고 말씀하셨습니다(마 12:38-40). 예수님은 요나가 고래 뱃속에 3일 동안 있다가 살아남은 이야기를 하나님께서 행하신 표적이라고 말씀하셨습니다. 표적, '세메이온'(σημεῖον)은 기적과 의미면에서 차이가 있습니다. 기적은 불가능한 일이 초자연적 힘에 의해 가능한 일이 되는 것을 말한다면, 표적은 예수님의 구속 사역과 관련하여 암시적 요소가 있는 기적을 말합니다. 예수님은 요나가 3일 주야 물고기 뱃속에 있던 사건을 자신의 죽음과 부활에 대한 표적이라고 말씀하셨습니다. 예수님께서 요나의 물고기 뱃속 사건을 그저 어떤 이야기가 아니라 표적이라고 말씀하셨다면, 실제 있었던 이야기라는 걸 뜻합니다.

불순종하는 선지자도 선지자인가요!

"요나를 보면 그를 선지자라고 생각해야 하나!" 이런 생각이 들지 않나요? 하나님 앞에 "나 못하겠습니다"라고 주저한 선지자는 몇 있습니다. 모세가 하나님께 선지자로 부름받았을 때, "난 말을 잘하지 못해요"라고 뺐습니다(출 4:10). 애굽 사람들이 두려웠던 것이죠. 예레미야도 하나님이 선지자로 부르셨을 때 자신은 아직 세상 경험이 많지 않은 어린 풋내기라고 뺐습니다(렘 1:6). 사람들이 두렵기는 그도 마찬가지였습니다. 모세나 예레미야 선지자 같은 경우는 그래도 귀엽기나 합니다. 두려워서 주저했잖아요. 즉각적 순종은 못 했지만 그들은 모두 하나님의 거듭된 명령에 순종으로 응답했습니다. 갑자기 선지자로 부름받을 때, "나 할 수 있습니다"라고 말할 사람이 어디 그리 많을까요. 그러고 보면 이사야 선지자는 참으로 독특한 사람이었습니다. 선지자가 되겠다고 자원했으니까요(사 6:8). 아무튼 요나는 웃겨요. 대놓고 하나님 말씀을 무시합니다. 차라리 죽는 게 낫다며 죽여 달라고까지 대들었습니다. 하나님이 이런 사람은 죽이지 않습니다. 오만불손한 버르장머리를 고쳐 놓기 위해서라도 오래오래 살려 두면서 혼쭐을 빼놓죠.

요나는 "니느웨에 가서 '네 악독이 하나님께 상달되었다'라고 선포하라"(1:2)는 하나님 말씀을 듣습니다. 그러자 그는 얼른 도망칩니다(1:3). 뭐 "나 잡아봐라"인가요. 그건 연인들끼리 하는 사랑놀이에서나 하는 건데, 그는 "하나님 싫다"고 도망치는 것에 사용했습니다. "뭐 요따위 선지자가 있어" 이런 말이 나올 만한 선지자였습니다. 지금까지 있었던 선지자에 대한 고정관념을 한 방에 날리는 괴짜였습니다.

뭐가 그리 싫었던 것일까요? 앗수르 사람들이 싫었던 것일까요? 물론 그렇습니다. 앗수르는 북이스라엘에 위협을 주는 이방 나라이니 좋을 수 없었겠죠. 하지만 그것이 충분한 이유는 되지 않습니다. 니느웨는 앗수르의 수도입니다. 니느웨는 오늘날 이라크의 북부 도시 모술(موصل/무술)입니다. 하나님이 그에게 명령하신 바에 의하면, 요나는 니느웨 사람에게 하나님의 심판을 선언하는 것이었습니다. "니느웨로 가서 그것을 향하여 외치라"에서 '그것을 향하여'에 쓰인 히브리어 '알레하'(עָלֶיהָ)는 '그곳에 대항하여'(against it)라는 뜻입니다. 그러면 선지자로서 신나는 일 아닌가요. 이스라엘에게 위협인 앗수르의 심장인 니느웨 한복판에서 "너희들 악행이 하나님 앞까지 쌓였다"라고 선포하는 건, "하나님이 곧 가만히 안 둔다"라는 것과 같았으니까요. 이 신나는 일을 왜 싫다 하고 도망쳤던 것일까요? 적진에서 그 나라의 패망을 외치면 잡혀 죽을까 두려워서 그랬던 것일까요?

> 3:10 하나님이 그들이 행한 것 곧 그 악한 길에서 돌이켜 떠난 것
> 을 보시고 하나님이 뜻을 돌이키사 그들에게 내리리라고 말씀하
> 신 재앙을 내리지 아니하시니라 4:1 요나가 매우 싫어하고 성내며
> 2 야훼께 기도하여 이르되 야훼여 내가 고국에 있을 때에 이러하
> 겠다고 말씀하지 아니하였나이까 그러므로 내가 빨리 다시스로
> 도망하였사오니 주께서는 은혜로우시며 자비로우시며 노하기를
> 더디하시며 인애가 크시사 뜻을 돌이켜 재앙을 내리지 아니하시
> 는 하나님이신 줄을 내가 알았음이니이다(3:10-4:2).

감 잡으셨지요. 요나는 하나님이 자신을 똥개 훈련시키실 줄 알았

다는 겁니다. 이 말이 무슨 말인가 하면, 자신이 니느웨로 가서 "니느웨가 곧 하나님의 심판으로 멸망할 것이다"라고 선포해도 하나님이 내리시려던 심판을 내리시지 않아 결국은 자신이 뻥쟁이 선지자가 될 것이라는 걸 알았다는 거죠. 그러면 어떻게 되겠어요. 북이스라엘 사람들이 다 알 텐데요. 자신이 무엇 때문에 앗수르의 심장 니느웨까지 간 이유를요. 그런데 그곳에 호기롭게 가서 외친 말이 모두 헛소리가 되는 겁니다. 그러면 자신의 체면은 어떻게 되는 거지요. 선지자 권위가 바닥으로 떨어지는 것을 넘어 뭉개지는 것이죠. 요나는 그게 그렇게 싫었던 것입니다. 신명기에 보면 선지자가 진짜 선지자인지 아닌지 판별하는 기준을 제시하고 있습니다.

> 만일 선지자가 있어 야훼의 이름으로 말한 일에 증험도 없고 성취함도 없으면 이는 야훼께서 말씀하신 것이 아니요 그 선지자가 제 마음대로 한 말이니 너는 그를 두려워하지 말지니라(신 18:22).

자신이 니느웨 사람들에게 선포한 말씀대로 이뤄지지 않으면 이스라엘 사람들은 자신을 거짓 선지자로 볼 것입니다. 요나는 한편에서 생각해 보면 상당히 영적 지각이 있었던 선지자였습니다. 하나님의 마음을 꿰뚫고 있었으니까요. 아무리 그가 영적 지각이 뛰어난 사람이었다손 치더라도 그러면 뭐 합니까! 하나님 말씀에 불순종하는데요. 요나의 모습은 북이스라엘의 모습이고 우리의 모습입니다. 내 기분에 안 맞으면 하나님 말씀을 무시하고 내 기분에 맞으면 "주여! 감사합니다!" 하는 것이죠. 피조물인 인간이 창조주이신 하나님의 뜻에 맞추는 것이 정상인데 그는 거꾸로였습니다.

내 뜻대로 되지 않고 하나님 아버지 뜻대로 되는 게 기쁨입니다. 사람들에 의해 우스운 사람이 되어도 하나님을 웃게 만드는 사람이 된다면 그 길을 가야겠습니다. 요나서는 이렇게 지금 우리가 어느 길로 가고 있는지 생각해 보게 합니다. 니느웨입니까? 다시스입니까?

요나 말고 딴 사람 없었나요?

요나는 니느웨하고는 정반대 위치에 있는 다시스로 가려고 했습니다. 다시스는 오늘날 스페인 남부 해안 지브로올트 인근 타르테소스(tartessus)입니다. 하나님이 이스라엘 땅에만 계신 것은 아니죠. 그런데 그가 야훼의 얼굴을 피하려고 다시스로 도망하려 했단 얘기는 하나님 말씀을 안 듣겠다는 의미였습니다(1:3). 자신의 계획이 착착 맞아떨어지고 있네요. 욥바 항구에 가니 마침 다시스로 출항하려는 배가 있었습니다. 기가 막힌 타이밍입니다. 뱃삯을 넉넉히 주고 배에 얼른 올라탔습니다. 승선까지 했으니 이젠 끝났습니다. 자신의 계획은 성공이었습니다. 이젠 시간만 흐르면 되는 것이었습니다. 실컷 자다가 깨면 다시스에 도착하는 것이었죠.

하나님이 그때 지중해에 큰바람을 보내셨습니다. 땅끝 사방에 있던 바람이 하나님의 출격 명령만 내리면 지중해로 집결할 채비를 미리 갖추고 있었습니다. 좌표는 다시스로 가는 배들 중 요나가 탄 배였습니다. 큰바람이 바다를 요동치는 폭풍을 만들자 배가 파선될 위기에 처했습니다. 선원들은 갑작스러운 폭풍에 당황했습니다. 폭풍이 불만한 상황이 전혀 아니었기 때문이었습니다. 선원들은 살려고 자기가 믿는 신을 부릅니다. 무거운 것은 무조건 바다에 던집니다. 요나는 지금 무슨 일이 일어나고 있는지도 모르고 배 가장 낮은 곳에서 깊은 잠에 빠져 있었습니다.

선장은 요나에게 달려가 흔들어 깨웁니다. "네가 믿는 신께 너도 구하라"라고 소리칩니다. "우리 다 죽게 되었다"라고 말합니다. 선원들은 자신들이 할 수 있는 방법을 다 동원해 보았습니다. 신의 노여움을 산 것임에 틀림없다는 결론을 내립니다. 부정한 누군가 승선해서 재앙이 닥쳤다고 생각했습니다. 제비를 뽑습니다. 요나가 뽑혔습니다. 요나에게 심문이 들어갑니다.

요나는 실토합니다. "나는 히브리 사람이며 바다와 육지를 지으신 하늘의 하나님 야훼를 경외하는 자입니다. 제가 야훼의 얼굴을 피하여 폭풍이 일어났습니다"(1:9-10). 재앙이 일어나게 된 내막을 알게 된 선원들은 두려움에 휩싸입니다. 바다는 점점 거세졌습니다. 선원들은 어떻게 해야 바다가 잔잔하게 될지 요나에게 묻습니다. 요나는 선원들에게 대답합니다.

> 그가 대답하되 나를 들어 바다에 던지라 그리하면 바다가 너희를 위하여 잔잔하리라 너희가 이 큰 폭풍을 만난 것이 나 때문인 줄을 내가 아노라 하니라(1:12).

요나 선지자가 그래도 양심은 있지요. 너 죽고 나 죽자 하는 생각을 가졌다면, 끝까지 자신이 어떤 사람인지 말하지 않았을 텐데요. 그는 자기 때문에 일어난 일에 대해 책임질 줄 아는 사람이었습니다. 부족하긴 했어도 선지자 깜이긴 했습니다.

나를 들어
바다에 던지라
그리하면
바다가 너희를 위하여
잔잔하리라
너희가 이 큰 폭풍을
만난 것이
나 때문인 줄을
내가 아노라

그래도 선원들은 애를 써봅니다. 육지 쪽으로 노를 힘껏 저어 보려고 합니다. 하지만 그때 바다 폭풍이 배를 조준하며 더 세차게 다가옵니다. 절체절명의 순간에 선원들이 취해볼 수 있는 옵션은 요나의 제안밖에 남아 있지 않았습니다. 그들은 두려운 나머지 "야훼여! 구하고 구하오니 이 사람 때문에 우리를 멸망시키지 마옵소서. 무죄한 피를 우리에게 돌리지 마옵소서. 주 야훼께서는 주의 뜻대로 행하심이니다"(1:14)라고 부르짖고 요나를 들어 바다에 던집니다.

그러자 바다가 "언제 폭풍이 있었나요"라고 말하듯 곧 잠잠해졌습니다(1:15). 선원들은 야훼를 크게 두려워하게 되었습니다. 그들은 이 사건이 있고 난 이후 야훼께 제물을 드리고 서원을 합니다(1:16). 어떤 서원이었을까요? 아마도 "야훼 하나님만 믿겠습니다"라거나 "야훼 하나님을 최고의 신으로 섬기겠습니다"가 아니었을까요.

요나가 바다에서 경험한 사건은 앞으로 육지 니느웨에서 일어날 일을 예견하고 있습니다. 배에 있던 사람들이 야훼 하나님을 두려워하고 야훼 하나님께 부르짖듯, 니느웨 사람들도 야훼 하나님을 두려워하게 되고 그를 찾게 될 것입니다. 요나 선지자는 1장에서 다시스로 도망가는 불순종 가운데 자신을 다루는 하나님의 다스림에 항복하는 패턴을 보였습니다. 그러나 그는 3장과 4장에서는 하나님이 명령하셨던 "사십 일이 지나면 니느웨가 무너지리라"라는 재앙 선포를 니느웨에서 순종하지만, 자신을 다루는 하나님의 다스림에 저항하는 불순종 패턴을 보입니다. 사람이 되어 가는 것 같다가도 바로 제자리로 돌아가는 듯한 기분입니다.

하나님은 요나 선지자 한 사람을 포기하지 않습니다. 그는 자신의 명령에 온전히 순종하는 종으로, 그리고 자신의 뜻을 온전히 이해하는 종으로 그를 철저히 만들어가고 있습니다. 요나를 다루시는 하나님의 손길은 때론 폭풍우처럼 매섭고, 때론 물고기 뱃속처럼 따갑고, 때론 박넝쿨처럼 섬세합니나.

요나서를 읽다 보면, 우리는 하나님은 자신이 하고자 하는 일은 반드시 하고 마시는 그런 엄한 분이시라는 생각을 떨쳐 버릴 수 없습니다. 명령에 불복하고 도망치는 선지자는 선지자가 아닙니다. 그를 실컷 혼내주고 선지자직을 박탈하는 게 마땅합니다. 쓸만한 사람이 아무리 없다고 하더라도 요나보다 나은 사람이 없었을까요? 만약 하고자 하는 일만을 위해서였다면 하나님은 다른 사람을 선지자로 불러 쓰면

간단히 해결될 문제였습니다. 하지만 하나님은 그런 요나를 포기하지 않고 계속 자비로 붙들고 계십니다. 요나는 바뀔 것 같으면서도 전혀 바뀌지 않는 고집불통이었습니다. 선지자로선 깜이긴 했지만 함량은 미달이었습니다.

생명을 주신 하나님께 감히 "사는 것보다 죽는 것이 내게 낫습니다"(4:3)라고까지 하지 말아야 할 말까지 하는 막가파였으니까요. 요나서는 앗수르를 구원하시는 하나님의 자비 이야기이기도 하지만, 요나를 하나님의 뜻을 이해하고 순종하는 사람으로 만들어가시는 하나님의 자비 이야기이기도 합니다.

요나를 보면서 참 답답하지요. 옆에 있으면 꿀밤이라도 한대 쥐어박고 싶지 않습니까. "어디서 하나님께 개기고 자빠졌어"라고 하면서 말이죠. "그런데 말입니다." 잠시 김상중 씨 성대모사 해보았습니다. 썰렁했나요. ㅎㅎ. 요나 선지자의 모습이 내겐 없을까요? 나는 하나님 말씀에 순종하나요? 혹 하나님 말씀과 반대로 행동한 적은 없나요? 하나님이 자상하게 말씀하시는데도 성질부리며 반항하진 않았나요?

하나님께 참으로 감사드립니다. 막돼먹은 우리를 그래도 사랑으로 포기하지 않고 끝까지 가르쳐 주시니까요. 하나님의 인내와 사랑 때문에 우리가 은혜를 입습니다. 요나서는 요나를 만들어가시는 하나님을 통해 나와 당신을 만들어가시는 하나님을 만나게 합니다. 요나서는 요나와 같은 나와 당신을 온전히 바라보게 하는 거울로 쓸모가 되고 있습니다.

회개를 기뻐하시는 하나님!

요나서에서 요나의 회개가 보이지 않아요. 무슨 말인가 깜놀하시겠어요. "2장에서 요나가 큰 물고기 뱃속에 있을 때 한 기도는 뭡니까?" 라고 묻고 싶겠죠. 자세히 읽어보면 요나가 자신의 불순종을 회개한 기도라고 보기 어렵습니다. 오히려 깊은 바다에서 물고기에 삼킨 바 되어 살게 된 것을 감사해서 드린 기도로 보는 게 적절합니다. 자신은 "거짓되고 헛된 것을 숭상하는 모든 자와는 달리 서원을 주께 갚겠나이다"(2:8-9)라고 기도한 것을 보면, 자신의 능력을 과시하는 쪽이 가까운 거죠. 어려움을 겪을 때, 자신이 부족함을 알고 하나님 앞에 겸손함으로 낮아져서 삶을 돌아보는 회개 없이, "물고기 뱃속에서 나가게 해 주신다면 제가 하나님께 이것저것으로 해 드리겠습니다"라고 기도하는 것과 같습니다. 살려 주신 하나님께 감사해서 드리는 기도이긴 하지만, 은근 하나님께 흥정하고 협박하는 기도입니다.

요나가 만일 진심으로 회개했다면, 4장에서 보이는 행동은 결코 나올 수 없습니다. 하나님이 니느웨 백성들이 회개로 내리시려던 재앙을 거둔 일에 감사와 영광을 돌렸어야지요. 어떻게 하나님께 "차라리 날 죽이세요"라는 자세로 대듭니까. 참 이상하지요. 완악할 것처럼 보였던 니느웨 사람들이 회개했으니까요. 회개하는 척이 아니었습니다. 요나 선지자가 선포한 "사십 일이 지나면 니느웨가 무너지리라" 길지도 않은 몇 마디 메시지에 니느웨 사람들이 완전히 마음을 돌이켰습니다. 높고 낮은 자 구분이 없었습니다. 심지어 짐승까지 베 옷을 입히고 회개의 대열에 참여시켰습니다. 먹고 마실 것은 입에 대지도 않고 야훼 하나님께 부르짖었습니다.

요나 선지자가 어떤 시대 사람이었는지 아세요. 북이스라엘 역사상 가장 경제적으로, 군사적으로 안정과 번영의 시대였다고 하는 여로보암 2세 기간에 활동했던 선지자였습니다. 당시 북이스라엘에서 활동했던 선지자는 아모스, 호세아였습니다. 그들이 "하나님께 돌아오라!" "하나님을 찾으면 산다"라고 외쳤어도, 북이스라엘은 눈 하나 깜빡하지 않았습니다. 그런데 니느웨는 국가적인 회개를 합니다. 하나님이 혹시 뜻을 돌이키셔서 진노를 그치고 자신들을 멸망시키지 않을까 희망하면서 하나님의 긍휼을 구합니다(3:9). 하나님이 그런 니느웨 사람들을 보고 기뻐하셨을 것은 너무 당연한 것이었죠.

> 하나님이 그들이 행한 것 곧 그 악한 길에서 돌이켜 떠난 것을 보시고 하나님이 뜻을 돌이키사 그들에게 내리리라고 말씀하신 재앙을 내리지 아니하시니라(3:10).

요나는 사십 일이 지난 후에 니느웨가 어떻게 되는지 살펴보았습니다. 하나님이 재앙(רָעָה/라아)을 내리시기로 하셨는데 내리시지 않았습니다. 요나는 화가 나도 너무 났습니다. 개역개정은 그걸 "매우 싫어하고 성내며"(וַיֵּרַע אֶל־יוֹנָה רָעָה גְדוֹלָה וַיִּחַר לוֹ/바예라 엘-요나 라아 게돌라 바이하르 로)라고 번역했습니다(4:1). 하나님이 내릴 재앙(רָעָה/라아)을 자신이 취하고 있으니(וַיֵּרַע אֶל־יוֹנָה רָעָה גְדוֹלָה/바예라 엘-요나 라아 게돌라) 아이러니입니다.

요나 선지자는 야훼 하나님을 이스라엘의 하나님으로만 가둬두고 있습니다. 하나님이 천지를 창조하신 하나님이시며 열방의 하나님이심을 잊고 있습니다. 하나님은 이스라엘을 위한(for) 하나님이어야만 하지 이스라엘을 치는(against) 하나님이 되어서는 안 된다는 게 그의 논리였습니다. 그는 하나님을 자신 앞에 불러 놓고 하나님을 가르치려 들고 있습니다. 원숭이가 사람을 가르쳐보겠다는 꼴이라고나 할까요. 하나님은 요나에게 자신이 누구인지 똑똑히 가르쳐 주십니다. 회개하는 자를 기쁘게 받는 모든 이들의 하나님이라는 사실입니다. 요나는 니느웨를 보면서 무너지기를 바랐지만, 하나님은 그들이 자신에게 속한 거룩한 백성이 되길 원하셨습니다.

요나 선지자는 여전히 자신이 옳다는 생각에서 한 발자국도 물러서지 않습니다(4:1-2). 선지자 체면을 하나님이 구길 수도 있다는 생각 때문에 처음부터 그걸 피하려고 다시스로 도망쳤던 것이라고 말합니다. 체면이라고 할 것 같으면 자신보다 더한 사람도 있었는데 참 한심합니다. 북이스라엘이 앗수르에게 멸망하기 20년 전 쯤부터 남유다에서 이사야가, 10년 전쯤부터 미가가 선지자로 활동했습니다. 이사야 선지자는 애굽과 구스 두 나라가 장차 앗수르 왕에게 끌려갈 것을 벗은 몸과 벗은 발로 삼 년 동안 다니며 선포했습니다. 자신이 스스로 선택한 행동이 아니었습니다. 하나님께서 이사야에게 내리신 명령이었습니다.

> 1앗수르의 사르곤 왕이 다르단을 아스돗으로 보내매 그가 와서 아스돗을 쳐서 취하던 해니라 2그 때에 야훼께서 아모스의 아들 이사야에게 말씀하여 이르시되 갈지어다 네 허리에서 베를 끄르고 네 발에서 신을 벗을지니라 하시매 그가 그대로 하여 벗은 몸과 벗은 발로 다니니라(사 20:1-2).

이사야 선지자처럼 나체로 돌아다니면서 말씀 선포하는 것도 아닌데 선지자로 인정받지 못할 체면은 뭐가 그리 중요했을까요! 이사야 선지자가 잠깐 몇 분 동안 퍼포먼스로 그랬던 게 아닙니다. 장장 삼 년 동안 벗은 몸과 발로 다니며 자신을 애굽과 구스 나라에 일어날 징조와 예표가 되게 했습니다. 미가 선지자도 벗은 몸으로 예언했습니다(미 1:8). 하나님보다 사람에게 인정받는 선지자가 더 중요했다는 게 요나의 관점이었습니다.

요나서는 하나님이 어떤 분이신지 알게 해 주십니다. 요나서를 통해서 하나님의 마음을 알았으면 좋겠습니다. 하나님은 모든 사람이 구원을 받으며 진리를 아는 데에 이르기를 원하십니다(딤전 2:4). 야훼 하나님이 나의 하나님만이 되어서는 안 됩니다. 모든 민족의 하나님이 되셔야 합니다. 이스라엘의 하나님이 대한민국의 하나님이 될 수 있었던 것은 "복음을 땅끝까지 전파하라"는 예수님의 말씀에 순종한 선교사들 때문에 주어진 하나님의 은혜였습니다. 내 안에 있는 요나를 버리고 니느웨 백성처럼 하나님께 나아간다면, 하나님의 나라 확장을 위해 세상에서 버린 바 된 자가 될지라도 그 길을 마다하지 않겠다고 기도하는 사람으로 나아간다면, 요나서의 쓸모에 우리가 제대로 반응한 것입니다. 요나서의 쓸모를 맺으면서 드렸던 질문을 다시 드리겠습니다. 지금 어디로 가고자 그리 바쁘신지요? 불순종의 다시스인가요, 순종의 니느웨인가요?

06

미가서의 쓸모

내 이름을 아시나요?

미가서가 아름다운 노래 '미가'(美歌)는 아니에요. 영어로는 '마이카'라고 합니다. '내 차'(my car)를 생각할 수 있겠군요. Micah입니다. 히브리어에서 읽어보면 '미하'(מִיכָה)입니다. '하' 발음이 '거친 ㅎ' 발음이라 표기는 좀 어렵네요. 영화감독 중에 자기 영화에 카메오로 출연하는 경우가 가끔 있습니다. 영국의 알프레드 히치콕(Alfred Hitchcock) 감독이 그 대표적인 예입니다. 미가서 끝부분 7:18에 미가 이름이 카메오로 등장합니다.

> 주와 같은 신이 어디 있으리이까 주께서는 죄악과 그 기업에 남은 자의 허물을 사유하시며 인애를 기뻐하시므로 진노를 오래 품지 아니하시나이다(7:18).

없다구요! 미가라고 쓰여 있는 부분이 없어 당황하셨어요~. 미가는 자신의 이름을 뜻으로 풀어 놓았습니다. 어디일까요? 처음에 나오는 '주와 같은 신이 어디 있으리이까' 입니다. 이게 그의 이름의 뜻이었습니다. 히브리어 '미'(מִי)는 '누구'(who), '하'(כָּ)는 '~와 같은', 야훼(יְהוָה)의 축약형 '헤'(ה)가 결합된 이름입니다. 본 이름은 '미하야후' 입니다. '미하' 또는 '미가', 헷갈리실 것 같아 그냥 우리말 성경에 적힌 표기대로 지금부턴 그냥 미가라고 하겠습니다.

예언서 패턴은 거의 똑같다고 보시면 됩니다. 전반부에서는 이스라엘의 죄를 지적합니다. 그리고 이후에는 그 죄를 해결할 방법을 제시하구요. 그걸 백성들이 순종하게 되었을 때 하나님이 어떻게 복을 다시 주시는 지로 결말이 이뤄집니다. 미가서 7:18을 앞에서 살펴보았듯, 하나님은 죄악과 허물을 사유하시고 인애를 기뻐하시는 분으로 그와 비교될 수 있는 신은 없습니다. 미가 7:18을 미가서 전체를 이해하는 결정적 구절로 보셔도 무방합니다. '사유한다'라는 말이 어려울 수도 있겠습니다. 한자성경에서 보니 용서할 사(赦)에 너그러울 유(宥)이네요. 보통 '사유'하면 '생각하고 궁리한다'라는 뜻의 思惟를 떠올리게 되거든요. 히브리어에서는 '아바르'(עָבַר)의 분사형 '오베르'(עֹבֵר)가 쓰였는데 그 뜻은 '지나가다', '넘기다', '통과하다'입니다. 곧 '문제 삼지 않는다', '용서하신다', '없애 주신다'라는 의미입니다. 왜요? 하나님은 인애(חֶסֶד/헤세드, steadfast love)하신 분이시니까요.

미가서의 쓸모는 다른 데 있다고 보지 않습니다. "하나님과 같은 분은 없으십니다"(מִי־אֵל כָּמוֹךָ/미-엘 카모하)라고 매일매일 고백하며 그분의 임재 안에 머물게 된다면, 이걸로 끝이라고 봅니다. 미가 선지자는 하나님께서 행하실 일을 미리 알고 있었기에 고백할 수 있었습니다. 꼭 몸으로 체험해야 고백할 수 있는 것은 아니죠. 우리는 믿음으로 앞으로 이뤄질 일을 내다보고 감사할 수 있습니다. 이 좋은 이름을 주신 미가 아버지 이름 또한 궁금합니다. 아쉽게도 미가 1:1에서 미가가 모레셋 출신이라는 것만 소개되고 있네요. 미가라는 이름은 옛적부터 히브리 사람들에게는 인기 있던 이름 중 하나였습니다(참고. 삿 17:1).

미가가 선지자로 남유다에서 활동할 당시, 왕은 요담(주전 750-732), 아하스(주전 732-716), 히스기야(주전 715-687)였습니다. 이사야 선지자가 요담의 선왕인 웃시야(주전 791-739)가 죽던 해부터 활동했으니까 미가 선지자의 사역은 이사야보단 늦게 시작했지만, 차이는 거의 없다고 보면 되겠습니다. 이사야 선지자는 왕족 출신이었습니다. 반면 미가 선지자는 예루살렘에서 남서쪽으로 약 37km 떨어진 가드모레셋(מוֹרֶשֶׁת גַּת, 히브리어에서는 가드모레셋이 아니라 모레셋가드)의 평민 출신이었습니다. 가드모레셋은 블레셋 지역 경계에 있던 성읍이었습니다.

참! 그가 평민 출신이라고 해서 아는 게 없을 거라고 얕봐서는 안 됩니다. 이사야 선지자보단 좀 밀리지만 그의 언어와 수사법이 장난 아닙니다. 한글성경에서는 그걸 표현할 방법이 없습니다만 히브리 원문에서 읽어보면 언어유희(word play/말장난)가 기가 막힙니다.

미가서 1:10-16은 주전 701년 앗수르의 산헤립 군대가 예루살렘으로 진군할 때 취한 경로를 예언적으로 서술한 문단입니다. 각 성읍의 이름과 그곳의 운명을 연결시키고 있습니다. 가령, 1:11 "사빌 **주민**아"에서 '주민'에 해당되는 히브리어가 '요쉐베트'(יוֹשֶׁבֶת)인데, 그다음 "너는 벗은 몸에 **수치**를 무릅쓰고 나갈지어다"에서 '수치'를 히브리어 '보쉐트'(בֹּשֶׁת)을 사용해서 발음을 서로 비슷하게 만듭니다.

1:13, “라기스 주민아 너는 준마에 병거를 메울지어다”에서 ‘라기스’(לָכִישׁ/라히쉬) 성읍 이름을 ‘준마’라는 뜻의 히브리어 ‘레헤쉬’(רֶכֶשׁ)로 연결시킵니다.

요즘 젊은이들은 이런 걸 아재 개그라고 해서 썰렁하게 취급하겠습니다만, 머리가 빨리빨리 돌아가지 않으면 할 수 없는 고급 유머 기술입니다. 미가는 의도적으로 이런 언어유희를 여러 곳에서 사용했습니다(1:13, 15; 2:1, 4). “감사합니다람쥐”와 같이 의미 없는 말장난과는 다르죠. 자신들이 믿었던 대상들이 하나님을 떠날 때 모두 수치가 된다는 걸 일깨워주기 위함이었습니다.

미가 선지자의 사역 시기는 대략 주전 735-710년경으로 추정합니다. 아무래도 그가 평민에 시골 출신이다 보니 당시 기득권층에 대한 인식이 남달랐습니다. 북이스라엘에서 사역하던 아모스 선지자가 사회정의에 각별히 관심 갖고 “죄악을 버리고 하나님을 찾으라”고 외쳤었죠. 미가 선지자를 남유다의 아모스로 보아도 무방합니다. 북쪽(북이스라엘)에서는 아모스가 남쪽(남유다)에서는 미가가 정의와 공의를 외쳤습니다. 이렇듯 미가의 사역이 아모스하고 공통점이 많습니다. 하지만 다른 점도 있습니다. 미가 선지자는 앞으로 메시야가 어디로 오실 것인지를 명확하게 예언했다는 데 있습니다(5:2). 그의 예언 활동은 앞으로 오실 메시야를 소망하게 합니다.

기득권층을 고발하는 메시지를 좋아할 사람은 억눌린 사람들입니다. 기득권층은 좋아할 리가 없죠. 당연히 미가 선지자는 대적자들의 저항에 부딪칩니다. 그러나 그는 다시 일어섭니다.

> 나의 대적이여 나로 말미암아 기뻐하지 말지어다 나는 엎드러질 지라도 일어날 것이요 어두운 데에 앉을지라도 야훼께서 나의 빛이 되실 것임이로다(7:8).

이 말씀만 봐도 미가는 굉장히 호감 가는 인물입니다. "어디 그만한 선지자가 있을까"(איפה נביא כמוהו / 에포 나비 카모후)라고 말하고 싶습니다. "야훼께서 나의 빛이 되실 것이라"라고 선포하는 것에서 그의 믿음을 봅니다.

들을지어다! 야훼께서 재앙을 계획하셨다

미가서는 소예언서 가운데 예루살렘과 유다 비판에 초점을 둔 첫 번째 책입니다. 미가 선지자의 눈에는 북이스라엘이나 남유다 모든 계층이 다 타락의 길을 걷고 있었습니다. 그는 사마리아에서 자행되고 있는 우상숭배가 남쪽에서까지 이뤄지고 있는 상황에 몹시 애통해했습니다(1:8-9). 예루살렘이 앞으로 무너지게 될 것을 그는 유다 성읍들이 하나하나 무너질 모습에서 보았습니다(1:10-16). 일반 백성, 부자, 정치 지도자, 종교 시노사(선지자), 어느 한 계층도 하나님 앞에 바로 서 있지 않았습니다. 총체적 난국이었습니다. 미가 선지자는 외쳤습니다. "백성들아 너희는 다 들을지어다 땅과 거기에 있는 모든 것들아 자세히 들을지어다"(1:2). 야훼 하나님이 무엇을 하고 계신지부터 그는 말합니다.

> 야훼께서 그의 처소에서 나오시고 강림하사 땅의 높은 곳을 밟

으실 것이라(1:3).

미가는 하나님이 하늘 보좌에서 일어나셔서 세상으로 내려와 땅의 높은 곳을 밟는 장면을 봅니다. 자기 백성을 심판하시는 하나님의 모습을 본 것입니다. 하나님이 땅을 밟을 때, 땅이 갈라지고 터집니다. 하나님이 그렇게 하시는 이유는 우상숭배로 인한 유다 백성의 허물과 죄 때문이었습니다(1:7). 하나님이 정말 싫어하시는 다른 신을 섬긴 것입니다. 십계명 중 첫 번째 계명을 어긴 거죠. 사람들은 '어떻게 하면 하나님을 영화롭게 할까'라는 생각은 하지 않습니다. 하는 거라고는, '어떻게 하면 남의 것을 빼앗을 수 있을까' 그따위 생각이나 밤새 하다가 잠이 들었습니다. 날이 새면 얼른 지난밤 생각을 행동에 옮겼습니다. 밭이고 집이고 뭐든 탐나는 것이 있으면 그걸 빼앗았습니다(2:1-2). 십계명 중 열 번째 계명을 어긴 거죠. 나라의 지도자들이라는 사람들 보면 한숨이 절로 나옵니다. 그들은 가렴주구(苛斂誅求)를 일삼았습니다. 나봇의 포도원을 빼앗았던 아합과 같은 사람이 유다 땅에 한두 명이 아니었습니다(6:16). 미가 선지자의 비판이 거침없습니다. "백성의 가죽을 벗기고 그 뼈에서 살을 뜯어 먹고 뼈는 또 꺾어 다진다"(3:3)고 외쳤습니다. 정말이지 하나님의 영이 주시는 능력과 용기가 없었다면 미가 선지자는 담대히 선포할 수 없었을 것입니다.

나라 지도자들은 힘없는 일반 백성을 호구로 삼았습니다. 미가 선지자는 앞으로 나라 지도자들이 "우리가 온전히 망하게 되었도다"(2:4)라고 할 거랍니다. 어떻게요? 하나님께서 빼앗은 것을 모두 빼앗기게 하시는 거로 말입니다. 기고만장하더니만 아주 꼴좋게 되었네요. 쫄딱 망하게 된다는 것이겠죠.

백성은 참 선지자들이 질책하는 목소리를 들으려 하지 않았습니다. "그런 말 하려거든 말하지 말라"고 했습니다. "내가 듣고 싶은 것만 말하라"는 식이었습니다(2:6). 반면 거짓 선지자들이 전하는 예언은 앞다투어 들으려 했습니다. 항상 하나님의 복만 예언했기 때문이었습니다(2:11). 백성은 어떤 선지자를 더 좋아했을까요? 당연 듣고 싶은 얘기를 해 주는 선지자를 더 좋아했겠죠. 거짓 선지자들이 이유 없이 복을 말했겠습니까!

> 내 백성을 유혹하는 선지자들은 이에 물 것이 있으면 평강을 외치나 그 입에 무엇을 채워 주지 아니하는 자에게는 전쟁을 준비하는도다 이런 선지자에 대하여 야훼께서 이르시되(3:5).

돈입니다. 어이가 없죠. 자신들의 요구를 못 맞춰주면 전쟁을 선포했다는 것에 말입니다. 지도층 인사들은 뇌물로 재판했습니다. 제사장은 삯을 위해 교훈했습니다(3:11). 하나님의 정의와 공의는 없었습니다. 하나님이 확 엎어버리신다고 했습니다. 예루살렘은 무더기가 되고 성전 산은 수풀로 뒤덮일 것이라고 했습니다(3:12). 예루살렘은 너희들이 쉴 곳이 아니라고 말씀하셨습니다(2:10). 예루살렘 땅이 백성들을 거부합니다. 그들로 더럽혀졌기 때문에 그들을 이스라엘 밖으로 토해 냅니다. 마치 이전에 예루살렘이 있었나 싶을 정도로 예루살렘은 완전히 무너질 것입니다.

미가 선지자는 웁니다. 들개가 우는 것 같고 타조가 우는 것 같이 웁니다. 벌거벗겨진 몸으로 어디로 끌려가듯 그렇게 그는 거리를 배회하며 웁니다(1:8). 장차 유다 백성이 그렇게 이방 나라에 끌려갈 것을 그는 몸소 시연했습니다. 예레미야 선지자에게서만 눈물이 있었던 것은 아니군요.

하나님이 무엇을 원하시는 지 아시나요?

미가 선지자가 백성들에게 "야훼께서 하시는 말이 있으니 들어보라"(6:1)라고 말합니다. 하나님께서 속이 답답하셨나 봅니다. 그럴 수 밖에 없지요. 하나님은 자신이 지난날 애굽에서 종살이하던 이스라엘을 어떻게 구해내서 가나안 땅까지 인도했는지 기억해 보라고 말씀하시며 그 모든 행위는 자신의 공의(צִדְקוֹת יְהוָה/찌드콧 아도나이)로 이뤄진 것이라고 말씀하십니다(6:1-5). 하나님이 과거에 이스라엘 백성에게 공의로 행하셨다면, 이스라엘 백성은 하나님께 어떻게 행해야 하는 것이었을까요? 당연, 그들도 하나님께 공의로 행해야 했었겠지요. 그런데요. 그랬나요? 전혀 그렇지 않았습니다.

있을 것 다 있는 자들이 없는 자들의 것을 빼앗아 자신들의 곡간을 채웠지요. 선지자들은 돈에 눈 어두워 예언을 했지요. 제사장들은 삯을 위해서 일했지요. 그러면서도 참 웃기죠. "내가 무얼 가지고 야훼께 나아가 경배할까?" 이런 고민을 했으니까요. 그들의 삶의 실체를 모른 채 말만 들으면 '썩 괜찮은 신앙'이라고 착각하겠습니다. 일 년 된 송아지로 번제를, 천천의 숫양이나 만만의 강물 같은 기름을, 와우 정말 대~단한 헌신입니다(6:7). 이런 사람 만나면 그의 남다른 스케일 헌신에 껌뻑 죽을 것 같습니다. "내 허물을 위하여 내 맏아들을, 내 영혼의 죄로 말미암아 내 몸의 열매를 드릴까"(6:7). 이건 또 뭐란 답니까? 자기 잘못을 용서받기 위해 자식을 바치겠다는 것 아닌가요! 아니 자기 잘못 갖고 자식을 바칩니까. 하나님께 난 가장 귀한 것까지 드릴 수 있다는 일종의 과시였던가요. 아님 뭐지요?

장자를 바치려는 생각은 도대체 어디서 나온 것일까요. 이스라엘 백성이 출애굽 당시 하나님께서 애굽에 열 번의 재앙을 내리셨습니다. 그중에 마지막 재앙이었던 열 번째에 하나님은 애굽의 처음 난 모든 것을 죽이셨습니다. 이스라엘 자손에 속한 처음 난 것은 물론 보호하셨구요. 이후 하나님은 레위인을 구별하여 자신을 온전히 섬기도록 세우셨습니다. 이스라엘 자손 중 레위인을 모든 처음 태어난 자를 대신해 취하신 것이죠(민 8:16). 가나안 땅에서 몰렉 신을 섬기는 자들은 맏아들을 제사 제물로 바쳤습니다. 하나님은 이와 같은 행위를 율법에서 엄격하게 금하셨습니다(레 18:21; 20:2, 참고. 사 57:5; 렘 7:31; 19:5; 겔 16:20; 20:26). 그런데 이스라엘 백성은 하나님께 드릴 최상의 헌신은 맏아들까지 제물로 바치는 걸로 알고 이방인들처럼 화제 제사로 드렸다니까요(왕하 16:3; 21:6). 왜 그들은 자신의 맏아들까지 불로 태워 바치려 했을까요. 자신의 허물과 영혼의 죄 때문이라고는 하지만, 그게 다 자신이 복 받겠다는 이유 때문 아니었을까요. 자식을 죽이면서까지 받는 복이라는 게 뭔가요? 당시 장남들은 아버지가 '혹 깊은 신앙에 빠지는 것은 아닐까' 불안 불안했을 것 같습니다. 저도 장남인데 오싹하네요. 휴~.

미가 선지자는 하나님께서 선한 것이 무엇인지 이미 말씀하셨다고 말합니다. 하나님이 요구하시는 것은(וּמָה־יְהוָה דּוֹרֵשׁ מִמְּךָ/우마-아도나이 도레쉬 밈메하) 유다 백성이 '정의를 행하는 것'이고, '인자를 사랑하는 것'이고, '겸손하게 하나님과 함께 행하는 것'이라고 말합니다(6:8). 여기서 '인자'가 무슨 말인지 모르실 분도 있을 것 같아 잠깐 말씀드리고 넘어갈게요. '인자'는 한자로 어질 인(仁), 사랑 자(慈)를 씁니다. '인애'(仁愛)와 뜻이 같죠. 인자로 번역된 히브리어 '헤세드'(חֶסֶד)는 언약적 성실성에 기반한 신실한 사랑입니다.

미가 선지자가 남유다에서 사역할 때 북이스라엘에서 사역했던 호세아는 인자(חֶסֶד/헤세드)를, 아모스는 정의(מִשְׁפָּט/미쉬파트)를 외쳤었습니다(호 6:6; 암 5:21-27). 같은 시기에 남유다에서 사역했던 이사야 선지자도 "제물보단 악한 행실과 행악을 버리고 선행을 배우며 정의를 구하라"라고 외쳤습니다(사 1:11-17). 미가는 이렇게 당대 선지자가 외친 메시지를 종합적으로 선포했습니다.

하나님이 백성들을 향해 "지혜는 주의 이름을 경외함이라"라고 말씀하신 뒤 "너희는 매가 예비되었다"(6:9)라고 말씀하셨습니다. 이게 뭘 말하는 것일까요? 유다 백성은 제물 드리는 양이 하나님을 경외하는 길이라고 생각했다는 걸 말하는 게 아니겠어요. 그들은 '내가 무엇을 가지고 야훼 앞에 나아갈까' 고민하면서도 하나님의 법에는 귀를 기울이지 않았습니다(참고. 사 1:10-11). 하나님께 제물을 드리는 거룩한 날에도 악을 행했습니다. 하나님이 그런 걸 보시고 "견디지 못하겠다"라고 말씀하셨습니다. 또한 정하신 절기가 자신에게 "무거운 짐이 되어 피곤하게 되었다"라고까지 말씀하셨습니다(사 1:13-14). 하나님이 받으시는 건, 마음을 낮추어 통회하며 하나님 말씀에 두려움으로 순종하는 삶이었는데 말입니다(참고. 사 66:2).

개역개정에서 "너희는 매가 예비되었다"라는 번역은 히브리어에서는 '쉼우 맛테' (שִׁמְעוּ מַטֶּה)입니다. 문자적으로 번역하면 "몽둥이 소리를 들으라"입니다. 이사야 선지자는 하나님이 분노하실 때 손에 몽둥이를 들고 있는 것으로 표현했습니다(사 10:5). 하나님이 곧 몽둥이를 유다 백성에서 후려칠 것이라는 건데요. 병들 데까지 치신다고 하십니다. 완전히 폐인이 되는 수준까지 두들겨 패겠다고 하십니다(6:13).

"하나님이 이렇게까지 난폭한 분이셨나요? 하나님 실망했어요"라고 말하고 싶으시죠. "하나님! 인애가 많으신 분 아닌 것 같은데요"라고 말하고 싶으시겠죠. 하나님이 한두 번 유다 백성에게 속상한 일 겪으셨다고 그렇게까지 하실까요. 더 이상 그냥 놔둬선 안 되겠다 싶을 정도까지 가게 된 것입니다(참고. 히 12:5-6).

미가서는 우리에게 하나님께 나아가는 방식에 대해 돌아보게 합니다. 하나님을 위해 내가 가지고 있는 것을 드리는 것은 좋겠지요. 그런데 그걸로 하나님을 조종하려고 하진 말자구요. 그걸로 내가 의무를 다한 것처럼 착각하진 말자구요. 하나님이 진짜 원하시는 게 뭔지 알아야 합니다. 미가서가 우리에게 중요한 것은 거짓된 신앙에서 참 신앙으로 돌아오는 데 있습니다.

우리가 누려야 할 평화 그리고 행복

어떤 누구도 믿을 수 없는 세상이 된 것에 대해 미가 선지자는 괴로워합니다. 그러나 그는 그 상황 속에서 하나님만 바라보겠다고 결단합니다.

> 오직 나는 야훼를 우러러보며 나를 구원하시는 하나님을 바라보나니 나의 하나님이 나에게 귀를 기울이시리로다(7:7).

미가 선지자는 유다 백성이 하나님께 범죄 하였기에 심판을 피할 수 없다는 것을 잘 압니다. 그러나 그는 그것에 그치지 않습니다. 그는 심판 뒤에 그분의 공의로 유다 백성이 회복될 것까지 내다봅니다(7:9). 여기까지가 그가 유다 백성이 하나님께 범죄 하였다가 하나님의 심판으로 바벨론에 사로잡혀 갔다가 돌아온다는 예언이었습니다. 그러나 미가서 말씀 중간중간에 메시야와 관련된 예언이 있음을 주목해야 합니다. 미가서에서 가장 주목해야 할 부분이 있다면 바로 이 부분입니다. 메시야가 베들레헴에서 태어나신다는 약속입니다(5:2). 그는 남은 자가 이스라엘 자손에게로 돌아오는 때를 적시합니다.

> [2]베들레헴 에브라다야 너는 유다 족속 중에 작을지라도 이스라엘을 다스릴 자가 네게서 내게로 나올 것이라 그의 근본은 상고에, 영원에 있느니라 [3]그러므로 여인이 해산하기까지 그들을 붙여 두시겠고 그 후에는 그의 형제 가운데에 남은 자가 이스라엘 자손에게로 돌아오리니(5:2-3).

바벨론에 포로로 끌려갔던 이스라엘 백성은 주전 536년에 예루살렘에 귀환했습니다. 그럼에도 미가 5:3은 "남은 자가 메시야가 오신 후에 이스라엘 자손에게로 돌아온다"라고 말하고 있습니다. 이것은 곧 인간은 죄로 인해 영원한 복을 누리던 장소에서 쫓겨나 심판을 받을 수밖에 없게 되었지만, 메시야가 오셔서 인간의 죄를 대신 짊어지신다는 복음을 담고 있습니다. 그분을 믿는 자는 남은 자가 되어 원래 인간이 영원한 복을 누리던 곳에서 하나님과 함께 영원을 함께하게 된다는 것을 말해 줍니다. 미가는 남유다의 죄-심판-구원에서, 인간의 궁극적 죄에 대한 하나님의 구원 계획, 죄-심판-구원을 조명하고 있습니다.

하나님께서 이루실 궁극적 평화가 4:1-5에서 묘사되어 있습니다. 이방인들까지 야훼 하나님께 나아와 그를 경배하며 그분의 말씀대로 살기로 결단합니다(4:2). 개인 간 갈등과 반목은 국가 간 분쟁과 전쟁으로 발전됩니다. 마치 군비 경쟁만이 살길인 것처럼 하루가 멀다 하고 나라들은 무기를 비축하고 새로운 살상 무기를 개발하고 있습니다. 칼과 창을 녹여 보습과 낫을 만들 날이 올까요(4:3; 사 2:4)? 예수님은 민족이 민족을, 나라가 나라를 대적하는 일은 재난의 시작일 뿐 서로 미워하는 일은 끊이지 않을 것이라고 말씀하셨습니다(마 24:4-14).

메시야로 오셨던 예수님이 다시 오실 그날에는 영원한 평화가 임하게 될 것입니다. 하지만 그때까지 굳이 아니더라도 우리는 평화를 누릴 수 있습니다. 하나님이 다스리는 통치 속에 있으면 증오의 칼을 내려놓고 포도나무와 무화과나무 아래에서 쉴 수 있습니다.

미가서의 쓸모는 뭐니 뭐니 해도 내가 구하는 것에서 하나님이 구하시는 것으로 시각을 바꾸게 되는 것입니다. 하나님이 우리의 기도

가운데 성령을 통해서 "뭐가 좋으니?"(מַה־טּוֹב/마-토브)라고 물어보실 것 같네요(참고. 6:8). 조금이라도 지각(知覺) 있는 사람이라면 그때 "돈이요"라고 대답하진 않겠죠. 솔로몬처럼 "지혜를 주시옵소서!"라고 대답하면 좋겠습니다. 그러나 미가서를 읽으셨고 또 본 글을 읽으셨다면, 이젠 이렇게 대답할 준비를 해 보세요. "제가 원하는 좋은 것은 이웃에게 정의를 행하고, 하나님을 신실하게 사랑하며, 겸손히 마음을 낮추면서 하나님 말씀대로 살아가는 것입니다."

손경민 목사님의 <행복>이란 노래를 들어보세요. 우리가 추구해야 할 선, 행복이 무엇이어야 하는지를 생각하게 합니다. 미가서에서 전하는 메시지를 많은 부분에서 담아내고 있습니다. 하나님의 자녀로 살아가는 것, 이것이 저와 이 글을 읽는 당신에게 행복이 되길 소망합니다.

07

나훔서의 쓸모

모든 민족들이 주를 찬송하게 하소서!

니느웨에 대한 경고! 이게 뭐래요. 우리가 알고 있기론 요나서에서 니느웨 사람들이 대대적인 회개로 하나님의 심판을 면했잖아요. 그런데 이건 또 뭔 말이랍니까! "야훼는 질투하시며 보복하시는 하나님이시니라"(1:2). 시작에서 겁부터 나는데요. 나훔 선지자가 무엇 때문에 하나님은 보복하시는 분이라고 선포했을까요? 하나님은 은혜로우시며 자비로우신 분이시며 노하기를 더디하시는 분이시라는 요나서 말씀(욘 4:2)과는 달라도 너무 다르잖아요. 북이스라엘의 요나 선지자가 앗수르 니느웨에 가서 심판을 선포했었을 때는 주전 8세기였습니다. 나훔 선지자 활동 시기는 요나 선지자가 니느웨 심판을 선포한 이후입니다.

나훔 선지자 활동 시기를 짚어 봐야겠습니다. 3:8에 보면 앗수르 왕 아슈루바니팔이 애굽(이집트) 수도 테베스를 파괴시켰습니다. 그때는 주전 663년이었습니다. 앗수르 니느웨 멸망은 주전 612년이었으니까 나훔 선지자는 663-612년 사이 어느 한 시기 활동했을 것입니다. 나훔서는 요나 선지자가 니느웨 심판을 선포한 이후 약 100년 후에 나훔 선지자가 다시 앗수르 수도 니느웨에 대해 선포한 예언입니다. 앗수르 니느웨는 하나님의 긍휼을 끝까지 누리지 못하고 심판을 받게 되네요. 도대체 어디에 문제가 있었던 것일까요? 한때라지만 하나님의 긍휼을 입었던 나라이고 야훼 하나님이 열방의 하나님이라는 사실을 알았던 앗수르 니느웨였는데 안타깝기만 합니다.

토마스(Robert Jermain Thomas, 1839-1866) 영국 선교사를 태운 미국 상선 제너럴 셔먼호가 대동강을 통해 평양에 들어오려다 조선 관군에 의해 불에 탔습니다. 그때 토마스 선교사는 "여러분 야소 믿으십시오. 여기 야소 말씀이 적힌 성경을 바치니 읽어보시고 지존하신 상제께 경배하는 여러분이 되시기를 바랍니다"라고 말하며 심문관에게 한문성경을 바치고 평양 관군 박춘권의 칼에 1866년 9월 3일 27세에 순교했습니다. 박춘권은 토마스 선교사를 참수한 후 33년이 지난 1899년 어느 날, 널다리골 교회의 종소리를 들을 때마다 괴로웠던 마음에 마펫(마포삼열) 선교사를 찾아가 자신이 토마스 선교사를 죽인 장본임을 밝히고 예수 믿고 교회 영수가 되었습니다. 박춘권이 섬긴 널다리골 교회는 훗날 장대현 교회로 이름으로 바뀌게 되었고 1907년 평양 대부흥 운동의 산실이 되었습니다.

100여 년이 지난 지금 평양의 모습은 어떤가요? 종교의 자유가 없습니다. 평양 만수대 김일성 동상이 신처럼 숭배되고 있습니다. 탈북했다가 다시 붙잡히는 사람들은 선교사 접촉, 예배 참석 유무에 따라

투옥, 고문, 성적 학대, 공개 재판 및 처형까지 받는다고 합니다. 평양이 한때 대대적 회개로 심판을 면했던 니느웨가 100여 년 후에 심판받았던 것처럼 될까, 두렵습니다. 나훔서는 우리에게 하나님의 은혜를 받은 개인이나 집단 또는 민족이 하나님의 은혜 안에서 계속 강건하게 머물기를 기도하는 마음을 갖게 합니다.

나훔서의 목적이 사실 여기에 있는 것은 아닙니다. 유다 백성을 괴롭히던 앗수르 니느웨가 망하게 되는 건 유다 백성에게는 기쁨과 위로를 주는 것이었거든요. 그러니까 유다 백성이 나훔 선지자의 예언을 들으면서 "앗수르 니느웨가 망하면 안 되는데" 그런 생각은 갖지 않았다는 겁니다. 오히려 "잘 됐다. 꼴좋다"라며 반겼다는 얘기입니다. 아브라함에게 하나님이 주셨던 약속, "너를 축복하는 자에게는 내가 복을 내리고 너를 저주하는 자에게는 내가 저주하리니"(창 12:3)라는 말씀의 성취로 봐도 좋겠습니다. 이 면에서 보면 에돔 족속 심판 선언이었던 오바댜서와 주제적으로 통합니다. 나훔 선지자의 니느웨 심판 선포가 유다 백성에게는 참 반가운 소식이 되는 거였지요. 하지만 요나서를 알고 나훔서를 읽는 현대 독자의 입장에서는 니느웨가 하나님의 심판을 받는 건 아무래도 가슴 아플 수밖에 없습니다. 에돔 나라가 심판받는 것도 마찬가지구요. 나라의 흥망성쇠가 모두 하나님의 주권과 다스림 아래 있음을 알기에 전능하신 하나님 앞에 무릎 꿇게 됩니다.

> 2주의 도를 땅 위에, 주의 구원을 모든 나라에게 알리소서 3하나
> 님이여 민족들이 주를 찬송하게 하시며 모든 민족들이 주를 찬
> 송하게 하소서(시 67:2-3).

나훔서를 통해 열방을 위한 기도 결심은 뜬금없는 적용이라고도 볼 수 있겠습니다. 하지만, 모든 민족이 하나님을 찬송하게 되길 바라는 기도는 우리의 당연한 의무겠죠. 우리 자신에게도 앗수르의 운명을 적용해 볼 수도 있겠습니다. 한때 하나님의 은혜를 입고 잘나가다 교만하게 행동하면 한순간 훅 갈 수 있다는 것을요. 영원한 것은 아무것도 없으니 오직 주님 앞에 겸손한 것만이 살 길이라는 교훈도 새겨 봅니다.

잠깐이 아닌 영원한 위로가 필요해요

나훔(נַחוּם) 선지자 이름이 뭔지 아세요. 동사 '나함' (נחם)에서 파생된 명사로 '위로' 라는 뜻입니다. 이사야 선지자가 바벨론 포로 기간이 끝나게 될 미래적 일에 대해 유다 백성에게 외쳤던 하나님 말씀이 '나하무 나하무 암미' (נַחֲמוּ נַחֲמוּ עַמִּי/"너희는 위로하라 내 백성을 위로하라")였습니다(사 40:1). '위로' (comfort)라는 뜻을 가진 선지자가 니느웨를 심판하는 메시지를 선포하니 유다 백성에게는 큰 위로를 주었을 겁니다. 나훔은 엘고스(אֶלְקֹשִׁי/엘코쉬) 사람입니다(1:1). 엘고스가 어디인지 정확히 알기는 어렵습니다. 갈릴리 가버나움으로 보는 학자들도 있습니다. 가버나움(כְּפַר נַחוּם /케파르 나훔)이 '나훔의 동네'라는 뜻이거든요. 이게 나훔 선지자가 그곳에 살았다는 증거가 될 수 있는 것인지에 대해선 의문입니다. 나훔이라는 사람이 살았던 동네보단 '위로의 마을 의미가 더 가깝지 않을까, 싶습니다. 나훔이 북이스라엘 사람이고 앗수르에 포로로 끌려갔다가 니느웨 북쪽 38km에 위치한 알쿠쉬(القش/Alqush)에서 유다 백성에게 보낸 편지라는 주장도 있습니다. 또한 예루살렘 남서쪽 베이트 지브린(Beit Jibrin)을 엘고스로 주장하는 견해도 있습니다. 어쨌든 엘고스 위치가 그리 중요한 것은 아니니 그다지 신경 쓰지 않아도 좋겠습니다.

> 12야훼께서 이같이 말씀하시기를 그들이 비록 강하고 많을지라도 반드시 멸절을 당하리니 그가 없어지리라 내가 전에는 너를 괴롭혔으나 다시는 너를 괴롭히지 아니할 것이라 13이제 네게 지운 그의 멍에를 내가 깨뜨리고 네 결박을 끊으리라(1:12-13).

유다 백성을 괴롭혔던 앗수르를 하나님이 멸절시키신다고 하니 그 말씀은 유다 백성에게 얼마나 기분 좋은 소식이 되었을까요. 한 구절을 더 살펴보겠습니다.

> 볼지어다 아름다운 소식을 알리고 화평을 전하는 자의 발이 산 위에 있도다 유다야 네 절기를 지키고 네 서원을 갚을지어다 악인이 진멸되었으니 그가 다시는 네 가운데로 통행하지 아니하리로다 하시니라(1:15).

나훔서의 핵심 구절입니다. 유다 백성은 나훔 선지자가 글로 남긴 총 47절 메시지 중, 가장 눈에 띄는 구절이 1:12-13과 15절이었을 거예요. 그런데 조금만 차분하게 본 구절을 생각해 보면, 그 위로는 아주 잠깐이었다는 사실에 놀라실 겁니다. 앗수르는 바벨론이라는 나라에 의해 멸절됩니다. 유다 백성을 괴롭히던 앗수르는 패망하지만, 그 앗수르를 패망시킨 바벨론이라는 나라가 유다 백성을 새롭게 괴롭히게 되거든요. "병 주고 약 준다"라는 말은 들어봤어도 "약 주고 병 준다"라는 말은 들어보진 못하셨죠. 나훔서만으로는 하나님이 유다 백성에게 약을 주시는 것은 맞습니다. 하지만 역사에서 보면 하나님이 그 이후 병도 주셨습니다. "하나님이 사랑해서 선택한 자기 백성에게 병을 주실 수 있는 것인가요?" 말도 안 된다고 생각할 수 있겠습니다. 하지만 1:12을 자세히 다시 들여다봐야 할 것 같습니다.

> 내가 전에는 너를 괴롭혔으나 다시는 너를 괴롭히지 아니할 것이라(1:12).

하나님이 "내가 전에는 너를 괴롭혔다"(וְעִנִּתִךְ/베인니티흐)라고 말씀하시네요. 여기서 '너'는 유다 백성을 말합니다. 하나님이 전에는 그러면 왜 유다 백성을 괴롭혔을까요? 이 말씀을 문자적으로만 보면, 하나님은 좋으신 분이 아니시네요. 어찌 자기 백성을 괴롭히실 수 있단 말입니까! 이 구절을 이해하려면 1:2을 살펴봐야 합니다.

> 야훼는 질투하시며 보복하시는 하나님이시니라 야훼는 보복하시며 진노하시되 자기를 거스르는 자에게 야훼는 보복하시며 자기를 대적하는 자에게 진노를 품으시며(1:2).

하나님이 진노를 품으실 때는 사랑하는 백성이 하나님을 버리고 다른 신을 좇을 때입니다. 그때는 복을 내리신 후일지라도 돌이켜 재앙을 내려 멸하십니다(수 24:19-20). 하나님이 괜스레 자기 백성에게 고통을 주시겠어요. 한 마디로 정신 차리라고 그러시는 것입니다. 이스라엘이 삐딱선을 탈 때마다 앗수르를 보내어 쿡쿡 찔렀던 것이죠. 착한 앗수르가 하나님의 지시 때문에 이스라엘을 원치 않게 괴롭힌 것은 아닙니다. 앗수르는 근동의 패권을 잡고자 이웃 나라를 호시탐탐 노렸지만, 하나님은 그럴 때마다 이스라엘을 보호하셨습니다. 하지만 이스라엘이 하나님께 범죄할 때마다 앗수르의 이스라엘 괴롭힘을 허용하셨던 것이죠.

날 괴롭히던 놈을 누군가 날 위해 주먹 한방 날려 주면 속 시원하지요. 그런데 날 구해 주었던 그 사람이 새롭게 날 괴롭히는 사람이 된다면 어떻겠어요? 끔찍하겠지요. 앗수르는 물러가겠지만, 그 자리에 바벨론이라는 나라가 들어와 유다 백성을 괴롭히게 될 것입니다. 괴롭히는 상대만 바뀌었지 괴롭힘은 여전히 그대로입니다. 이 상황을 설명하는 건 이방 나라가 잔혹했다고 말하기 전에 이스라엘이라는 나라가 하나님 앞에 어떻게 서 있었는지를 생각해 보게 합니다. 하나님만을 섬겼다면, 하나님의 정의와 공의를 신실하게 지켰다면, 하나님이 이스라엘을 괴롭히는 이방 나라를 그냥 가만히 보고만 계셨을까요?

> 1네가 네 하나님 야훼의 말씀을 삼가 듣고 내가 오늘 네게 명령하는 그의 모든 명령을 지켜 행하면…(중략)…7야훼께서 너를 대적하기 위해 일어난 적군들을 네 앞에서 패하게 하시리라 그들이 한 길로 너를 치러 들어왔으나 네 앞에서 일곱 길로 도망하리라(신 28:1-7).

아니죠. 한 길로 왔던 놈들을 일곱 길로 도망가게 하십니다. 유다 백성이 나훔서를 통해서 누렸던 위로는 이런 면에서 잠깐의 위로였습니다. 우리는 나훔서의 쓸모를 통해서 영원한 위로를 찾게 됩니다. 그 위로는 심지어 환난 가운데도 누릴 수 있습니다. 어떤 상황에서도 평안을 누릴 수 있습니다. 어디서일까요?

어디긴 어디겠어요. 하나님에게서죠(참고. 고후 1:3-4). 앗수르가 제거된다고 해서 평안이 지속되는 것은 아닙니다. 또한 바벨론이 제거된다고 해서 평안이 지속되는 것도 아닙니다. 우리가 하나님과 동행하는 삶을 살며 하나님을 잠잠히 바랄 때 그분에게서 구원이 옵니다. 오직 하나님만이 반석이요, 구원이요, 요새이심을 고백하게 됩니다(참고. 시 62:1).

> 야훼는 선하시며 환난 날에 산성이시라 그는 자기에게 피하는 자들을 아시느니라(1:7).

많이는 아닐지라도 나훔서를 한 번이라도 천천히 읽으면서 묵상한 분이라면, 나훔 선지자가 요나 선지자와 별반 다름없다고 생각할 수 있습니다. 무슨 말인가 하면, 나훔이 유다의 죄를 지적하는 것은 안 보이고 구원만 말하고 있는 것으로 보이거든요. 국수주의 냄새가 나잖아요. 유다 백성은 '무조건 잘될 거야' 라는 그의 글을 보면 전형적인 거짓 선지자 패턴도 보이구요.

그런데 이것을 생각해 보셔야 합니다. 나훔서의 신탁 대상이 앗수르예요. 앗수르 심판을 말하는 것이기 때문에 굳이 유다의 죄를 이것저것 지적할 필요까진 없습니다. 유다는 오랫동안 앗수르의 압제에 자신들이 섬기는 야훼 하나님의 능력에 대해 분명히 의심을 가졌겠죠. 신앙적 회의라고 할까 그런 것도 분명히 느끼고 있었을 것입니다. "하나님은 왜 우리의 고통을 돌아보시지 않는 것일까!" 이런 것이죠. 사실 나훔은 유다의 죄를 깔고 이야기를 하고 있습니다. 하나님이 이전에 유다를 앗수르를 통해 괴롭혔다고 말씀하셨잖아요(1:12).

우리는 예수 그리스도의 은혜로 구속 받은 하나님의 자녀로 의인이 되었지만, 그게 죄를 안 짓고 살아간다거나, 죄를 지어도 죄가 안 된다는 것을 의미하지 않습니다. 하나님의 백성은 늘 거룩한 삶을 살아야 합니다. 회개가 넘어졌을 때 다시 일어서는 힘이라면 거룩은 넘이지지 않는 힘입니다.

앗수르는 반드시 망합니다

유다 백성을 괴롭혀서요? 개역개정은 1:9을 "너희는 야훼께 대하여 무엇을 꾀하느냐?"(מַה־תְּחַשְּׁבוּן אֶל־יְהוָה/마-테핫쉐분 엘-아도나이)로 번역하고 있습니다. 이 번역에서 보면, 앗수르가 야훼 하나님께 대적한 것이 됩니다. 하지만 원문에서 보면 지칭하는 대상 즉 주어가 명확하게 나와 있지 않습니다. 1:1은 표제였고 1:2-8까지는 전사(warrior)이신 야훼 하나님에 대한 노래였습니다. 그런데 갑자기 '너희'가 등장하지요. 나훔서가 니느웨에 대한 경고이니 '너희'를 니느웨 백성이라고 생각할 수 있겠죠. 그러나 나훔서를 읽는 대상이 니느웨 사람이 아니라 유다 백성인 것을 감안하면 '너희'는 유다 백성일 가능성도 배제할 수 없습니다. 부정적 의미에서 '꾀하다'로 번역된 '하솨브'(חָשַׁב)의 기본 의미는 '생각하다' 입니다. '너희'를 앗수르가 아닌 유다 백성으로 보면 "하나님에 대해 너희는 무엇을 생각하느냐?"가 되겠습니다.

1:2-8까지 야훼 하나님이 전사이신 것을 설명하고 1:9부터 앗수르 멸망을 설명합니다. 이렇게 보면, '너희' 는 니느웨 사람들이 아니라

'유다 백성'을 가리키는 것이 됩니다. 그렇다면 '하나님이 자신들을 위해 일하실까?' 의구심을 갖고 있던 유다 백성에게 하나님께서 "너희들은 나에 대해 무엇을 생각하느냐?"라고 물으신 것이 됩니다. 나훔서는 우리에게 하나님의 구원에 대한 의심을 거두게 합니다. 유다 백성의 고난을 자신에게 적용해 볼 수 있겠습니다.

김석균 목사님이 아주 오래전에 <주님 손잡고 일어서세요>란 찬양을 만드셨습니다. 그 노랫말에, "너무 견디기 힘든 지금 이 순간에도 주님이 일하고 계시잖아요"가 있습니다. "주님이 나와 함께함을 믿는다면 어떤 역경도 이길 수 있잖아요", 너무 멋진 고백입니다. 나훔서를 통해 하나님의 일하심을 더욱 믿게 해 달라고, 또 하나님은 늘 선하시며 환난 날에 나의 산성 되심을 믿고 하나님을 찾도록 도와 달라고, 지금 기도하는 건 어떨까요!

"사랑하는 주님!……(여러분이 직접 기도해요)……아멘!"

앗수르는 하나님의 완벽한 심판의 대상이 될 것입니다. 찌르는 가시가 덤불같이 되었으니 힘 못 쓰는 상태가 되었다는 것이겠죠. 술 마신 것 같이 취했다고 했으니 위험한 상황에서 무방비 상태가 되었다는 것이겠죠. 그런 그들을 "마른 지푸라기 같다"(1:10)라고 했습니다. 불만 닿으면 그냥 확 타버리게 되는 지푸라기요. 완전히 끝장나는 겁니다. 그러면 하나님이 앗수르를 심판하시는 직접적 이유를 찾아봐야겠습니다. 하나님이 선택한 유다 백성을 단순히 괴롭혔다는 게 이유라면 완전한 파멸까지는 아니니까요.

야훼께 악을 꾀하는 한 사람이 너희 중에서 나와서 사악한 것을 권하는도다(1:11).

야훼 하나님께 악을 꾀하고 행동한 것도 큰 죄인데 그걸 권했다고 합니다. 누가 그랬을까요? 앗수르 왕입니다(참고. 3:18). 산헤립은 유다를 침략하기 위해 모의했습니다. 그들은 여전히 강합니다. 숫자도 많습니다. 하지만 하나님께는 마른 지푸라기 같을 뿐입니다. 하나님이 유다 백성에게 지운 앗수르의 멍에를 깨뜨리고 결박을 끊겠다고 선언하셨습니다(1:13). 지금도 하나님께 대적하는 자들이 헛된 일을 꾸밉니다. 여기서 시편의 말씀을 살펴봐야겠습니다.

1어찌하여 이방 나라들이 분노하며 민족들이 헛된 일을 꾸미는
가 2세상의 군왕들이 나서며 관원들이 서로 꾀하여 야훼와 그의
기름 부음 받은 자를 대적하며 3우리가 그들의 맨 것을 끊고 그
의 결박을 벗어 버리자 하는도다 4하늘에 계신 이가 웃으심이여
주께서 그들을 비웃으시리로다 5그 때에 분을 발하며 진노하사
그들을 놀라게 하여 이르시기를(시 2:1-5).

이방 나라, 민족들, 세상의 군왕들이 서로 악을 꾀합니다. 목적은 야훼와 그의 기름 부음 받은 자를 대적하기 위함입니다. 여기서 '그의 기름 부음 받은 자'를 선지자나 왕으로 해석할 수 있습니다. 그러나 그다음 절인 6-7절을 보면, 앞으로 오실 메시야로 해석하는 게 가장 적절합니다.

6내가 나의 왕을 내 거룩한 산 시온에 세웠다 하시리로다 7내가
야훼의 명령을 전하노라 야훼께서 내게 이르시되 너는 내 아들

이라 오늘 내가 너를 낳았도다(시 2:6-7).

히브리서 기자는 시편 2:7이 메시야 예수에게서 성취되었다고 말했습니다(히 1:5). 하나님에게 대적하여 높아진 것을 깨뜨리고 부수는 것은 나의 힘과 능력이 아닙니다. 오직 메시야 예수, 그분만 하실 수 있는 능력입니다.

네가 철장으로 그들을 깨뜨림이여 질그릇 같이 부수리라 하시도다(시 2:9).

앗수르처럼 하나님을 대적하는 생각이나 계획, 그리고 행동은 계속 우리를 위협할 것입니다. 그것들로 인해 크리스천은 고통을 겪을 수 있습니다. 크리스천이라면 죄 때문에 받는 고난은 받지 말아야겠지요. 악과의 싸움은 피할 수 없습니다. 맞서 싸워야 합니다. 우리가 의지하는 건 메시야 예수, 그 이름입니다. 그분은 우리를 구원할 자이십니다. 야훼 하나님을 대적한 앗수르는 망할 것입니다. 하나님을 대적하도록 유혹하는 사탄은 결국 하나님의 심판을 받아 결박될 것입니다. 아무리 저들이 강하고 숫자도 많다고 해도 쫄지 말아요. 오직 구원을 주시는 능력의 그 이름 예수를 의지하며 뚜벅뚜벅 나아가야 합니다.

야훼 하나님의 주권과 통치

나훔서는 야훼 하나님은 이스라엘을 위한 하나님만이 아니라는 것과 무조건 이스라엘을 위한 하나님도 아니라는 사실을 우리에게 가르쳐 줍니다. 하나님은 유다 백성이 범죄할 때마다 앗수르와 같은 이방 나라의 침략을 통해서 자신 앞에 나아와 부르짖도록 만드셨습니다. 하나님은 이스라엘을 선택하여 자기 백성으로 삼았지만, 자기 백성이 당신의 말씀에서 떠날 때는 진노하셨습니다. 1:2-7은 야훼 하나님이 어떤 분이신지 묘사하고 있습니다. 하나님은 노하기를 더디 하시지만 벌받을 자에 대해선 반드시 심판하시는 분이십니다. 그 벌 받을 자란 하나님을 대적하는 자를 말합니다(1:2). 심판의 범위는 우주적입니다. 하나님이 진노하시면 바다와 강은 마르고 산은 무너지고 꽃은 시듭니다(1:4). 그분의 진노 앞에 생명을 유지할 존재란 그 어떤 것도 없습니다. 하나님이 세상에 존재하는 모든 것을 만드셨으니까요.

나훔서의 쓸모를 살피면서 우리는 야훼 하나님만이 오직 유일한 참 신이심을 믿을 수 있습니다. 잔혹하게 이웃 나라를 점령하며 영토를 확장했던 앗수르는 자신들이 믿는 신이 세상 어느 신보다 가장 힘 센 신이라고 믿고 유다 백성을 조롱했습니다.

> 33민족의 신들 중에 어느 한 신이 그의 땅을 앗수르 왕의 손에서 건진 자가 있느냐 34하맛과 아르밧의 신들이 어디 있으며 스발와임과 헤나와 아와의 신들이 어디 있느냐 그들이 사마리아를 내 손에서 건졌느냐 35민족의 모든 신들 중에 누가 그의 땅을 내 손에서 건졌기에 야훼가 예루살렘을 내 손에서 건지겠느냐 하셨느니라(왕하 18:33-35).

랍사게가 예루살렘을 공격하면서 히스기야에게 앗수르 왕의 말을 전달한 내용입니다. 이걸 보면서 어떤 생각이 드시나요? 마치 골리앗이 다윗을 조롱하던 것과 비슷하지 않나요. 다윗이 이스라엘 사람이라고 해서 무조건 블레셋 사람 골리앗을 이긴 것이 아닙니다. 돌팔매질을 잘해서도 아니었습니다. 그날따라 운이 좋아서 한 방에 성공한 것도 아니었죠. 다윗이 하나님을 의지했기 때문에 골리앗을 이길 수 있었던 것입니다. 메시야 예수를 구원자로 보내신 야훼 하나님만이 진정한 신이십니다. 그분은 우주를 주관하시고 통치하시는 전능하신 하나님이십니다.

나훔서의 주요 내용은 '유다 백성을 대적했던 니느웨(앗수르 수도)가 멸망한다'는 사실에 있습니다. 이것을 나훔서의 쓸모 전부로 생각하면 '이스라엘을 대적하는 어떤 민족이나 나라는 망한다'라는 잘못된 적용을 도출할 수 있습니다. 진정한 나훔서의 쓸모는 하나님의 심판은 그 어떤 대상도 제외될 수 없는 우주적이라는 사실에 둬야 합니다. 북이스라엘은 앗수르에 의해 주전 722년에 무너졌고, 남유다는 주전 586년에 바벨론에 무너졌습니다. 만일 나훔서가 앗수르가 멸망한 주전 612년보다 한 해나 두 해 전에 기록된 것이라고 하면, 불과 30년도 못 되어 바벨론에게 괴롭힘을 당하다가 멸망하게 되는 겁니다.

하나님의 진노가 불의로 진리를 막는 사람들의 불경건과 불의에 대해 임할 것입니다(롬 1:18). 하나님은 선지자를 통해서 하나님이 진노하실 것을 유다 백성에게 말씀해 주셨습니다. 진노의 대상이 앗수르였을 땐, 그들에게 위로였습니다. 그러나 자신들에게도 진노하신다는 말씀을 들었을 때는 근자감(근거 없는 자신감)에 빠져 하나님은 그러실 분이 아니라고 믿었습니다.

나훔서는 짧은 3장으로 되어 있습니다. 나훔 선지자의 글을 읽게 된 유다 백성은 날아갈 듯 기분 좋았겠지요. 유대인들에게 소예언서에 나오는 열두 명의 선지자들을 놓고 인기투표하면 나훔 선지자가 압도적으로 1위가 될 가능성이 있습니다. 내용에 "너희들이 잘못했다"라는 지적은 전혀 없고, 대적 앗수르의 패망만 말했으니까요. 하지만 앞에서도 언급했듯 유다 백성은 나훔서를 잘 못 읽었다고 봐야 합니다. 앗수르보다 더 자신들을 괴롭힐 상대 바벨론을 후에 만나게 되었으니까요. 그러니 우리는 어떻게 해야 할까요? 날 사랑하시고 위로하시는 하나님은 맞지만, 그 사랑하심과 위로하심이 나의 죄까지도 그러는 건 아니라는 걸 알아야 하겠습니다. 유다 백성은 앗수르의 심판을 통해서 자신들에게 있게 될 하나님의 진노를 살폈어야 했습니다. 예수님 말씀을 빌려 말하자면, 남의 눈 속 티에서 본인 눈 속 들보를 봐야 했던 것입니다.

나훔서를 통해 나와 함께 하시고 일하시는 하나님의 사랑과 위로를 누리세요. 그리고 그 사랑과 위로에 하나님께 감사하며 거룩한 삶으로 서십시오. 이것이 나훔서가 말하는 찐쓸모입니다.

08

하박국서의 쓸모

이름을 보면 그의 사역이 보여요

예수님을 안 지 얼마 안 된 신생아 시절, "호박국이네!" 이렇게 하박국서를 기억했던 적이 있습니다. 구약성경에 어떤 책이 있나 쭉 책 이름만 살펴보다가 하박국서를 나름 기억하겠다고 생각한 필살기 아이디어였습니다. 일단 읽어 보았습니다. 요리책이 아닐 것이라는 걸 뻔히 알면서도, 은근 요나서에 보았던 박넝쿨이라도 나오면 대박이다, 싶었습니다. 그런데 박넝쿨이 없더군요. 대신 무화과나무 열매, 포도나무 열매, 감람나무 열매, 양, 소가 있었습니다. "호박국보다 훨씬 낫네!" 하며 좋아했습니다. 양고기와 소고기, 무화과, 포도, 감람나무 열매라면 굳이 호박국을 찾을 필요는 없었죠. 이런 재료라면 스테이크인데요. 뭘 요리해도 무조건 맛있을 거라 생각했습니다. 근데요. 착각했습니다. 하박국 선지자가 "…없으며…없으며…없으며…없으며…없을지라도"라고 말하더라구요(3:17). "현재는 있지만 앞으로 그런 것이 없어도 나는……,"이라고 말하는 것이었습니다. 하박국 선지자는 지금 자신의 소유가 그대로 있든지 아니면 없게 되든지 그걸 떠나서 하나님 때문에 즐거워하며 기뻐하겠다고 노래합니다(3:18). 하박국서에 박넝쿨이 없어야 하는 게 당연한 것이 되었습니다.

아무튼, 하박국 이름에서 그가 전직 셰프인가 싶었는데 요리하곤 아무 관련 없는 사람이었습니다. 하박국, 히브리 발음에서는 '하박쿡'(חֲבַקּוּק/havaqquq) 입니다. 뜻은 '껴안다"(hug/embrace) 입니다. 3:16-19을 종합해서 이름 풀이를 하자면, 앞으로 자신의 소유를 모두 잃어버리게 되는 상황을 맞아도 야훼 하나님을 원망치 않고 그분만을 기쁨으로 끌어안으며 노래하겠다가 됩니다. 와우! 보통 사람이 아닙니다. 대단한 믿음의 소유자입니다. 하박국은 앞으로 닥칠 상황을 '받아들이고' 있습니다. 파산 예고자의 정신줄 놔버린 자기 부정이 아닙니다. "나는 야훼로 말미암아 즐거워하며 나의 구원의 하나님으로 말미암아 기뻐하리로다"(3:18)에서 보는 것처럼 야훼 하나님을 끌어안고 있는 겁니다. 장난스럽게 하박국이란 이름에서 호박국을 연상했다가 하박국서 전체를 이해하는 데 큰 도움을 얻었습니다. 어떤 상황에서도 즐거움과 기쁨을 빼앗기지 않겠다는 것 아니겠어요(3:18).

'항상 기뻐하라' (살전 5:16)는 말씀을 묵상할 때마다 고민입니다. 그래야 하는 당위(sollen)는 알겠는데 그걸 어떻게 존재(sein)로 만들 것인가에 대해선 화딱지 날 정도로 바울은 시원스럽게 답을 하고 있지 않으니까요. 굳이 바울 서신 및 그와 관련된 일화에서 항상 기뻐할 수 있는 방법을 찾는다면, 어떤 상황이든지 염려치 말고 기도하면 그 상황을 역전시키는 하나님의 역사를 체험하게 되니 기뻐할 수 있다가 될 것입니다(빌 1:12-14; 4:6; 행 16:19-34). 하나님이 믿는 자를 위해 모든 상황을 합력하여 선으로 인도하실 것이기에 언제 무엇에서든지 기뻐할 수 있다, 뭐 이런 답입니다(롬 8:28). 누군가에는 이것만으로도 항상 기뻐할 수 있는 이유를 찾는 게 충분하겠지만, 누군가에겐 여전히 부족합니다. "더요, 뭐 더 없어요? 어떻게 하면 항상 기뻐할 수 있나요!"

하박국서 쓸모가 여기 있습니다. 하박국서는 우리에게 소유의 유무와 상관없이 항상 기쁘게 살아갈 방법을 확실히 보여 주고 있습니다. 하박국 선지자는 도저히 즐거워할 수 없는 시간을 보내고 있었습니다. 그런데 그가 기쁨과 즐거움으로 노래를 하게 되었으니까요. 무너졌던 멘탈이 회복된 겁니다. 발걸음이 날아갈 듯 사뿐해졌습니다. 무슨 일이 있었던 것일까요? 무엇이 투덜이 하박국 선지자를 미소 속의 그대로 바꾸어 놓았던 것일까요? 즐거워하고 기뻐할 상황으로 바뀐 것은 하나도 없는데 말입니다. 그는 앞으로 상황이 바뀌지 않아도 기쁨과 즐거움을 잃지 않을 거라 말합니다.

하나님! 세상이 왜 이래요?

하박국 선지자는 자신이 살고 있는 세상을 받아들일 수 없었습니다. 1:1 표제에서 보면 "선지자 하박국이 묵시로 받은 경고라"라고 했습니다. '경고'라고 번역된 히브리어 맛싸(מַשָּׂא)의 일차적 의미는 짐(burden)입니다. 표제에서 '맛싸'(מַשָּׂא)를 사용한 소예언서는 하박국서와 말라기서가 유일합니다. '짐'이 주는 어감은 '무겁다'입니다. 하박국 선지자는 자신에게 허락된 세상과 그 세상을 대하시는 하나님의 방식이 몹시 마음에 들지 않았습니다. "하나님! 세상이 왜 이래요?"라고 기도했는데 하나님의 대답이 없었습니다. 이제 그는 "하나님! 왜 대답이 없으신 거예요?"라고 외치기 시작합니다. 하박국 선지자는 세상보다 하나님을 더 원망하기 시작했습니다. 부르짖어도 하나님의 대답이 없었기 때문이었습니다. 김종서가 "이제 난 누구의 가슴에 안겨서 아픔을 얘기해야 하는가~~"라고 노래했지요. <대답 없는 너>입니다. 하나님은 진짜 대답이 없으셨습니다.

> 야훼여 내가 부르짖어도 주께서 듣지 아니하시니 어느 때까지리이까 내가 강포로 말미암아 외쳐도 주께서 구원치 아니하시나이다(1:2).

하박국 선지자는 무엇 때문에 그렇게 기도했던 것일까요? 강포 때문이었습니다. 개역개정은 "내가 강포로 말미암아"(1:2)라고 번역했습니다. 원문 '에즈아끄 엘레하 하마쓰'(אֶזְעַק אֵלֶיךָ חָמָס)에서 보면, "내가 당신께 '폭력이다' 라고 외쳐도"입니다. 이 상황을 이해하실 수 있는지요? 강도가 사람을 헤치고 있는데 그걸 목격한 사람이 112에 '강도가 사람에게 흉기를 휘두르고 있어요!' 라고 다급하게 신고해도, 경찰관은 그 소리를 듣는 건지 마는 건지 대답이 없습니다. 황당하죠. 바로 이와 같은 상황이었습니다.

강포(חָמָס/하마쓰)는 폭력입니다. 그는 그 상황을 다시 이야기합니다. 하박국은 한 마디로 죄악(אָוֶן /아벤)이라고 규정했습니다. 패역(עָמָל/아말)이었습니다. '아말' (עָמָל)은 문맥에서 고통, 악, 재앙, 불행 등의 의미를 갖습니다. 쉽게 말하면, 보지 말아야 할 걸 봤다는 얘기입니다. 그가 본 것은 유다 사회의 겁탈(שֹׁד/쇼드), 강포(חָמָס/하마스), 변론(רִיב/리브), 분쟁(מָדוֹן/마돈)이었습니다(1:3). 나쁜 사람들이 선한 사람들을 괴롭히고 있었습니다. 하박국 선지자가 하나님께 신고했으면, 하나님은 그걸 접수하자마자 바로 해결하셨어야 하는 것 아니었겠습니까!

하박국 선지자는 지금 유다 사회에서 벌어지고 있는 악 때문에 기도하고 있습니다. 우리도 어떤 이유와 목적에서든 하나님께 기도합니다. 하나님이 기도를 응답해 주시길 원하면서요. 정의가 악을 이겨야 하는데 악이 정의를 이길 때 "뭐 세상이 왜 이래?"라는 말을 던지게 됩니다. 하나님이 정말 지금도 살아계셔서 역사하시는 분이라면 이걸 가만히 보고만 계신다고요? 말도 안 됩니다. 하박국 선지자는 "어느 때까지", "어찌하여"라고 말하면서 기도를 합니다. 말을 빙빙 돌리지 않습니다. 괜스레 "천지를 창조하시고 만물을 주관하시는…,"이런 장황한 미사여구도 붙이지 않습니다. 바로 "야훼여"(1:2)라고 부르면서 직진합니다. 히브리 문장 순서를 따르면, "어느 때까지입니까? 야훼여!"(עַד־אָנָה יְהוָה/아드-아나 아도나이)입니다. 화가 잔뜩 난 모양입니다. 하나님이 듣는 귀가 있으시면 들으시고 입이 있으시면 말씀해 보시라는 뜻입니다. 하박국서는 바벨론의 유다 침공으로 남유다가 멸망하기 몇 해 전, 유다 사회 전반이 무너진 상황을 배경으로 하고 있습니다. 그와 동시대 활동했던 선지자는 예레미야, 나훔, 스바냐가 있었습니다. "하나님! 빨리 지금의 상황에 적극 개입해 주십시오. 악을 다스려 주십시오." 이 외침이 하박국 선지자의 외침이었던 것입니다.

하박국 선지자가 유다 사회를 보며 분통하는 걸 보니 악을 행하는 놈들 한쪽 귀라도 잘라 버리고 싶은 베드로의 성정이 그에게 있었나 봅니다. 하지만 그가 악을 행하는 사람들에게 직접 나아가기보다 하나님께 나아가 문제를 해결하려는 모습이 참 아름답습니다. 환난 날에 야훼 하나님을 찾으며 부르짖었다는 것에 하박국 선지자의 위대함이 있습니다.

하박국 선지자는 기도하는 사람의 모본입니다. 구약에서 기도의 사람 하면 사무엘로 인식이 굳어진 경향이 있습니다. 하박국 선지자가 오히려 기도의 모본이 아닐까, 하는 생각이 듭니다. 대부분 기도하다가 응답이 없으면 포기합니다. 하박국 선지자는 하나님의 대답을 이끌어 낸 선지자였습니다. 그의 기도는 개인의 목적을 위한 기도도 아니었습니다. 나라가 돌아가는 걸 보고 가슴 아프게 기도했던 사람이었습니다. 어쩌면 야곱의 얍복강 기도보다 더 위대한 기도였다고 평가할 수 있습니다.

하박국서의 쓸모는 우리를 먼저 기도하는 사람으로 초대하는 것에 있습니다. 하나님께 어떤 문제라도 갖고 나아갈 수 있는 건, 우리에겐 특권이자 행복입니다. 하박국 선지자는 구하고 찾고 두드렸습니다. 문은 열리도록 만들어졌습니다. 닫혀만 있을 거라면 굳이 벽에 문을 달 필요가 없습니다. 기도로 하늘 문을 여는 자가 복된 자입니다.

그건 아니죠

하나님이 드디어 응답하셨습니다. 와우! "왜 그동안 한마디 말씀도 없으셨던 거예요?"라고 묻고 싶습니다. 하나님이 말씀하십니다. 유다 사회의 강포를 해결해 달라고 했더니 하나님이 "갈대아 사람(바벨론 사람)들의 강포로 유다 사회의 강포를 누르겠다"(1:5-11)라고 말씀하십니다. "어! 이건 아니죠. 하나님!" 하나님이 이러시는 이유가 궁금합니다.

기도했는데, 정말 기도했는데, 하나님의 응답이 전혀 내가 기대했던 것과 반대로 또는 예상외로 응답될 때가 있습니다. '이건 정말 아닌데!' 하는 상황입니다. "내가 이런 일을 당하려고 기도했던가" 싶습니다. 하나님의 응답을 받아들일 수 없습니다. 누구에게나 이런 경험이 있을 것입니다. 누구는 "기도만 했지!"라고 말하겠습니다. "아니요. 기도하면서 믿고 행동했습니다. 내가 해야 할 일은 정말이지 열~~심히 노~~오력 했다구요. 그런데 이건 아닙니다. 하나님이 이러시면 하나님 아닙니다." 이럴 때가 있었습니다. 그때 당시는 정말 하나님의 뜻을 몰랐습니다. 하지만 세월이 한 참 지난 후에야 그 뜻을 알게 되었습니다. 솔직히 아직도 당시에 일어난 일에 대해 하나님의 뜻을 모르는 것도 있습니다. 지금은 '그것은 하늘나라에서 알게 되겠지' 라는 심정으로 담담하게 받아들이고 있습니다.

하나님! 이러시면 안 됩니다. 하박국 선지자의 입장에선 매우 분하고 억울합니다. 뭐 자기가 자신의 유익을 위해서 기도한 것도 아니지 않습니까! 선지자이지만 남들처럼 잘살게 해달라고 경제적 안정을 위해서 기도한 것도 아니구요, 유명한 선지자가 되게 해달라고 기도한 것도 아니지 않습니까! 하박국 선지자는 다시 기도하기 시작합니다(1:12). 하나님의 방법이 이해가 안 되면 다시 기도하는 것을 나쁘다고 뭐라 할 수 없습니다. 잘 알지도 못하면서 안다고 "알겠습니다"라고 대답하는 것보다는 "모르겠습니다"라고 솔직히 말하는 게 낫습니다. 기도를 하나님과 대화라고 하지요. 하박국 선지자의 기도를 보면 기도의 정의가 딱 들어맞다고 봅니다. 그는 하나님과 대화하고 있습니다. "하나님께 따지면서 대드는 게 뭐 대화냐?" 하실 분도 있으실 거라 생각됩니다. 하지만 하나님은 좋으신 분이라는 것을 기억할 때, 자식이 몰라서 묻는 걸 갖고 따진다고만 생각하지는 않을 거라 생각합니다. 하나님이 하박국의 기도 갖고 "너 나한테 말하는 게 버릇없다"라고 나무라지 않으셨습니다. 하나님은 하박국의 마음을 다 알고 있었습니다. 하나님은 친절히 당신의 뜻을 말씀해 주십니다.

하박국 선지자가 얼마나 당황했을까요. 갈대아 사람들로 말하자면, 어떤 사람인지 아시지 않습니까. '눈에는 눈, 이에는 이' 었던가요! 유다 사회의 폭력을 갈대아 사람의 폭력으로 다스시려는 것이었는지요. 그러면 '눈에는 눈, 이에는 이' 가 맞는 거였습니다. 그래도 그렇지 유다 백성과 갈대아 사람들 비교는 말이 안 되지 않습니까. 유다 사회가 아무리 부패했어도 갈대아 사람들로 심판하시는 건 아니지요. 하박국 선지자의 생각에서는 유다 사회에서 의인이 악인을 심판하는 그림을 갖고 기도했을 것입니다. 악인이 심판받고 의인이 재기(再起)하는 그런 그림을요. 하박국 선지자는 "갈대아 사람들이 여러 나라를 무자비하게 멸망시키는 것이 옳으니이까?"(1:17)라고 하나님께 묻습니다. "하나님! 말이 안 되니 계획을 접으십시오"라는 설득이었습니다.

우리는 꿈을 꾸며 기도합니다. 그 꿈이 우리를 살아 움직이게 합니다. 그러나 그 꿈이 내가 하나님께 구한대로 되지 않을 때, 불편한 마음이 생기는 건 솔직한 심정입니다. 그래도요. 기도하자구요. 마귀는 우리에게 기도를 포기하게끔 유혹합니다. <내가 역전되리라>라는 찬양 가사가 아주 멋집니다.

> 기도를 멈추지 마라. 눈앞의 상황이 마음을 눌러도 원망치 마라. 너의 입을 지켜라. 저들은 너의 입을 보고 있다. 마음을 뺏기지 마라. 내가 널 도우지 않는단 소리에 너의 모든 게 모든 게 불리해도 너는 기도를 계속해라. 너 기도를 멈추지 마라. 내가 너의 그 모든 상황을 바로 역전시키리니 너 기도를 멈추지 마라. 내가 잠시도 쉬지 않고 모든 걸 지켜보고 있으니 바로 역전되리라.

앞에서 기도란 하나님과 대화라고 말씀드렸죠. 기도를 내 소원을 이루기 위한 수단으로만 생각하는 경향이 있습니다. 기도는 사실 하나님의 뜻을 하나님과의 대화 가운데 깨달아 나 자신을 온전케 만드는 과정이라고 보는 게 가장 맞습니다. 하박국 선지자는 자신이 '하나님께 드릴 말씀은 다 드렸다' 라고 생각했습니다. 이제는 하나님이 대답하실 차례입니다. 지금부터 자신은 잠잠히 기다려 보겠다고 합니다.

> 내가 내 파수하는 곳에 서며 성루에 서리가 그가 내게 무엇이라 말씀하실는지 기다리고 바라보며 나의 질문에 대하여 어떻게 대답하실는지 보리라 하였더니(2:1).

기도에 있어서 기다릴 줄 아는 것도 기도입니다. 하박국 선지자는 자신이 있어야 할 자리를 알고 있습니다. 파수하는 곳, 성루입니다. 그는 여전히 남유다를 바라보면서 파수꾼의 자리에 섭니다. 하나님이 자신에게 뭐라 말씀하실지 지켜보겠다고 합니다. 자신 또한 어떻게 하나님께 대답하게 될지 지켜보겠다고 합니다. 개역개정의 "나의 질문에 대하여 어떻게 대답하실는지 보리라"(2:1)라는 번역은 하나님께서 어떻게 대답하실지에 무게를 두고 있습니다. 하지만 히브리 원문, '우마 아쉬브 알-토하흣티' (וּמָה אָשִׁיב עַל־תּוֹכַחְתִּי)에서 보면, "내가 불평을 늘어놓았던 것에 대해 내가 어떻게 말하게 될지?"로 '하나님의 대답에 자신이 수긍하게 될지 말지'의 의미를 갖고 있습니다. 일종의 토론 배틀에서 하나님이 자신을 이기실지 지켜보겠다는 의미였습니다. 하박국 선지자 입장에선 이해가 안 되니 물고 늘어진 것입니다.

의인은 자기 믿음으로 사느니라

"고마해라 마이 들었다 아이가." 제가 하나님 같았으면 박박 대드는 하박국 선지자에게 이렇게 말했을 것 같습니다. 하나님은 그런데 한 마디 짜증 없이 말씀하시네요. "너는 이 묵시를 기록하여 판에 명백히 새기되 달려가면서도 읽을 수 있게 하라"(2:2). 히브리 원문에서 읽으면, 문법 이해에 따라 "그걸 읽은 자가 달릴 수 있도록 하게 하라"도 될 수 있습니다. 곧 모든 사람이 알 수 있도록 명백하게 새기는 것도 되고, 새긴 걸 빨리 전파하라는 내용도 됩니다. 중요한 것은 그것이 속히 이루질 것이며 결코 거짓된 것이 아니라는 겁니다(2:3).

하박국 선지자가 아무리 "이건 아닙니다"라고 했어도 갈대아 사람(바벨론)을 통해 유다 백성을 멸망시키는 것은 정해졌다는 것입니다. 반드시 이루어질 것이라는 말씀이셨습니다. 하박국 선지자의 말이 나오지 않고 있습니다. 2:3과 2:4 사이에 감춰 있는 하박국 선지자의 마음은 어떤 마음이었을까요. "하나님! 결국 당신의 뜻대로 하시는군요." 이런 대답이었을 것 같습니다. 하나님이 하박국 선지자의 마음을 모르실 리 없으셨겠죠. 하나님이 말씀하십니다.

> 보라 그의 마음은 교만하며 그 속에서 정직하지 못하나 의인은 그의 믿음으로 말미암아 살리라(2:4).

여기서 '그의 마음'의 '그'가 가리키는 대상과 '그의 믿음으로'에서 '그'의 대상을 구분해야 합니다. 첫 번째 '그의 마음'에서 '그'는 의인과 대조되는 '악인'이며 2:5부터 지칭하는 대상과 같습니다. 곧 바벨론 사람들을 지칭합니다. 그들이 행한 강포는 자신들에게 돌아가게 될 것입니다(2:17). 그들의 노략질은 똑같이 노략질로 당하게 될 것입니다(2:8). 그들은 야훼 하나님이 온 세상을 통치하시고 심판하시는 줄 알게 될 것입니다(2:14). 하나님이 유다 백성을 바벨론 사람으로 심판하시는 것은 분명합니다. 바벨론 사람들의 행동은 교만합니다. 그들의 마음에는 정직이 없습니다.

그렇지만 "의인은 살 것이라"(צַדִּיק יִחְיֶה)고 했습니다. 의인이 어떻게 산단 말입니까. 그의 믿음으로/믿음으로 말미암아(בֶּאֱמוּנָתוֹ/베에무나토) 살게 됩니다. 여기서 의인은 유다 백성 전체를 지칭하는 고유명사가 아닙니다. 하박국 선지자는 유다 사회에서 악인이 의인을 에워싸 정의가 굽게 행해지고 있는 것 때문에 통렬하게 하나님께 기도했었습니다(1:4). '에무나토(אֱמוּנָתוֹ)에서 보는 것처럼 그의 에무나

(אֱמוּנָה), 곧 '자신의 에무나(אֱמוּנָה)로 사는 자가 의인입니다. 그 의인은 멸망하지 않습니다(2:4). 에무나(אֱמוּנָה)를 개역개정은 '믿음' (faith)이라는 말로 번역했습니다. '믿음'이라는 번역이 나쁜 것은 아닙니다만 문맥의 의미를 모두 담기에는 부족합니다. 보통 믿음 하면 '마음에서 그렇다고 믿고 붙드는 것' 에 한정된 경향이 있습니다. 본문에서는 믿음으로 번역된 '에무나' (אֱמוּנָה)는 마음에서뿐만 아니라 실제 삶에 있어서도 일치된 신실함(faithfulness)을 뜻합니다. 곧 '어떤 상황 속에서도 하나님을 변함없이 신뢰하며 그분의 구원을 바라며 현실에 당당히 맞서는 충성스러움' 입니다. 적합한 영어 단어는 '피델러티' (fidelity)입니다.

하나님의 이런 말씀에 하박국 선지자는 '짜디크' (צַדִּיק/의인)의 삶을 요청받고 있습니다. 그가 살아남는 의인이 되는 길은 자신의 '에무나' (אֱמוּנָה/믿음 또는 충실)로 살아가는 것뿐입니다. 구체적으로 어떻게 하박국 선지자는 행동해야 했을까요? 하나님이 바벨론으로 유다를 심판하시려는 계획을 받아들이는 것이었습니다. 하박국 선지자는 처음에는 악한 무리들인 갈대아 사람들(바벨론)이 어찌 유다를 심판하는 하나님의 도구가 될 수 있는가, 크게 반감을 가졌습니다. 그러나 이제 그는 하나님의 뜻을 군말 없이 받아들입니다. 하나님이 "바벨론도 심판하시겠다"라고 말씀하셨기 때문입니다. 물이 바다를 덮음 같이 야훼의 영광을 인정하는 것이 세상에 가득하게 될 것입니다(2:14). 바벨론도 하나님의 주권과 능력 앞에 굴복하게 된다는 말씀이었습니다. 하박국 선지자의 불평이 하나님의 말씀에 멈춤이 되고 이제 찬양 속의 기도로 바뀝니다. 그는 기도하면서 하나님의 거대한 계획을 알게 된 것입니다. 여기서 동시대 선지자였던 예레미야에게 임했던 하나님 말씀을 생각해 보는 것도 도움이 됩니다.

> 2일을 행하시는 야훼, 그것을 만들며 성취하시는 야훼, 그의 이름을 야훼라 하는 이가 이와 같이 이르시도다 3너는 내게 부르짖으라 내가 네게 응답하겠고 네가 알지 못하는 크고 은밀한 일을 네게 보이리라(렘 33:2-3).

그러고 보니 우리가 항상 기뻐할 수 있는 방법은 쉬지 말고 기도하는 것과 관계가 있네요. "항상 기뻐하라"는 말씀 뒤에 바로 "쉬지 말고 기도하라"는 말씀이 있는 이유가 다 있었습니다(살전 5:16-17). 기도는 절망을 희망으로, 불평을 감사로 만드는 힘입니다. 하박국 선지자는 이제 자신의 불평을 내려놓고 놀랄만한 기도를 드립니다.

> 야훼여 내가 주께 대한 소문을 듣고 놀랐나이다 야훼여 주는 주의 일을 이 수년 내에 부흥하게 하옵소서 이 수년 내에 나타내시옵소서 진노 중에라도 긍휼을 잊지 마옵소서(3:2).

"이 수년 내에 부흥하게 하옵소서"라는 말의 뜻은, "하나님이 바벨론으로 유다 백성을 심판하시려는 계획을 내가 알고 놀랐습니다. 수년 내에 곧 하나님께서 하시려는 일을 하시옵소서!"라는 뜻입니다. 즉 "유다를 심판하시려는 뜻을 곧 행하시옵소서!"가 되는 겁니다. 그는 바벨론의 공격이 단지 바벨론의 침략으로 보지 않았습니다. 하나님의 진노로 보았습니다(3:3-15). 그는 또한 바벨론을 심판하시는 전사이신 하나님도 보았습니다(3:13). 하박국 선지자는 환난 날을 기다립니다.

현실에서는 두렵습니다. 창자가 흔들리고 입술은 부들부들 떨립니다. 바벨론 사람들이 유다를 치러 올라올 걸 압니다(3:16). 자신이 가진 모든 것을 잃게 될 것을 압니다(3:17). 그래도 그는 야훼 하나님만이 그의 힘과 구원이시라는 사실을 붙들고 즐거워하며 기뻐하기로 결단합니다.

하박국서에는 신정론(神正論/theodicy)이란 묵직한 신학적 주제가 있습니다. 신정론은 '하나님이 선하시다면, 왜 세상에 악을 허용하시는가?' 에 대한 담론입니다. 하박국 선지자는 유다 사회에 악인이 의인을 괴롭히는 상황이 허락되는 것을 이해하지 못했습니다. 또한 악인인 갈대아 사람들을 통해서 하나님이 선택한 유다 백성을 심판하시려는 그분의 계획을 이해하지 못했습니다. 다행히 그는 기도로 하나님의 뜻을 알게 되었고 하나님을 찬양하게 되었습니다. 하지만, 우리의 삶에는 여전히 이해할 수 없는 수많은 문제가 해결되지 않은 채 남아 있습니다. 아무리 기도해도 허락하신 고통의 이유를 알지 못해 답답하기만 합니다.

하박국서가 우리에게 주는 쓸모는 기도로도 알 수 없는 고통의 신비에 무너지지 말고 그 고통을 허락하신 하나님을 끝까지 믿음으로 끌어안아야 한다는 교훈을 얻는 것에 있습니다. 하박국 선지자는 두렵고 떨림으로 바벨론 심판을 받아들이면서도 "오직 야훼 하나님만이 자신의 힘과 구원이시기에 그분을 즐거워하며 노래하겠다"라고 다짐했습니다. 바로 이것이 2:4에서 말한 '믿음' (אֱמוּנָה/에무나) 입니다. 하박국 3:17-18 가사로 만들어진 <무화과나무 잎이>라는 찬양이 있습니다.

이 찬양 말고도 하박국서 주제에 잘 어울리는 찬양이 있습니다. <주님의 시간에> 입니다.

(1절) 주님의 시간에 그의 뜻 이뤄지리 기다려
하루하루 살 동안 주님 인도하시니 주 뜻 이룰 때까지 기다려

(2절) 기다려 그때를 그의 뜻 이뤄지리 기다려
주의 뜻 이뤄질 때 우리들의 모든 것 아름답게 변하리 기다려

<주님의 시간에>를 부르면서 하박국서의 쓸모를 다시 한번 기억해 보면 좋겠습니다. 그분의 시간에 모든 것이 이뤄집니다. 그때까지 우리는 교만하지 않습니다. 오직 정직하게 행합니다. 하나님을 끝까지 신뢰하며 고통 가운데에서도 야훼 하나님을 힘과 구원으로 삼아 기쁨과 즐거움으로 노래하는 의인으로 살아갑니다.

09

스바냐서의 쓸모

해야 할 것은 마땅히 해야 합니다

스바냐는 자기소개를 아주 거창하게 합니다. 조상에 대해 꽤 자부심을 갖고 있었던 것 같습니다. 무려 4대까지 거슬러 올라가네요(1:1). 눈치 채셨겠지만 4대 조상이 꽤 이름 있는 사람인가 봅니다. 누구입니까? 히스기야 왕입니다. 그러면 본인은 뭐란 말이죠? 왕족, 로열 패밀리(royal family)입니다. 은근 잘난 척하기 위해 자신이 히스기야의 손자의 손자, 현손(玄孫)이라고 말했다면, 스바냐서를 건너뛰고 학개서를 읽게 될 것 같습니다. 그런 식으로 말하자면 전주(全州) 이(李)씨 성을 가진 이들은 모두 이성계의 몇 대 손이라고 말하면서 다녀야겠네요. 설마 스바냐가 그런 의도에서 그랬을까요. 명색이 하나님께서 선지자로 선택한 인물인데요. 표제 1:1이 스바냐 선지자가 직접 쓴 글일 수도 있지만 후대에 편집자에 의해 삽입된 문구일 가능성도 있으니 괜한 트집은 잡지 않는 게 좋을 것 같습니다. 스바냐가 직접 밝혔든 아니면 다른 사람이 밝혔든 표제에서 알려진 스바냐란 인물은 왕족입니다.

스바냐서 전체를 읽어보면, 예언의 대상이 지도층(방백, 재판장, 선지자. 제사장)을 향하고 있는 걸 알 수 있습니다(참고. 3:3-4). 스바냐는 왕족이었기 때문에 자연스럽게 왕궁을 드나들면서 지도층들의 삶을 목격할 수 있었을 것입니다. 자신이 요시야 시대에 선지자였다고 말하고 있습니다(1:1). 요시야 하면 이스라엘 분열 왕국 역사상, 가장 하나님께 기쁨이 되었던 왕이었습니다. 여기서 잠시 요시야 왕에 대한 열왕기 기자의 평가를 확인해 보겠습니다.

> 요시야와 같이 마음을 다하며 뜻을 다하며 힘을 다하여 모세의 모든 율법을 따라 야훼께로 돌이킨 왕은 요시야 전에도 없었고 후에도 그와 같은 자가 없었더라(왕하 23:25).

이전 이후에도 요시야와 같은 인물은 없었다니요. 대단한 찬사입니다. 열왕기하 23:25을 정확히 이해할 필요가 있습니다. 요시야는 우상을 숭배하던 선왕(先王), 아몬과는 달리 종교개혁을 통해 유다를 바로 세우려 했던 왕입니다. 이러한 이유 때문에 "야훼께로 돌이킨 왕"의 표현을 '유다 백성을 야훼께로 돌이켰다' 라고 생각해선 안 됩니다. 본 절은 요시야 왕 개인이 야훼 하나님 앞에 진실한 마음과 사랑으로 서 있었다는 것을 말하는 것이지, 종교개혁이 성공해서 유다 백성을 하나님께로 온전히 돌이켰다고 말하는 것은 아닙니다. 열왕기하 23:25에서 "야훼께로 돌이킨 왕은"을 "야훼께로 (자신을) 돌이킨 왕은"으로 읽어야 오해가 없습니다. 요시야 왕 때 스바냐 선지자의 등장은 곧 종교개혁이 실패로 돌아갔다는 걸 의미합니다.

야훼를 배반하고 따르지 아니한 자들과 야훼를 찾지도 아니하며 구하지도 아니한 자들을 멸절하리라(1:6).

스바냐서가 요시야의 종교개혁 이전인지, 그 기간이었는지, 이후인지는 정확히 알 수 없습니다. 1:6에서만 보면, 요시야의 노력이 생각한 대로 잘되지 않았던 것 같습니다. 그럼에도 불구하고 요시야 왕 자체는 야훼 신앙을 복구하기 위해 과감히 개혁을 시도한 왕이었고, 신명기 6장 표현대로 그는 야훼 하나님을 사랑한 왕이었습니다. 스바냐서의 쓸모를 살피기 전에 요시야 왕의 모습에서 배워야 할 것을 발견합니다. 그것은 안 될 것 같아 안 하는 건 하나님의 뜻이 아니라는 것입니다. 하나님의 뜻이라면 되고 안 되고를 떠나 해야 합니다. 결과가 어떻게 되든 마땅히 해야 할 일이라면 위험을 무릅쓰고 해야 하는 것이 크리스천의 사명이자 의무입니다. 요시야 왕의 죽음에 안타까운 면이 있지만, 그는 멋있었던 왕이었습니다. 해야 할 일을 하고 있는지, 아니면 이유와 핑계를 대면서 마땅히 해야 할 일을 회피하고 있는지 생각하게 됩니다. 자! 그럼 진짜 스바냐서의 쓸모를 생각해 보겠습니다.

핵심이 뭐예요?

스바냐서는 대부분의 예언서가 어떤 구조로 되어 있는지 쉽게 이해할 수 있도록 돕는 책입니다. 분량이 적은 소예언서든 분량이 많은 대예언서든 모두 심판과 구원의 큰 틀로 되어 있습니다. 심판의 대상은 당연히 이스라엘이지만 열방을 포함합니다. 심판의 메시지엔 늘 회개 촉구가 있습니다. 선지자의 회개 촉구를 무시한 이스라엘은 결국 심판을 받습니다. 그러나 하나님은 이스라엘과의 언약 때문에 다시 그들을 구원하십니다. 이때 하나님의 구원을 맛보게 된 사람을 하나님은 '남은 자'로 표현하셨습니다.

구속사의 관점에서 볼 때 세상은 죄(sin) – 심판(judgment) – 구원(salvation)의 맥락 속에 놓여 있습니다. 이러한 구조는 성경 전체를 이해하는 큰 틀이기도 합니다. 구원 뒤에 완성(consummation)을 넣어 이해하기도 합니다. 죄란 무엇이고, 심판이란 무엇이고, 구원이란 무엇인지 아는 것이 성경을 아는 기초입니다. 성경은 죄로 심판받아 영원한 사망에 이를 수밖에 없는 인간을 구원하시려는 하나님의 사랑 이야기입니다.

스바냐서의 핵심이 무엇이냐는 말은 구조에 대한 얘기입니다. 스바냐서가 우리에게 그래도 낯설지 않은 이유는 3:17 때문일 것입니다. 이 구절로 만든 찬양이 있습니다. "너로 인하여 기쁨을 이기지 못하시며 너를 잠잠히 사랑하시며~," 이 부분이 심장이 터질 것 같이 그렇게 좋네요.

> 너의 하나님 야훼가 너의 가운데에 계시니 그는 구원을 베푸실 전능자이시라 그가 너로 말미암아 기쁨을 이기지 못하시며 너를 잠잠히 사랑하시며 너로 말미암아 즐거이 부르며 기뻐하시리라 하리라(3:17).

스바냐서가 기쁨에 대해서 말하고 있는 것에 대해선 하박국서와 비슷합니다. 차이점이라고 하면 하박국서는 의인(צַדִּיק/짜디끄)이라고 표현한 걸, 스바냐서는 남은 자(שְׁאֵרִית/쉐에리트)라고 표현한 것에 있습니다. '하나님은 의인 또는 남은 자를 보호하시고 구원하실 것이기에 기뻐하고 즐거워하라'가 두 책의 공통된 주제입니다. 소예언서에서 하박국서와 스바냐서가 나란히 배열된 이유가 여럿 있겠지만 이것도 이유가 될 것입니다. 두 선지자 모두 같은 시대에 사역했던 인물입니다. 아마도 둘이 소울 메이트(soul matc) 아니었을까 싶네요.

이 책을 읽고 계신 분 중에 3:17에서 "잠잠히 사랑한다"는 말의 뜻을 궁금해하실 분이 있을 것 같습니다. 이 부분은 2부, <하나님의 기쁨이 되는 사람: 습 3:17>에서 확인해 보시기 바랍니다. 회복은 누구에게나 듣기 좋습니다. 앞에서 예언서의 구조를 말할 때 크게 심판과 회복이라고 했습니다. 심판과 회복 사이에 '회개 촉구'가 있습니다. 그러니까 예언서의 핵심은 바로 이 회개 촉구 부분이 됩니다.

> [1]수치를 모르는 백성아 모일지어다 모일지어다 [2]명령이 시행되어 날이 겨 같이 지나가기 전, 야훼의 진노가 너희에게 내리기 전, 야훼의 분노의 날이 너희에게 이르기 전에 그리할지어다 [3]야훼의 규례를 지키는 세상의 모든 겸손한 자들아 너희는 야훼를 찾으며 공의와 겸손을 구하라 너희가 혹시 야훼의 분노의 날에 숨김을 얻으리라(2:1-3).

2:1-3에서 야훼의 분노의 날이 언급되고 있습니다. 그날은 야훼께서 진노하시는 날로도 표현되어 있습니다. 스바냐 선지자는 "그날이 이르기 전에 야훼를 찾으며 공의와 겸손을 구하라"고 외치고 있습니다. 이것은 인생에서 무엇이 가장 중요한지를 깨닫게 해 줍니다. 첫 번째는 야훼 하나님을 찾고 공의와 겸손을 찾는 것입니다. 개역개정은

'찾으며' 와 '구하라' 라고 번역했습니다. 원문에서 보면 모두 '바까쉬' (בַּקֵּשׁ) 입니다.

습 2:3

בַּקְּשׁוּ אֶת־יְהוָה כָּל־עַנְוֵי הָאָרֶץ אֲשֶׁר מִשְׁפָּטוֹ פָּעָלוּ
בַּקְּשׁוּ־צֶדֶק בַּקְּשׁוּ עֲנָוָה אוּלַי תִּסָּתְרוּ בְּיוֹם אַף־יְהוָה

이 동사는 우연히 찾게 된 것이 아닌 자발적이면서 적극적 의지가 포함되어 있습니다. 두 번째는 "하나님을 찾고 공의와 겸손을 찾는 것을 포기하지 말라!" 라는 뜻입니다. 스바냐 선지자는 유다 백성 전체에게 선포하면서도(2:2), 야훼의 규례를 지키는 겸손한 자들에게 집중하면서 그들에게 끝까지 "야훼를 찾으며 공의와 겸손을 찾으라" 라고 외치는 것과 같습니다. 왜 그렇게 말했을까요? 야훼께서 분노하시는 그 날에 숨김을 얻을 수 있다고 보았기 때문입니다. 2:3에 숨바꼭질 (hide-and-seek)이 있습니다.

> 야훼의 규례를 지키는 세상의 모든 겸손한 자들아 너희는 야훼를 **'찾으며'** 공의와 겸손을 구하라 너희가 혹시 야훼의 분노의 날에 **'숨김을'** 얻으리라(2:3).

세상 숨바꼭질 놀이에선 '숨으면 찾기' (hide and seek) 지만, 하나님 나라 숨바꼭질은 '찾으면 숨겨짐' (seek and hidden) 입니다. 야훼 하나님을 찾는 자만이 야훼께서 진노하시는 날, 곧 심판의 날에 숨겨지는 보호를 받습니다. 스바냐서의 쓸모가 선명해지기 시작합니다. '하나님의 보호하심을 받는 사람이 돼라' 는 것이겠죠. 나라에서 중요한 무형문화재를 보유하고 있는 사람을 인간문화재로 지정하여 보호합니다.

전직 대통령은 국가로부터 경호 지원을 받습니다. 누구는 권력이나 재력을 쥔 사람만 보호받는 더러운 세상이라고 욕합니다. 온 우주를 창조하신 하나님은 누구를 보호하실까요? 권력이나 재력을 갖춘 사람일까요? 예수를 구세주와 주님으로 영접하여 당신의 자녀가 된 자들을 보호하십니다. 돈이 많고 적고도 아니고, 많이 배웠고 덜 배웠고도 아니고, 높은 자리에 앉았고 아니고도 아닙니다. 오직 예수를 믿어 당신의 자녀가 된 자들을 하나님이 보호하십니다. 스바냐 선지자가 외쳤던 것에서 정리해 볼 수 있습니다. 하나님의 자녀는 끝까지 하나님을 찾아야 하고 끝까지 공의와 겸손을 구해야 합니다. 처음만 아니라 끝까지요. 끝까지입니다.

야훼의 날에 숨김을 받아야 해요

야훼의 날에 하나님의 보호하심을 받는 사람이 되려면 야훼의 날이 어떤 날인지 알아야겠습니다. 야훼의 날을 가볍게 생각하는 사람은 야훼 하나님을 찾을 필요성을 느끼지 못합니다. 소돔이 멸망할 때를 기억하면 좋을 것 같네요. 소돔 하면 뒤를 돌아본 것 때문에 소금 기둥이 된 롯의 처가 먼저 떠오릅니다. 하지만, 롯의 딸과 정혼한 사위도 기억해야 합니다. 롯은 두 딸과 결혼할 두 사위에게 천사에게서 들은 야훼의 날, 곧 닥칠 심판을 얘기했습니다. 그러나 그들은 농담으로 여겼습니다(창 19:14). 롯은 평소에도 소돔의 불법한 행실과 음란 때문에 가슴 아파했었습니다(벧후 2:6-8). 그는 완강히 거부하는 두 사위를 어쩔 수 없이 돌아서고 아내와 두 딸과 함께 급히 소돔을 떠날 수밖에 없었습니다. 두 사위는 결국 하늘에서 내린 유황과 불에 타 죽었습니다. 지진 또는 화산 폭발이 있었던 것 같습니다. 그것이 아니라면 운석이 떨어진 것이겠죠. 사도 베드로는 주의 날을 묘사했습니다.

> [10]그러나 주의 날이 도둑 같이 오리니 그 날에는 하늘이 큰 소리로 떠나가고 물질이 뜨거운 불에 풀어지고 땅과 그 중에 있는 모든 일이 드러나리로다 [11]이 모든 것이 이렇게 풀어지리니 너희가 어떠한 사람이 되어야 마땅하냐 거룩한 행실과 경건함으로 [12]하나님의 날이 임하기를 바라보고 간절히 사모하라 그 날에 하늘이 불에 타서 풀어지고 물질이 뜨거운 불에 녹아지려니와 [13]우리는 그의 약속대로 의가 있는 곳인 새 하늘과 새 땅을 바라보도다(벧후 3:10-13).

주의 날은 야훼의 날과 같은 용어입니다. 그날은 갑자기 임합니다. 살아남을 존재란 오직 거룩한 행실과 경건함으로 산 사람뿐입니다. 이 뜻은 예수를 안 믿어도 윤리 도덕적으로 정결한 사람이 구원받는다는 걸 의미하지 않습니다. 하나님의 자녀이면서 거룩한 행실과 경건함으로 산 사람이 구원 받는 것을 의미합니다. 주의 날이 우리가 생각한 것과 달리 더디다고 생각되는 이유에 대해 사도 베드로는 하나님께서 아무도 멸망하지 않고 회개하기를 원하시기 때문이라고 말합니다(벧후 3:9).

하나 더 생각해 볼 것이 있습니다. 바울은 "말세가 되면 사람들이 하나님보다 자기를 더 사랑하고 돈을 더 사랑하고 쾌락을 더 사랑하게 된다"(딤후 3:1-4)라고 말했습니다. 사람을 오래 두고 보면 그 사람이 어떤 사람인지 알 수 있는 것과 마찬가지로 하나님은 진짜 당신의 자녀가 맞는지 지켜보십니다. 말로는 하나님을 믿는다 하면서 우상을 섬기는 것은 아닌지 보십니다(1:5). 하나님은 그런 자를 심판하십니다. 의인은 악인이 압제하고 학대하는 세상에서 고난을 겪습니다. 야훼의 날은 인간의 타락과 범죄를 심판하는 날이지만, 의인에게는 구원받는 날입니다. 의인은 새 하늘과 새 땅을 바라보면서 오늘도 고난을 참으며 주님을 붙듭니다. 베드로는 "하나님의 날을 간절히 사모하라"(벧후 3:12)라고 권면했습니다.

심판의 날을 가볍게 생각해선 안 됩니다. 야훼의 날은 이스라엘 역사에서 수차례 실현되었습니다. 스바냐 본문에서 야훼의 날은 바벨론이란 나라를 통해 심판받는 날이었습니다. 앞으로 야훼의 날, 그날은 종말론적인 날로 임하여 악인을 영원히 심판하고 의인을 구원할 날로 실현될 것입니다. 롯의 두 사위처럼 야훼의 날을 농담으로 받아들였다간 심판의 날 살아남지 못합니다. 스바냐 선지자가 활동하던 당시, 유다 백성은 하나님에 대해 무관심했습니다. 그들은 야훼 하나님이 복도 화도 내리시지 않는 분이라고 생각하고 있었습니다(1:12). 롯의 아내처럼 소돔을 벗어난다고 하더라도 끝까지 거룩함과 경건함을 지키지 못하면 구원을 받지 못할 수도 있다는 걸 명심해야 합니다. 스바냐 선지자의 주된 메시지 선포는 야훼의 날이었습니다. 그가 외친 첫 마디를 주목해 보십시오.

> 야훼께서 이르시되 내가 땅 위에서 모든 것을 진멸하리라(1:2).

하나님께서 "사람, 짐승, 새, 바다의 고기, 악인들을 다 쓸어버리겠다"(1:3)라고 말씀하십니다. 하나님께서 손을 펴신다고 하시네요. 하나님께서 손을 펴서 멸하시는 표적이 정해졌습니다. 그들은 바알을 섬기는 제사장들, 별을 경배하면서 야훼께 맹세하는 자들, 야훼 하나님을 배반한 자들, 야훼를 찾지 않는 자들입니다(1:4-6). 하는 짓거리가 가관입니다. 야훼께 희생 제사를 드리는 날에도 거룩한 옷을 입어야 할 자들이 이방인의 옷을 입고 제사를 드리다니요(1:8). 거룩한 그날에 포악과 거짓이 난무합니다(1:9). 하나님 경배는 말뿐이었습니다. 1:2과 1:18을 보십시오. 1:1 표제 빼고 1장의 시작과 마지막 구절입니다.

> 야훼께서 이르시되 내가 땅 위에서 모든 것을 진멸하리라(1:1).

> 그들의 은과 금이 야훼의 분노의 날에 능히 그들을 건지지 못할 것이며 이 온 땅이 야훼의 질투의 불에 삼켜지리니 이는 야훼가 이 땅 모든 주민을 멸절하되 놀랍게 멸절할 것임이라(1:18).

"진멸하리라"로 시작해서 "멸절할 것임이라"로 끝나고 있습니다. 하나님이 확실하게 진멸하시겠다는 말씀이셨습니다. 2:1에서 스바냐 선지자는 "수치를 모르는 백성아!"라고 말하면서 "모일지어다! 모일지어다!"라고 외칩니다. '수치를 모르는 백성'에 해당하는 히브리어는 '학고이 로 니흐싸프'(הַגּוֹי לֹא נִכְסָף)입니다. '니흐싸프'는 '사모하다', '갈망하다'(창 31:30)의 뜻을 지닌 '카싸프'(כסף)의 수동(니팔)형입니다. 이것에서 보면, '수치를 모르는'은 '갈망할 줄 모르는'의 의미도 됩니다. 1:6, "야훼를 찾지도 아니하며 구하지도 아니한 자들을 멸절하리라"라는 말씀과 연계해서 생각할 수 있습니다(참고. 3:2). 유다 백성은 곧 하나님을 갈망할 줄 모르는 백성이었습니다. 그들에게 뭐라고 스바냐 선지자가 외치고 있는 겁니까. "모일지이다"(2:1)라는 외침은 "야훼 하나님을 찾으라"(1:6)라는 말씀이 되겠지요.

하나님을 찾아 무엇을 해야 할까요? 뭐긴요. 회개입니다. 하나님 앞에 다른 신을 두었던 것을 회개하는 겁니다. '남이 있는 바알'(1:4)이란 뭐란 말입니까. 본서의 내용이 요시야의 종교개혁 기간이나 이후에 선포된 것이라면, 종교개혁이 제대로 되지 않았다는 걸 말하겠지요. 하나님은 끊임없이 유다 백성에게 "너는 오직 나를 경외하고 교훈을 받으라. 그러면 내가 형벌을 내기로 정하기는 하였지만 너의 거처가 끊어지지 아니하리라"(3:7)라고 말씀하셨습니다. 하지만 유다 백성은 부지런히 자신들의 모든 행위를 더럽게 했습니다(3:7). 히브리 원문에서 살펴보면 느낌이 새롭게 다가옵니다. '아헨 히쉬키무 히쉬히투 콜 알릴루탐'(אָכֵן הִשְׁכִּימוּ הִשְׁחִיתוּ כֹּל עֲלִילוֹתָם)에서 '아헨'(אָכֵן)은 '정말로', '진짜로'의 뜻입니다. '히쉬키무'(הִשְׁכִּימוּ)는 '일찍 일어나다'라는 뜻의 '샤캄'(שׁכם)의 사역능동(히필)형입니다. 그러면 뜻은 이렇게 되겠지요. "그들은 정말이지 일찍 일어나서 자신들의 모든 행위를 더럽게 했느니라."

하나님이 "오직 나를 경외하고 교훈을 받으면 용서해 주시겠다"고 말씀하셨는데, 콧방귀도 뀌지 않는 무시를 한 거지요. 그러면 하나님이 어떻게 행하시겠습니까. 하나님이 "그래 좋다. 그러면 내가 일어나 벌할 때까지 기다리고 있어라. 내가 여러 나라를 소집해서 너를 소멸시키겠다"(3:8)라고 말씀하시는 겁니다. 어떤가요? 유다 백성! 참 미련하지요. 하나님이 주신 용서받을 기회를 저렇게 짓밟다니요. 하나님의 말씀을 우리는 어떻게 대하고 있는지 생각하게끔 되는 장면입니다. 하나님에 관심 두지 않고 사는 것이 죄입니다(1:12). 찾으시는 하나님을 무시하고 자기 일에 빠져 사는 것도 죄입니다. 스바냐서는 우리에게 내가 정말 하나님을 어떻게 섬기고 있는지, 그냥 교회 건물에만 왔다 갔다 하는지 생각해 보라고 말씀하고 있습니다. "정말 난 하나님을 갈망하고 있는가?" 하나님을 갈망하지 않고 살아가고 있다면 아무리 잘나가는 삶이라고 할지라도 부끄러운 삶이고 하나님의 진노를 부르는 삶입니다(2:1-2).

남은 자가 부를 노래

야훼의 날은 불가피합니다. 유다 백성은 심판을 받아야 합니다. 하지만 그날은 곧 의인에게는 구원의 날입니다. 3:14-20에서 스바냐 선지자는 시온의 딸, 이스라엘에게 "전심으로 기뻐하며 즐거워할지어다"(3:14)라고 말합니다. 왜 그럴까요? 야훼 하나님이 이스라엘의 형벌을 제거하셨고, 원수를 쫓아내셨기 때문입니다(3:15). '제거했다' 에 '쑤르' (סוּר)의 사역능동(히필)형 '헤씨르' (הֵסִיר)가 쓰였습니다. "너에 대한 판결을 멈췄다"(הֵסִיר יְהוָה מִשְׁפָּטַיִךְ/헤씨르 아도나이 미쉬파타흐)고 이미 이루어진 것처럼 선포한 것입니다.

스바냐 선지자는 앞으로 이루어질 일을 보고 예언하고 있습니다. 유다 백성은 하나님이 남유다의 이웃나라를 통해 준비하신 심판의 날을 맞습니다. 예레미야 선지자는 그 형벌 기간이 70년 동안 지속될 것이라고 예언했습니다. 하나님께 노래할 수 있을 때는 구원받았을 때, 곧 남유다가 멸망하고 70년 포로 생활이 끝나고 예루살렘으로 돌아오게 될 때가 아닙니다. 멸망의 날을 바라보면서도 하나님을 경외하고 그분을 찾는 삶을 살면서 하나님을 찬양할 수 있습니다. 하나님은 당신을 경외하며 당신의 교훈을 받는 자를 찾아 숨겨 보호하실 분이십니다. 그분을 믿는다면 언제 어떤 상황에서도 주님을 바라보며 찬양할 수 있습니다(3:17).

하나님을 끝까지 신뢰함으로 세상에서 바보란 소릴 들었던 자들에게 칭찬과 명성이 기다리고 있습니다(3:19). 하나님께서 "유다 백성의 사로잡힘을 돌이킬 때에 너희에게 천하 만민 가운데서 명성과 칭찬을 얻게 하겠다"라고 약속하셨습니다(3:20). 메시야 예수께서 세상에 다시 오셔서 모든 걸 심판하시는 날, 우리는 어떤 말을 하게 될까요? "내가 예수님 믿는 것 때문에 어렵고 힘든 삶을 살았지만, 참 그때 잘 견디면서 잘 살았다"라고 말하게 되지 않을까요!

살면서 예수 믿는 것 때문에 받는 고난을 참고 견디면서 사는 것만이 능사는 아닙니다. 고난 중에서도 즐거워하며 기쁨을 잃지 않고 주님을 찬양하는 게 중요합니다. 스바냐서의 포텐(potential)이 여기서 터지고 있다고 봐야 합니다. 사도 베드로도 신자의 즐거움과 기쁨을 말했습니다.

> 13 오히려 너희가 그리스도의 고난에 참여하는 것으로 즐거워하
> 라 이는 그의 영광을 나타내실 때에 너희로 즐거워하고 기뻐하
> 게 하려 함이라 14 너희가 그리스도의 이름으로 치욕을 당하면 복

있는 자로다 영광의 영 곧 하나님의 영이 너희 위에 계심이라(벧전 4:13-14).

스바냐서는 지금 우리에게 하나님께 보호받는 자, 야훼의 날에 심판으로부터 숨김을 받는 자가 되라고 말하고 있습니다. 성도의 견인 교리를 얘기하면서 구원의 확신을 갖는 것은 좋습니다. 그러나 잠깐만요. 여기서 생각해 봅시다. 유다 백성은 자신들이 망할 것이라는 것을 믿었을까요? 그들은 결코 하나님의 심판을 받지 않을 거라는 확신을 갖고 있었습니다. 자신들은 하나님이 선택한 백성이었구요, 예루살렘은 하나님의 집, 성전이 있는 곳이었습니다. 예루살렘은 그래서 절대 망할 수 없는 곳이었습니다. "예루살렘은 멸망하고 성전은 무너질 것이다"라고 선포한 선지자는 모두 그들의 관점에선 죄다 거짓 선지자였습니다. 그런데 예루살렘이 망하지 않았나요? 성전은 불에 타지 않았나요? 내가 확신하고 있는 근거가 잘못될 수 있습니다. 우리가 확신하는 근거는 하나님이 하신 일과 하시려는 일에 있어야 합니다. 혈통으로 구원받는 것이 아니라 오직 하나님의 말씀을 끝까지 붙드는 믿음의 삶이 우리에게 구원을 줍니다.

스바냐서는 우리에게 '하나님의 기쁨이 어떻게 하면 될 수 있을까!'를 묻고 있습니다. 이것이 바로 스뱌냐서가 말하고 있는 쓸모입니다. 스바냐 선지자의 이름에서 스바냐서의 쓸모를 생각해 보면, 스바냐서는 하나님이 진노하시는 야훼의 날에 어떻게 하면 숨김 받을 수 있는 사람, 곧 하나님의 보호를 받는 사람이 될 수 있을까를 안내하고 있습니다. 야훼의 날은 유다와 예루살렘에만 국한된 날이 아니라 열방에게도 임한 우주적인 날이었습니다. 그 야훼의 날은 앞으로 종말론적인 날로 우리에게도 찾아올 것입니다. 야훼의 날을 기억해야 합니다. 간절히 사모하면서 하나님을 경외하는 남은 자로 살아야 합니다. 잊지 않으셨죠. 아무리 힘들어도 구원을 베푸실 전능자 야훼 하나님을 기쁨과 즐거움으로 찬양하는 거요. 주님이 주실 칭찬이 기다리고 있습니다.

10

학개서의 쓸모

뭐가 먼저여야 합니까?

학개서 하면 떠오르는 게 있나요? 열이면 열, 성전 건축이라고 답하실 겁니다. 맞아요. 성전 건축이 주요 내용입니다. 학개는 성전 건축 선지자입니다. 정확히 말하면 성전 재건 선지자입니다. 남유다가 바벨론이란 나라에 주전 586년 멸망할 때 생존한 유다 백성 중 쓸만한 사람은 무조건 모두 포로로 잡혀갔습니다. 그들은 오랫동안 바벨론에서 포로 생활을 보냈습니다. 그러다 바사(페르시아)란 나라가 바벨론을 멸망시키고 고대 근동의 새로운 맹주가 되는 시대가 열립니다. 바사의 고레스(Cyrus) 왕은 식민지 나라에 종교관용 정책을 펴면서 유다 백성의 고국 귀환을 허가했습니다. 그 덕분에 예루살렘으로 귀환한 유다 백성은 주전 536년 총독 스룹바벨과 대제사장 여호수아의 지도아래 무너진 성전을 재건하게 됩니다. 하지만 사마리아 사람들의 훼방, 경제적 상황 악화, 성전 재건에 대한 열의 상실 등 여러 요인으로 성전 재건 사업은 3~4년도 아닌, 무려 16년 동안이나 중단됩니다. 그러던 중 바사 왕 다리오의 통치 2년 6개월째 되던 때 하나님께서 학개 선지자를 통해 말씀하셨습니다(1:1). "너희들이 좋은 집에 틀어박혀 살면서 지금 편안히 있을 때냐?"(1:4).

"네 시작은 미약하였으나 네 나중은 심히 창대하리라"(욥 8:7)는 구절이 있죠. 문맥과 상관없이 이 구절을 사용해서 문제이긴 하지만, 그래도 구절만 놓고 보면 꽤 기분 좋게 만듭니다. 우리가 살펴보려는 학개서에서 성전 재건에 임한 유다 백성의 상황은 처음엔 창대했지만, 나중이 미약해지는 태산명동서일필(太山鳴動鼠一匹, 태산이 떠나갈 듯 크게 울고 요동하게 하더니 뛰어나온 것은 쥐 한 마리뿐)이었습니다.

"포기한다"라고 말하는 사람은 없었습니다. 그저 "오늘은 아니다" 이런 말만 계속하다 보니 16년 동안 성전 재건 사업은 제자리걸음 상태였습니다. 사람들은 "야훼의 전을 건축할 시기가 이르지 아니했다"(1:2)라고 여전히 말하고 있었습니다. 그들이 볼 때 야훼의 전을 재건할 시기란 외부의 방해가 없고 자신들의 생활이 안정되었을 때였습니다. 아무리 봐도 적절한 시기가 오지 않았던 것이죠. 당시 유다 백성의 상황 분석은 정확했습니다. 전도서 기자는 "풍세를 살펴보는 자는 파종하지 못할 것이요. 구름만 바라보는 자는 거두지 못하리라"(전 11:4)는 말을 했습니다. 이것저것 따지면 아무것도 못 하게 되니 하나님을 믿고 그저 해보라는 말이 되겠죠(전 11:5).

이스라엘 역사에서 아주 비슷한 일이 있었습니다. 모세가 열두 명의 정탐꾼을 가데스바네아에서 뽑아 40일 동안 가나안 땅에 보내고 난 뒤 그들이 돌아와 보고하던 모습과 비슷한 점이 있습니다. 가나안 땅에 살고 있는 사람들의 강인함을 볼 때, 출애굽한 이스라엘 백성은 그 땅에 들어갈 수 없다는 게 정탐한 사람들의 일반 여론이었습니다. 하지만 여호수아와 갈렙은 하나님이 이미 그 땅을 이스라엘에게 허락하셨다는 믿음에서 물러서지 않고 부정적 중론을 거부했습니다. 그러니 일을 시작할 수 있는 가장 적절한 상황이란 주변과 외부가 아니라 준비된 마음의 상태, 즉 하나님의 약속을 신실히 붙드는 믿음의 문제라는 걸 알 수 있습니다.

유다 백성이 성전 재건을 중단해야 했던 이유에 납득이 전혀 안 가는 것은 아닙니다. 사마리아 사람들의 집요한 방해와 조서 공작 때문에 진행이 불가능한 상태였습니다. 그런 상황이 지속되다 보니 귀환 공동체의 관심사가 차차 성전 재건에서 멀어진 건 어쩌면 당연한 일이었습니다. 성전 재건은 그렇게 차일피일 미뤄지게 된 것이죠. 처음엔 성전 재건 진척이 더뎌지는 게 가슴 아팠지만, 차차 큰 문제로 느껴지지 않게 된 것입니다. 하나님이 귀환 백성의 마음이 전과 같이 않다는 걸 알게 되신 거죠.

> 이 성전이 황폐하였거늘 너희가 이 때에 판벽한 집에 거주하는 것이 옳으냐(1:4).

1:4을 원문(הַעֵת לָכֶם אַתֶּם לָשֶׁבֶת בְּבָתֵּיכֶם סְפוּנִים וְהַבַּיִת הַזֶּה חָרֵב)에서 직역하면 "너희들은 지붕 있는 반듯한 너희 집에 거하기 위해 너희들을 위할 때냐? 이 집(성전)은 황폐했는데"가 됩니다. 하나님이 호통치시다 못해 어이없어하시는 모습이 떠오릅니다. 백성은 성전을 새로 지을 때를 기다리고 있었다곤 했지만, 영적으로 무관심했고 나태함

에 사로잡혀 있었습니다. 성전 재건은 신앙 공동체가 회복되는 첫걸음이었습니다.

학개 선지자는 "성전을 재건할 때가 아직 아니다"라는 당시 귀환 백성의 팽배한 생각에 맞서 "아니다. 지금이 성전 재건할 때다"라고 외쳤던 사람입니다. 무력감과 패배감에 빠져 있는 사람들에게 "할 수 있다. 지금 바로 해보자"라는 말을 하는 것도 쉽지 않겠지만, 실제로 그들의 마음을 움직여 다시 시작하게 하는 일은 참으로 어려운 일입니다. 우리는 학개라는 인물에 주목하게 됩니다. 어떻게 썩은 동태 눈깔을 하고 있는 사람들을 똘망똘망한 눈으로 바꿔 놓아 그들을 으샤으샤 하게 했을까, 하는 겁니다. 어떻게 무기력한 사람들을 하루아침에 바꿔 놓은 것이지요? 마법이라도 부렸나요.

> 13그 때에 야훼의 사자 학개가 야훼의 위임을 받아 백성에게 말
> 하여 이르되 야훼가 말하노니 내가 너희와 함께 하노라 하니라
> 14야훼께서 스알디엘의 아들 유다 총독 스룹바벨의 마음과 여호
> 사닥의 아들 대제사장 여호수아의 마음과 남은 모든 백성의 마
> 음을 감동시키시매 그들이 와서 만군의 야훼 그들의 하나님의
> 전 공사를 하였으니(1:13-14).

학개가 전한 말은 "내가 너희와 함께 하노라"(1:13, אֲנִי אִתְּכֶם/아니 잇트헴)는 야훼의 말씀이었습니다. 그때 야훼께서 모든 백성의 영을 건드리셔서 다시 성전 공사를 시작할 마음을 일으키셨습니다(1:14). 학개는 하나님의 통로가 된 것뿐이었죠(참고. 1:1). 하나님이 함께 하신다는 복보다 더 귀한 복이 또 어디 있을까요? 학개서는 우리에게 하나

님이 함께 하시는 복이 가장 큰 복임을 알려 줍니다. 하나님이 함께 하시면 그 어떤 고난도 이겨낼 수 있습니다. 불가능하게 보이는 일도 할 수 있습니다. 다윗은 "내가 사망의 음침한 골짜기를 다닐지라도 해를 두려워하지 않을 것은 주께서 나와 함께 하심이라"(시 23:4)라고 고백했습니다. 학개서의 쓸모를 성전 재건에서 찾기 전에, 먼저 찾게 되는 것은 무슨 일이든 다시 시작해 볼 용기를 갖게 되는 힘의 원천일 겁니다. 그 원천은 바로 "하나님이 우리(나)와 함께 하신다"는 믿음입니다.

하나님은 그의 아들 예수를 메시야로 우리와 함께 하고 계십니다. '우리를 죄에서 구원할 자'라는 이름의 뜻을 가진 예수님(יֵשׁוּעַ/예슈아)은 '하나님이 우리와 함께 하시다' 라는 뜻의 '임마누엘' (עִמָּנוּאֵל)로 불리신 분이십니다(마 1:23). 빌립보서 4:13을 비잔틴 헬라어 역본(BYZ)에서 보면, 개역개정에 번역되어 있지 않은 '크리스토' (χριστῷ)가 있습니다. 사도 바울은 "내게 능력 주시는 그리스도 안에서 나는 모든 것을 할 수 있느니라"(πάντα ἰσχύω ἐν τῷ ἐνδυναμοῦντί με χριστῷ)라고 고백했습니다. 무엇보다 우리는 학개서에서 '하나님이 우리와 함께 하시다' 라는 구절을 붙들어야 합니다. 학개서의 쓸모는 우리에게 살아가는 삶의 목적을 재정립하게 하고 우선순위를 정하도록 돕습니다. 예수님은 제자들에게 "먹고사는 문제가 하나님 나라와 의를 구하는 삶보다 우선이 되지 말아야 한다"라고 가르치셨습니다. 하나님과 그의 의를 구하는 삶을 먼저 살면, 예수님은 하나님께서 우리에게 있어야 할 모든 것을 더하여 주신다고 말씀하셨습니다(마

6:25-34). 이제 우리 스스로에게 물어봐야겠습니다.

"난 하나님의 집과 내 집 중 어떤 집을 더 신경쓰고 있었지?"

성전 건축을 했던 게 맞나요?

학개서는 한국 교회에 성전 건축 욕망에 불을 지핀 책이었습니다. 너도 나도 번듯한 성전을 갖는 것이 소망이었고, 그 소망을 이루게 되면 그게 그렇게 자랑스러웠습니다. 오늘날에도 성전 건축은 필요할까요? 예. 필요합니다. 그것도 절실하게 필요합니다. 단 이전의 성전 건축과는 다른 의미에서 그렇습니다. 무슨 말인지 어리둥절하시나요. 그럼, 성전에 대한 정의부터 분명하게 하고 넘어가 보겠습니다. 예전엔 성전 건축하면 으레 예배당 건축이라고 생각했습니다. 교회 건물 안에 있는 모든 것은 주님을 위해 특별히 선정된 것이니 조심조심 경건한 마음으로 다뤄야 한다고 배웠습니다. 강대상이 있는 곳은 목사님만 올라가실 수 있는 매우 거룩한 곳이었죠. 꽃꽂이 물을 갈기 위해 그곳을 올라가야 할 때가 있을 참엔 집사님이 꼭 먼저 기도하고 올라가시던 기억이 납니다. 꼭 "날 죽이진 말아 주세요!"라고 하나님께 기도하는 것처럼 보였습니다. 함부로 강대상 있는 곳에 올라갔다가는 큰일 난다고 배웠거든요. 지성소에 들어가면 죽는 것과 마찬가지로 여겼습니다. 교회 안은 무조건 신성한 곳이었습니다. 교회 안에 있는 가구는 성구로 불렸습니다. 지금도 성구라고 부르고 있죠. 교회 건물은 성전이구요.

지하에 교회가 있으면, 하나님을 곰팡내 가득한 지하에 모시고 사는 것처럼 생각했습니다. 성도들은 하나님을 좀 더 넓은 곳에서, 좀 더 깨끗한 곳에서 섬기게 해달라고 기도했습니다. 하나님을 좋은 곳에서 모시겠다고요. 그래서 결심한 것이 성전 건축이었습니다. 성도들은 십시일반을 뛰어넘어 힘에 부치도록 헌금했습니다. 이것이 먼저 하나님 나라와 그의 의를 구하는 삶이었습니다. 헌신한 양만큼 하나님이 복 주신다고 믿었습니다. 힘에 부치는 헌금을 드릴 때 당장은 경제적으로 어려워져도 후에 하나님이 복 주실 거라는 믿음 때문에 기쁨을 누릴 수 있었습니다. 향유 옥합을 깨뜨린 여인의 헌신을 예수님이 축복하신 걸 기억했거든요. 설교에서 "예수님은 목숨까지 주셨는데 주님께 드리는 게 고작 이것뿐이냐"고 할 때는 주님께 더 드리지 못해 죄송해하며 주께 모든 것 드리리 했었죠. 목회자는 성전 건축을 몇 번 했다가 목회 능력이었습니다. 못 먹고 못 살던 시절에 성전 건축은 그렇게 성도들의 간절한 소망이었고 자랑이었고 목회자에겐 능력의 종임을 입증하는 증거였습니다.

그런데 학개서를 이 관점에서 보면 완전 헛다리 짚은 것이 될 수 있습니다. 예수님이 요한복음에서 "너희가 이 성전을 헐라"(요 2:19), 이렇게 말씀하셨거든요. 이스라엘은 성전을 세 번 지었습니다. 제일 처음이 솔로몬 왕에 의해 지어진 성전입니다. 두 번째는 그 솔로몬 성전이 주전 586년에 바벨론 침공으로 무너지고 난 뒤 유다 백성이 바벨론 포로로 있다가 주전 536년에 바사 제국 고레스 왕 때 1차로 귀환하였고, 그다음 해 시작된 공사로 20년 만에 지은 성전입니다. 당시 유다 총독 스룹바벨에 의해 지어져서 스룹바벨 성전이라고 불립니다. 학개서에 등장하는 성전은 스룹바벨 성전입니다. 이스라엘 역사상 세 번째가 되는 성전은 헤롯 성전입니다. 헤롯 통치 18년, 주전 19년에 짓기 시작해서 주후 63년경 완공되었습니다. 팔레스틴 통치를 로마로부터 임명받은 헤롯은 자신이 이두매 출신이었기 때문에 유대인의 환심이 필요했습니다. 그래서 짓게 된 성전이 헤롯 성전입니다. 규모는 솔로몬 성전보다 크고 웅장했습니다. 예수님께서 "너희가 이 성전을 허물라"고 말씀하셨을 때 계셨던 곳이 헤롯 성전입니다. 헤롯 성전은 주후 70년에 로마의 티투스 장군에 의해 무너집니다.

예수님이 말씀하신, "너희가 이 성전을 헐라"에서 성전은 헤롯 성전이었을까요? 사람들은 그렇게 생각했습니다. 그들은 30살이나 먹은 멀쩡한 사람이 정신 나간 소리를 하고 있다고 생각했을 겁니다. 헤롯 성전을 짓고 있은 지 46년이 된 시점이었습니다. 그런데 그걸 허물면, 목수 예수가 3일 만에 다시 일으켜 세우겠다는 것이었습니다. 요한의 친절한 설명이 기록되어 있습니다. 그 성전은 헤롯 성전을 가리킨 것이 아니라 예수님 자신의 육체를 가리킨 것이라구요.

> 20유대인들이 이르되 이 성전은 사십육 년 동안에 지었거늘 네가 삼 일 동안에 일으키겠느냐 하더라 21그러나 예수는 성전된 자기 육체를 가리켜 말씀하신 것이라(요 2:20-21).

성전의 의미가 다르죠. 헤롯 성전은 그대로 성전입니다. 예수님은 여기에 자신이 성전이라고 말씀하십니다. 성전이 이스라엘 백성에게 의미하는 바는 컸습니다. 성전은 모든 삶의 중심이었습니다. 그런데 성전은 모든 부패상을 다 갖고 있는 그런 곳이 되었습니다. 성전의 본질적인 기능이 상실했습니다. 예수님은 성전이 장사하는 집이 되었다고 분노하셨습니다(요 2:16). 예수님은 성전을 '내 아버지 집'이라고 부르셨습니다. 예수님이 말씀하던 아버지 집을 이스라엘 백성은 장사하는 집으로 만들었다가 결국에는 예전 바벨론에 의해 무너졌듯, 이번에는 로마에 무너지게 만들었습니다. 통곡의 벽(wailing wall)이라고 부르는 서쪽 벽(western wall)만 남아 있습니다. 성전은 오직 솔로몬 성전, 스룹바벨 성전, 헤롯 성전만을 성전이라고 부를 수 있습니다. 성전은 꼭 예루살렘에 있어야 하는 거고요.

오늘날 성전은 없다고 말하는 게 맞습니다. 성전 건축을 하고 싶으면 예루살렘에 지어야 하는 것이어야 되고, 설계는 지성소와 성소가 있는 도면을 따라야 합니다. 그런데 우리는 한국에다 건물을 짓고 십자가를 꽂으면 그걸 성전이라고 부릅니다. 말이 안 되는 거지요. 우리가 지금까지 '성전 건축'이라는 말을 쓰면서 지었던 것은 결국 성전이 아니었다는 말씀입니다. 교회 건물입니다. 정확히 말하면 예배당 건물이죠. 그런데도 성전이라고 말한 것은 성경을 잘못 이해했기 때문입니다. 더 이상 건물을 성전으로 부르는 일은 없어야겠습니다. 오늘날 예루살렘에도 성전은 없습니다.

성전은 교회 건물이 아닙니다

그러면 예수님이 자신을 성전이라고 말씀하셨으니 이제 성전 건축이라는 말을 어떻게 적용해야 할까요? 우리는 예수님의 성전 건축은

할 수 없습니다. 이미 하나님이 하신 일로 끝난 일이기 때문입니다. 설사 그것이 완료된 일이 아니라 할지라도 우리 인간으로서는 할 수 없는 일입니다. 성전인 예수님의 육체가 허물어진 그분의 죽으심은 인간의 죄 때문이었습니다. 이건 우리가 한 일이라는 게 슬프네요 ㅠㅠ. 그의 다시 살아나신 부활은 하나님께서 하신 일입니다. 성전 건축(재건)은 곧 하나님이 예수님을 다시 살린 사건입니다.

바울 사도가 고린도 성도들에게 쓴 편지에서 성전의 의미를 찾아볼 수 있습니다.

> 16너희는 너희가 하나님의 성전인 것과 하나님의 성령이 너희 안
> 에 계시는 것을 알지 못하느냐 17누구든지 하나님의 성전을 더럽
> 히면 하나님이 그 사람을 멸하시리라 하나님의 성전은 거룩하니
> 너희도 그러하니라(고전 3:16-17).

바울 사도는 고린도 교회 성도가 성전이라고 했습니다. 교회와 성도의 관계가 어떤 것인지 살펴볼 구절이 있습니다.

> 고린도에 있는 하나님의 교회 곧 그리스도 예수 안에서 거룩하여지고 성도라 부르심을 받은 자들과 또 각처에서 우리의 주 곧 그들과 우리의 주 되신 예수 그리스도의 이름을 부르는 모든 자들에게(고전 1:2).

고린도전서 1:2에 의하면, 교회는 성도입니다. 그리고 고린도전서 3:16에 의하면 성도는 하나님의 성전입니다. 그러면 예수님 오신 이후로 성전은 교회요, 교회는 성도가 됩니다. 그래서 신약 시대에 성전 건축 의미는 건물을 세우는 일이 아니라 성도를 온전케 성장시키고 성숙

시키는 일로 규정되어야 합니다.

> 13우리가 다 하나님의 아들을 믿는 것과 아는 일에 하나가 되어
> 온전한 사람을 이루어 그리스도의 장성한 분량이 충만한 데까지
> 이르리니 14이는 우리가 이제부터 어린 아이가 되지 아니하여 사
> 람의 속임수와 간사한 유혹에 빠져 온갖 교훈의 풍조에 밀려 요
> 동하지 않게 하려 함이라 15오직 사랑 안에서 참된 것을 하여 범
> 사에 그에게까지 자랄지라 그는 머리니 곧 그리스도라 16그에게
> 서 온 몸이 각 마디를 통하여 도움을 받음으로 연결되고 결합되
> 어 각 지체의 분량대로 역사하여 그 몸을 자라게 하며 사랑 안에
> 서 스스로 세우느니라(엡 4:13-16).

성전이신 예수 그리스도를 통해서 우리가 서로 연결되고 결합되어 온전한 성전이 되는 것이 우리가 추구하는 교회의 모습입니다. 학개서에서 있었던 성전 건축 사건은 구약 시대의 일입니다. 우리는 구약의 사건이 어떻게 예수님 안에서 해석되어야 하는지 사고해야 합니다. 그렇지 않으면, 구약을 문자적으로만 보고 잘못된 적용을 이끌어 내게 됩니다. 구약성경은 그리스도 예수 안에 있는 믿음을 지향하고 있습니다(딤후 3:15). 다시 말하면 그리스도 예수 안에서 재해석되어야만 합니다.

학개서에서 성도들이 함께 더 나은 환경에서 예배할 수 있는 공간을 구하기 위한 적용으로 교훈을 얻는 것은 참된 적용이라 볼 수 없습니다. 사실 학개서를 보면, 규모는 솔로몬 성전과는 비교될 수 없는 아주 초라한 성전이었거든요. 신약적 교회의 모습은 모이는 교회보단 흩어지는 교회를 지향합니다. 이것이 교회가 모임을 위한 건물이 필요치

않다고 말하는 것은 아닙니다. 우리가 불필요하게 건물에만 투자하고 하나님의 성전인 성도가 성장하는데 관심 갖는 일을 소홀히 하지 말아야 한다는 차원에서 하는 말입니다.

성전 안에 있어야 하는 건 하나님의 영광입니다

대형교회로 이름난 교회에 가면 파이프 오르간이 설치되어 있습니다. 소리가 웅장합니다. 예배당 안을 경건하게 만들기 위해 파이프 오르간이 꼭 있어야 되는 것은 아니겠지만 대형교회는 마치 꼭 그래야 하는 것처럼 다 갖추고 있네요. 예전에 그랜드 피아노 하면 "와우! 부럽다" 했습니다. 그런데 요즘 그것 없는 교회는 거의 없습니다. 진짜 없는 교회가 있다면, 개척한지 얼마 안 된 교회일 겁니다. 교회 형편이 좋아지면 제일 먼저 구입하는 품목이 그랜드 피아노입니다. 이렇듯 우리는 최고의 시설에서 최고로 하나님을 섬기려고 합니다.

그런데 말입니다(잠시 '그것이 알고 싶다'의 김상중 씨 흉내 좀 냈습니다^^). 학개 선지자는 성전에서 봐야 할 것을 웅장한 설비로 생각하지 않았습니다. 새로 재건되는 성전은 솔로몬 성전에 비하면 아무것도 아닌 보잘것없는 것이었습니다(2:3). 솔로몬 성전에 들어간 재료나 비용은 천문학적 규모라고 봐야 합니다. 반면 제2성전은 비교조차 의미 없는 일이었죠. 그런데 하나님은 학개 선지자를 통해 "이 성전의 나중 영광이 이전 영광보다 크리라"(2:9)라고 말씀하셨습니다. "새로 지어질 성전에 평강도 주겠다"(2:9)라고 말씀하셨습니다.

여기서 우리는 건물 크기와 그 안에 있는 설비가 하나님의 영광을 드러내는 것은 아니라는 걸 알게 됩니다. 이쯤에서 우리 모두 학개서의 쓸모를 확실하게 붙들었으면 좋겠습니다. 부르즈 알 아랍(Burj Al Arab) 칠성 호텔이면 하나님은 무조건 좋아하실 것이라는 생각을 버려야 합니다. 하나님이 영광 받으시는 곳은 가진 것 없는 자들이 모여 기도하는 음습한 지하 건물일 수 있습니다. 문제는 마음입니다. 하나님을 경외하는 마음이 있느냐, 하는 것입니다. 하나님이 언제 귀환 백성들에게 "내가 너희와 함께 하노라"라고 말씀하신 줄 아시나요?

> 12스알디엘의 아들 스룹바벨과 여호사닥의 아들 대제사장 여호수아와 남은 모든 백성이 그들의 하나님 야훼의 목소리와 선지자 학개의 말을 들었으니 이는 그들의 하나님 야훼께서 그를 보내셨음이라 **백성이 다 야훼를 경외하매** 13그 때에 야훼의 사자 학개가 야훼의 위임을 받아 백성에게 말하여 이르되 야훼가 말하노니 **내가 너희와 함께 하노라 하니라**(1:12-13).

유다 백성이 야훼 하나님을 경외할 때였습니다. 야훼 하나님을 경외하는 곳에 하나님의 영광이 머뭅니다. 건물 크기가 중요하지 않습니다. 그런데도 우리는 건물만 크면 '하나님이 교회 건물을 크게 세우는데 역사하셨으니, 그것 자체가 하나님이 그 교회와 함께 하신 증거라고 믿습니다. 당연히 작은 교회는 하나님이 능력을 나타내 주시지 않는 교회가 되는 거지요. 그런 곳에서 신앙생활 아무리 해 봤자, 희생만 있을 뿐이라고 여기고 외면합니다. 기억해야 합니다. 웅장했던 솔로몬 성전도 무너졌습니다. 예수님 당시 크고 화려했던 헤롯 성전도 무너졌습니다. 예루살렘 성전 건물은 지금 벽 하나만 볼 수 있을 뿐입니다. 성전 안에 있어야 할 것은 값나가는 물건이 아니라 하나님 그분의 영광입니다.

학개 선지자는 다리오 왕 제2년 곧 주전 520년 6월 1일부터 9월 24일 사이 총 네 번 하나님의 메시지를 선포했습니다. 그가 두 번째 메시지를 선포하고 약 두 달이 지나 세 번째 메시지를 선포하던 날에 하나님이 학개 선지자에게 주신 말씀은 의식적이고 형식적인 신앙이 아니라 하나님을 경외하여 말씀에 순종하는 신앙을 가지라는 것이었습니다.

> 사람이 옷자락에 거룩한 고기를 쌌는데 그 옷자락이 만일 떡에나 국에나 포도주에나 기름에나 다른 음식물에 닿았으면 그것이 성물이 되겠느냐 하라 학개가 물으매 제사장들이 대답하여 이르되 아니니라 하는지라(2:12).

하나님은 "포로 귀환 백성의 이전 행위가 아무리 많이 뿌려도 수확이 적고, 먹어도 배부르지 못하고, 마실지라도 흡족하지 못하고, 입어도 따뜻하지 못하고, 삯을 받아도 구멍 뚫어진 전대에 넣는 것과 같은 일을 만들었다"(1:5-6)라고 말씀하셨습니다. 가지고 있던 모든 원래의 것에서 반 토막이 났습니다(2:16). 그런데 하나님께서 "오늘부터는 내가 너희에게 복을 주리라"(2:19)고 말씀하셨습니다. 말씀에 순종하며 거룩한 삶을 살 때 진정한 회복이 시작됩니다.

'복' 하면 우리는 환장할 정도로 좋아합니다. 우리는 학개 선지자에게 세 번째 하나님 말씀이 임했던 9월 24일에 다시 임한 하나님 말씀,

학개 선지자의 마지막 메시지를 살펴봐야만 합니다. 그때 하나님은 학개 선지자를 통해서 유다 총독 스룹바벨에게 하늘과 땅을 뒤엎는 심판의 날을 말씀하셨습니다(2:22). 하나님은 스룹바벨에게 "그날에 내가 너를 세우고 너를 인장으로 삼으리니 이는 내가 너를 택하였음이니라"(2:23)라고 말씀하십니다. 하나님이 세상을 심판하는 그날까지 스룹바벨이 살아 있다는 건 말이 안 되는 것이겠죠. 2:23은 스룹바벨이 유다 총독으로 유다 백성을 통치하며 성전 재건 책임자로 택함 받았다는 의미입니다. 하지만 궁극적 의미는 유다 백성의 온전한 회복과 살롬의 통치는 다윗의 후손이자, 스룹바벨의 후손으로 오실 메시야 예수에게서 성취된다는 것에 있습니다. 그러니 우리가 오직 붙잡아야 할 것은 메시야 예수여야 합니다. 그분이 복의 근원입니다. 메시야 예수가 우리를 온전히 회복시키고 영원한 샬롬을 주십니다.

학개서는 우리 자신의 영적 무관심과 나태를 돌아보게 하고 회개로 이끌고 있습니다. "하나님이 함께 하심으로 우리는 할 수 있습니다"를 고백하게 합니다. 우리의 힘이 아닌 하나님이 주시는 힘을 의지하며 일어서게 합니다. 우리가 세워야 할 성전은 바로 교회, 예수를 그리스도로 고백한 우리들입니다. 우리는 오직 우리 자신을 거룩한 하나님의 자녀로 예배와 삶에서 하나님께 영광을 나타내야 할 것입니다. 신약 시대에 살고 있는 우리에게 학개서의 쓸모는 건물을 새롭게 짓는 것이 아니라 예수 그리스도로 말미암아 흔들리지 않게 서로를 세워가는 몸이라고 말하고 있습니다.

11

스가랴서의 쓸모

어떤 아버지로 살아가시겠습니까?

스가랴서는 학개서와 짝꿍입니다. 두 선지자 사이도 아마도 그랬을 겁니다. 하나님 말씀이 바사 다리오(Darius) 왕 2년 여덟째 달에 스가랴 선지자에게 임했습니다(1:1). 학개 선지자에게 야훼의 말씀이 임했던 때는 다리오 왕 2년 여섯째 달이었죠(학 1:1). 두 달 차이입니다. 이걸로 학개 선지자가 스가랴 선지자에게 "선지자로는 내가 선배다"라고 군기 잡았을지 궁금합니다. 안 그랬겠죠. 하나님은 학개 선지자를 통해서 성전 재건을 촉구하면서 스가랴 선지자를 통해서도 유다 백성에게 말씀하셨습니다. 스가랴 선지자에게 임한 야훼의 첫 번째 말씀은 학개 선지자가 두 번째(일곱째 달 21일)와 세 번째(아홉째 달 24일) 메시지 사이에 임했습니다. 귀환 유다 백성은 학개 선지자를 통해서 성전 재건 공사를 시작했습니다. 첫 번째 야훼의 말씀이 학개 선지자에게 임하고 난 뒤 24일이 지난 시점이었습니다(1:15). 학개 선지자는 지금 재건하고 있는 성전이 규모 면에서는 비록 이전 솔로몬 성전과는 비교

자체가 무의미할 정도로 초라하지만, 그것 때문에 낙담하지 말고 그곳에 임할 영광을 바라보고 마음을 굳세게 하라는 말을 전했습니다. 물론, 처음 전했던 "하나님이 너희와 함께 하노라"(1:13; 2:4)는 메시지로 백성들을 격려하는 것을 빼놓지 않았습니다.

이 타이밍이었다면 유다 백성이 하나님의 일에 적극적으로 참여하고 있다고 봐야 할 시점이었습니다. 그런데 하나님은 스가랴 선지자를 통해 "너희는 내게 돌아오라. 그리하면 내가 너희에게로 돌아가리라"(1:3)라는 말씀을 하셨습니다. 어! 그러면 학개 선지자가 두 번씩이나 메시지를 전했을 때까지도 하나님은 유다 백성에게 마음을 안 주시고 계셨던 말인가요! 야훼 하나님이 유다 백성에게 말씀하신 "내가 너희에게 돌아가리라"(אָשׁוּב אֲלֵיכֶם/아슈브 엘레헴)는 '회복시켜 주신다'는 뜻입니다. 이것은 경작지를 회복시켜 원래 거두던 소출을 얻게끔 복을 주시겠다는 뜻이었습니다.

귀환 유다 백성이 자칫 성전 재건에만 정신이 홀딱 빠져 성결하게 사는 삶을 대수롭게 여기지 않았을까요? 만일 그랬다면, 조상들과 다를 바 하나 없는 삶을 사는 것과 마찬가지였겠죠. 솔로몬이 지은 예루살렘 성전이 얼마나 멋있었는데요. 그런데 그 안에서 우상을 숭배했습니다. 공의와 정의는 어디다 팔아 잡수셨는지 아무리 눈 씻고 봐도 찾을 수 없었습니다. 통치자, 선지자, 제사장 그룹들의 타락은 심각했습니다. 이런 것들 때문에 하나님은 이방 나라를 심판의 도구로 삼아 성전을 무너뜨리셨고, 유다를 멸망시키셨습니다.

스가랴 선지자는 성전을 재건하는 백성들에게 야훼 하나님이 이전에 선지자들을 보내 "너희 조상들을 본받지 말고 악한 길 악한 행위에서 떠나 돌아오라"라고 외쳤지만, 모두 그 말을 듣지 않았다며 그들의 완악함을 상기시켰습니다(1:4). 원문에서 해석하면, "너희는 너희 아버지들(조상들)처럼 되지 말라"(אַל־תִּהְיוּ כַאֲבֹתֵיכֶם/알-티히유 카아보테헴)입니다. '아브'(אָב)는 '아버지'라는 뜻이지만 '조상', '선조'라는 뜻도 있습니다.

필자도 아버지입니다. 얼굴이 확 달아오릅니다. 만일 하나님께서 제 아들들에게 "너희는 네 아버지처럼 되지 말라"라고 말씀하신다면요. 와! 정말 상상하기도 싫습니다. "난 어떤 아버지로 살았지?" 이 생각을 계속해 보려고 합니다. 스가랴서의 쓸모를 생각하면서 우리 모두, 난 어떤 아버지였고, 어떤 어머니였는지 생각해 봤으면 좋겠네요. 아직 미혼이라면 난 어떤 존재로 다음 세대에게 기억될 사람인지를 생각해 봐야겠습니다. 우리는 모두 하나님에 의해 지은 바 된 그분의 작품입니다. 창조주 하나님 앞에서 우리는 모두 제각기 모습으로 서 있습니다.

자녀들에게 하나님을 온 맘과 온몸으로 사랑했던 아버지, 하나님 말씀대로 살려고 평생 헌신하며 성결을 좇았던 아버지, 그런 아버지로 기억되고 싶습니다. 스가랴(זְכַרְיָה/제하르야) 선지자 이름의 뜻이 무엇인지 아시나요? '야훼께서 기억하신다' 입니다. 스가랴 선지자는 모르긴 몰라도 하나님이 기억하시는 사람이 되고 싶었을 겁니다. 자신이 하는 행동 하나하나를 하나님께서 모두 기억하고 있음도 늘 생각했을 겁니다. 언젠가 우리도 세상을 떠나겠죠. 훗날 세대가 우리를 평가할 겁니다. 세상에서 나를 볼 때는 무명했고, 죽은 자 같았고, 근심하는 자 같았고, 가난한 자 같았을지라도, 실은 유명한 자였고, 살아 있는 자였고, 항상 기뻐하는 자였고, 많은 사람을 부요케 하는 자이고 싶습니다. 아무것도 없는 자 같았지만 모든 것을 가진 자이고 싶습니다(고후 6:9).

이 글을 읽고 계신 당신은 어떤가요? 어떤 아버지로 살아가시겠습니까? 어떤 어머니로 살아가시겠습니까? 지금 아버지, 어머니가 아니라면 인생을 먼저 산 선배로서 후배에게 어떤 사람으로 기억되길 원하며 살아가시겠습니까?

밤에 본 여덟 개 환상

스갸랴 선지자는 환상 선지자입니다. 스가랴서에는 여덟 개 환상이 기록되어 있습니다. 소예언서에서 스가랴서 분량이 제일 깁니다. 긴 분량이 중요도를 의미하는 것은 아니겠지만, 그래도 분량 자체를 무시할 수는 없겠죠. 하나님이 선지자에게 부탁하신 메시지가 그만큼 많았다는 것은 하실 말씀이 많았다는 점에서 분량의 의미를 생각해 볼 수 있겠습니다. 학개 선지자는 약 4개월 사역했습니다(참고. 학 1:1; 4:20). 스가랴 선지자가 학개 선지자 뒤를 이어 하나님의 메시지를 전합니다. 하나님이 왜 학개 선지자에게 그렇게 짧은 기간 동안만 말씀하셨는지는 모르겠습니다. 혹시 나이가 많았던 이유에서였을까요? 스갸랴가 젊었을 때 선지자로 부르심 받은 걸 생각하면 연관성이 있지 않을까, 생각합니다(참고. 2:4). 만일 학개 선지자가 나이 많고 스가랴가 젊었던 게 맞다면, 둘은 세대 통합 깐부였겠습니다. 멋있어요. 나이를 초월해서 함께 성전 재건 독려를 위한 예언 사역에 힘썼다는 게 말입니다. 참 아름답습니다.

어쨌든 우리가 지금 주목하는 사람은 스가랴입니다. 1:7에서 하나님이 환상으로 말씀하신 때가 다리오 왕 제2년 열한째 달 24일이라고 했습니다. 이후 야훼의 말씀이 스가랴 선지자에게 임한 날은 7:1에서 다리오 왕 제4년 아홉째 달 4일이라고 했습니다. 1:7부터 7:1 사이에 다른 연대가 나오지 않고 여덟 개 환상이 등장합니다. 이걸로 보면, 스가랴 선지자는 한 날 밤에 여덟 개 환상을 다 보았던 것 같습니다.

그의 이름에서 생각하면, 하나님께서 그에게 모든 것을 다 기억하게 하신 것이 되겠습니다. 서너 개는 무난하게 기억할 것 같은데 여덟 개까지는 기억하기가 쉽지 않았을 텐데요. 모든 걸 잘 기억하고 그걸 모두 기록으로 남겼으니 스가랴 선지자는 한 번 본 것은 절대 잊지 않는 기억력 천재입니다. 8가지 환상이 뭐였는지 정리해 보겠습니다: (1) 붉은 말을 타고 화석류나무 사이에 선 야훼 천사(1:7-17) (2) 네 뿔과 네 대장장이(1:18-21) (3) 측량 줄을 잡은 사람(2:1-13) (4) 야훼 천사 앞에 선 대제사장 여호수아(3:1-10) (5) 순금 등잔대와 두 감람나무(4:1-14) (6) 날아가는 두루마리(5:1-4) (7) 에바 안에 앉은 여인(5:5-11) (8) 네 병거와 네 말들(6:1-8).

이걸 순서적으로 기억하고 싶은데 기억할 수 있을까요. 머리 좋은 사람은 한 번만 봐도 순서를 다 외우겠죠. 연관성이 있으면, 쭉 외울 수 있을 것 같은데요. 먼저 각 환상의 의미하는 바를 살펴보고 여덟 개 환상을 순서에 맞춰 외울 수 있는 방법을 찾아보도록 하겠습니다. 하나님이 기억하게 하실 줄 믿습니다. 스가랴(야훼께서 기억하게 하신다 또는 야훼께서 기억하신다), 스가랴!

첫 번째 환상(1:7-17)은 붉은 말을 타고 화석류나무(הֲדַסִּים/하닷심, myrtle trees) 사이에 서 있는 자에 대한 것이었습니다. 그 존재는 야훼 천사였습니다(1:11). 그를 통해 스가랴 선지자가 들은 말은 "예루살렘이 이전처럼 회복되어 다시 풍부하게 될 것이다"라는 위로였습니다.

두 번째 환상(1:18-21)은 네 개의 뿔과 네 명의 대장장이에 대한 것이었습니다. 뿔의 정체는 이스라엘과 예루살렘을 흩뜨리는 세력이었습니다. 대장장이 네 명이 보였습니다. 그들이 네 개의 뿔을 제거해 더 이상 이스라엘을 흩뜨리지 못하게 만듭니다(1:18-21). 이스라엘을 대적하고 핍박했던 세력을 멸하실 것이라는 예언입니다. 스가랴 선지자는 확실히 이스라엘이 회복될 것을 보았던 것입니다.

세 번째 환상(2:1-13)은 측량 줄을 잡고 있는 사람에 대한 것이었습니다. 이 환상은 예루살렘의 재건을 의미했습니다. 천사가 스가랴 선지자에게 "예루살렘은 사람과 가축이 많고 성곽이 따로 필요 없는 곳이 될 것이다"(2:4)라고 말합니다. "예루살렘에 사람과 가축이 많아진다"(2:5)라는 것은 많은 나라가 야훼의 백성이 된다는 뜻이었습니다(2:11). "불로 둘러싼 성곽이 된다"(2:5)는 말씀은 하나님께서 예루살렘을 친히 지키신다는 것이고(2:11), "그 가운데 영광이 되겠다"(2:5)라는 말씀은 "이스라엘 가운데 머무시겠다"(2:11)라는 뜻이었습니다.

네 번째 환상(3:1-10)은 야훼 천사 앞에선 대제사장 여호수아의 모습이었습니다. 사탄이 대제사장 여호수아가 더러운 옷을 입고 야훼 앞에 서 있다고 고소합니다. 하나님은 여호수아의 옷을 벗기고 대신 아름다운 옷으로 입히고 머리에 정결한 관을 씌워 주십니다. 그리고 그에게 자신의 도와 규례를 행하라고 말씀하시고 제사장들은 예표의 사람들이 되라고 말씀합니다. 싹을 나게 하신다는 말씀을 하시고 일곱 눈을 가진 돌을 언급하십니다. 앞으로 오실 메시야에 대한 예언이었습니다.

다섯 번째 환상(4:1-14)은 순금 등대와 두 감람나무에 대한 환상입니다. 두 감람나무는 스룹바벨과 여호수아를 말하는 것이었습니다(4:14). 둘은 성전 재건의 주역으로 사람의 힘과 능력이 아닌 오직 하나님이 부어 주시는 영의 능력으로 감당하게 될 것입니다.

여섯 번째 환상(5:1-4)은 길이 9m, 넓이 4.5m의 두루마리가 펼쳐진 채 날아가는 환상입니다. 그 두루마리에는 저주의 내용이 적혀 있었습니다(5:3; 참고. 겔 2:8-9). 그 두루마리는 펼쳐진 채 날아가다 도둑질한 자와 야훼의 이름으로 망령되이 맹세한 자의 집에 들어가 그 집을 완전히 불사르는 환상이었습니다(5:3-4).

일곱 번째 환상(5:5-11)은 에바 안에 앉은 여인입니다. 에바(אֵיפָה/에파)는 곡식 양을 재는 측량 단위로 22리터에 해당됩니다. 한 여인이 에바 안에 앉았다는 것은 에바 단위로 곡식을 재는 데 사용된 광주리 안에 앉았다는 것을 말합니다. 광주리 뚜껑은 납으로 되어 있었습니다. 납과 여인이 상징하는 것은 '악'(רִשְׁעָה/리쉬아)이었습니다. 여인이 바깥으로 나오려는 것을 못 나오게 뚜껑을 누른 상태에서 다른 두 여인이 그 에바 광주리를 시날 땅으로 옮겨 놓습니다. 악이 더 이상 활개 치지 못하도록 하나님께서 이스라엘에서 악을 제거하신다는 뜻이었습니다.

여덟 번째 환상(6:1-8)은 네 병거와 네 말에 대한 환상입니다. 그 네 병거는 네 바람으로 주님 앞에 있다가 나갑니다. 이것은 하나님이 열방을 벌하시며 원수를 갚으심을 보여주고 있습니다.

이제 여덟 개 환상을 기억하기 위한 방법을 찾아보겠습니다. 여덟 개의 환상은 내용에 따라 다음과 같은 구조를 이루고 있습니다. 각각의 환상이 어떻게 다른 환상과 서로 연관되는지 생각해 보면 쉽게 기억할 수 있을 겁니다.

A. 첫 번째 환상: 붉은 말을 타고 화석류나무 사이에 선 야훼 천사(1:7-17)
　B. 두 번째 환상: 네 뿔과 네 대장장이(1:18-21)
　　C. 세 번째 환상: 측량 줄을 잡은 사람(2:1-13)
　　　D. 네 번째 환상: 야훼 천사 앞에 선 대제사장 여호수아(3:1-10)
　　　D′. 다섯 번째 환상: 순금 등잔대와 두 감람나무(4:1-14)
　　C′. 여섯 번째 환상: 날아가는 두루마리(5:1-4)
　B′. 일곱 번째 환상: 에바 안에 앉은 여인(5:5-11)
A′. 여덟 번째 환상: 네 병거와 말들(6:1-8).

첫 번째와 여덟 번째 환상은 '말'(horse)과 이스라엘의 구원이라는 공통점이, 두 번째와 일곱 번째 환상은 악의 세력을 제거한다는 공통점이, 세 번째와 여섯 번째 환상은 예루살렘은 하나님의 거하시는 영광스러운 곳이 된다는 공통점이, 네 번째와 다섯 번째 환상은 새로운 시대의 새 지도자인 여호수아와 스룹바벨에 대한 설명 공통점이 있습니다.

환상을 어떻게 결말 맺고 있나요?

환상의 순서와 내용을 기억하는 것도 중요하겠지만, 스가랴 선지자가 환상을 보고 난 이후 어떻게 행동했는지 그 결말을 살피는 것도 중요합니다. 환상을 봤다고 하는 사람들 중에 "나 뭐 봤네" 하면서 꽤나 자신을 영적인 사람으로 생각하면서 다른 사람을 영적 수준 낮은 사람으로 얕보는 사람들이 있습니다. 그러면서 하는 그들의 말을 들어보면 성경 말씀과 배치되는 이상한 이야기를 합니다. 자신을 신령한 사람으로 보이려고 보지도 않은 것을 봤다고 말하고, 듣지도 않은 것을 들었다고 말하는 사람들은 반드시 심판을 받을 것입니다. 영적 교만에서 벗어나야 합니다. 기록된 말씀만큼 정확하고 신뢰할 만한 것은 어디에도 없습니다.

여덟 개의 환상을 보고 난 후 하나님 말씀이 스가랴 선지자에게 임했습니다. 6:9~15는 환상의 결론입니다. 스가랴 선지자는 "바벨론에서 귀환한 헬대, 도비야, 여디야 세 사람으로부터 은과 금을 취한 다음 스바냐의 아들 요시아에게서 취하라"(6:10)라는 말씀을 듣습니다.[6] 방금 언급한 네 사람은 성전 재건에 필요한 물자를 제공 또는 조달하는

6 개역개정은 하나님의 명령이 "스바냐의 아들 요시아 집에 거하고 있는 헬대, 도바야, 여디야에게서 은과 금을 취하라"고 되어 있지만, 히브리 원문에서 보면 "헬대, 도비야, 여다야에게서 먼저 은과 금을 취하고 난 뒤 요시야에게서 취하라"고 되어 있다.

데 큰 역할을 했던 사람들이었을 것입니다. 그리고 스가랴 선지자는 "그들에게서 받은 은과 금으로 면류관을 만들어 대제사장 여호수아의 머리에 씌우라"(6:9-11)는 말씀을 듣게 됩니다. 개역개정에서 보면, 면류관이 하나인 것처럼 보이지만 원문에서 보면, 복수형(עֲטָרוֹת/아타롵으로 되어 있습니다. 원래 제사장들은 머리에 면류관이 아니라 터번과 같은 천으로 만들어진 머리 밴드(מִגְבָּעָה/미그바)를 둘렀습니다(출 28:40; 29:9). 무슨 뜻일까요? 그것도 하나가 아니라 여러 개였으니까요. 제사장이 머리에 쓰는 '미그바' (מִגְבָּעָה), 머리 밴드는 그들의 영광(כָּבוֹד/카보드)과 존귀(תִּפְאֶרֶת/티프아렡)를 상징했습니다. 대제사장 여호수아는 메시야를 예표하는 사람이 될 것이라 했습니다(3:8).

> 11또 내가 하늘이 열린 것을 보니 보라 백마와 그것을 탄 자가 있으니 그 이름은 충신과 진실이라 그가 공의로 심판하며 싸우더라 12그 눈은 불꽃같고 **그 머리에는 많은 관들이 있고** 또 이름 쓴 것 하나가 있으니 자기밖에 아는 자가 없고 13또 그가 피 뿌린 옷을 입었는데 그 이름은 하나님의 말씀이라 칭하더라(계 19:11-13).

요한계시록에서 보니 백마를 타고 계신 분이 머리에 많은 관을 쓰시고 계시네요. 그분은 만왕의 왕이요, 만주의 주라 불리는 분입니다(계 19:16). 대제사장 여호수아가 쓴 면류관은 메시야의 모습을 상징하는 것으로 보면 되겠습니다. 스가랴는 대제사장 여호수아의 머리에 면류관을 씌우면서 말해야 했습니다.

> 보라 싹이라 이름하는 사람이 자기 곳에서 돋아나서 야훼의 전을 건축하리라(6:12).

6:12에서 주목해야 할 부분이 세 군데 있습니다. 먼저는 '싹'(צֶמַח/쩨마흐)입니다. 싹이 가리키는 대상은 스룹바벨입니다. 그는 야훼의 전 재건에 실질적인 일을 감당하게 될 인물입니다. 예레미야 선지자는 하나님이 다윗의 가계에서 의로운 한 '싹'을 나게 해서 그가 공의와 정의를 행하게 될 것을 예언했던 적이 있었습니다(렘 23:5; 33:15. 참고. 사 11:1-16). '싹' 이 가리키는 것은 스룹바벨에게서 그치지 않습니다. 앞으로 오실 메시야를 가리킵니다. 스룹바벨은 메시야를 예표하는 사람으로 쓰임 받는 사람이 되는 것입니다. 대제사장 여호수아가 그랬던 것처럼 말이죠.

다음은 '자기 곳에서'(מִתַּחְתָּיו/밋타흐타브)라는 말입니다. '밋타흐타브'(מִתַּחְתָּיו)의 문자적 뜻은 '그 밑에부터' 입니다. 메시야는 태어나야 할 곳에서 태어날 것입니다(미 5:2). 그가 태어날 곳은 왕실이 아닌 마른땅과 같은 천한 곳입니다(사 53:2). 마지막은 '야훼의 전을 건축하리라' 입니다. 메시야가 건축하는 야훼의 전(הֵיכַל יְהוָה/헤할 아도나이)이란 무엇이겠습니까? 그가 구속 사역을 이룬다는 뜻 아닐까요. 다시 말하면 인간이 죄를 대속하기 위해 십자가에서 죽음을 맞이하고 부활하여 영광을 얻으신다는 것을 의미합니다. 예수님이 성전 자체이셨습니다. 하나님은 새롭게 건축되는 예수로 성도들을 연합하여 한 몸으로 세워 가십니다. 제2성전 재건 쓰임에 유다 총독 스룹바벨과 대제사장 여호수아 "이 둘 사이에 '평화의 의논'(עֲצַת שָׁלוֹם/아짜트 샬롬)이 있으리라"(6:13)라고 말하고 있습니다. 다윗은 오실 메시야가 멜기세덱 왕의 반차를 좇는 영원한 제사장이라고 예언했습니다(시 110:4; 참고.

창 14:18-20). 스룹바벨과 여호수아의 연합과 조화는 메시아 예수의 왕과 제사장직에서 성취됩니다.

6:15에서 "먼 데 사람들(רְחוֹקִים/레호킴)이 와서 야훼의 전을 건축하리니"라는 부분도 흥미롭습니다. 원래 야훼의 전 건축은 사마리아 사람들도 배제된 포로에서 귀환한 백성에게만 제한되었던 일 아니던가요! 역사적 측면에서 보면, '레호킴'(רְחוֹקִים)은 사로잡혔다 바벨론에서 돌아온 자들입니다. 그러나 종말론적 의미에서 보면 그들은 메시아 예수를 통해서 세워질 믿는 자들(하나님의 자녀, 교회)로 이방인까지 포함한 열방입니다.

환상의 결말로 기록된 6:9-15의 요지는 무엇인가요? 제2성전 재건에 대제사장 여호수아와 스룹바벨의 활약을 통해 앞으로 메시아로 오실 예수를 바라보게 이끌고, 그가 바로 하나님의 성전임과 그를 통해 세워지는 교회를 보는 것이죠. 스가랴서는 가시적 성전을 넘어 참 성전인 메시아와 그의 몸된 교회를 지향하고 있습니다.

성전을 재건하면서 오실 메시아를 보았습니다

사도 바울이 "먹든지 마시든지 무엇을 하든지 다 하나님의 영광을 위하여 하라"(고전 10:31)고 권면했습니다. 저는 고린도전서 10:31에서 "성경 어디를 읽든지 항상 메시아 예수님을 만나라"라고 패러프레이징(paraphrasing)한 말씀을 드리고 싶습니다. 우리는 뭘 해도 메시아 예수님이 결론이 되어야 합니다. 스가랴 선지자는 성전 재건을 하면서 앞으로 오실 메시아를 예언했습니다.

스가랴서는 이사야서에 미치지 못하지만 메시야 예언으로 가득 차 있습니다. 오실 메시아는 구원을 베풀 왕임에도 불구하고 겸손하셔서 나귀를 타고 오십니다(9:9; 참고. 마 21:4~5; 요 12:14-16). 은 삼십에 품삯이 정해지고 그 돈은 야훼의 전에서 토기장이에게 던져집니다(11:12~13; 참고. 마 27:3-10). 창으로 허리가 찔립니다(12:10; 참고. 요 19:37). 참 목자로 오실 메시야가 칼로 해침을 당하고 양들이 흩어지게 될 것입니다(13:7; 참고. 마 26:31; 막 14:37).

나사렛 예수를 메시야로 믿어 하나님의 자녀가 된 우리는 하나님의 성전이 되었습니다. 우리는 성전이신 메시야 예수께서 당하신 고난을 또한 겪습니다. 그분의 고난에 참여하면서 우리는 그리스도 예수와 연합된 몸으로 세워져 갑니다. 하나님이 심판하실 때 삼분의 이가 멸망하고 삼분의 일이 남겨진다고 합니다(13:9). 우리는 하나님이 세상을 심판하시는 날, 거룩한 자들로 주님과 함께 서야 할 남은 자가 되어 "야훼는 내 하나님이시라"라고 고백할 자들입니다(13:9).

스가랴 선지자는 유다 백성이 재건하는 성전에서 앞으로 오실 메시야의 구속 사역을 볼 수 있었습니다. 장차 메시야 예수는 세상에 재림하셔서 세상을 심판하실 것입니다. 스가랴 선지자처럼 앞으로 이루어질 일을 볼 수 있는 영적 눈을 갖춰 하루하루를 살았으면 좋겠습니다.

> 야훼께서 천하의 왕이 되시리니 그 날에는 야훼께서 홀로 한 분이실 것이요 그의 이름이 홀로 하나이실 것이라(14:9).

스가랴서는 고난과 환란 속에서도 오직 야훼 하나님이 왕으로 세상에서 인정될 날이 올 것을 바라보게 하고 야훼를 우주의 왕으로 경배하는 자들은 누구든지 하나님의 백성이 될 것이라고 끝을 맺고 있습니다. 사람들은 생수 하면 에비앙이라고 하더군요. 더 좋은 생수가 있습니다. 초막절 생수 메시야 예수이십니다(14:8). 그분은 생수를 넘어 생명수이십니다. 초막절 성전이신 예수 그리스도에게서 생명수를 마심으로 날마다 하나님의 임재를 경험합니다.

스가랴서의 쓸모가 어디에 있다고 생각하시게 되었나요? 지금 우리는 스가랴 선지자 당시처럼 성전을 짓고 있는 때라는 점을 기억해야 되겠습니다. 성전이란 그리스도 예수께서 머리 되시고 우리는 그의 지체로 한 몸 된 교회를 말합니다. 고난과 역경 속에서도 서로 연합하여 한 몸을 이뤄가면서 "야훼 하나님만이 왕이시라" 선포하는 것이 바로 이 시대 성전을 건축하는 일이라는 걸 알려 주고 있네요. 참, 하나님께서 스룹바벨에게 말씀해 주신 성전 재건이 앞으로 어떻게 이루어질 것인지 혹시 기억하고 계시나요?

> 그가 내게 대답하여 이르되 야훼께서 스룹바벨에게 하신 말씀이 이러하니라 만군의 야훼께서 말씀하시되 이는 힘으로 되지 아니하며 능력으로 되지 아니하고 오직 나의 영으로 되느니라(4:6).

하나님의 영, 성령입니다. 하나님의 영으로 우리는 다스림을 받습니다. 그래서 우리는 죄악을 멀리하고 고난과 역경을 이겨냅니다. 인애와 긍휼로 서로를 품고 세워가며 열방을 그리스도께로 초청하며 하나님께 영광 돌립니다.

12

말라기서의 쓸모

억울하기만 한, 한 가지 쓸모

소예언서가 모두 자신의 쓸모를 말할 때, 유독 억울한 쓸모를 당하고 있는 성경이 있다면 그건 말라기서일 겁니다. 왜 그럴까요. 말라기서는 무조건 십일조 이야기라는 선입견이 강하게 자리 잡고 있기 때문입니다. 강원도 하면, 감자만 있는 줄 알더라고요. 원 참! 감자바위라니요. 사람을 너무 얕잡아 보는 것 아닌가요. 30여 년 전 군대 고참들이 저에게 그러더라고요.

마찬가지입니다. 말라기 선지자도 "내가 말한 게 십일조밖에 없더냐?"라고 따질 것 같습니다. 말라기서가 십일조 프레임에 갇혀 그동안 너무 억울한 쓸모를 당해왔습니다. 목회자들이 성도들에게 "하나님께 복 받으려면 십일조 무조건해야 한다. 못 믿겠으면 말라기서를 봐라." 말라기서는 그런 식으로 우리의 뇌리에 각인되었습니다. 물론 목사님들은 십일조 생활이 복 받게 되는 확실한 방법이라고 믿으시니까 강요하셨겠죠. 지금 그게 틀렸다 맞았다를 따져 보자는 건 아닙니다. 아무튼 한국 교회는 말라기서에서 십일조만 읽었습니다. 이젠 말라기서가 십일조 얘기 외에는 없다는 억울한 쓸모를 풀어주어야 할 때가 된 것 같습니다.

말라기서의 책 제목부터 바로 이해하고 넘어가야겠습니다. 말라기가 사람 이름입니다. 말라기 하니까, 창세기, 출애굽기, 레위기, 민수기, 신명기처럼 생각해서 '~하지 말라는 것에 대한 기록' 으로 생각하는 분이 의외로 많더라고요. 아닙니다. 영어에서 읽어보면 '맬러카이' (Malachi)이고 히브리 원문에서 읽어보면, '말아히' (מַלְאָכִי)입니다. 그러니까 '하지 말아야 할 것'에 대한 책은 아니겠죠. 히브리 성경에서 창세기는 처음 시작하는 단어를 따서 '베레쉬트' (בְּרֵאשִׁית)라고 부릅니다. 일부 학자들은 말라기가 사람 이름이 아니고 '나의 천사' (my angel) 또는 '나의 사자' (my messenger)라고 생각합니다. 그 이유는 3:1, "만군의 야훼가 이르노라 보라 내가 내 사자를 보내리니…(생략)"에서 '내 사자' 가 바로 책 제목의 '말라기' (מַלְאָכִי/말아히)와 동일하기 때문에 그렇습니다. 그래서 그런지 구약성경 헬라어 역본인 칠십인역(LXX)은 1:1의 '말라기를 통하여' 에서 '말라기' 를 '앙겔루 아우투' (ἀγγέλου αὐτοῦ/his messenger)로 번역했습니다. 1:1에서 '나의 사자' 에서 '나의' 가 야훼에 대응하기 때문에 소유격도 1인칭이 아닌 3인칭, '그의' 로 바뀌었네요. 소예언서 각 권 책명이 모두 선지자의 이름으로 되어 있는 걸 고려할 때, 책 제목 말라기가 사람 이름이 아닌 '나의 사자' 라고 생각할 순 없다고 봅니다.

말라기서의 진가는 십일조보다 구약성경의 제일 마지막 페이지를 장식한다는 것에서 찾아야 합니다. 구약성경의 시작은 창세기이고 끝은 말라기입니다. 성경을 조금 아시는 분은 말라기가 아니고 역대하라고 말씀하실 분도 있으리라 생각합니다. 유대인들은 구약성경만을 성경으로 믿고 있는데 그들은 그 성경을 타나흐(תנך/TaNaK)라고 부릅니다. 타나흐는 오경(תורה), 예언서(נביאים), 성문서(כתובים) 순서로 배열되어 있고, 성문서 중 제일 마지막에 역대하가 있습니다. 배열 순서에 따라 신학적 관점에 차이가 생기는 것은 어쩔 수 없습니다. 하지만 우리는 구약성경이 지향하고 있는 바가 뭔지부터 확실하게 해 두는 것이 좋겠습니다. 구약은 메시야를 보내서 세상을 구원하시려는 하나님의 사랑 이야기입니다. 오실 메시야에 대한 예언은 구약성경 전체에서 직간접적으로 언급되어 있습니다. 일명 대예언서라고 부르는 이사야서, 예레미야서, 에스겔서, 다니엘서는 말할 것도 없고요. 지금까지 우리가 함께 살펴본 소예언서 각 권에서도 메시야를 기대하거나, 메시야 사역을 예표하거나, 메시야의 사역을 상징하는 언급들이 있었습니다. 개신교 전통은 칠십인역 순서를 따라 구약을 오경, 역사서, 시가서, 예언서 순으로 배열했습니다. 말라기서는 이제 그 메시야가 곧 오실 것이라는 기대를 잔뜩 부풀어 오르게 합니다.

> 5보라 야훼의 크고 두려운 날이 이르기 전에 내가 선지자 엘리야
> 를 너희에게 보내리니 6그가 아버지의 마음을 자녀에게로 돌이
> 키게 하고 자녀들의 마음을 그들의 아버지에게로 돌이키게 하리
> 라 돌이키지 아니하면 두렵건대 내가 와서 저주로 그 땅을 칠까
> 하노라 하시니라(4:5~6).

야훼의 크고 두려운 날은 곧 메시야가 세상에 처음 오시는 날입니다. 그가 올 때 모든 것이 진동하게 될 것입니다. 메시야가 오시기 전에 하나님은 선지자 엘리야를 보내신다고 하셨습니다. 이 예언은 약 300년 전 이사야 선지자가 예언했던 것과 일치합니다.

> 외치는 자의 소리여 이르되 너희는 광야에서 야훼의 길을 예비하라 사막에서 우리 하나님의 대로를 평탄하게 하라(사 40:3).

메시야로 오신 예수님, 그보다 6개월 먼저 태어나 광야에서 "천국이 가까웠다"라고 하면서 "회개하라"고 외친 요한입니다(눅 1:15; 3:3~6). 그 요한은 예수님의 제자들 중 하나인 세베대의 아들이 아니라 사가랴와 엘리사벳의 아들 요한입니다. 우리는 그를 사도 요한과 구분하기 위해 침례 요한 또는 세례 요한이라고 부릅니다. 교단에 따라 침례를 사용하기도 하고, 세례를 사용하기도 합니다. 요한이 요단강 물을 머리에 뿌리는 세례를 준 것이 아니고 요단강에 몸을 담그는 침례를 준 것이니 침례가 맞겠죠. 이렇게 제가 말하니 책을 덮어 버리지 마시길 부탁드립니다. 지금 침례냐 세례냐가 말라기서 주제는 아니니까요. 4:6에서 메시야 예수보다 먼저 올 선지자 엘리야가 누군지를 말해야 하는 것 때문에 부득이 언급했습니다.

말라기서의 진가는 십일조에 대한 복 약속 선언에 있지 않습니다. 말라기서가 구약성경에서 제일 마지막 순서에 있다는 것에 있습니다. "연대적으로 제일 나중이니 그렇지"라고 말하는 것은 반은 맞고 반은 맞지 않는 얘기입니다. 소예언서 배열이 연대순을 고려하면서도 중요하게 고려한 것은 신학적 주제이고 앞뒤 책과의 신학적 연결성입니다. 이건 소예언서를 한 권으로 보는 유대인의 관점에서 볼 때도 중요합니다. 소예언서를 한 권으로 취급했다는 자체가 호세아서와 말라기서를 반드시 함께 생각하게끔 의도했다고 봐야 합니다. 히브리 사람들은 스토리 구성에서 구조를 갖추는데 탁월했습니다. 그들은 처음과 나중을 신학적 또는 주제적으로 같게 맞추는 일명 인클루지오(수미상관) 구조를 선호했습니다. 개신교 전통에서 역대하가 아니라 말라기서가 구약성경 맨 마지막에서 메시야가 곧 오실 것이라는 사실을 선명하게 보여주고 있습니다(4:5-6). 구약의 끝은 오실 메시아에 대한 소망을 최고조로 끌어 올려놓고 마무리되는 것이죠. 구약의 엔딩이 바로 말라기서인 겁니다.

지금까지 제가 뭘 말하려고 이렇게 장황하게 이야기했는지 아시겠죠. 말라기서의 찐쓸모는 십일조보다 구약성경 마지막에 배열되어 있는 이유에서 찾아야 합니다. 말라기 선지자 이후 약 400년 동안, 하나님께서 침묵하십니다. 창세기 3:15에서 여자의 후손으로 오실 메시야에 대한 약속이 말라기서에서 언약의 사자로 오실 분으로 언급되어 있습니다(3:1). 이젠 말라기에서 십일조 얘기 말고 이 얘기를 해 봐요. 곧 오실 메시야에 대한 이야기를요.

십일조 말고 무슨 얘기가 있나요?

참 좋은 질문입니다. 십일조 말고 무슨 얘기가 말라기서에 있는지 묻는 말이죠. 목사님에게 또는 교사에게 말라기서에서 "십일조 말고 딴 얘긴 없나요? 들려주세요!"라고 요청해 보세요. 당황하던가, 반가워하던가 둘 중 하난데 아마도 당황하지 않을까 싶네요. 이 요청 자체가 말라기서를 올바로 보게 하는데 일조하지 않을까요. 말라기서는 하나님과 이스라엘 백성과 여섯 개의 논쟁 형식으로 되어 있습니다. 논쟁이란 게 뭔지 알잖아요.

> "내가 너희에게 이렇게 저렇게 했는데 너희들이 나에게 이렇게 하기냐?"
> "저희가 언제 그렇게 했는데요?"
> "정말 모른다고! 그럼 내가 알려주마. 너희들이 이랬지……."

이것만 알아도 말라기서를 이해하는 데 큰 도움이 됩니다. 말라기서의 쓸모를 여기서도 찾을 수 있겠습니다. 하나님 앞에서 뻔뻔하게 고개 쳐들지 않기, 이겁니다. 이스라엘 백성은 닭 잡아먹고 하나님께 오리발을 내밀었습니다. 자기네들이 언제 그랬냐는 식이었습니다. 정말 몰라서 그런 것인지, 아니면 알면서도 하나님을 속일 수 있다고 생각해서 그런 것인지, 이렇든 저렇든 괘씸합니다.

또 어떤 문제가 있었는지 어디 살펴볼까요. 하나님이 "내가 아버지인데 공경함은 어디 있고, 내가 주인일진대 두려워함은 어디 있느냐?"라고 말씀하시니까 "우리가 어떻게 이름을 멸시했습니까?"라고 따지듯 대답했습니다(1:6). 증거 있으면 대 보시라는 것이었습니다. 싸가지하고는 참 거시기하죠.

이스라엘 백성들이 지은 죄 목록은 이랬습니다. 제사장들이 하나님께 드리는 제물은 흠 없는 것들이어야 하는데 저는 것, 병든 것, 썩은 것들이었습니다(1:8, 12). 제사 규정을 번거롭다고 여겼습니다(1:13). 거참! 하는 짓들하고는, 하나님을 아주 우습게 본 거죠.

율법을 바르게 가르치는 일도 없었습니다(2:6~7). 이스라엘 백성들 사이에는 거짓과 속임수가 난무했습니다(2:10). 이방 신을 섬기는 딸과 결혼도 했습니다(2:11). 출세와 경제적 안정을 위해 조강지처를 버리는 일도 서슴지 않았습니다(2:14~15). 그 과정에서 학대도 있었고요(2:16). 그들이 하는 말도 행동 못지않게 하나님께 범죄했습니다. "정의의 하나님이 어디 계시냐?"(2:17), "하나님 섬기는 게 헛되다. 유익이 하나도 없다"(3:14), 이렇게까지 막말을 했습니다. 점을 쳤고, 간음, 거짓 맹세, 품꾼의 삯을 떼어먹고, 과부와 고아를 압제하고, 이방인을 억울하게 대했습니다(3:5). 우리가 잘 알고 있는 십일조를 안 드리는 일도 있었습니다(3:7~12).

어떻습니까? 십일조 드려야 하는 것만 말라기서에서 얘기할 게 아니죠. 위에서 언급한 것들을 고치지 않고 십일조만 잘 드리면 하나님께서 복을 주실까요? 하나님이 정말 하늘 문을 열고 복을 쌓을 곳이 없도록 부어 주실까요? 천부당만부당하겠지요. 지금까지 줄곧 소예언서에서 얘기하던 게 뭔지 기억하고 계실 거라 믿습니다. 하나님이 받으시는 건 제물보다 하나님 말씀에 순종하는 삶이었다는 걸요. 말라기서가 호세아서와 수미상관 구조로 처음과 나중에서 신학적 짝꿍을 이룬다고 말씀드렸습니다.

> 나는 인애를 원하고 제사를 원하지 아니하며 번제보다 하나님을 아는 것을 원하노라(호 6:6).

사랑 없는 헌금은 아무리 액수가 커도 그것이 하나님을 기쁘시게 하지 못합니다. 제사장들이 왜 하나님께 온전한 제물을 드리지 않았을까요? 그들은 온전한 제물을 드리는 걸 번거롭다고 생각했기 때문이었습니다. 번거로운 일이라는 게 뭔지 다 아시잖아요. 시간이 오래 걸리는 일이죠. 사랑하는 사람에게 혹은 좋아하는 사람에게 간편식이나 배달음식을 주면서 자기 마음을 표현하지는 않습니다. 오히려 맛을 잘 못 내도 직접 수고로운 과정을 통해 정성스럽게 음식을 만들어 대접합니다. 왜요? 사랑하니까요. 전 여태껏 사랑한다고 하면서 인스턴트 음식으로 대접하는 사람은 못 봤습니다. 음식 솜씨가 없어도 정성스럽게 손수 밥을 지어 대접하지요. 그게 바로 사랑 아니겠습니까!

말라기서는 하나님의 사랑 이야기

말라기서는 이스라엘 편에서 보면 버르장머리 없는 그들의 뻔뻔한 행동과 범죄 이야기입니다. 그러나 하나님의 편에서 보면, 그분의 다함없는 사랑 이야기입니다. 우리는 성경을 읽을 때 하나님과 인간의 관점, 두 관점 모두를 살펴야 합니다.

하나님이 제사장들에 대해 말씀하시면서 꺼내신 옛날이야기 하나가 있습니다. 그게 무엇인지 궁금하시죠. 바로~~~, 언약입니다.

> 4만군의 야훼가 이르노라 내가 이 명령을 너희에게 내린 것은 레
> 위와 세운 나의 언약이 항상 있게 하려 함인 줄을 너희가 알리라
> 5레위와 세운 나의 언약은 생명과 평강의 언약이라 내가 이것을
> 그에게 준 것은 그로 경외하게 하려 함이라 그가 나를 경외하고
> 내 이름을 두려워하였으며(2:4~5).

하나님께서 언약 이야기를 꺼내신 것은 "너희는 나를 마음과 뜻과 힘을 다하여 사랑함으로 나를 경외하리"라는 뜻이었고, 하나님은 "너희를 참고 참으면서 끝까지 사랑했다"라는 말씀이셨습니다. 하나님께서 말라기 선지자를 통해서 처음 꺼내신 말씀이 무엇이었던가요? "내가 너희를 사랑하였노라"였지 않습니까? 이것은 "너희들이 그러면 안 돼"라는 뜻을 가지면서도 "난 너희를 변함없이 사랑한다"라는 뜻이 숨어 있는 것과 마찬가지였습니다.

언약을 지키지 않으면 지키지 않은 쪽이 그에 상응한 대가를 받기로 하고 언약을 체결했잖아요. 하나님은 한 번도 당신께서 하신 말씀을 어긴 적이 없으셨습니다. 이스라엘 백성만 어겨 놓고선 언제 자기들이 그랬냐는 식으로 따졌죠. 하나님은 사랑이 많으시다는 게 여기서 증명됩니다. 인격이 덜 된 저 같으면 적반하장으로 대드는 녀석에게 그냥 귀싸대기를 날렸을 것 같은데요. 하나님은 그러시지 않고 말라기 선지자를 통해서 하나하나 설명해 주셨잖아요.

언약을 맺은 이스라엘 백성과 하나님의 관계는 사랑으로 연합된 관계입니다. 관계에 이상이 생겼다는 것은 사랑에 문제가 생겼다는 것을 말합니다. 하나님의 사랑은 아주 특별났습니다. 하지만 이스라엘 백성은 하나님의 특별난 사랑을 잊고 있었습니다. "주께서 어떻게 우리를 사랑하셨나이까"(1:2)라고 물었습니다. 참말이지 하나님 속 터지셨겠습니다.

이스라엘이라는 나라가 세워진 기원은 이삭의 아들 에서와 야곱 이야기로 올라갑니다. 에서와 야곱은 쌍둥이로 태어났습니다. 에서가 형이고 야곱이 동생입니다. 몇 분 먼저 태어나도 형은 형입니다. 우리나라도 예전에 그랬죠. 고대 근동도 마찬가지였습니다. 장자가 특별 대우를 받았습니다. 신명기 21:15-17에서 보면, 장자는 다른 자녀보다 두 배의 몫을 받을 권리를 가졌습니다. 그러나 말라기 1:2~3에서 보듯, 하나님께서는 당신께서 만드신 규칙을 어겨가면서까지 동생 야곱을 특별히 사랑하셨고, 형 에서를 미워하셨습니다. 이 대목을 볼 때마다 이해 안 가는 것이 있습니다. 하나님이 에서를 미워하신 이유는 무엇이고, 야곱을 사랑하신 이유는 뭐냐는 것입니다. 굉장히 답하기에 어려운 부분입니다.

리브가가 쌍둥이를 임신했을 때, 태 속에서부터 서로 싸우자, 하나님께 어찌 된 일인지 기도 가운데 여쭈었습니다. 그랬더니 하나님께서, "복 중에 두 민족이 있는데 큰 자가 작은 자를 섬기리라"(창 25:23)라고 말씀하셨습니다. 여기까지 그럴 수 있습니다. 하나님의 주권적 선택이며 예정이라고 보면 됩니다. 그러나 '동생이 형보다 더 잘 된다'는 사실이 '하나님이 동생 야곱은 사랑하고 형 에서는 미워한다'라고 말하는 건 아니지 않나요?

옛날 못살고 자녀가 많던 시절, 형제들은 모두 장자의 출세를 위한 들러리로 살았습니다. 모두 가르칠 형편이 안 되니, 전략적 선택이었던 것이죠. 장자가 출세하면 나머지 형제들을 모두 책임지라는 것이었습니다. 당시에는 장자가 아닌 나머지 형제는 부모가 자신들을 형보다 미워하는 줄로 생각할 수도 있었습니다. 그러나 좀 더 커 보면 그것은 어쩔 수 없는 부모의 선택과 집중이었고 생존을 위한 고육책이었지,

자신들을 사랑하지 않았기 때문에 부모님이 고의로 그런 것은 아니었다는 걸 알게 됩니다.

하나님이 야곱을 사랑하고 에서를 미워한 이유는 하나님에 대한 그들의 태도에 있습니다. 에서는 배고픔 때문에 장자권을 동생에게 팔았습니다(창 25:27-34). 성경은 기록하고 있습니다. "에서가 장자의 명분을 가볍게 여김이었더라"(창 25:34). '가볍게 여김이었더라' 라고 번역된 히브리어 동사의 원형은 '바자' (בָּזָה)입니다. '바자' (בָּזָה) 동사는 언약궤가 예루살렘으로 들어올 때 다윗이 춤추는 걸 보고 미갈이 마음에 가진 태도에도 사용된 단어입니다(삼하 6:16). 즉 '멸시하다' 입니다.

에서는 장자로 태어나게 한 하나님을 가볍게 여기고 멸시한 겁니다. 그러나 야곱은 그렇지 않았습니다. 비록 형을 속이는 일은 있었지만, 하나님을 가볍게 여기고 멸시한 적은 없었습니다. 그의 태도를 확실히 알 수 있는 장면은 바로 야곱이 형 에서를 피해 브엘세바를 떠나 하란으로 갈 때입니다. 그는 벧엘에 도착했을 때 노숙을 해야 했습니다. 꿈에 하나님의 사자들이 하늘에 닿은 사닥다리 위를 오르락내리락하는 것을 보았습니다. 그가 아침에 일어나자마자 한 일은 하나님께 드린 예배였습니다(창 28:10-22). 그냥 지난밤 꿈으로 가볍게 여길 수도 있는 문제 아니었을까요? 그러나 야곱은 그렇지 않았던 겁니다. 그는 그 꿈을 통해서 "자신이 베고 있었던 돌을 하나님의 집을 위한 기둥으로 삼겠다"라고 서원했으며 "모든 것에서 십 분의 일을 반드시 하나님께 드리겠다"라고 하면서 꿈에서 자신에게 하신 복 선언을 꼭 지켜 달라고 기도했습니다(창 28: 14, 21~22). 어떻습니까? 장자권에 대한 에서의 태도와 달라도 너무 달랐지 않았습니까?

하나님이 제사장들을 부르면서, "내 이름을 멸시하는 제사장들아"(1:6, הַכֹּהֲנִים בּוֹזֵי שְׁמִי /학코하님 보제 쉐미)라고 했습니다. '멸시'라는 단어가 보이시나요. '바자'(בָּזָה)의 분사 복수 연계형, '보제'(בּוֹזֵי)로 되어 있습니다. 이스라엘 백성이 그 옛날 에서가 장자권을 가볍게 여겼듯이, 제사장 나라로 선택받은 이스라엘이 하나님과의 언약을 가볍게 여겼던 것입니다. 그것은 곧 멸시와 같은 행위였습니다. 그런데 하나님은 어떠셨습니까? 그 맺은 언약 때문에 이스라엘을 끝까지 포기하지 않으셨습니다.

지금입니까? 그때입니까?

말라기 선지자 당시, 이스라엘 백성은 '지금'을 위해 살았습니다. 그들이 하나님을 섬기는 삶이 처음부터 없었던 것은 아니었던 것 같습니다. 당연히 그랬었겠지요. 꿈에 그리던 성전이 다시 세워지고, 무너졌던 성벽이 다시 세워졌으니 얼마나 기뻤겠습니까. 유다 사회에 큰 변화가 일어났는데요. 문제는 오래가지 못했다는 점입니다. 옛날 부흥사 목사님이 교회를 왔다 가시면, 한 달 정도는 뜨겁다가도 차차 언제 오셨기는 했냐는 식이 되어 버린 것과 마찬가지였습니다. 이스라엘의 신앙은 성전과 성벽이 재건된 후 서서히 식어지기 시작했습니다. 하나님을 신실하게 섬겼어도 체감할 만한 좋은 일이 일어나지 않았습니다. 그러다 보니 하나님의 명령을 지키는 것이 바보 같다는 생각이 들었습니다. "하나님을 섬기는 것이 헛되다"(שָׁוְא עֲבֹד אֱלֹהִים/솨베 아보드

엘로힘)라는 끔찍한 말도 서슴지 않았습니다.

> [14]이는 너희가 말하기를 하나님을 섬기는 것이 헛되니 만군의 야훼 앞에서 그 명령을 지키며 슬프게 행하는 것이 무엇이 유익하리요 [15]지금 우리는 교만한 자가 복되다 하며 악을 행하는 자가 번성하며 하나님을 시험하는 자가 화를 면한다 하노라 함이라(3:14~15).

3:15을 원문에서 볼까요.

עַתָּה אֲנַחְנוּ מְאַשְּׁרִים זֵדִים גַּם־נִבְנוּ עֹשֵׂי רִשְׁעָה גַּם בָּחֲנוּ אֱלֹהִים וַיִּמָּלֵטוּ

개역개정 번역처럼 처음 단어가 '앗타'(עַתָּה)입니다. '지금'(now)이라는 뜻입니다. 이스라엘 백성은 '지금'을 위해 살았던 것입니다. 하나님의 말씀대로 흠 없는 것으로 제사 예물을 드리자니 번거롭다고 생각했습니다. 쉽게 쉽게 제사를 지내려고 했습니다. 제사장들은 율법 연구와 가르침에 소홀하고 어떻게 하면 자신의 직분을 최대한 이용하여 좋은 것을 취할 궁리만 했습니다. 그래서 조강지처까지 버리고 이방 신을 섬기는 딸과 결혼하여 출세와 경제적 안정을 택하기도 했습니다. 십일조와 헌물이요? 그런 것 드리면 지금 당장 힘든데요. 드린다고 해도 당장 나타나는 복이 없었습니다. 그래서 이스라엘은 철저히 '앗타'(עַתָּה), '지금'의 삶을 선택했습니다.

이와 같은 행동은 하나님을 몹시 화 나게 하는 것이 되었습니다. "나를 뭘로 아는 건지?" 하나님께서 이러시지 않았을까요. 이스라엘 백성은 지금 당장의 삶을 위해, "우리는 교만하게 살겠다. 우리는 악을 행하며 살겠다. 하나님 말씀대로 살면 당장은 손해다. 하나님을 섬겨도 얻는 게 하나 없다"라고 말하며 살았던 것입니다. 그러나 사회 전반이 그렇게 흘러갔어도, "절대 저들처럼 그렇게는 살지 않겠다"라는 사람들이 있었습니다(3:16). 그들은 야훼 하나님께서 사람들이 하는 모든 말을 다 들으시는 분으로 믿고 있었습니다. 또한, 누가 진짜 주를 경외하며 주의 이름을 존중히 여기는지 아시고 기록하고 계신 분으로 야훼 하나님을 알고 있었습니다(3:16).

> 그 때에 야훼를 경외하는 자들이 피차에 말하매 야훼께서 그것을 분명히 들으시고 야훼를 경외하는 자와 그 이름을 존중히 여기는 자를 위하여 야훼 앞에 있는 기념 책에 기록하셨느니라(3:16).

야훼 하나님이 말씀하셨습니다.

> 17만군의 야훼가 이르노라 나는 내가 정한 날에 그들을 나의 특별한 소유로 삼을 것이요 또 사람이 자기를 섬기는 아들을 아낌같이 내가 그들을 아끼리니 18그 때에 너희가 돌아와서 의인과 악인을 분별하고 하나님을 섬기는 자와 섬기지 아니하는 자를 분별하리라(3:17~18).

그분이 "내가 정한 날에"라고 말씀하십니다. 바로 그날(לַיּוֹם/라욤), 야훼 하나님은 "자신을 존중히 여긴 자들을 특별한 소유로 삼아 자기 것이 되게 하겠다"라고 말씀하셨습니다. 지금을 위해 살고 있습니까? 그때를 위해 살고 있습니까? 말라기서는 우리에게 "지금이 아닌 그때를 위해 살라!"라고 교훈하고 있습니다. 당장 손에 쥐는 복이 없고, 하나님을 두려워하지 않는 자들이 잘나가도, 그것에 흔들리지 않고 주님을 끝까지 신뢰하며 경외하도록 자신을 격려하면서 도전하는 것이죠.

말라기서에서도 전도서의 가르침을 보게 되네요. 인생에서 가장 중요한 게 뭔가요? 바로 하나님을 경외하는 것이지 않겠습니까. 당장의 형편 때문에 하나님 경외가 차선이 될 수 없습니다. 모든 것은 언젠가 용광로에 들어가 불타 없어질 지푸라기와 같은 것들입니다(4:1). 남는 것은 오직 야훼 하나님을 세상 무엇과 바꾸지 않으면서 지킨 그분에 대한 경외입니다. 시대는 다르지만 하나님을 끝까지 경외하다가 오실 메시야를 직접 보는 영광을 맛보고 죽음을 맞이한 사람이 있습니다. 시므온과 안나 선지자입니다(눅 2:22~39).

말라기서를 그동안 어떤 쓸모로 알고 있었나요? 십일조 복주머니라고만 생각하고 있지는 않았나요? 말라기서는 우리에게 하나님과의 관계에서 사랑이 어떤가를 짚어보게 합니다. 그동안 '무엇 때문에'로 하나님을 섬겼다면, 이제는 '그렇지 않아도'로 하나님을 섬겨 보십시오. 지금이 아닌, 그때를 위해 사는 삶입니다. 말라기 선지자 예언이 있고 400년이 지난 뒤 메시야 예수께서 세상에 오셨습니다. 우리는 언제 주님께서 다시 오실지 모르는 하루를 살고 있습니다. 분명한 것은 오신다는 겁니다. 우리는 그날에 하나님의 특별한 소유가 되기 위해 오늘도 오직 야훼 하나님을 끝까지 경외하며 살아야 합니다. 말라기서 쓸모! 이제 뭔지 제대로 아셨죠.

Part 2에서는

소예언서 각 권에서 흥미로운 주제나
바로 알아야 할 본문,
소홀히 생각했던 주제를 선택해서
1부 내용보다는 좀 더 심층적으로 본문을 접근했다.
문체는 설명과 논증의 형태를 취했다.
소예언서 각 권에서 특정 본문에 대한 바른 이해와
관심 갖고 생각해 봐야 할 주제들을
원문에서 면밀히 살펴봄으로
본문 이해의 깊이를 더하게 될 것이다.

Part 2

소예언서 각 권에서의 쓸모

01

궁금한 호세아 선지자의 결혼 생활

1. 들어가는 말

선지자들은 보통 우리가 부러워하는 삶을 살지 못했다. 예레미야는 젊은 나이에 부르심 받았다지만 평생 싱글로 살다 인생을 마감했고(렘 16:2), 에스겔은 아내의 죽음마저 예언의 일부가 된 비운을 맞았다(겔 24:15-24). 그러나 그런 그들보다도 원치 않는 상대와 갑자기 결혼을 해야 했고, 결혼 생활도 내내 행복하지 못하고 고통을 겪은 선지자가 있었다. 호세아다. 그는 북이스라엘의 배교에 하나님이 느끼시는 고통을 아내의 외도에서 체험했다. 호세아가 하나님께 겁대가리 없이 대들었던 동시대 선지자 요나를 알고 있었다면 은근 그의 기질을 부러워했을지 모른다. "하나님이 결혼하라고 했을 때 못하겠다고 버팅길 걸" 하면서 말이다. 하나님이 "고멜과 결혼하라" 하셨기에 호세아는 "왜 많고 많은 사람 중에 왜 제가 그녀와 결혼해야 하나요?"라며 하나님께 묻거나 따져보지도 않고 그냥 순종했다.

둘 다 하나님의 명령이었다지만 예레미야 독신의 삶이 가정을 꾸린 호세아보다 훨씬 나아 보인다(렘 16:2; 호 1:2). 호세아는 자신의 불행한 결혼 생활로 하나님의 사랑을 전한 유니크한 선지자였다. 호세아의 결혼과 관련하여 궁금한 것들이 쏟아진다. 사랑할 수 없는 아내를 어떻게 사랑한 것일까. 호세아의 결혼 생활에서 우리를 처절하게 사랑하신 하나님과 그의 아들 메시야 예수님을 만난다. 호세아시에서 호세아의 심정에 몰입해 보자. 그리고 고멜이란 여자는 도대체 어떤 여자였길래 호세아에게 그렇게 깊은 상처를 주며 살았는지 생각해 보자.

2. 궁금한 호세아와 그의 결혼 생활

2.1. 호세아, 언제부터 선지자였나?

호세아는 기원전 8세기 북이스라엘 여로보암 2세 통치 때, 북이스라엘에서 부름 받아 사역했던 선지자였다. 그의 선지자 사역은 고멜과 결혼하기 이전부터였을까? 아니면 그녀와 결혼하면서부터였을까? "그게 뭣이 중헌디?"라고 말할 수도 있지만, 때론 중하지 않아도 경우에 따라선 유익한 것들이 있다. 이게 그 경우라면 그 경우다.

만일 호세아가 선지자로 사역하던 중 하나님으로부터 "음란한 여인과 결혼하라"는 명령을 받았다면, 북이스라엘 사람들은 그의 결혼 소식에 큰 충격을 받았을 것이다. 아무리 북이스라엘이 야훼를 떠나 막 나가는 삶을 살고 있다 하더라도 명색이 선지자란 사람이 음란한 여인과 대놓고 결혼한다는 것은 누가 보더라도 잘못된 것이기 때문이다. 다행히도 본문은 하나님이 호세아에게 '처음'(תְּחִלַּת/테힐라트) 말씀하실 때 결혼 명령이 있었던 것으로 나와 있다(1:2). 이걸로 보아 호세아의 선지자 사역은 고멜과 결혼하는 순간부터 이루어진 듯하다(1:2).

북이스라엘 사람들은 호세아가 음란한 여인, 고멜과 그동안 비밀 연애를 하다 어느 날 결혼 발표한 것인지 아니면 고멜이라는 여인에게 다짜고짜 프러포즈하고 결혼 승낙을 얻어낸 것인지 몹시 궁금해했을 것이다. 만일 전자라면 거리의 여자와 수없이 밀애를 즐긴 호세아의 문란에 사람들은 적잖이 실망했을 터이고, 만일 후자라면 "아니 도대체 뭣 때문에 많고 많은 여자 중에 왜 꼭 그런 여자와?"라며 호세아의 독특한 취향에 의문을 가졌을 것이다.

"혹 고멜이 개과천선이라도 한 것인가?"

"호세아가 살몬이고 고멜이 라합이라도 된단 말인가?"

하지만 호세아가 결혼해야 할 여인은 '한때 음란했다가 지금은 정숙한' 여인이 아니라 북이스라엘 사람들 모두 아는 '지금도 여전히 음란한' 여인이었다. 호세아의 결혼은 살몬의 경우와는 본질적으로 달랐다. 호세아는 여전히 음란한 생활을 하는, 또는 음란한 성향을 여전히 버리지 못하는 여인과 결혼해야 했다. 여느 선지자와 마찬가지로 호세아는 부르심 받는 순간에 순종함으로 선지자가 되어야 했다. 그런데 그는 개인에게는 불행으로 보이는 그와 같은 결혼을 하나님이 명령하셨다는 이유로 군소리 없이 순종했다. 그는 앞으로 있게 될 엄청난 고통을 제대로 알고나 순종한 것일까?

호세아는 엉망진창이 될 자신의 가정이 무엇을 의미하며 자신은 지금 누구의 역할을 하고 있는지 이해했을 것이다. 하나님은 시내산에서 이스라엘 백성과, 남편과 아내 관계의 언약을 맺으셨다(출 19:5-6; cf. 겔 16:9-14). 호세아는 외도하는 아내에 놀아나면서도 그녀를 떠나지 못하는 부질없어 보이는 한 남자가 아니라 끝까지 자기 백성을 포기하지 못하고 사랑하는 하나님의 아바타(avatar)로 살아야 했다. 하나님의 아바타로 산다는 건 호세아로선 영광이었고 기쁨이었다. 하지만 음란한 아내의 남편으로 살아야 하는 그로선 너무나도 견디기 힘든 고통이었고 너무나도 아픈 슬픔이었다.

2.2. 당시의 상황과 고멜은 어떤 여자였나?

당시 북이스라엘의 경제적 상황은 큰 번영을 이루고 있었다. 하지만 하나님과의 관계는 점점 악화되고 있었다(4:7). 거룩한 제사장 나라로 부름 받은 모습은 어디서도 찾아볼 수 없었다. 이스라엘은 경제적으로 안정되자 하나님 백성 되기를 거부하고 이방 신을 좇았다. 하나님은 그러한 행위를 음란으로 규정하셨다(1:2).

כִּי־זָנֹה תִזְנֶה הָאָרֶץ מֵאַחֲרֵי יְהוָה

그때 하나님께서 호세아에게 말씀하셨다.

> "레흐 카흐-레하 에쉐트…"(לֵךְ קַח־לְךָ אֵשֶׁת/너는 가서 여자를 얻어라).

호세아가 여기까지만 들었을 때 그의 심장은 바운스 바운스, 찰나였지만 여러 생각에 빠졌으리라!

'하나님께서 결혼하라고 하셨을 땐 모든 걸 예비하셨던 말씀이

다.'

'하나님은 야훼 이레시다.'

'하나님이 예비하신 여인은 어떤 여인일까? 이방인 룻과 같이 신앙 좋은 여인이겠지.'

'요리 잘하는 여인이었으면 좋겠다. 얼굴은 V라인, 몸매는 S라인, 샤방샤방이면 금상첨화지! 대박!!!'

호세아가 선지자로 부르심 받기에 적합한 매우 경건한 사람이었다고 할지라도 그도 성정을 가진 남자다. לֵךְ קַח־לְךָ אֵשֶׁת("레흐 카흐-레하 에쉐트")는 뭔가 기대하게끔 만드는 말씀이었다. 에쉐트(אֵשֶׁת)는 잇샤(אִשָּׁה)의 연계형으로 뒤에 어떤 단어가 반드시 뒤따라야 한다. 아직 끝나지 않은 말씀이었다. "레흐 카흐-레하 에쉐트"(לֵךְ קַח־לְךָ אֵשֶׁת), 이 문장을 단어 순서대로 직역하면, "너는 가라. (네게) 얻어라. 여자….를"이다. '여자' (אִשָּׁה/잇샤)라는 말로 끝나지 않고 그 뒤에 뭔 단어가 붙는 연계형 형태로 되어 있는 것이 호세아를 궁금하게끔 했다.

'어떤 여자와 결혼하라고 하실까?'

하나님이 말씀하셨다.

"그런데 말이다. 음… 그 여자는 제누님(זְנוּנִים)이다. 에쉐트 제누님(אֵשֶׁת זְנוּנִים). 넌 에쉐트 제누님을 아내로 맞이하라!"

"에쉐트 제누님?"

'에쉐트 제누님'은 '음란한 여자'다. 호세아는 자신의 귀를 의심했다. 처음 하나님의 말씀을 듣는 거라 뭔가 자신이 잘못 듣고 있는 건 아닌가 싶었다.

"하나님 누구라고 말씀하셨어요? 다시 한번만 말씀해 주세요!"

그러자 하나님께서 또박또박 말씀하셨다. "에 쉐 트 제 누 님."

호세아는 순간 정신이 혼미해졌다. '아무리 얼굴은 V라인, 몸매는 S라인일지라도 그게 무슨 의미 있으랴! 다른 남자를 품는 여자인데, 아무한테나 윙크를 보내는 헤픈 여자인데…이걸 어찌해야 하나!' 호세아는 순간 당황하기 시작했다.

2.3. 호세아는 어떻게 순종을 할 수 있었나?

하나님은 호세아의 마음을 아셨는지 결혼 이유를 바로 말씀하셨다.

'키-자노 티즈네 하아레츠 메아하레 아도나이'
(כִּי־זָנֹה תִזְנֶה הָאָרֶץ מֵאַחֲרֵי יְהוָה)

하아레츠(הָאָרֶץ)를 문자적으로 번역하면 그 땅(the land)으로 북이스라엘을 지칭하는 제유법으로 쓰였다. 호세아는 자신의 결혼을 통해서 하나님께서 메시지를 전하려 하신다는 것을 알았다. 음란하다면 오히려 공동체에서 제거해야 했는데 결혼으로 그녀를 보호한다. 율법에 의하면 행음한 여인은 돌에 맞아 죽거나 화형에 처해져야 했다(레 19:29; 21:9). 제사장은 과부나 이혼당한 여자나 창녀와 결혼할 수 없었다(레 21:14). 호세아가 제사장이 아니었다 하더라도 그의 결혼은 이스라엘에 창녀 존재를 허락하지 않는 하나님으로서 매우 납득하기 어려운 명령이었다(신 23:18).

'바옐레흐' (וַיֵּלֶךְ)를 개역개정은 "이에 그가 가서' 로 번역했다(1:3). 호세아의 순종을 엿볼 수 있다. 호세아는 하나님의 뜻이 어디에 있었는지 이해했기에 "음란한 여인과 결혼하라"는 하나님 말씀에 순종할 수 있었다. 본문에서 하나님의 결혼 명령에 호세아의 주저나 거부 기록이 없는 것은 호세아서 전체에서 '순종' 이 차지하는 신학적 비중을 예시한다. 이스라엘 백성은 하나님에 대한 지식이 있었으나 참된 지식을 갖고 있지는 않았다. 그들이 가져야 할 참된 지식은 머릿속만이 아닌 삶으로 표출되는 순종으로 증명되는 것이어야 했다. 이스라엘 백성은 입술로는 "야훼께 돌아가자"라고 외쳤지만(6:1), 삶에서 하나님을 아는 지식, 진실, 인애는 없었다(4:1).

2.4. 고멜은 누가 선택한 것일까?

하나님이 호세아에게 결혼할 음란한 여인은 고멜이라고 알려 주셨을까? 결혼 대상자가 누구라고 지목하셨는지 아니면 호세아가 선택한 것인지 명확하지 않다. "하나님이 음란한 여인과 결혼하여 자식들을 낳으라"(1:2)고 했더니, 호세아가 가서 디블라임의 딸 고멜과 결혼한 것을 보면(1:3), 하나님이 음란한 여인 곧 "고멜과 결혼하라"고 지정하여 말씀하신 것처럼 보인다. 호세아가 별 고민 없이 알아서 척척 움직인 것처럼 1:2~3이 서술되어 있기 때문이다. 그러나 이와 달리 하나님이 고멜이라는 여인을 지정해 주지 않았다고도 볼 수 있다. 그 이유는 1:2에서 "에쉐트 제누님, 고멜"(음란한 여인, 고멜)이라고 명시하지 않았기 때문이다. 단지 "너는 가서 음란한 여자를 맞이하여 음란한 자식들을 낳으라"(לֵךְ קַח־לְךָ אֵשֶׁת זְנוּנִים וְיַלְדֵי זְנוּנִים/레흐 카흐-레하 에쉐트 제누님 베얄데 제누님)고만 했기에, 호세아가 직접 음란한 여인을 찾았을 가능성도 있다. 만일 이것이 사실이라면 3절의 간결한 문장은 호세아가 어렵지 않게 음란한 여인들을 만났고, 그들 중 디블라임의 딸 고멜을 아내로 맞이한 것이 된다(וַיֵּלֶךְ וַיִּקַּח אֶת־גֹּמֶר בַּת־דִּבְלָיִם/바옐레흐 바잌카흐 에트-고멜 바트-디블라임).

이와 같은 사실은 첫째, 북이스라엘에는 음란한 여인들이 많아 그 중 한 사람을 만나는 것은 어렵지 않았다는 것으로 그만큼 북이스라엘이 타락했다는 것을 의미한다. 둘째, 고멜이라는 여인은 음란한 여인으로 당시 이름이 나 있어 음란한 여인하면 고멜이었다는 것으로 하나님이 "음란한 여인을 맞아 결혼하라"는 명령에 호세아는 쉽게 고멜을 만나 결혼한 것이 된다. 그만큼 북이스라엘의 종교적 타락을 쉽게 알아볼 수 있었다는 걸 시사한다. 셋째, 음란한 여인을 찾아 나선 호세아의 행동에서 보듯, 이스라엘 백성은 이방 신들을 찾아다니며 섬겼다. 이스라엘 백성들이 야훼 하나님을 어떻게 버리고 떠났는지 생각하게 되는 대목이다.

2.5. 호세아의 자식이 왜 음란한 자식일까?

"음란한 여인을 맞이하라"는 것은 이해하겠는데, "음란한 자식들을 낳으라"는 것은 도대체 무슨 의미일까? 어머니가 음란하다고 해서 태어난 자식도 무조건 음란하다고 말하는 건 나가도 너무 나간 얘기처럼 들린다. 음란도 유전되는가? 그들이 성장해서 음란한 행동을 하게 되면 모를 일이다. 그때 가서 "음란한 자식들"이라고 말해도 늦지 않은데 태어나자마자 음란한 자식들이 될 수는 없는 법이다. 원문에서 살펴보면 개역개정에서 "자식들을 낳으라"고 번역된 부분은 '라카흐'(לקח)의 명령형인 '카흐'(קַח)의 목적어로 '에쉐트 제누님'(אֵשֶׁת זְנוּנִים)과 '베얄데 제누님'(וְיַלְדֵי זְנוּנִים)을 동시에 취한다. 따라서 두 개의 목적어를 취하는 '카흐'(קַח)에 대해 같은 술어로 번역하는 것이 맞다. "음란한 여자를 **맞이하여**"라고 번역했다면 "음란한 자식들을 **낳으라**"가 아니라 **"맞이하라"**고 해야 하는 것이 통일성 있는 번역이다.

만일 개역개정의 '낳으라' 번역을 따르지 않고 '맞이하라'를 취한다면, 이것은 호세아가 고멜과 결혼하기 전에 이미 고멜은 음란한 행동을 통해서 낳은 자식이 있던 미혼모였다는 것을 의미한다. 이럴 경우 호세아는 고멜과 결혼하면서 그녀가 낳은 자식까지도 자신의 자식으로 받아들여야 하는 상황에 놓여 있었던 것이 된다. 만일 '얻다'의 '라카흐'(לקח)가 현재와 미래 둘 다 포함한다고 보면, 음란한 자식들을 낳으라(낳아 얻으라)가 된다. 이럴 경우, 호세아의 결혼에서 첫 번째 자식은 그의 자식이나 앞으로 있게 될 자식들은 그의 자식이 아니라 고멜이 음란한 행동을 통해서 낳게 될 자식이라는 암시가 담겨 있다고 봐야 한다. 다시 말하면, 호세아가 고멜과 결혼하기 전 고멜은 음란한 삶을 살았지만 그녀는 자식을 두지 않았고 호세아와 결혼 후 첫째 이스르엘을 낳고 난 뒤 다시 음란한 옛날로 돌아간 것으로 볼 수 있다. 히브리 원문에서 볼 때 유일하게 첫째 이스르엘에 대해서만 **'그(호세아)에게** 아들을 낳으매'(וַתֵּלֶד־לוֹ בֵּן/받텔레드-로 벤)라고 언급하고 둘째와 셋째의 경우에는 '그에게' (לוֹ) 라는 말이 없는 이유는 이러한 추론을 가능케 한다.

고멜의 임신과 출산

호세아	개역개정	사역	히브리 본문
1:3	이에 그가 가서 디블라임의 딸 고멜을 맞이하였더니 고멜이 임신하여 **아들을 낳으매**	이에 그는 가서 디블라임의 딸 고멜을 얻어 임신하였고 **그에게 아들을 낳았더라**	וַיֵּלֶךְ וַיִּקַּח אֶת־גֹּמֶר בַּת־דִּבְלָיִם וַתַּהַר וַתֵּלֶד־לוֹ בֵּן
1:6	고멜이 또 임신하여 **딸을 낳으매…**	또 그녀가 임신하여 **딸을 낳았더니…**	וַתַּהַר עוֹד וַתֵּלֶד בַּת
1:8	고멜이 로루하마를 젖땐 후에 또 임신하여 **아들을 낳으매**	그녀가 '로루하마'를 젖떼었을 때 임신하여 **아들을 낳았더니**	וַתִּגְמֹל אֶת־לֹא רֻחָמָה וַתַּהַר וַתֵּלֶד בֵּן

히브리 원문에서 보면 첫째 아들만 호세아의 자식이었고, 둘째와 셋째는 고멜이 호세아를 떠나 부정한 행위를 통해서 낳은 자식일 개연성이 있다. 호세아는 하나님으로부터 부르심 받았을 때부터 앞으로 결혼하게 될 여자가 낳게 될 혼외 자식들까지도 자기 자식으로 받아들이라는 명령을 받은 셈이 된다. 곧 קַח־לְךָ יַלְדֵי זְנוּנִים('카흐-레하 얄데 제누님'), "가서 음란한 자식들을 맞이하라"는 명령은 "아내 될 여인과 결혼 후 그녀가 외도를 통해 낳게 될 아이들을 네 자식으로 입양하라"는 의미와 같다.

고멜이 호세아와 결혼하고 난 뒤에도 행한 음란은 3장에서 확인할 수 있다. 3장을 1장의 사건과 동일 사건으로 보아 호세아가 결혼하기 위해 '에쉐트 제누님'을 찾아가 돈을 주고 그녀를 구하고 난 뒤 그녀와 결혼한 것으로 보는 견해가 있다. 하지만 이 견해는 3:1의 '또 가서' (עוֹד לֵךְ/오드 레흐)를 설명하지 못하는 약점이 있다. 따라서 호세아의 자녀 둘째 로루하마(לֹא רֻחָמָה)와 셋째 로암미(לֹא עַמִּי)는 고멜이 호세아에게서 낳은 자식이 아닐 가능성이 짙다. 이것은 호세아가 갖게 될 자녀들이 고멜의 음란한 행동을 통해 낳은 자녀일 뿐만 아니라 호세아 선지자 당시 북이스라엘이 하나님께로 돌아오지 않고 이방신들을 섬기고 있는 것에 대한 상징적 역할을 한다.

여기서, 차라리 처음부터 고멜이 미혼모였고 호세아가 그녀뿐만 아니라 그녀의 자식까지도 품는 결혼이었다면 더 나았을 걸 하는 마음이 생긴다. 고멜을 사랑하기로 헌신한 호세아가 둘째와 셋째로 태어난 아이가 자기 자식이 아니라는 걸 알게 되었을 때 심정은 어땠을까?

"너에게 긍휼은 없다."
"너는 내 자식(백성)이 아니다."

두 자녀를 자기 자식으로 못 받아들이고 이렇게 두 아이를 부르며 지내던 어느 날,

"너에게 긍휼이 있다."
"너는 내 자식이다."

호세아는 이렇게 자녀의 이름을 부르며 자기 자식으로 받아들였다.

3. 호세아의 결혼의 의미

에스겔서에서 호세아 1장을 들여다보면 고멜이 호세아와 결혼했을 때 그녀는 음란한 여인이었으나 자식은 없었다고 본다.

> 그들이 애굽에서 행음하되 어렸을 때에 행음하여 그들의 유방이 눌리며 그 처녀의 가슴이 어루만져졌나니(겔 23:3).

호세아가 음란한 여인 고멜과 결혼한 것은 하나님이 애굽에서 행음하던 이스라엘과 결혼한 것과 같다. 하나님은 호세아의 결혼을 통해 이스라엘 역사에서 자신이 어떻게 이스라엘과 결혼 관계를 맺었는지 보여 주시고자 했다. 호세아 선지자의 음란한 여인 고멜과의 결혼은, 호세아가 고멜의 과거를 문제 삼지 않고 용서하며 변함없이 그녀를 아내로 사랑하겠다는 뜻으로, 고멜은 남편 호세아 한 사람만 남자로 사랑해야 한다는 의미를 내포한다. 이것은 시내산에서 하나님이 이스라엘 백성과 맺은 언약을 상기시킨다. 하지만 고멜은 남편 호세아와 맺은 결혼 언약을 위반했다. 흥미롭게도 고멜(גֹּמֶר)이란 이름은 '완전하다' 또는 '끝까지 가다'로 죄의 완전성과 더불어 피할 수 없는 심판을 보여주는 반면, 호세아의 이름은 '구원' 또는 '구출'을 보여주고 있다(참고. 창 10:2; 대상 1:5-6).

고멜이 낳은 첫째 이스르엘은 아들로 '뿌리다', '흩어지다'(scatter)라는 뜻으로 지어졌다. 그의 이름대로 예후가 아합의 후손을 잔멸함으로 피를 흘린 이스르엘 평야에서 이스라엘의 활이 부러져 이스라엘은 흩어지게 될 것이다(1:4~5). 이어 고멜은 딸을 임신하고 출산한다. 히브리 원문에서 '그에게' 라는 '로' (לוֹ)가 없는 것은 고멜이 낳은 딸이 호세아의 딸이 아니라는 것을 암시한다. 호세아는 자신의 딸이 아니라는 것을 하나님이 '다시는 이스라엘 족속을 긍휼히 여기지 않고 용서하지 않겠다' 는 뜻의 '로루하마' (לֹא רֻחָמָה)로 짓도록 한 것에서 알았을 것이다. 고멜이 '로루하마' 를 젖뗀 후에 또 임신하고 출산했다. 아들이었다. 하나님이 붙여 주신 이름은 "내 백성이 아니다" 라는 뜻의 '로암미' (לֹא עַמִּי)였다. 하나님이 호세아에게 "그도 역시 네 아들이 아니다" 라고 말씀하시며 이름을 주셨을 것이다. 호세아의 둘째와 셋째 자녀의 이름은 시내산에서 "너희가 내게 대하여 제사장 나라가 되며 거룩한 백성이 되리라" (출 19:6)는 말씀에 전적으로 위배되어 있음을 보여주는 것들이었다.

4. 이스라엘의 회복 약속

반전이 일어난다. 여기에 하나님의 은총이 있다. 호세아 1:10의 접속사 바브(וְ)는 '그러나' 의 의미로 절망에서 회복으로 전환되는 희망의 문을 열고 있다. 아브라함에게 약속된 '큰 민족' 이 성취되고(창 12:2), "내 백성이 아니라고 한 그곳에서 그들에게 이르기를 너희는 살아계신 하나님의 아들들이라 할 것이라" 는 선언이 주어진다(1:10). 구원의 회복은 '이스라엘 족속' (בֵּית־יִשְׂרָאֵל)이 아니라 '자손' (בְּנֵי־יִשְׂרָאֵל)에게 맞혀 있다. 심판과 회복 예언의 대상이 분명 다른 것이다. 왕조를 중심으로 한 국가 이스라엘은 멸망하지만 하나님을 의지하는 신실한 자들은 회복된다.

A 결혼해야 하는 절망과 순종(1:2)

B 타락에 근거한 심판 예언

(1) 이스르엘 출생(1:4-5)

(2) 로루하마 출생(1:6-7)

(3) 로암미 출생(1:8-9)

A′ 회복에 대한 희망(1:10-12)

호세아 1장 본문은 상황 반전의 이유를 제시하지 않는다. 독자는 11장에 가서야 그 이유가 이스라엘 백성의 회개에 있지 않고 이스라엘을 놓지 못하고 버리지 못하겠다는 하나님의 사랑에 있음을 알게 된다(11:8). 이후 남유다와 북이스라엘 두 나라간에 참된 연합이 이루어져 '로쉬 에하드'(רֹאשׁ אֶחָד/한 우두머리)를 세우고 그 땅에서 올라온다. 여기서 '로쉬 에하드'(רֹאשׁ אֶחָד)는 다윗 계열에서 나올 메시야를 가리킨다. 에스겔 선지자는 남유다와 북이스라엘의 연합을 다음과 같이 말했다.

> 그 땅 이스라엘 모든 산에서 그들이 한 나라를 이루어서 한 임금이 모두 다스리게 하리니 그들이 다시는 두 민족이 되지 아니하며 두 나라로 나누이지 아니할지라(겔 37:22).

하나님의 자녀 되는 권세는 나사렛 예수를 세상에 참 빛으로 오신 하나님의 아들로 믿는 자에게 주어진다(요 1:12). 백성이 아니라고 한 그곳에서 하나님의 백성이 되는 역사는 메시야 되신 예수에게서 성취될 일이다. 1:11의 '그 땅에서부터'(מִן־הָאָרֶץ/민-하아레츠)는 1:10의 "너희는 내 백성이 아니라 한 그곳"(בִּמְקוֹם אֲשֶׁר־יֵאָמֵר לָהֶם לֹא־עַמִּי אַתֶּם/빔콤

아쉐르-예아메르 라헴 로-암미 앝템)과 평행으로 이방 땅이 아닌 이스라엘(또는 예루살렘)이다. 따라서 1:11의 "그 땅에서부터 올라오리니"(וְעָלוּ מִן־הָאָרֶץ/베알루 민-하아레츠)의 '올라오리니'(וְעָלוּ/베알루)는 바벨론에서 돌아온다는 '귀환'의 의미가 아니다. "올라오리니"의 '알라'(עָלָה)가 낮은 곳에서 높은 곳으로 올라감을 뜻하기 때문에 땅의 회복을 가리킨다(참고. 창 2:6). "땅은 곡식과 포도주와 기름에 응답하고 또 이것들을 이스르엘에 응답하리라"(2:22)에서 확인하듯, 흩어진 씨앗(이스라엘 백성)이 땅(이스라엘, 예루살렘)을 뚫고 올라와(회복되어) 풍요로 응답하는 것을 보여준다(2:23).

호세아 2:23에 나타난 이스라엘의 회복

회 복		호세아 2:23[히 2:25]
1	이제 흩어졌던(이스르엘)은 땅에 심겨진다.	וּזְרַעְתִּיהָ לִּי בָּאָרֶץ
2	긍휼히 여김 받지 못하는 자들이 긍휼히 여김을 받는다.	וְרִחַמְתִּי אֶת־לֹא רֻחָמָה
3	하나님의 백성이 아니었던 자들이 하나님의 백성이 된다.	וְאָמַרְתִּי לְלֹא־עַמִּי עַמִּי־אַתָּה
4	그들은 야훼를 "나의 하나님"이라고 부른다.	וְהוּא יֹאמַר אֱלֹהָי פ

에스겔 선지자는 이스라엘의 회복에 대해 다음과 같이 예언했다.

> 그러나 너희 이스라엘 산들아 너희는 가지를 내고 내 백성 이스라엘을 위하여 열매를 맺으리니 그들이 올 때가 가까이 이르렀음이라(겔 36:8).

하나님은 자신을 버리고 우상을 따라 섬긴 이스라엘 백성을 포기하지 않으신다. 가슴에서 끓어오르는 사랑 때문에 자기 백성을 이스라엘 땅에서 회복시키신다. 앞으로 황폐케 될 땅은 이스라엘 백성에게 다시 풍요를 안겨주기 위해 옥토로 바뀌게 될 것이다.

5. 호세아에게서 예수님을 보다

첫째 이스르엘을 낳고 자신을 떠나 버린 고멜을 찾아 나선 호세아의 심정은 어땠을까? 다시 데려온 아내가 다른 남자의 아이를 낳고 또 다시 떠났을 때 호세아는 아내를 사랑할 수 없었지만, 하나님이 “사랑하라” 하셨기에 끝까지 그녀를 포기하지 않고 사랑했다. 호세아 선지자에게서 한 마리 잃은 양을 찾고 찾으시는 메시야 예수의 모습을 읽는다. “의인을 부르러 온 것이 아니라 죄인을 부르러 오셨다”라고 말씀하신 메시야 예수님, 그분은 세리뿐만 아니라 창녀들과도 함께 어울리셨다. 예수님은 작은 자라 여김 받았던 어린아이가 자신에게 나아오는 것을 막지 않고 기쁨으로 안으셨다.

자신을 버리고 떠난 제자들을 포기하지 않고 찾아가 사랑의 손을 내밀며 “다시 시작하자”고도 말씀하셨다(요 21장). 아내 고멜을 타락에서 구원하려는 호세아의 절절한 사랑에서 제 길로 가는 우리를 포기하지 않으시고 구원하기 위해 찾아오신 예수님의 사랑을 만난다. 호세아(הוֹשֵׁעַ/호쉐아)의 이름이 예수님(יֵשׁוּעַ/예슈아)의 이름과 뜻이 같은 게 결코 우연은 아니다.

6. 나가는 말

호세아 선지자의 결혼생활에 궁금했던 것들이 해결됐다. 하나님의 도구로 쓰임 받는다는 것이 분명 영광스러운 일이지만 감당하기엔 너무 많은 고난이 있다. 다른 사람은 몰라도 호세아 선지자처럼은 절대 못 살 것 같다는 생각에, 호세아서를 그만 읽어야겠다고 덮으려 한다면, "잠깐만~"이다.

호세아와 같은 삶은 아무나 살 수 있는 게 아니기 때문에 걱정 붙들어 매도 좋다. 호세아 선지자에게서 나를 죄악의 삶에서 구원하기 위해 포기하시지 않으시고 찾고 찾으셨던 하나님의 사랑을 읽을 줄 안다면 그걸로 족하다. 음침한 곳에서 죄악을 즐기고 있던 고멜이 실상은 나였고 우리였다. "이제부터는 오직 당신만 사랑할게요"라고 말하고 다시 다른 남자에게로 후딱 가버리기를 일삼던 고멜이 사실 내 모습, 우리의 모습이 아닌지 돌아봐야 한다. 그러려면 아무래도 호세아서를 덮어선 안 되겠다. 우리를 다시 찾기 위해 걸어오시는 주님의 발소리를 들어야 하기 때문이다.

[묵상과 나눔]

1. 자신의 사역에서 가장 힘든 게 무엇이며 그것과 호세아 선지자의 결혼과 비교해 보라.

2. 호세아의 세 자녀 출생의 비밀에 대해 설명해 보고, 그것이 어떤 의미를 갖는지 말해 보라.

3. 하나님 말씀을 말로만 아니라 몸으로 몸소 전한 호세아의 삶에서 우리와 어떻게 다른지 나눠보고 배워야 할 것들을 정리해보라.

02

אֶת־הַמּוֹרֶה לִצְדָקָה
요엘 2:23의 '엩-함모레 리쯔다카'에 대한 개역개정 번역 재고

1. 들어가는 말

요엘 2:23을 원문에서 읽다 보면 '모레'(מוֹרֶה)라는 단어가 나온다.[7] 오늘 내일 모레의 그 모레가 아니다. 이 '모레'(מוֹרֶה) 글자만 보면 '비'(rain)도 되고 '선생'(teacher)도 된다.[8] 우리말에도 글자는 같지만 뜻이 다른 동음이어(同音異語)가 있다. '말'이란 단어가 그렇다. 의

---

7 요엘 2:23을 제외하고 '모레' (מוֹרֶה)는 구약성경에서 총 일곱 번 나온다.

창 12:6	...עַד אֵלוֹן מוֹרֶה	모레 상수리 나무에 이르니	Place
삼상 20:36	...מוֹרֶה אֶת־הַחִצִּים אֲשֶׁר אָנֹכִי	내가 쏘는 화살들을	shooting
왕하 17:28	...וַיְהִי מוֹרֶה אֹתָם	그들을 가르쳤더라	teaching
대하 15:3	...וּלְלֹא כֹּהֵן מוֹרֶה	가르치는 제사장도 없고	teaching
욥 36:22	...מִי כָמֹהוּ מוֹרֶה	누가 그와 같은 교사일까!	teacher
시 84:6	...יַעְטֶה מוֹרֶה	이른 비가 덮을 것이라	early rain
사 9:15	...וְנָבִיא מוֹרֶה־שֶּׁקֶר	거짓을 가르치는 선지자	teaching

8 '모레'(מוֹרֶה)가 명사였을 때는 '이른 비' 이고 동사 '야라' (ירה)에서 히필분사형 '모레'(מוֹרֶה)가 되었을 때는 '교사' 다.

사소통의 중요 수단인 '말'(word/speech)이 있고, 타고 다닐 수 있는 동물 '말'(horse)이 있고, 곡식 수량을 재는 단위로 한 말 두 말 할 때 '말'이 있다. '배'란 단어는 한술 더 떠서 그 의미가 네 개나 된다. 몸의 일부인 '배'(abdomen)가 있고, 먹는 과일의 '배'(pear)가 있고, 수상 교통수단인 '배'(ship)가 있고, 양이나 크기 두 배, 세 배 할 때 '배'(double/times)가 있다. 이와 같은 동음이의어는 단어 하나만으로는 의미를 전달하기가 어렵다. 특별히 글에서는 더더욱 그렇다. 반드시 문장을 수반해야 무엇을 말하는지 알 수 있다. 간혹 문장도 역부족일 때도 있다. 예컨대, "배가 있잖아"라고 했을 때 '배'란 단어가 문장 속에 있지만, 그 배가 먹는 배인지, 타야 할 배를 가리키는지 여전히 분명치 않다. 또한, "말 안 돼"라고 했을 때 "조용히 하라"는 것인지, 아니면 "말로 성립될 수 없어 받아들일 수 없다"는 뜻인지, "말을 타지 말라"는 뜻인지 여전히 분명치 않다. 이럴 경우는 본 말을 담고 있는 담화 단락 안에서 단어의 의미를 찾아야 한다.

개역한글이나 개역개정은 요엘 2:23의 '엘-함모레 리쯔다카'(אֶת־הַמּוֹרֶה לִצְדָקָה)를 '비를 적당하게'라고 번역하고 있다. 유진 피터슨(Eugene Peterson)의 메시지 성경 한글번역본은 본 구문을 "바르게 사는 길을 가르쳐 줄 스승"이라고 번역했다. 쿰란 공동체는 다메섹 문서와 하박국 주석에 공통적으로 담겨있는 '의의 교사'에 대한 근거를 요엘 2:23에서 찾고 있다. 요엘 2:23의 '모레'(מוֹרֶה) 단어를 이렇게 확연하게 다르게 번역하는 것에 대해 우리는 어떻게 수용해야 할까? 요엘서 저자는 '모레'(מוֹרֶה)를 '비'의 의미로 말한 것일까? '스승'이라는 의미로 말한 것일까? 아니면 '비'이면서 '스승'으로 받아들이게 했을까? 이에 결부하여 '리쯔다카'(לִצְדָקָה)는 '적당하게' 인가 아니면 '의를 위한' 인가? 혹 요엘서 저자가 언어유희(word-play)를 의도했었을 가능성은 없는 것일까? 요엘 2:23을 원문에서 다시 번역하면서 '모레'(מוֹרֶה)가 비인지 선생(스승)인지, 아니면 비면서 선생(스승)인지 살펴보자. 더불어 '리쯔다카'(לִצְדָקָה)의 의미도 살펴보자.

2. '모레'(מוֹרֶה)의 의미

요엘 2:23에 대한 유진 피터슨의 메시지 성경 한글 번역은 다음과 같다.

> 시온의 자녀들아, 경축하여라!
> 너희 하나님 안에서 즐거워하여라
> 그분께서 너희에게 **한 스승을** 주셔서
> **바르게 사는** 길을 너희에게 가르쳐 주실 것이다.
> 전처럼, 하늘에서 내리는 비와 같은 말씀들로
> 너희 영혼을 새롭게 하고 살찌게 해주실 것이다.
> 너희 몸이 먹을 음식 또한 넘쳐 나리라[9]

우리가 주목하는 바는 '함모레 리쯔다카'(הַמּוֹרֶה לִצְדָקָה) 부분이

---

9 영문은 다음과 같다. Children of Zion, celebrate! Be glad in your God. He's giving you a teacher to train you how to live right - Teaching, like rain out of heaven, showers of words to refresh and nourish your soul, just as he used to do.

다. 유진 피터슨은 '모레'(מוֹרֶה)를 스승으로 번역했고, '리쯔다카'(לִצְדָקָה)를 '바르게 사는'으로 번역했다. 따라서 '바르게 살아야 할 길(의)을 가르칠 교사' 정도로 이해할 수 있다. 만일 메시지 성경 역본을 따를 경우, 우리는 요엘 2:23을 메시야 예언 본문으로 삼을 수 있다. 그러나 개역개정은 이 부분을 "이른 비를 적당하게"라고 번역했다. 다른 한글역본 또한 모두 '비'(rain)로 번역하고 있다.

> 시온의 자녀들아 너희는 너희 하나님 야훼로 말미암아 기뻐하며 즐거워할지어다 그가 너희를 위하여 비를 내리시되 **이른 비를** 너희에게 **적당하게** 주시리니 이른 비와 늦은 비가 예전과 같을 것이라(욜 2:23/개역개정).

우리는 여기서 요엘 2:23의 정확한 뜻을 알기 위해 개인 선호나 취향에 따라 번역본을 취하기 보단, 객관적인 자세에서 접근해야 한다. 그 객관적 자세란 요엘 2:23을 기존 번역본에 의존하지 않고 히브리 본문, 맛소라 텍스트에서 직접 의미를 살피는 일이다.

욜 2:23

וּבְנֵי צִיּוֹן גִּילוּ וְשִׂמְחוּ בַּיהוָה אֱלֹהֵיכֶם כִּי־נָתַן לָכֶם
אֶת־הַמּוֹרֶה לִצְדָקָה וַיּוֹרֶד לָכֶם גֶּשֶׁם מוֹרֶה וּמַלְקוֹשׁ בָּרִאשׁוֹן

(본문 읽기: 우베네 찌욘 길루 베심후 바도나이 엘로헤헴 키-나 탄 라헴 엘-함모레 리쯔다카 바요레드 라헴 게셈 모레 우말코쉬 바리숀)

요엘서 2:23을 번역하기 위해 문장을 도식화하면 다음과 같다.

וּבְנֵי צִיּוֹן
גִּילוּ וְשִׂמְחוּ בַּיהוָה אֱלֹהֵיכֶם
כִּי־נָתַן לָכֶם אֶת־הַמּוֹרֶה לִצְדָקָה
וַיּוֹרֶד לָכֶם גֶּשֶׁם
מוֹרֶה וּמַלְקוֹשׁ
בָּרִאשׁוֹן

(사역)
또한 시온의 자녀들아
너희 하나님 야훼로 말미암아 기뻐하며 즐거워하라
왜냐하면, 너희에게
① **함모레 리쯔다카를** 줄 것이기 때문이다.
② **쩨다카하게 함모레를** 줄 것이기 때문이다.
③ **쩨다카에 대해 함모레를** 줄 것이기 때문이다.
또한 너희에게 내리실 것이기 때문이다. 게쉠(גֶּשֶׁם)을,
모레와 말코쉬를
이전처럼[10]

우리가 주목하고자 하는 단어는 אֶת־הַמּוֹרֶה לִצְדָקָה('엩-함모레 리쯔다카')다. 위의 문장도해에서 보듯, הַמּוֹרֶה לִצְדָקָה('함모레 리쯔다카')를 목적어로 취할 것인지(①), 아니면 '리쯔다카' (לִצְדָקָה)를 부사로(②), '함모레' (הַמּוֹרֶה)를 목적어로(③) 볼 것인지, 총 3가지 경우에서 생각해 볼 수 있다.

먼저 '함모레' (הַמּוֹרֶה)를 어떻게 보아야 하는지부터 생각해 보자.

---

10 만일 '바리숀' (בָּרִאשׁוֹן)을 '처음 달에' 로 번역하면 이른 비와 늦은 비가 첫 달(니산월)에 같이 내리는 것이 되어 모순되므로 '이전처럼' (as before)으로 봐야 한다.

히브리 원문에서 요엘 2:23을 보면, '모레'(מוֹרֶה)라는 단어가 한 번은 정관사 '하'(הַ)와 함께 '함모레' (הַמּוֹרֶה)로, 그냥 '모레' (מוֹרֶה)로는 두 번 등장한다.

요엘 2:23

וּבְנֵי צִיּוֹן
גִּילוּ וְשִׂמְחוּ בַּיהוָה אֱלֹהֵיכֶם
כִּי־נָתַן לָכֶם אֶת־הַמּוֹרֶה לִצְדָקָה
וַיּוֹרֶד לָכֶם גֶּשֶׁם
מוֹרֶה וּמַלְקוֹשׁ
בָּרִאשׁוֹן

이것에서 정관사가 붙어 있든 없든, '모레' (מוֹרֶה)는 한 구절에서 같은 뜻으로 쓰였다고 보아야 한다. 왜냐하면 한 문장에서 한 단어가 다른 두 개의 뜻으로 동시에 사용되는 경우는 일반적이지 않기 때문이다. '모레 우말코쉬' (מוֹרֶה וּמַלְקוֹשׁ)에서 '모레' (מוֹרֶה)는 접속사 바브(ו)로 병렬관계를 이루는 '늦은 비' (latter rain)인 '말코쉬' (מַלְקוֹשׁ)의 대응어이기 때문에 '모레' (מוֹרֶה)의 의미는 이른 비(early rain)가 된다.

또한 '모레 우말코쉬' (מוֹרֶה וּמַלְקוֹשׁ)는 하나님이 백성들에게 내려 주실 '게쉠' (גֶּשֶׁם/비)을 구체적으로 설명하는 것이 되기 때문에 '함모레와 리쯔다카' (הַמּוֹרֶה לִצְדָקָה)에서 '모레' (מוֹרֶה)는 '선생' 이 아니라 '이른 비' 가 된다. 담화 단락 안에서도 요엘 2:23을 살펴보자. 담화 단락은 2:18-27이다. 먼저 구조를 생각해 보자.

Ⅰ. 자기 땅과 백성을 돌보시는 하나님(2:18-20)

A. 백성을 돌보시는 하나님(2:18)

a. 곡식, 새 포도주, 기름이 풍성케 됨(19절)

b. 열방으로부터 욕을 당하지 않게 됨(19절)

c. 북쪽 군대가 떠나게 됨(20절)

A'. 하나님이 큰 일을 행하셨음을 선언(20절)

Ⅱ. 자기 땅과 자기 백성을 위해 큰 일을 행하시는 하나님(2:21-27)

A. 하나님이 큰 일을 행하셨음을 선언(21절)

: 들짐승과 시온의 자녀들의 회복(22-23절)

a'. 밀, 새 포도주, 기름의 풍성(24절)

c'. 군대로 인한 손실 회복(25절)

A'. 풍족한 회복과 놀라운 일을 행하신 하나님에 대한 찬송(26절)

b''. 수치를 당하지 않게 됨(26-27절)

하나님이 나타내실 큰일은 북쪽 군대를 몰아내고 땅을 회복시키시는 것이다. 들짐승과 시온의 자녀들이 기뻐하고 즐거워하게 되는 땅의 회복은 하나님께서 하늘에서 내리실 비로 일어난다(23절). 이와 같이 담화 단락에서 요엘 2:23을 보았을 때 메시지 성경의 '엘-함모레 리쯔다카' (אֶת־הַמּוֹרֶה לִצְדָקָה)를 '바르게 가르칠 한 스승' 이라고 번역한 것은 생뚱맞다.

3. '리쯔다카' (לִצְדָקָה)의 의미

'엘-함모레 리쯔다카' (אֶת־הַמּוֹרֶה לִצְדָקָה)를 '의를 위한 선생을', '의의 교사를' 이 아니면, '이른 비를 적당하게' 가 될 수 있을까? 일단은 위에서 밝힌 대로 '함모레 리쯔다카' (הַמּוֹרֶה לִצְדָקָה)에서 '모레'

(מוֹרֶה)는 이른 비다. 지금부터 '리쯔다카' (לִצְדָקָה)를 생각해보자. 먼저 한글빈역의 '직당하게' 를 생각해 보면 의미에서 애매모호하다. 우리 말에 가장 사람을 불편하게 하는 말이 있다면, '아무거나' 와 '적당하게' 라고 한다. "뭐 먹을까?" 하면 "아무거나" 해 놓고, 막상 아무런 음식을 주문하면 "왜 그거 주문했냐?" 하고, "밥 얼마큼 줄까?" 하면 "적당하게" 라고 하고선, 주고 나면 "조금 줬다", "많이 줬다" 고 뭐라 하고, 사람 미치고 환장하게 하는 게 바로 이 두 단어다.

과연 어느 정도가 적당한 걸까? '적당하게'에 대한 우리말 뜻은 '지나치게 넘치진 않아도 부족해 불평은 없는'이 된다. 일단 맞고 틀리고는 차치하고 한글에서 '적당하게' 라는 단어로 요엘 2:23을 생각해 보면, 그 뜻은 농작물이 풍성하게 결실을 맺게 할 정도의 비가 될 것이다. 너무 많은 양의 비는 농작물을 해치게 되고 너무 적은 양의 비는 열매를 제대로 맺히게 할 수 없으니 그야말로 비는 적당해야 한다. 여기서 '적당하게'는 양(quantity)과 관련된다. 우리말에 '적당하게' 와 비슷한 단어가 있다. '적절하게'이다. '적절하게'는 양(quantity)과 때(scason) 모두를 가리킬 때 사용한다. 레위기와 신명기에서 하나님이 주실 복으로 비를 볼 때, 의미는 양보단 때가 더 가깝다.

> 너희가 내 규례와 계명을 준행하면 내가 너희에게 **철따라** (**בְּעִתָּם**/베잇탐) 비를 주리니 땅은 그 산물을 내고 밭의 나무는 열매를 맺으리라(레 26:3-4).

> 야훼께서 너를 위하여 하늘의 아름다운 보고를 여시사 네 땅에 **때를 따라**(**בְּעִתּוֹ**/베잇토) 비를 내리시고 네 손으로 하는 모든

일에 복을 주시리니 네가 많은 민족에게 꾸어줄지라도 너는 꾸지 아니할 것이요(신 28:12).

양을 말하든, 때를 말하든 비가 땅에 내릴 복이라는 의미에선 큰 차이는 없다. 그러나 하나님이 내려 주실 비의 성격을 보면, 양에 대해선 '풍족하게', 시기에 대해선 이른 비와 늦은 비가 내려야만 할 '바로 그때'가 되어야 하기에 우리말에선 '적당하게' 보단 '제 때 풍족하게'가 문맥에 어울린다.

'리쯔다카' (לִצְדָקָה)는 불변 전치사 '레' (לְ)와 명사 '쩨다카' (צְדָקָה)가 결합된 형태다. '레'(לְ)는 '~로'(to), '~를 위해'(for), '~를 향해'(towards), '~속하여'(belonging to), '~에 관해'(in regard to), '~에 따라'(according to), '~안에'(in)의 의미가 있다. '리쯔다카' (לִצְדָקָה)가 쓰인 다른 용례에서 보면 모두 동사와 연결되고 있다.

'리쯔다카' 용례

시 106:31	וַתֵּחָשֶׁב לוֹ לִצְדָקָה...	이 일이 그의 의로 인정되었으니
사 5:7	...לִצְדָקָה וְהִנֵּה צְעָקָה	공의를 원했더니 보라 부르짖음이었더라
호 10:12	זִרְעוּ לָכֶם לִצְדָקָה ...	너희를 위해 공의를 심어라

위의 용례와 요엘 2:24의 관계에서 요엘 2:23의 '리쯔다카' (לִצְדָקָה)를 동사 '나탄' (נָתַן)과 연결하여 '적당하게', 또는 '풍성하게' 로 볼 수 있지만, 일단 이것은 직역이 아닌 의미 번역이라는 약점이 있다. '함모레 리쯔다카' (הַמּוֹרֶה לִצְדָקָה)에서 보듯 '모레'(מוֹרֶה)에

정관사 '하' (הַ)가 붙은 이유는 '리쯔다카'(לִצְדָקָה)의 한정을 받을 가능성이 있기 때문이다. 만일 '리쯔다카'(לִצְדָקָה)가 '함모레'(הַמּוֹרֶה)를 한정한다고 볼 때 '레' (לְ)를 어떻게 해석하느냐가 관건이다. 일단 '쩨다카'(צְדָקָה)를 명사 '의' (righteousness)로 생각한다면, 그 의가 **'하나님의** 쩨다카' (צְדָקָה)로 하나님은 자신의 공의를 위하여(또는 내하여) 이른 비를 백성들에게 내리실 것이며, 만일 **'백성들의** 쩨다카' (צְדָקָה)이면 하나님은 백성들의 공의를 위해(또는 백성들의 공의에 대해) 이른 비를 내리신다는 뜻이 된다. 요엘 2:12-14을 보자.

> 12야훼의 말씀에 너희는 이제라도 금식하고 울며 애통하고 마음을 다하여 내게로 돌아오라 하셨나니 13너희는 옷을 찢지 말고 마음을 찢고 너희 하나님 야훼께로 돌아올지어다 그는 은혜로우시며 자비로우시며 노하기를 더디하시며 인애가 크시사 뜻을 돌이켜 재앙을 내리지 아니하시나니 14주께서 혹시 마음과 뜻을 돌이키시고 그 뒤에 복을 내리사 너희 하나님 야훼께서 소제와 전제를 드리게 하지 아니하실는지 누가 알겠느냐(2:12-14).

요엘 선지자의 회개 촉구가 있은 후(2:12-13), 하나님의 회복이 선포되고 있다(2:14). 따라서 요엘 2:23에서 '키-나탄 라헴 엘-함모레 리쯔다카' (כִּי־נָתַן לָכֶם אֶת־הַמּוֹרֶה לִצְדָקָה)는 이스라엘 백성들의 회개에 따른 하나님의 자기 백성을 위한 회복이 된다.

요엘 2:12-14 내용 분석

요엘 2:12-14 내용	요엘 2:23 맛소라 텍스트
하나님이 재앙을 내리지 않고 마음과 뜻을 돌이켜 내리실 복(2:13-14)	כִּי־נָתַן לָכֶם אֶת־הַמּוֹרֶה
백성들이 하나님께 마음을 다하여 돌아올 행위(2:12)	לִצְדָקָה

요엘 2:23을 이해할 수 있도록 돕는 구절이 있다. 시편 37:4-6이다. 야훼를 기뻐할 수 있는 이유는 야훼께 길을 맡기고 의지하면(시 37:5), 하나님께서 그 의를 정오의 빛과 같이 하실 것이기 때문이다(시 37:6). 의미 면에서 요엘 2:23과 같다.

> 4**또 야훼를 기뻐하라** 그가 네 마음의 소원을 이루어 주시리로다
> 5네 길을 야훼께 맡기라 그를 의지하면 그가 이루시고
> 6**네 의를** 빛 같이 나타내시며 **네 공의를** 정오의 빛 같이 하시리로다 (시 37:4-6).

시편 37:4의 "또 야훼를 기뻐하라"는 요엘 2:23의 "야훼로 말미암아 기뻐하며 즐거워할지어다"와 평행을 이루고, 시편 37:5의 "야훼께 맡기라"는 요엘 2:12-13에서 "하나님 야훼께 마음을 찢고 돌아오는 것"과 평행을 이룬다. 시편 37:6은 하나님이 백성들의 그런 전향적인 회개를 하나님이 보시고 백성들에게 비를 내리실 것과 평행을 이룬다. 곧 요엘 2:23의 '리쯔다카' (לִצְדָקָה)는 '적당하게' 라기 보다는 '너희들의 의에 대해' (for your righteousness)로 보는 것이 타당하다. '쩨다카' (צְדָקָה)는 여기서 요엘 2:12-13에서 백성들이 하나님 앞에서 보인

태도다. 요엘서 저자는 이스라엘 백성들이 마음을 찢으며 하나님을 찾으며 돌아온다면(쩨다카), 하나님은 정말 그런 일이 일어 난다면(2:18, וְהָיָה אַחֲרֵי־כֵן/베하야 아하레-헨),[11] 백성을 긍휼이 여기실 것이라고 선포한다(2:18).

호세아 10:12에서 살펴보자. 여기서 야훼께서 내리실 공의, '쩨다카' (צְדָקָה)는 이스라엘 백성들이 심은 '쩨다카' (צְדָקָה)와 대구를 이룬다. 야훼가 오실 때는 야훼가 공의를 베풀 때다. 백성은 야훼께서 그렇게 하실 때까지 묵은 땅을 기경하고 공의를 뿌려야 한다. 곧 이스라엘 백성들이 야훼께 마음을 찢으며 돌아오는 진정한 회개와 삶의 변화로 공의를 베풀면 하나님도 풍성한 땅의 열매로 공의를 베푸신다.

호세아 10:12 개역개정과 사역 비교

개역개정	맛소라 사본	사역
너희가 자기를 위하여 공의를 심고 인애를 거두라 너희 묵은 땅을 기경하라 지금이 곧 야훼를 찾을 때니 마침내 야훼께서 오사 공의를 비처럼 너희에게 내리시리라	זִרְעוּ לָכֶם לִצְדָקָה קִצְרוּ לְפִי־חֶסֶד נִירוּ לָכֶם נִיר וְעֵת לִדְרוֹשׁ אֶת־יְהוָה עַד־יָבוֹא וְיֹרֶה צֶדֶק לָכֶם	너희를 위해 공의를 심고 인애를 거두라 너희를 위해 묵은 땅을 기경하라 참으로 야훼가 오실 때까지 그를 찾을 때라 야훼께서 공의를 내리시리라[12]

11 개역개정에서는 '그 때에' 라고 번역했지만, 원문에서 보면 '이 일이 있고 난 후에' 이다.

12 야훼는 북이스라엘 백성이 회개하면 자신이 이스라엘에게 이슬이 되어 땅의 모든 것을 회복시키시겠다고 약속하셨다. 따라서 호세아 10:12에서 '요레' (יֹרֶה)의 의미는 '비 또는 이슬처럼 내린다' 가 된다.

언약적 저주와 복을 상기시키는 요엘 2:25에서 보면, 하나님은 자기 백성에게 행한 대로 갚아 주시는 공의로우신 분이시다(신 28-29장). 즉 요엘 2:23의 '리쯔다카' (לִצְדָקָה)에서 '쩨다카' (צְדָקָה)는 요엘 2:13의 "너희는 옷을 찢지 말고 마음을 찢고 너희 하나님 야훼께로 돌아올지어다"라고 선포한 내용에 대한 백성들의 반응이다.

새로운 단락을 여는 요엘 2:28에서 보면 하나님은 자신의 영을 만민에게 부어주신다. 여기서 하나님의 영이 자동으로 부어지는 게 아니라 "이 일이 있고 난 후"(וְהָיָה אַחֲרֵי־כֵן/베하야 아하레-헨)에 일어난다. 그렇다면 어떤 일이 있고 난 뒤 만민에게 하나님의 영이 부어진다고 말하는 것일까? 그것은 요엘 2:18과 2:28이 공히 '베하야 아하레-헨' (וְהָיָה אַחֲרֵי־כֵן)을 사용하고 있는 것에 주목해야 한다. 요엘 2:18-27은 육의 회복, 요엘 2:28-32은 영의 회복을 말하고 있다. 이스라엘의 회복이 있기 전에 백성들이 야훼께 마음을 찢고 돌아오는 회개가 전재되어 있는 것이다.

4. 나가는 말

요엘 2:23의 '엘-함모레 리쯔다카'(אֶת־הַמּוֹרֶה לִצְדָקָה)에서 '리쯔다카' (לִצְדָקָה)에 대한 개역개정의 번역 '적당하게'는 재고할 필요가 있다. 왜냐하면 한글 번역에서만 놓고 볼 때 '적당하게'는 '양'을 의미하는 부사일 뿐, '때'를 말하지 못하기 때문이다. 요엘 2:23의 근접 본문은 하나님이 비를 '제 때 풍족하게' 내리심으로 열매를 풍족하게 하실 것을 말하고 있다. 그러나 하나님이 주실 '모레'(מוֹרֶה) 또는 '게쉠'(גֶּשֶׁם)을 차치하고 '리쯔다카'(לִצְדָקָה) 단어에서만 보면, 그 자체적 의미는 요엘 2:13-14의 내용을 함축하고 있기 때문에 '리쯔다카'(לִצְדָקָה)에서 '쩨다카' (צְדָקָה)는 이스라엘 백성들이 하나님께 돌아와야 하는 것을 가리킨다. 이것은 2:18의 시작 문구인 '베하야 아하레-헨' (וְהָיָה אַחֲרֵי־כֵן)에서도 지지받고, 2:25에서 하나님은 이스라엘 백성들이 한 것에 정확하게 갚아 주시는 분에서 지지받기 때문이다.

따라서 요엘 2:23의 '엩-함모레 리쯔다카'(אֶת־הַמּוֹרֶה לִצְדָקָה)에 대한 번역은 "너희 의에 대해 이른 비"로 하여 요엘 2:23 전체를 "또한 시온의 자녀들아 너희 하나님 야훼로 말미암아 기뻐하며 즐거워하라 이는 그가 너희 의에 대해 이른 비를 너희에게 줄 것이기 때문이라 참으로 그가 너희에게 비, 이른 비와 늦은 비를 이전처럼 내리실 것이기 때문이라"로 재고해야 한다.

[묵상과 나눔]

1. 요엘 2:23에서 "비를 너희에게 적당하게 주시리라"는 의미가 성경적으로 바르게 번역된 것인지 나눠보라.

2. 요엘 2:23을 요엘 2:12-14과 관련하여 설명해 보라.

3. 하나님이 베푸시는 긍휼과 은혜를 우리가 행하는 의와 관련하여 요엘서 본문을 통해 나눠보자.

03

누가 예언하지 않겠소? :

아모스 선지자의 외침

1. 들어가는 말

아모스 선지자를 보면, 무슨 선지자 콤플렉스라도 있었던 사람처럼, "나 선지자야! 나 선지자라고!" 하는 것 같다. 자기 땅에서 사역했다면 대접까진 아니어도 그래도 그렇게 무시까진 당하지 않았을 텐데, 남유다 드고아 사람이 북이스라엘 벧엘에 가서 그쪽 나라 사람들이 "이렇다 저렇다" 하고, "나라가 곧 망하게 될 것이다"라고 선포했으니, 좋은 소리 들을 일이 있었겠나 싶다. 사람들은 "쟤 뭐야" 하고, 그쪽 제사장들은, "어디서 굴러온 놈팡이야" 했던 게 당연하다. 아무래도 아모스가 선지자 소릴 들으려면 번지수를 잘 못 찾은 것 같다.

북이스라엘 사람들은 아모스가 어떤 사람이었는지 알 턱이 없었던 게 당연했다. 남유다에서도 크게 다를 바 없는 인물이었다. 자기 고향, 드고아에서 평범하게 양치는 사람이었을 뿐이다. 성격이 엘리야 선지자처럼 화끈해서 "선지자끼리 한판 붙자, 갈멜산으로 올라와!"라고 맞짱 신청을 할 만한 배짱 있는 사람도 아니었다. 그렇지만 쉽게 볼 만한 만만한 사람도 아니었다. 벧엘의 제사장 아마샤가 “너! 유다 땅으로 가서 거기서나 먹고살면서 예언하라”고 도발했을 때, 그는 흥분하지 않았다. 오히려 차분하게 “야훼께서 나를 데려다가 말씀하셨소”라고 방어했던 인물이었다(7:8). 엘리야처럼 화끈하진 못했어도 알고 보면 소리 없이 강한 무서운 파이터였다.

우선 아모스라는 이름에 대해 확실히 알아야 할 것 같다. 또 다른 아모스가 있기 때문이다. 사실 히브리 원문에서 보면 그 둘은 확실히 구분된다. 본 글에서 이야기하는 사람 아모스는 히브리 발음으로 아모쓰(עָמוֹס)다. 또 다른 아모스는 이사야 선지자의 아버지다(사 1:1). 그 발음은 아모쯔(אָמוֹץ)다. 자세히 보면 알파벳 처음과 끝이 다르다. 혼동하지 말자.

구약의 아모스 선지자처럼, 신약에서도 하나님의 종으로 인정받지 못하고 있다는 피해의식 속에 갇혀 있었던 것 같은 사람이 하나 있다. 그 유명한 사도 바울이다. 교회들에게 보낸 그의 편지를 살펴보면, 서두에 자신을 예수 그리스도의 사도 또는 종이라는 말로 꼭 시작한다. 글로 말하려고 하는 내용의 진정성을 담은 그만의 표현이라고 보지만, 범인(凡人)의 이해 범주에서 보면, “자격지심에 꼭 저러나” 싶다. 사실 바울은 예수님과 3년을 같이한 제자가 아니었다. 다메섹 도상에서 단 몇 분 예수님의 음성을 들은 게 꼴랑 전부였다. 바울은 사람들이 그것 때문에 자신의 말을 신뢰하지 않는다고 생각했거나, 다른 사도들과 비교의식에서 자기 딴에 자꾸 “난 사도입니다”라고 말했던 것처럼 들린다(참고. 고전 9장). 우리는 바울이 하나님의 사랑과 예수 그리스도의 은혜를 경험하고 자신이 죄인 중 괴수였고 이방인을 위한 사도로 자신을 선택하신 하나님의 계획을 알고 자신을 예수의 종으로 고백한 것임을 알고 있다. 하지만, 자기 입으로 사도라는 말을 너무 자주 하니 사도 콤플렉스가 있던 것처럼 생각하게 되는 것이다.

아모스는 무엇 때문에 자신의 선지자직을 변호했던 것일까? 아모스가 선지자직을 변호하는 장면은 아모스서에서 두 번 등장한다. 한 번은 이웃 나라들과 유다, 북이스라엘의 심판 선언이 있고 난 뒤 외친 그의 말에서(3:1-8, 특히 7절), 다른 한 번은 벧엘의 제사장 아마샤와의 만남에서였다(7:4-17).

<나는 가수다>라는 프로그램이 히트친 적 있다. 이름만 가수지, 붕어마냥 입만 뻥끗하고 춤만 추는 거짓뿌랭이 가수들에게 진짜 가수의 본때를 보여주고자 기획한 프로그램이었다. 우리도 때로는 "나 크리스천이야", "나 집사야", "나 목사야"라고 말할 때가 있어야 한다. 물론 권위와 무력으로 제압하려는 의도라면 '앱솔루틀리 낫'(Absolutely not)이다. 아모스가 왜 자신의 선지자직을 강력하게 변호했는지 알아보고 우리도 그게 정말 필요한 것이라면, 우리도 아모스처럼 그래 보자.

2. 아모스 선지자 활동 시기 북이스라엘의 시대적 상황

일단 아모스 선지자가 활동하던 시대가 어떠했는지부터 알아보자. 아모스가 선지자로 부름 받았던 시대적 상황을 이해하면 그의 선지자적 소명과 사명을 이해하는 데 한층 도움을 얻을 수 있다. 주전 8세기 여로보암 2세 치하에서 북이스라엘은 다윗과 솔로몬 이후 최고의 전성기를 누리고 있었다. 대외적으로는 다메섹과 하맛의 영토를 회복하여 국방이 튼튼했으며 대내적으로는 정치적 안정과 경제적 번영을 누리고 있었다. 모자랄 것 없는 풍요 속에 눈에 보이는 종교 행위는 화려했고 왕성했다. 이방 문화와 우상은 사회 전반에 침투해 있었다. 외적 번영에 빠져 있다 보니 야훼에 대한 참된 신앙과 도덕과 윤리는 그들의 관심사가 아니었다. 부와 권력이 남용되었으며, 착취와 억압, 불의가 만연했다. 지도층들의 오만과 사치는 하늘을 찌르고 있었다.

사람들은 아모스가 마른하늘에 날벼락 같은 소리를 하니 관종(관심종자)처럼 여겼다. 지금 나라 경제는 쭉쭉 성장하고 있고, 정치는 그 어느 때보다 안정을 누리고 있고, 국방은 이방 나라가 넘볼 생각조차 못 하는 최강 상태인데 "곧 망한다"라는 소리를 하고 있으니 기가 찼다. 어디서 굴러온 놈이 실성한 소리를 하나 알아봤더니 남쪽 유다 사람이란다. 당시 남쪽도 그리 못 나가는 상황은 아니었을 때라, '남 잘되는 게 배 아파서 그러나', 아니면 '뭘 잘 못 먹어서 그러나' 싶었다. 그래도 어떤 놈팡이인지는 알아야 할 것 같아 알아봤더니 선지자 훈련도 받은 적 전혀 없는 그냥 유다 땅 드고아에서 양치는 일개 목자였을 뿐이란다. 그런데 하는 말이, "북이스라엘은 이렇고 저렇고 한 죄 때문에 하나님이 반드시 심판하신다. 뿌리째 뽑힐 것이다"라고 막말을 하고 있으니, '바산의 소가 웃겠다'고 생각했다.

드고아 위치[13]

북이스라엘 사람이 이렇게 생각한 이유를 생각해 보자. 우리도 사실 저들과 비슷하게 생각하고 있기 때문이다. 요한 삼서 2절, "네 영혼이 잘됨 같이 네가 범사에 잘되고 강건하기를 내가 간구하노라"는 말씀에서 범사가 잘되고 있으면, 영혼에 문제가 없는 줄로 안다. 영혼이 잘된다고 범사가 잘되는 건 아니다. 장로 요한이 괜히 그렇게 축복하며 기도했을까? 반드시 그렇지 않으니 가이오 장로가 그렇게 되기

---

13 드고아(תקוע)는 아모스 선지자의 고향으로 예루살렘에서 남쪽으로 16㎞, 베들레헴에서 남쪽으로 약 9.6㎞, 해발 약 1,000미터 지점에 위치해 있다. 다윗의 용사 중 이라의 고향이기도 하다(삼하 23:26). 요압은 드고아의 한 여인으로 다윗 왕에게 압살롬이 예루살렘으로 다시 돌아올 수 있도록 간청했다(삼하 14:1-24). 르호보암은 이곳을 요새화했으며(대하 11:6), 바벨론에서 돌아온 후 예루살렘을 중수할 때 드고아 사람들이 협력했다(느 3:5, 27). 여호사밧이 드고아 들에서 백성과 함께 야훼를 찬송했을 때 야훼께서 복병으로 암몬, 모압, 세일산 주민들을 진멸해 주셨다(대하 20:20~23). 예레미야는 밀려오는 적들을 대항하기 위해 드고아에서 나팔을 불라고 외쳤다(렘 6:1). 넓은 들판이 있어 양을 치기에 적합한 이곳에서 아모스는 양떼를 치고 뽕나무를 재배하다가 선지자로 부르심을 받았다(암 1:1).

를 간구하고 있는 것이다. 물론 영혼이 잘되면 범사가 잘될 수 있다. 역으로 범사가 잘되고 있는 것은 영혼이 잘되고 있는 것 때문에 하나님이 복 주셔서 그럴 수 있지만 반드시는 아니다. "악인도 형통할 수 있으니 부러워하지 말라"라고 했다(잠 24:1). 지금 북이스라엘은 최고의 번영과 안정의 시기를 누리고 있는데 하나님과의 관계가 좋아서 그런 게 아니었다. 그들의 종교 행위는 형식만 있었고, 마음은 야훼 하나님을 떠난 지 오래였다. 가난한 자를 학대하고 압제했으며, 불의가 판을 쳤다(2:7-8; 3:9-10; 4:1, 4; 6:12-13). 최고의 가치는 야훼 하나님이 아닌 돈이었다. 그때 아모스가 북이스라엘에 가서 하나님의 말씀을 선포했다.[14]

3. 아모스 3:1-8 본문 분석 및 선지자직 변호

3.1. 본문 분석

선지자 아모스는 이웃 나라에 대한 심판 선언을 하고 난 뒤 북이스라엘 심판 선언을 제일 나중에 했다. 그의 관심사는 북이스라엘에 있다. 아모스 선지자가 심판 선언을 하는 나라의 순서는 북이스라엘 먼 외곽 나라에서부터 원을 그리면서 점점 북이스라엘 쪽으로 좁혀지는 방식이었다(1:3-2:16). 심판 선언이 먼 이방 나라에서 이웃 나라로 그리고 남유다까지 왔을 때, 북이스라엘은 눈치라도 있었어야 했다. 3:3-

14 아모스 선지자는 북이스라엘 심판만 선포한 게 아니다(2:6-16). 다메섹, 가사, 두로, 에돔, 암몬, 모압, 유다 나라에 대해서도 심판 선언을 했다(1:3-2:5).

6에서 아모스 선지자의 심판 선언을 보면, 북이스라엘 사람들은 "왜 우리가?" 하는 뚱한 반응을 지었다. 3:1-8에서 아모스 선지자의 심판 선언의 요지는 "아니 땐 굴뚝에 연기 나겠느냐"와 같이 원인이 분명히 있으니 결과는 당연 있을 수밖에 없다는 얘기였다. 이런 메시지 흐름 속에서 아모스는 자신의 선지자직을 변호했다(3:7-8). 본문에서 살펴 보자.

아모스 선지자는 "너희는 이 말씀을 들으라"(שִׁמְעוּ אֶת־הַדָּבָר הַזֶּה/쉼우 엘-핫다바르 핫제)는 말로 포문을 열었다(3:1). 그가 "들으라"(שִׁמְעוּ/쉼우)라고 선포한 대상은 북이스라엘만을 향한 것은 아니었다. 출애굽한 모든 족속 곧 남유다까지 포함했다(3:1). 하나님이 이스라엘과의 독특한 언약적 관계(covenantal relationship)는 '라끄' (רַק/only)와 '야다으티' (יָדַעְתִּי/knew)를 사용한 "내가 너희만을 알았다"(3:2)에서 확인할 수 있다. 하나님이 그만큼 이스라엘에 대해 실망과 좌절이 크셨다는 간접적 표현이다. 이어서 하나님은 아모스 선지자를 통해 자신과 이스라엘과의 특별한 관계를 깬 이스라엘의 죄를 심판하실 수밖에 없는 이유를 제시하셨다(3.3-6).

암 3:3

הֲיֵלְכוּ שְׁנַיִם יַחְדָּו בִּלְתִּי אִם־נוֹעָדוּ

만나지 않았는데 둘이 함께 걷습니까?(사역)

3:3-5의 각 절 시작을 의문 불변화사 '하' (הֲ)로 시작하여 긍정적 답변을 유도한다. 3:3의 '쉐나임' (שְׁנַיִם/둘)은 3:7-8을 고려하여 야훼와 아모스로 볼 수 있다. 하지만, 3:3-6이 일반적 상황을 상정하고 있

기 때문에 보통의 두 사람으로 보는 것이 자연스럽다. 두 사람이 함께 갈 수 있는 것은(결과), 그들이 만났기 때문이다(원인).

암 3:4-5

4 הֲיִשְׁאַג אַרְיֵה בַּיַּעַר וְטֶרֶף אֵין לוֹ הֲיִתֵּן כְּפִיר קוֹלוֹ מִמְּעֹנָתוֹ
בִּלְתִּי אִם־לָכָד

5 הֲתִפֹּל צִפּוֹר עַל־פַּח הָאָרֶץ וּמוֹקֵשׁ אֵין לָהּ הֲיַעֲלֶה־פַּח
מִן־הָאֲדָמָה וְלָכוֹד לֹא יִלְכּוֹד

4사자가 먹이가 없는데 수풀에서 부르짖겠으며 움켜잡지 않았는데 젊은 사자가 자기 굴에서 소리를 지르겠느냐? 5미끼가 없는데 새가 땅에 있는 덫으로 내려오겠으며 전혀 움켜 잡지 못했는데 덫이 땅에서 튀어 오르겠느냐?(사역)

아모스는 동물 세계에서 볼 수 있는 인과율을 예로 들었다. 원인은 먹이이고 결과는 울부짖음이다. 사자가 울부짖는 이유는 사냥감이 있거나 그걸 움켜쥐었기 때문이다. 날던 새가 땅으로 내려오는 이유는 미끼가 있기 때문이고, 덫이 땅에서 튀어 오르는 이유는 새가 그걸 건드렸기 때문이다. 사냥감은 사자에게 사로잡히고, 새는 덫에 의해 사로잡히는 것은 이스라엘이 앞으로 사로잡힐 것이라는 암시를 준다.

암 3:6

אִם־יִתָּקַע שׁוֹפָר בְּעִיר וְעָם לֹא יֶחֱרָדוּ אִם־תִּהְיֶה רָעָה
בְּעִיר וַיהוָה לֹא עָשָׂה

나팔이 성읍에서 울리는데 백성이 두려워 떨지 않겠느냐? 야훼께서 행하시지 않았는데 성읍에 재앙이 임하겠느냐?(사역)

경고의 나팔이 울리면(원인) 성 안에 있는 사람이 두려움으로 떨 수밖에 없다(결과). 성읍에 재앙이 임하게 되는 것은(결과), 야훼께서 행하셨기 때문이다(원인). 여기서 재앙의 원인은 야훼 때문이다. 야훼가 북이스라엘 재앙의 원인이 될 수밖에 없게 된 이유는 이스라엘 백성이 야훼 하나님과의 언약적 관계를 깨뜨리고 죄를 지었기 때문이다(3:2).

암 3:7-8

7 כִּי לֹא יַעֲשֶׂה אֲדֹנָי יְהוִה דָּבָר כִּי אִם־גָּלָה סוֹדוֹ
אֶל־עֲבָדָיו הַנְּבִיאִים

8 אַרְיֵה שָׁאָג מִי לֹא יִירָא אֲדֹנָי יְהוִה דִּבֶּר מִי לֹא יִנָּבֵא

> 7주 야훼께서는 자신의 뜻을 그의 종 선지자들에게 나타내지 않고는 어떤 일도 행하지 않으시느니라. 8사자가 부르짖는데 누가 두려워하지 않겠느냐? 주 야훼께서 말씀하시는데 누가 예언하지 않겠느냐?(사역)

아모스는 하나님이 어떤 일을 행하실 때, 반드시 그의 뜻을 선지자에게 전달하신다고 말한다(3:7). 이것은 하나님의 뜻을 반드시 전달하는 것이 선지자들의 사명임을 공언하는 것으로 아모스가 왜 북이스라엘에서 하나님의 심판 선언을 하는지에 대한 자신의 선지자직 변론이 된다. 사자가 부르짖으면 두려울 수밖에 없다. 야훼께서 말씀하시면 그의 종인 선지자는 무조건 예언해야 한다(3:8). 아모스 선지자가 북이스라엘에게 심판을 선포하는 이유는 야훼께서 자신에게 말씀하셨기 때문이다(참고 1:1; 2:6-16).

3.2. 선지자직 사명 변호

출애굽 사건에 대한 이스라엘 백성의 강한 애착은 위기의 시기에 하나님이 구원하실 것이라는 확신을 보장해 주었다. 이스라엘 백성은 잘못된 확신과 자기기만적 신념 안에서 안일과 자만을 즐기고 있었다(참고. 5:14; 6:1; 9:10). 북이스라엘 백성은 자신들을 복의 대상이라고 생각했지만, 아모스는 그들에게 심판의 대상임을 선포했다. 그러나 북이스라엘은 아모스의 신탁에 대한 의구심을 가지고 거부했다. 하나님과의 언약적 관계를 복으로만 이해했던 북이스라엘은 아모스의 심판 선포에 대한 진정성을 의심한 것이다. 그 당시 북이스라엘은 영토 확장과 경제적 번영이라는 복을 누리고 있었기 때문에 아모스의 말을 남쪽 사람들이 북쪽 사람들에 대해 시기한다거나 남쪽에서 별 볼 일 없는 사람이 북쪽에 와서 한번 살아보려는 소리 마냥 치부했다(참고. 7:12).

열왕기하 14:25에서 볼 때 북이스라엘은 하나님과의 언약적 관계가 무조건 복이라는 이해를 버리지 못하고 있었다(참고. 5:18; 9:10). 그러나 선지자 아모스는 북이스라엘 안에 만연되어 있는 출애굽 신앙에 대한 잘못된 확신을 확인하고 선택신앙에 대한 그들의 잘못된 이해를 근본적으로 뒤엎어 버렸다. 하나님의 사랑이 이스라엘에게 각별했음에도 불구하고, 이스라엘은 부유 때문에 하나님을 멀리했다(참고. 신 8:11-20).

사랑이 깊을수록 질투도 크다(출 20:5). 이스라엘의 배교와 교만은 자기 새끼 위에 너풀거리며 날개를 펴서 새끼를 받고 업는 독수리 하나님을 먹이를 쥐고 포효하는 사자 하나님으로 바꾸어 놓았다(신 32:11; 암 3:8). 북이스라엘의 모습은 맹렬한 사자의 발톱에 잡혀있는 사냥감이었고(3:4), 덫에 걸린 새였고(3:5), 전쟁을 맞이하는 사람들이었다(3:6). 3:6은 언약적 관계가 야훼의 심판의 원인으로 선포한 3:2 요지와 평행을 이룬다. 야훼를 복의 원인으로만 생각하는 북이스라엘에게 야훼가 재앙의 원인이 될 수 있음을 알게 된다(참고. 레 26장; 신 32장). 3:3-8은 하나님이 심판으로 이스라엘을 찾아올 수밖에 없는 절대적 당위성을 수사학적 질문으로 제시하고 있다. '어찌' 질문, '하'(הֲ)에서(3-5절), '만일' 질문, '임'(אִם)으로(6절) 그리고 '누가' 질문, '미'(מִי)로 점층적으로 바뀌고 있다.

3:1-8에서 아모스가 북이스라엘에서 심판을 선포하는 이유는, 하나님이 자신에게 말씀하셨기 때문이다(3:8). 자신의 예언 선포는 하고 싶으면 하고, 하고 싶지 않으면 안 하는 선택 사항이 아니다. 사자가 부르짖으면 당연히 두렵듯, 하나님이 명령하시면 안 움직일 수 없다. 북이스라엘은 선지자 하면, 능력에 각인되어 있었다. 오므리 왕조 때, 엘리야와 엘리사는 능력의 선지자였다. 그런데 지금 등장한 예후 왕조의 여로보암 2세 때 아모스는 선지자로서 보여 주는 초자연적 능력이 아무것도 없다. 오직 주둥아리로만 나불대고 있다. 야훼 하나님이 함께 하시는 능력을 보여주면 그는 하나님이 보내신 선지자로 바로 증명된다. 아모스는 보여줄 능력이 쥐뿔도 없지만, 독을 품은 두꺼비처럼 거칠게 심판 선언을 내뱉었다. 드고아에서 양을 치던 내가 여기까지 와서 심판 선언을 해야 할 정도라면 너희들의 죄가 한둘이 아니라는 것

이다(1:1; 2:6). 정말 죄가 심각하기 때문에 하나님이 먼 곳에서 이곳으로 자신을 선지자로 보내셨다는 의미를 담고 있다(2:7).[15]

아모스가 선지자로 부르심 받았을 때는 지진이 있기 2년 전이라고 했다(1:1). 이것은 자연스럽게 아모스 저작 연대는 지진이 있은 후라는 걸 의미한다. 하나님이 북이스라엘을 크게 흔들었다는 얘기다. 북이스라엘은 하나님이 그 땅을 흔들려고까지 진노하시고 있는데도, 남유다에서 올라온 선지자의 경고를 무시했다. 북이스라엘에 양식이 떨어지는 일이 있었고, 추수하기 석 달 전 비가 한 곳에만 오고 다른 곳은 오지 않는 일이 있었고, 메뚜기들이 곡물을 다 먹어 치우는 일이 있었고, 전염병이 돌아 사람들이 죽는 일이 있었고, 전쟁으로 사람이 죽는 일이 있었어도 하나님께로 돌아오는 일은 없었다(4:4-10).

4. 아모스 7:10-17 본문 분석 및 선지자직 변호

4.1. 본문 분석

본 단락은 벧엘의 제사장 아마샤가 여로보암 왕에게 아모스가 북이스라엘에서 벌이고 있는 일을 고발하고(7:10-11), 아마샤가 아모스에게 "북이스라엘에서 예언하지 말라"는 협박과(7:12-13), 아모스가 '자신이 왜 야훼의 말씀을 북이스라엘에서 선포하게 되었는지'와 '야훼 하나

---

15 하나님은 남유다 사람인 아모스 선지자를 통해서 북이스라엘에 심판을 선언했지만, 백성들의 반응은 없었다. 그러자 북이스라엘 사람인 호세아를 불러 음란한 여인과 결혼하여 음란한 자식을 낳게 함으로 북이스라엘의 상태를 보여주시며 자신에게 돌아올 것을 호소하셨다.

님이 무엇을 선포하라고 했는지'를 답변하는 내용으로 구성되어 있다(7:14-17).

아마샤는 자기 영역에 들어와 지껄이는 남유다 목자의 예언이 마뜩할 리 없었다. 그래서 그를 제거할 목적으로 "아모스가 백성들 사이에서 왕을 반역하게끔 작당을 꾸미고 있다"고 여로보암 왕에게 고발했다(7:10). "왕은 칼에 죽고 이스라엘은 반드시 사로잡혀 이 땅에서 떠나게 될 것이다"라는 말까지 보탰다(7:11). 아마샤가 아모스를 만나 애송이 다루듯 타이르며 협박했다.

암 7:12

וַיֹּאמֶר אֲמַצְיָה אֶל־עָמוֹס חֹזֶה לֵךְ בְּרַח־לְךָ אֶל־אֶרֶץ
יְהוּדָה וֶאֱכָל־שָׁם לֶחֶם וְשָׁם תִּנָּבֵא

> 아마샤가 또 아모스에게 이르시되 선견자야 너는 가라 유다 땅으로 도망쳐 거기서 빵을 먹고 거기서 예언할지라(사역)

아마샤가 아모스에게 "선견자야"(חֹזֶה/호제)라고 불렀다. 여기까지만 보면 아모스는 기분 나쁠 일이 아니다. '호제'(חֹזֶה/seer)나 '나비'(נָבִיא/prophet)는 같은 호칭이다. "너는 유다 땅으로 도망쳐 가라"(לֵךְ בְּרַח־לְךָ אֶל־אֶרֶץ יְהוּדָה/레흐 베라흐-레하 엘-에레쯔 예후다)라고 했다. 이 말은 "조용히 말할 때, 유다 땅으로 가지 않으면 너 죽을 줄 알라"는 협박과 같다. 아마샤의 협박은 북이스라엘의 위협이 되는 예언 때문만이 아니었다. "거기서나 빵을 먹으며 거기서나 예언하라"(וֶאֱכָל־שָׁם לֶחֶם וְשָׁם תִּנָּבֵא/베에할-샴 레헴 베샴 틴나베)는 말에서 보듯, "여기는 내 구역이니 깝치지 말고 네 구역에나 가서 예언하라"와

"네가 먹고 살기 위해서 유다 땅에서 무슨 예언을 해도 난 상관하지 않겠다"는 의미로 볼 때, 아마샤는 자신의 영역이 아모스에 의해 침범되는 것에 강한 거부감을 갖고 있었던 것이 분명하다. 제사장으로서 아마샤의 직업관을 볼 수 있는 대목이다.

암 7:13

וּבֵית־אֵל לֹא־תוֹסִיף עוֹד לְהִנָּבֵא כִּי מִקְדַּשׁ־מֶלֶךְ הוּא וּבֵית
מַמְלָכָה הוּא ס

> 그리고 다시는 벧엘에서 예언하지 말라 이는 왕의 성소요, 왕국의 성전이기 때문이니라(사역)

아마샤는 아모스에게 "벧엘은 왕의 성소이며 왕국의 성전이기 때문에 네가 사역할 곳이 못 된다"라고 말하고 있다. 벧엘이 심판의 대상이 될 수 없다는 표현이면서, 왕권에 근거해 아모스에게 떠날 것을 명령하는 표현이다.

교회는 세워져야 한다고 하면서, 교회가 자기 교회 옆에 들어서면, 장사(?) 안되고(성도 뺏긴다고), 기존 질서를 훼손한다며 반대하고, 상생해야 한다고 하면서 동종업체가 들어서면, 눈을 시퍼렇게 뜨고 반대하는 모습은 자신이 아마샤인 줄도 모르고 살아가는 우리들의 자화상이다. 아모스가 아마샤의 협박에 변호하는 말을 꺼냈다.

암 7:14-15

14 וַיַּעַן עָמוֹס וַיֹּאמֶר אֶל־אֲמַצְיָה לֹא־נָבִיא אָנֹכִי וְלֹא בֶן־נָבִיא אָנֹכִי
כִּי־בוֹקֵר אָנֹכִי וּבוֹלֵס שִׁקְמִים

15 וַיִּקָּחֵנִי יְהוָה מֵאַחֲרֵי הַצֹּאן וַיֹּאמֶר אֵלַי יְהוָה לֵךְ הִנָּבֵא אֶל־עַמִּי
יִשְׂרָאֵל

14그러자 아모스가 답변하여 아마샤에게 말했다. '나는 선지자도 아
니었고 나는 선지자의 아들도 아니었소. 나는 양 떼를 관리하던 자였
으며 뽕나무를 가꾸는 자였소. 15그러나 야훼께서 양떼를 치던 일에
서 나를 붙잡아 내시고 야훼께서 말씀하셨소. "가서 내 백성 이스라
엘에게 예언하라" (사역)

7:14의 לֹא־נָבִיא אָנֹכִי וְלֹא בֶן־נָבִיא אָנֹכִי(로-나비 아노히 벨로 벤-나비 아노히)는 현재나 과거 시제로 모두 해석 가능하지만 과거 시제가 적절하다. 만일 현재라고 본다면, 아모스가 자신의 현재 선지자직을 부정하는 것이 된다. 아모스는 자신이 선지자와는 아무런 출신 배경이 없던 사람이었음을 설명한다. 자신이 선지자가 된 것은 자의가 아닌 하나님의 뜻이었다는 거다. 훗날 바울이 자신의 뜻이 아니라 하나님의 뜻으로 말미암아 예수의 사도가 되었다고 변호하는 것과 같다(롬 1:1; 고전 1:1; 고후 1:1; 갈 1:1; 엡 1:1; 골 1:1; 딤전 1:1; 딤후 1:1; 딛 1:1). 아모스가 자의로 선지자가 되지 않았다는 것은 7:15에서 분명하게 밝힌다. "그러나 양 떼를 치던 나를 붙잡아 내시고 야훼께서 말씀하셨소."

하나님이 멀쩡히 양 떼를 관리하던 목자인 자신을 불렀다는 얘기다. 아모스가 목자라고만 해도 될 일을, 뽕나무를 가꾸는 자라고까지 자신을 부연하는 이유는 자신이 먹고 살자고 선지자 활동을 할 사람이 아니라는 얘기다. 즉 먹고 사는 건 전혀 문제없는 사람이었다는 의미다. 그런데 "내가 왜 하나님 말씀을 선포하는 선지자가 되었느냐 그것은 하나님이 자신에게 이스라엘에게 예언하라"고 명령했기 때문이라고 변호하고 있는 것이다.

드고아 평원

4.2. 선자자직 소명 변호

제사장 아마샤가 아모스를 보았을 때, 기가 차도 한참 기가 찼다. 자기는 아모스 하곤 급이 다른 귀하신 몸이다. 몸에서 양 냄새가 나는 걸 보면, 거짓은 아닌 것 같은데, 들판에서 양이나 칠 일이지, 남의 구역까지 와서 선지자 놀이하는 것 같아 가소롭다고 생각했다. 적당히 까불면 귀엽다고나 할 텐데, 지도자들이 사치로 부패했고, 가난한 자들을 학대하고 압제하며, 불의가 판을 치고 있다고 세게 까발리니, 가만히 놔둘 수 없다고 생각했다. 해서 그에게 "조용히 말할 때 어서 꺼지지 않으면 죽을 줄 알라"고 협박하면서도 "네 땅에 가서 무슨 예언으로 뭘 먹고 살던지 상관 않겠다"라며 살살 구슬렀다.

그러자 아모스는 아마샤에게 자신의 선지자직을 변호하는 답변을 내놓았다. 요약하면, "내 뜻이 아니었다"이다. 아마샤가 "먹고살기 위해서 하는 선지자라면, 유다 땅에 가서나 하라"는 속말에 "먹고살기 위해서가 아니다. 난 그렇다면 충분히 먹고살 만하다"고 답변한 것이다. 또한 아모스가 야훼께서 양 떼를 치던 일에서 자신을 붙잡아 내셨다고 말하는 것은, 오히려 선지자 일로 먹고살기 더 힘들어졌다는 것을 의미하는 것이기도 했다. 그럼에도 불구하고 그가 선지자직을 수행해야 하는 이유는 야훼 하나님이 계속 자신에게 "북이스라엘로 가서 예언하라"고 말씀하시고 계시기 때문이라는 것이다.

아모스는 예전에는 선지자가 아니었지만, 지금은 선지자라고 간접적으로 말하고 있다. 이는 아마샤에게 "남유다 목자가 하던 일을 버리고 왜 북이스라엘 벧엘까지 와서 이스라엘에 대해 예언하고 있는지 똑똑히 생각 좀 해 보시라"는 얘기와도 같다. 오죽하면 야훼 하나님께서 드고아에서 양을 치던 자신을 부르셨느냐는 얘기다.[16] 비단 아모스는 이 말을 아마샤에게만 말하지 않았으리라. 그는 북이스라엘 사람들에게 이 말을 하면서 하나님의 심판 선언과 "야훼를 찾으면 산다"라는 회복 선언을 했던 것이다(5:4). 그러나 북이스라엘은 아모스 선지자의 말을 오지게 안 들었다. 하나님은 이어 호세아 선지자를 북이스라엘에 투입해야만 했다.

아모스와 아먀샤의 대결은 아모스의 세 번째 환상과 네 번째 환상 사이에 끼어 있다. 아모스와 아마샤의 대결 서술로 환상 맥락 흐름이 깨지는 느낌이다. 서술 시점도 1인칭에서 3인칭으로 바뀌어 있다. 저자의 이러한 서술 전략은 이스라엘의 심판이 야훼 하나님에 의해 단행되었다는 사실을 객관적으로 보도하기 위함과 아모스의 선지자적 소명의 불가피성을 강조하기 위함으로 보인다.

---

16 하나님은 북이스라엘이 아모스 선지자의 심판 선언에 꿈쩍도 하지 않자, 호세아까지 선지자로 불러 투입했다.

5. 나가는 말

야구 경기를 보다 보면 9회말에 등판하는 투수가 있다. 일명 마무리 투수라고 한다. 경기에서 이기고 있으면, 그 이기던 팀의 투수가 끝까지 던지면 된다. 그런데 한 방에 경기가 휙 뒤집어져 패할 것 같으면, 긴급히 투수를 강판시키고 구원 투수를 올려 보낸다. 물론 마운드에 올라가는 구원 투수는 자기가 올라가고 싶다고 올라가지 못한다. 공 한번 잘 못 던지면, 그야말로 그날 경기 패배를 독박 써야 한다. 그렇지 않고 잘 던지면, 그야말로 그날 경기의 영웅이 된다. 공 하나로 승패가 좌우될 막중한 경기에서 내가 던져 보겠다고 자원하는 사람은 거의 없다. 2006 월드컵 토고전에서 프리킥으로 골을 넣은 이천수라면 모를 일이다. 그라면 야구 경기에서도 자신이 공을 던지겠다고 나설 것 같다. 마운드에 올려 보내는 사람은 감독이다. 설령 공을 잘 못 던져 홈런을 맞게 된다고 하더라도, 자신의 책임은 좀 비껴갈 수 있다. 전략을 잘 못 쓴 감독이 질 일이다.

아모스가 선지자로 나선 것은 자의에 의해서가 아니었다. 하나님이 그를 북이스라엘의 마운드에 올려 보내셨기 때문이다. 많고 많은 사람 중에 왜 자신이었는지 아모스는 이유를 몰랐다. 혹시나 생각해 보았다면 양을 돌보다가 쉬면서 하나님께 기도하고 묵상했던 것을 좋게 봐주셨나 정도였을 것이다. 그러나 그것도 짐작일 뿐, 자신보다 더 경건한 사람이 왜 없었겠는가? 아모스는 아무리 자신을 생각해 봐도 선택받은 이유를 몰랐던 것이 분명하다. 그가 아마샤에게 "양을 치던 일에서 야훼 하나님께서 붙잡아 내셨다"고만 말했을 뿐이었지 않았는가! "기도하고 있는데 하나님이 자신에게 말씀하셨다"라고도 하지 않았다. 그냥 하나님이 "자신을 데려다가 북이스라엘로 가서 예언하라" 말씀하셨다는 것뿐, 하나님이 자신을 부르신 이유에 대해선 알 수 있는 바가 전혀 없었다(7:15).

우리는 아모스의 소명에서 '많고 많은 사람 중에 왜 굳이 나를?' 이라고 생각하게 된다. 역시 우리 또한 답을 얻지 못한다. 하나님이 부르셨고(소명), 맡기셨기에(사명) 부르심에 합당하게 하나님이 맡기신 일을 그저 충성스럽게 감당하는 일꾼이 되면 족하다. "네가 무슨 자격으로 이 일을 하느냐"는 이죽대는 소리를 들어도 위축될 필요 하나 없다. 하나님이 "말하라" 말씀하셨으면, 누가 뭐라 해도 말하면 되고, 하나님이 "하라"고 하셨으면 누가 뭐라 해도 하면 된다. 어디 출신이고 누구에게 얼마나 배웠는지는 중요하지 않다. '부르심을 누구로부터 받았느냐' 만 명확하면 된다.

"침묵은 금이다"라는 말이 있다. 하지만 때론 "침묵은 곧 죄다"라는 말이 성립될 때도 있다. 약한 자를 학대하고 압제하며, 불법이 횡행하고 사회 정의는 땅에 떨어지고 부정부패가 판을 칠 때, 침묵은 죄다. 내 목소리가 얼마나 되겠냐고 입을 다무는 것은 미필적 고의(未必的故意)다. 힘없는 한 사람의 목소리일지라도 하나님이 그 목소리에 확성기를 대시면 천둥소리가 된다. "너나 잘해", "아무것도 없는 주제에", "우린 지금 아무 문제 없이 잘나가고 있어"라고 비아냥거리고 거들먹거려도, 그런 소리 때문에 내가 아닌 일로 외면하거나 누군가의 일로 회피해서는 안 된다.

하나님께서 말씀하시지 않으셨는데도 나대는 것은 누가 봐도 영적 교만이다. 하나님이 말씀하셨다면 동기 불손을 들먹이며 아마샤처럼 폄훼할지라도, 당당히 자신의 일을 변호하며 한 발짝 더 나가는 당당한 아모스가 되어야 한다. 하나님의 분노에 자신도 참여하고, 하나님의 사랑에 자신도 참여하고 있다면 그 사람은 선지자를 지칭하는 '이쉬 엘로힘' (אִישׁ הָאֱלֹהִים/하나님의 사람)으로 불릴 자격이 있다. 직분의 유무에 상관없이 나는 '이쉬 엘로힘' (אִישׁ הָאֱלֹהִים)인지 답해 보자.

[묵상과 나눔]

1. 선지자 부르심에 아모스가 어떻게 순종할 수 있었는지 북이스라엘에서 활동과 연관 지어 생각해 보자.

2. 아모스가 선지자로 활동할 때 자신에게 약점이 된 것은 무엇이며 그는 그것을 어떻게 극복했는지 나눠보자.

3. 하나님이 부르신 소명과 맡기신 사명을 잘 감당할 수 있는 방법에 대해 나눠보자.

04

형제끼리 티격태격할 순 있어도 등에 칼을 꽂을 수는 없다 :

에돔 심판에 관한 오바댜의 묵시

1. 들어가는 말

"오빠다! 또는 오! 바다를 연상케 해서 오바댜서가 친근감 주는 구약의 한 권"이라고 말한다면, "아재 개그 하냐?"라는 소릴 들을 줄, 나도 안다. 어떻게 하면 구약 한 권이라도 읽게 할 수 있을까, 고민하는 구약학자가 쥐어짠 아이디어다. 책명으로 썰렁한 소리를 했다면 반색할 얘기 하나 하겠다. 오바댜서는 마음만 먹으면 일 분 읽기가 가능한 21절로 되어 있다. 사람에 따라서는 일 분도 길다. 39권 구약 통독에서 오바댜서는 일단 짧아서 좋다.[17] 내용 이해는 뒷전으로 하고 21절이 전부인가 싶으면, 지금 당장 오바댜서를 확인해 보시라! 앞에서 31번째, 뒤에서 8번째에 있다.

책명 오바댜서의 오바댜는 선지자 이름이다.[18] 내용은 오바댜 선지

17 신약 27권의 260장에 비해 압도적인 분량을 차지하는 구약 39권의 929장 중에 오바댜서는 달랑 1장에 21절을 갖고 있다.

18 예언서의 이름은 모두 선지자의 이름으로 되어 있다.

자를 통한 에돔 족속 심판 선언이다.[19] 줄임말 대세로 표현하면, 에돔 족속은 교포 때문에 망한다. 타국에 사는 우리나라 사람이 아니라 '교만과 포악'이다. 구체적으로 말하면, 에돔 족속은 네 가지 경우에서 교만했고(1:3), 포학했다(10절). 그런데 이 심판 이유에 납득하기 어려운 부분이 있다. 교만 때문에 에돔 나라가 심판받는 거라면, 누구나 긍정할 수 있겠는데, 문제는 포학이다. 포학이 물론 그 자체로 좋은 것은 아니다. 하지만 남유다에게 행한 포악 때문에 심판받는다는 건 에돔 족속의 입장에선 억울한 구석이 있다. 하나님은 에돔 족속에게 남유다를 야곱 또는 이스라엘이 아닌 '네 형제 야곱' (אָחִיךָ יַעֲקֹב/아히하 야아콥)이라고 칭하고 있다(10절). 동생이 형한테 까부는 것은 괜찮고, 형이 동생을 괴롭히는 것은 절대 안 된다는 것처럼 들리니 세상의 모든 형은 오바댜서가 반갑지 않을 수도 있다. 그들에게 세상은 형 편 없는 형편없는 곳이다.

분열 왕국 어느 쪽이나 에돔을 형님(형제) 나라로 잘 대해준 적은 없었다. 오히려 힘으로 에돔 족속을 제압하여 속국으로 삼았기 때문에 에돔 족속은 동생 나라에 굴욕적으로 살아야 했다. 에돔이 유다의 그늘에서 벗어난 이후, 절치부심 유다에게 복수할 날을 찾다가 유다가 멸망 당하게 될 때 박수치고 기뻐했다고 그걸 포학이라고 규정하면 하나님은 너무 노골적으로 동생 나라 편을 들고 있다는 인상을 준다. 요나서를 보면, 하나님은 이방 나라 앗수르 니느웨는 봐 주는데 이스라

19 에돔(민 2장; 렘 49장, 옵 1장)은 세일(민 20-21장), 호르(신 32:50)로도 불렸다.

엘 형제 나라인 에돔에게는 왜 그처럼 가혹하셨을까, 하는 생각을 지울 수 없게 된다. 오바댜서에서 에돔 심판 신탁이 에돔은 동생이 아닌 형의 나라였기 때문에 문제가 되었나, 라고 생각할 수 있을까? 에돔이 심판 받게 된 이유가 두 나라와의 관계에서 무엇이 문제였을까? 유다는 에돔 나라의 행동을 어떻게 바라봤어야 했을까?

2. 오바댜서 읽을 가치

39권, 929장, 23,214절이나 되는 어마한 구약의 분량에서 21절로 한 권을 이루고 있는 오바댜서를 보면 큰 가치가 없기 때문에 분량이 적다고 느낄 수 있다. 짧다고 메시지 깊이까지도 그런 건 아니다. 오히려 분량이 짧은데도 39권 중의 한 권을 이루고 있으니 대단한 가치가 있다고 봐야 한다.[20] 짧은 건 좋은데, 들어가는 표제부터 짧으니 어리둥절이다(1절). 그 흔한 누구의 아들이란 소개도 없다. 그냥 '오바댜의 묵시' (חֲזוֹן עֹבַדְיָה/하존 오바드야)다.[21] 21절을 다 읽고 나면 장황한 표제보단 오히려 이와 같이 심플한 표제가 오바댜서에 적격이라는 생각이 든다. 에돔의 교만을 비웃듯 오바댜서는 오바댜에 대해 어느 시대 누구의 아들이라는 출신 배경은 감추고 오직 이름만 언급한다. 그에 대해 알 수 있는 건 오직 이름의 뜻, '야훼를 섬기는 사람', '야

---

20 예언서(예언서)를 대예언서, 소예언서로 구분하는 것은 선지자 역량의 무게가 아니라 예언서의 분량에 따른 구분일 뿐이다.

21 개역개정은 "오바댜의 묵시라"고 했지만 원문에서 보면, 그냥 '오바댜의 묵시' (חֲזוֹן עֹבַדְיָה/The vision of Obadiah)다.

훼의 종'에서 신앙 깊은 부모를 두었을 것이라는 추측뿐이다.[22] 본문에서 오바댜란 인물을 어느 시대 누구로 명확하게 콕 집어 말할 수 없다 보니 오히려 그에 대한 궁금증이 배가된다.[23] 일단 열왕기상 18:3-16에 나오는 북이스라엘 아합 왕 때 오바댜일 가능성은 없어 보인다. 본 기록의 내용에서 봤을 때 오바댜서는 남유다 여호람이 통치하던 때나(주전 835-841; 왕하 8:20-22), 남유다가 멸망(주전 586년)한 뒤, 기록되었을 것으로 보이기 때문이다. 아무리 그래도 사역 시기 왕의 이름 정도는 언급했었으면 좋았을 걸 하는 아쉬움은 있다. 예레미야하고 관계가 있는 걸 보면 오바댜는 예레미야와 동시대 인물일 가능성이 있다. 만일 그렇지 않다면, 오바댜는 예레미야보다 상당히 이른 시대에 사역했던 인물이었을 것이며, 예레미야는 오바댜의 에돔 심판을 인용했을 것이다(참고. 렘 49:7-22).

---

22 70인역과 벌게이트는 맛소라 본의 분사형 '예배자'보다는 명사형 '종' 읽기를 제안한다. 오바댜 선지자가 자신의 정보에 대해 밝히고 있지 않는 이유는 당시 모든 사람들이 그를 알고 있었기 때문일 수도 있다.

23 구약성경에는 11명의 오바댜라는 인물이 기록되었지만 이 중 누가 오바댜서의 저자인지는 불분명하다. 11명 중의 한 사람일 수도 있고 그렇지 않을 수도 있다: (1) 아합 왕의 궁내 대신으로 야훼를 섬기는 경건한 오바댜(왕상 18:3-16). (2) 다윗의 후손 오바댜(대상 3:21). (3) 잇사갈 지파에 속한 이스라히야의 아들 오바댜(대상 7:3). (4) 베냐민 지파의 아셀 아들 오바댜(대상 8:38; 9:44). (5) 예루살렘으로 돌아온 최초의 포로 귀환자 오바댜(참고. 대상 9:16). (6) 갓 지파의 족장으로서 다윗의 군대에 들어간 오바댜(대상 12:9). (7) 스불론의 관장 이스마야의 아버지(대상 27:19). (8) 여호사밧 왕의 명령으로 야훼의 율법을 가르치기 위해 유다 각 지역에 파견되었던 방백들 중의 한 사람(대하 17:7-9). (9) 요시야 때 성전 중건을 감독했던 사람 오바댜(대하 34:12). (10) 예루살렘으로 귀환할 때 에스라와 더불어 온 사람으로 백성과 하나님 사이의 계약에 인을 쳤던 제사장 중의 한 사람(스 8:9; 느 10:5). (11) 대제사장 요아김의 시대에 문안의 곳간을 파수했던 문지기 중의 한 사람(느 12:25).

에돔 나라에 대한 심판 선언이 누구의 것이 원조인지 헷갈린다. 오바댜서가 예레미야 49:7-22보단, 절수도 많고 내용이 더 풍부한 것에서 예레미야 49장이 오바댜보단 더 빠른 거로 생각할 수 있다. 오바댜서의 내용은 여호람(주전. 849-843)부터 바벨론에 의해 멸망, 70년 포로 생활을 끝내고 귀환하여 성전 재건까지를 다루고 있기 때문이다. 그러나 예레미아 49장조차 신탁의 원조라기보다는 에돔에 대한 기존 신탁을 예레미야나 오바댜가 서로 인용하고 있다고도 볼 수 있다. 어떤 것이 먼저였는지는 분명치 않다. 담고 있는 내용에서만 보면, 예레미야서가 오바댜서보단 앞선 것 같다. 사실 하나님의 말씀을 전하는 거였으니 누가 먼저였고, 누가 누구의 것을 인용했느냐를 굳이 따지고 말고 할 일은 아니다. 원조 논쟁은 어쩌면 매우 무의미하고 우스운 얘기일 수 있다. 하나님이 둘 다 각자에게 동시는 아니어도 개별적으로 똑같은 말씀을 주셨다고 보면 된다. 누가 먼저 들었느냐도 크게 의미 둘 일은 아니다. 야훼의 종이라면 에돔 족속 심판 선언을 누가 먼저 했는지 관심보단 심판 선언 메시지 그 자체에 집중해야 한다.[24] 예레미야와 오바댜는 에돔 신탁에 대한 원조 논쟁이 없었다.

3. 에돔 족속과 이스라엘과의 관계

간략하게나마 에돔 족속 역사를 알면 오바댜서 이해가 한결 쉽다.

---

24 에돔 족속에 대해 심판 선언은 오바댜서 외에 이사야 34:5-15, 예레미야 49:7-22, 에스겔 25:12-14, 35장, 아모스 1:11-12, 말라기 1:2-5에서 찾아 볼 수 있다.

쌍둥이로 태어나 서로 경쟁 관계로 살아가던 에서와 야곱은 후에 서로 화해했어도 그 후손들은 그렇지 않았다. 예수님을 살해하려 했던 헤롯 왕이 에돔의 후예였던 걸 생각하면, 이스라엘과 에돔 나라는 징글징글할 정도로 오랫동안 적대 관계에 있었다. 에서 자손의 후손인 에돔은 이스라엘 백성이 출애굽 당시 모세가 그들 지역을 통과할 수 있도록 요청했지만, 군대를 동원하여 길을 막았다(민 20:14-21). 형제 민족인 이스라엘 백성에게 자비와 관용이란 눈꼽만치도 베풀지 않았다. 그들은 메소포타미아와 홍해 사이, 서쪽으로는 애굽과, 동쪽으로는 앗수르와 바벨론 사이 교역로에 위치한 이유로 통행세를 톡톡히 챙겼다. 이스라엘 백성은 길을 열어주지 않았던 다른 민족과는 전쟁을 불사했지만, 에돔 만큼은 형제 나라였기 때문에 전쟁을 피하고, 우회로를 선택했다.

사사 시대를 지나 이스라엘에 왕정이 들어섰을 때, 사울, 다윗, 솔로몬은 에돔을 점령했다(삼상 14:47; 삼하 8:13-14; 왕상 9:26-28). 다윗 왕은 사해에서 에돔 사람을 12,000명이나 죽이고 수비대를 설치하여 관리했다. 에돔은 물론 가만히 있지 않았다. 하닷은 솔로몬을 대적했다(왕상 11:14). 주전 9세기 유다 왕 여호사밧 때 에돔은 모압, 암몬과 동맹하여 유다를 공격했다. 그렇지만 에돔은 성공하지는 못했다(대하 20장). 이후 에돔은 힘을 길러 여호사밧 아들 여호람 시대에 유다를 배반하고 왕을 세웠다(왕하 8:20-22).[25] 그 결과 약 60년간 에돔은 독립

25 개역개정은 여호람이 자기를 에워싼 에돔 사람과 그 병거의 장관들을 친 것으로 되어 있지만, 에돔에 포위 당한 '여호람이 그의 병거 장관들과 함께' 에돔 사람

을 맛보게 되었다(주전. 849-790). 주전 8세기 중반 아하스 시대에 에돔은 유다를 공격하고 유다 사람 일부를 포로로 잡아갔다(대하 28:17). 이때부터 에돔은 유다의 지배에서 완전히 벗어났다.

이후 앗수르와 바벨론이 고대 근동 맹주로 등장했고 에돔은 조공을 바치는 그들의 속국이 되었다. 시드기야 통치 시절 한때 유다와 동맹하여 바벨론에 대항하려 했지만 위협이 되지는 못했다(렘 27:3). 에돔은 바벨론의 공격을 받기 직전 유다에게 등을 돌리고 바벨론에게 충성을 맹세했다(참고. 겔 25장). 바벨론이 예루살렘을 멸망시킬 때는 바벨론 군과 합세하여 유다를 공격하고 예루살렘을 약탈하기까지 했다.

에돔은 바사 시대에 접어들면서 아랍의 영향을 받았고, 나중에는 주전 4세기에서 2세기에 나타난 나바티안에 의해 거주하던 땅을 빼앗기고 유다 남쪽 네게브로 이주하게 되었다. 신약 시대에 에돔은 유다 남쪽에서 유대인과 동화되어 이두매 사람들이 되었다. 이두매의 안티

을 친 것으로 보아야 한다. 여기서 전치사 '에트' (אֶת)는 목적어를 이끌기도 하지만, '~와 함께' 로 쓰였다. 도망한 백성은 에돔이 아니라 유다 백성이다.

파트로스(Αντίπατρος)가 로마 제국의 행정관이 되었고 그의 아들은 훗날 로마 제국의 명령으로 팔레스틴 지역을 다스리는 헤롯 대왕(Ἡρῴδης ὁ Μέγας)이 되었다.

4. 오바댜서 전체 구조 및 내용

에돔 족속 심판에 관한 오바댜서 내용은 아래와 같다.

A. 표제(1절)
B. 에돔의 운명과 심판(2-9절)
C. 에돔이 심판 받는 명백한 근거(10-14절)
D. 야훼의 날: 열국 심판과 회복(15-21절)

오바댜 선지자는 하나님으로부터 보냄 받은 한 존재가 이방 나라를 부추켜 에돔 족속과 싸우려 하는 것을 들었다(1절). 이어서 그가 첫 번째로 전한 야훼 하나님의 말씀은, "내가 너를 나라들 가운데에 매우 작게 하였으므로 네가 크게 멸시를 받느니라"(2절) 였다.[26]

4.1. 에돔의 교만(זָדוֹן/자돈)과 하나님의 심판

에돔의 근본적 죄는 교만이었다. 교만은 마음 속에 있었다(3절). 그 교만이 표출된 것이 포학이었다(10절). 그들은 거주지, 물질, 동맹국,

26 오바댜 1:2에서 "작게 하였느니라"(נְתַתִּיךָ/네탓티하)는 예언자적 완료형으로 반드시 이뤄질 것을 강조한다. "멸시를 받느니라"로 번역된 히브리어 '바주이'(בָּזוּי)는 창세기 25:34에서 "가볍게 여김"으로 번역된 히브리어와 동일한 단어다. 오바댜는 야곱의 죽에 에서가 장자권을 판 사건과 연결시키고 있다.

지혜 네 가지에서 교만했다. 싸(4)가지가 이렇게 있으면 곤란하다. 그들이 살고 있던 곳은 에돔 이름 그대로 붉은 색을 띤 흙과 바위 산으로 이루어진 험준한 곳이었다. 난공불락의 천연 요새에 살다 보니 적이 쉽게 침입할 수 없었다. 자연스럽게 그들의 마음에는 "누가 능히 나를 땅에 끌어내리겠느냐"(מִי יוֹרִדֵנִי אָרֶץ/미 요리데니 아레쯔) 하는 교만이 자리 잡고 있었다(3-4절). 어느 시대를 막론하고 "누가 감히 나를"이라고 말하는 사람은 교만한 사람이다. 높은 곳, 바위 틈이라고 하면, 오늘날 극도의 보안시설과 보호시설로 둘러싸여 관계자외에는 출입이 허락되지 않는 시설이다. 그와 같은 곳에 살고 있는 이들은 도둑 프리 존에서 살고 있다는 안전감을 누린다. 하나님은 그 어느 안전한 곳에 있다 할지라도 그 있는 곳에서 끌어 내리기도 하고 올리기도 하는 분이시다(4절; 참고. 사 14:12).[27] 안전한 곳에 거주한다는 이유로 언제나 안전할 것이라는 생각이 에돔의 교만이었다. 선지자는 애곡할 때나 하는 "어찌 그리 망하였는고!"(5절, אֵיךְ נִדְמֵיתָה/에흐 니드메타)라며 탄식했다.

에돔이 교만했던 두 번째 이유는 가진 경제적 부 때문이었다(5-6절). 그들은 왕의 대로라는 무역로 주변에 거주하면서 오가는 무역상의 통행세로 부를 축척했다. 돗자리만 깔고 앉아만 있어도 돈이 바닥에 떨어지는 그런 곳이었다. 불경기라곤 전혀 없었으니 눈에 뵈는 게 없었다. 도둑이나 강도라고 해서 모든 물건을 다 훔치거나 빼앗지는

27 하나님은 보따리 상이었던 나바티안 족에 의해 에돔 족속을 멸망시키셨다.

에돔 족속이 살았고 후에 나바티안이 살던 페트라 지역

않는다. 값나가는 것만 손댈뿐 자질구레한 물건은 눈길도 주지 않는다. 그런데 하나님은 에돔의 것이라면, 보이는 것은 물론이거니와 숨겨 놓은 것까지도 하나 남김없이 탈탈 털리게 될 것이라고 말씀하셨다. 그들의 수탈이 어느 정도가 될 것인지 '어찌'(אֵיךְ/에흐)라는 말이 담고 있다(5, 6절).

에돔이 교만했던 세 번째 이유는 동맹국들 때문이었다(7절). 에돔은 적들이 침입하기 어려운 거주지에 살면서 오가는 무역상의 통행세로 불황 없는 부를 누리는 한편, 동맹한 나라들과 튼튼한 우방 관계를 유지하고 있었다. 하나님은 신뢰의 대상을 자신이 아닌 동맹국으로 삼은 에돔을 심판하기 위해 동맹한 나라들이 에돔을 배신하게 했다. "너와 약조한 자들"(כֹּל אַנְשֵׁי בְרִיתֶךָ /콜 안쉐 베리테하), "너와 화목하던 자들"(אַנְשֵׁי שְׁלֹמֶךָ/안쉐 쉘로메하), "네 먹을 것을 먹는 자들"(אַנְשֵׁי שְׁלֹמֶךָ לַחְמְךָ/안쉐 쉘

로메하 라흐메하)[28]은 모두 동일한 표현으로 언약의 음식을 함께 먹고 신뢰하던 자들을 일컫는다(7절; 참고. 시 41:9).[29] 그들은 에돔을 함정에 빠뜨리기 위해 음모를 꾸미고 있는데도, 에돔 족속은 지각이 없어 알아차리지 못했다(7절).

에돔 족속이 모압, 암몬과 동맹하여 여호사밧의 유대를 친 적이 있었다. 그러나 하나님은 에돔과 동맹한 암몬과 모압 자손에게 오히려 에돔을 치게 하셨다(대하 20:22-23). 또 한 번은 바벨론에 반란을 모의하기 위해 에돔이 모압, 암몬과 함께 예루살렘에 모인 적이 있었다(렘 27:3). 그러나 그들의 동맹관계는 지속되지 못했다. 예루살렘이 두 번째 포위되었을 때, 에돔은 유다의 어려움을 지원하지 않았다. 에돔은 바벨론을 적극적으로 도와 유다 약탈에 동참했다.

에돔이 교만했던 네번 째 이유는 자신들의 지혜를 의지했기 때문이었다(8-9절). 에돔은 고대에 지혜자가 많기로 유명했다(렘 49:7; 욥 2:11; 4:1).[30] 하나님은 에돔의 지혜 있는 자들을 멸하실 것이다. 에돔의 용사들은 나라를 구할 기력이나 의지를 상실한 채 우왕좌왕하게 된다.[31]

---

28 "네 먹을 것을 먹는 자들"을 히브리어로 말하자면 '안쉐 라흐메하' (אַנְשֵׁי לַחְמְךָ)이다. 원문에서는 먹는 자들과 화목하는 자들이 분리되지 않고 함께 기록되어 있다.

29 언약관계를 체결한 후에 같이 음식을 먹는 것은 당시 관습이었다(창 31:54; 출 24:11; 참고. 고전 11:23-26).

30 욥기 2:11; 4:1의 '데만 사람 엘리바스' (אֱלִיפַז הַתֵּימָנִי/엘리파즈 핫테마니)에서 '데만'은 오바댜 1:9의 드만(תֵּימָן/테만)과 같은 곳이다. 개역개정에서 동일 히브리어 단어를 음역하는 과정에서 일치시키지 않았다.

31 드만은 에서의 손자 이름으로 에돔 족속 전체를 일컫는다(cf. 창 36:11; 욥 1:9).

정치, 경제, 군사적 위기 상황에 대처할 전략과 지혜를 갖춘 사람들이 멸절될 것이기 때문이다.

4.2. 에돔이 심판 받는 명백한 근거, 포학(חָמָס/하마쓰)

3-9절이 에돔 족속이 지니고 있던 보편적 죄를 지적했다면, 10-14절까지는 에돔의 구체적인 죄를 지적한다. 이 죄는 유다와의 관계에서 에돔이 저지른 죄다(10절). 오바댜는 유다 족속이라고 명하지 않고, "네 형제 야곱에게"(אָחִיךָ יַעֲקֹב/아히하 야아콥)라고 말함으로 이전에 있었던 에서와 야곱과의 갈등을 기억나게 한다. 에돔이 지은 포학은 방관(傍觀)에서부터 시작했다.

> **네가 멀리 섰던 날** 곧 이방인이 그의 재물을 빼앗아 가며 외국인이 그의 성문에 들어가서 예루살렘을 얻기 위하여 제비 뽑던 날에 너도 그들 중 한 사람 같았느니라(11절).

에돔은 이방 나라가 유다를 침략하여 약탈할 때 처음엔 **방관**했다(12절). 유다에게 직접적으로 손을 대거나 적들을 도운 건 아니었다. 그러나 그들의 행동은 점차 이방 나라들이 하는 행동에 **동참**했다.[32] "정말이지 너도 그들 중 한 사람 같았느니라"(사역, גַּם־אַתָּה כְּאַחַד מֵהֶם/감-앗타 케아하드 메헴)라는 오바댜의 직설은 에돔이 죄를 회피하지 못하도록 만든다. 처음엔 그저 방관했지만 차차 기뻐했고 이방 나라처럼 **약탈**했으며 심지어 도망하는 자를 잡아 원수에게 넘기기까지 했다(12-

32 유다가 당한 날을 '형제의 날', '재앙의 날', '유다 자손의 패망의 날', '고난의 날', '환난을 당하는 날'로 다양하게 표현하고 있다(옵 1:12-14).

14절; 참고. 겔 35:12). 에돔은 자신들이 이전 유다에게 정복당했던 날들을 기억하고 보복의 기회를 엿보고 있었다(참고. 암 1:11-12; 겔 35:5). 여러 역사적 배경이 추정될 수 있겠지만 유다가 느부갓네살에 의해 멸망 당한 주전 587/586년 직후로 보인다.

4.3. 야훼의 날: 열국 심판과 회복(15-21절)

오바댜는 야훼께서 만국을 벌할 날이 가까이 왔다고 선포했다. 그 때는 각자 행한 대로 심판받게 되는 하나님의 공의로운 심판이 있는 날이다. 그날은 곧 임할 가까운 날이기도 하지만(15절), 종말론적으로 성취될 날이기도 하다. 인간은 자기 행위로 의로워질 수 없다. 만국은 야훼 하나님에 대한 불신 때문에 하나님의 진노의 잔을 마시게 된다. 에돔은 앞으로 심판받게 될 모든 나라의 본보기다.[33] 하나님의 성산 예루살렘에서 유다의 멸망을 기뻐하며 마셨던 그들의 잔은 자신들이 받게 될 하나님의 진노의 잔이 된다(16절; 참고. 사 51:17-23; 애 4:21; 렘 49:1-7). 만국은 진노의 잔을 쉼 없이 들이키게 됨으로 재앙에서 벗어나지 못한다. 결국 본래 없었던 나라처럼 흔적 없이 사라진다(15-16절).

야훼께서 만국을 벌할 그날에 구원받을 자(פְּלֵיטָה/펠레타)는 시온산에 있는 자들이다(17절). 그날에 야곱 족속과 요셉 족속은 불꽃이 된

---

33 에스겔서에서는 에돔 족속에 대한 심판 예언이 두 번 등장한다(겔 25:12; 35:5). 25장에서는 다른 열방 심판 중 한 나라로 등장하며, 35장에서는 36장과 연결되어 에돔이 이스라엘의 대적자들을 상징하는 나라로 등장한다. 에스겔의 에돔 족속에 대한 두 번의 심판 예언은 당시 에돔에 대한 증오가 주변 나라보다 더 컸기 때문일 것이다.

다. 문자적으로만 보면 야훼께서 심판하실 마지막 날에 구원받을 사람은 오직 이스라엘 사람 중에 시온 산에 거하는 사람이다. 앞서 말했듯이 에돔(1절) 또는 에서(21절)가 야훼로부터 심판받는 만국 중 본보기 나라였듯, 시온 산에 거하는 야곱, 요셉 족속은 혈통적 이스라엘이 아니라 하나님의 언약 백성이 된 열방의 모든 자를 일컫는다. "에서 족속은 지푸라기가 될 것이라"(18절)는 예언은 하나님의 백성을 대적했던 무리가 결국 패망하게 될 것이라는 예언이다. 사로잡혀 포로가 되었던 자들은 모두 회복되어 원래 자신들이 거하던 이스라엘 땅으로 돌아와 그곳을 차지한다. 모쉬임(מוֹשִׁעִים)이 시온 산에서 에서의 산을 통치한다(21절). '리쉬포트' (לִשְׁפֹּט)는 '심판하기 위해서'라기 보다는 '통치하기 위해서' 라는 뜻이다. 개역개정은 '구원받은 자들', 수동형으로 번역했지만, '모쉬임' (מוֹשִׁעִים)은 능동 분사형이기 때문에 '구원하는 자들' 이다. '모쉬임' (מוֹשִׁעִים)은 여호수아와 사사들처럼 하나님의 뜻에 순종하여 하나님의 백성에게 승리를 안겨준 이들이다.[34] 열방은 야훼께 속하여 야훼의 통치를 받는다.

5. 오바댜서 1차 독자들의 생각

오바댜서의 1차 독자는 에돔이 아니라 유다 족속이다. 그들은 자신들이 멸망할 때, 이방 세력에 편승해서 자신들의 멸망을 기뻐했던 에

34 개역한글의 오바댜 1:21은 "구원자들이 시온산에 올라와서 에서의 산을 심판하리니 나라가 야훼께 속하리라"로 되어 있다. 개역개정은 '구원자들' 을 '구원받은 자들' 이라고 번역하여 맞는 것을 오히려 잘못 번역했다. 이전 번역으로 돌려야 한다.

돔 족속이 앞으로 당하게 될 심판 예언을 듣고 위로를 받았다. 에돔의 멸망은 곧 유다의 회복을 의미했다. 시편 137은 에돔 족속에 대한 당시 독자들의 심경을 짐작할 수 있게 해준다. 포로 백성들에게 오바댜서가 문서로 읽혀졌는지 여부는 알려진 바 없다. 확실한 것은 에돔 심판에 대한 신탁은 오바댜뿐만 아니라 예레미야나 에스겔에 의해서도 전해졌다는 사실이다. 시편 137은 에돔 족속에 대한 심판 성취가 이루어지길 고대하는 내용을 담고 있다.[35] 내용은 저주에 가깝다고 할 정도로 탄원이 주를 이루고 있다. 시인은 포로 생활 70년이 지났음에도 불구하고 또렷이 그때 그 사건을 기억하고 있다.

> 1우리가 바벨론의 여러 강변 거기에 앉아서 시온을 기억하며 울
> 었도다 2그 중의 버드나무에 우리가 우리의 수금을 걸었나니 3이
> 는 우리를 사로잡은 자가 거기서 우리에게 노래를 청하며 우리
> 를 황폐하게 한 자가 기쁨을 청하고 자기들을 위하여 시온의 노
> 래 중 하나를 노래하라 함이로다 4우리가 이방 땅에서 어찌 야훼
> 의 노래를 부를까 5예루살렘아 내가 너를 잊을진대 내 오른손이
> 그의 재주를 잊을지로다 6내가 예루살렘을 기억하지 아니하거나
> 내가 가장 즐거워하는 것보다 더 즐거워하지 아니할진대 내 혀
> 가 내 입천장에 붙을지로다 7야훼여 예루살렘이 멸망하던 날을
> 기억하시고 에돔 자손을 치소서 그들의 말이 헐어 버리라 헐어
> 버리라 그 기초까지 헐어 버리라 하였나이다 8멸망할 딸 바벨론
> 아 네가 우리에게 행한 대로 네게 갚는 자가 복이 있으리로다 9
> 네 어린 것들을 바위에 메어치는 자는 복이 있으리로다(시 137:1-9).

시인은 형제 유다를 잔악하게 유리한 에돔을 고발하며 하나님이 에

---

35 시편 137의 저작시기는 바벨론에서 귀환했을 때로 추정된다.

돔에게 행한 대로 보응하시기를 소망한다. 에돔의 심판은 어린 것들까지 바위에 메어치기를 간구한다. 바위(סֶלַע/셀라)는 에돔을 지칭하는 대명사이기도 했다. 시인은 에돔인들이 자랑하는 것들이 그들 자신들을 심판하는 도구가 되길 염원한다. 어찌 보면, 에돔 족속이 형제 나라인 유다에 행한 복수에 유다 족속 또한 형제 나라인 에돔에게 복수를 하나님께 간청하고 있는 모습은 정도의 차이는 있을지언정, 근본적 차이는 없어 보인다. 하지만 에돔의 범죄는 단순히 이스라엘에 대한 복수를 뛰어넘어 하나님께 도전하는 반역이었다. 시편 기자의 말을 빌리면, 에돔은 바벨론의 침입을 통해 이스라엘의 기초까지 무너지길 바라고 있었다(시 137:7). 이것은 하나님께서 택하신 이스라엘 자체를 부정하는 행위요, 하나님을 대적하는 행위였다. 그러한 그들의 포학의 기저에는 야훼 하나님을 마음에 두지 않은 교만에 있었다. 하나님을 대적하고 하나님의 백성을 괴롭히는 자들은 공의로우신 하나님에 의해 심판받는 것은 당연한 응보다.

당시 유다 백성은 오바댜의 메시지를 통해 비록 절망 가운데 신음하고 있을지라도 야훼께서 만국을 심판하시는 날, 자신들을 괴롭혔던 자들을 심판하고 야훼의 통치가 이뤄진다는 것을 확신했다. 하나님의 침묵은 그분의 무관심이 아니었다.

6. 에돔에게 회개의 기회는 없었는가?

오바댜를 통해 에돔 심판 선언이 있고 난 뒤 하나님께서 바로 에돔을 멸망시켰다면 에돔은 요나서의 앗수르보다 못하단 말인가? 에돔이 억울해해도 정말 억울해할 일이다. 오바댜서에서만 보면 에돔에게 하나님이 너무 자비롭지 못하게 대하신다. 그러나 오바댜서 앞에 있는 아모스서를 보면 이런 생각은 쏙 들어가게 된다. 아모스 9:12을 보자.

> 그들이 에돔의 남은 자와 내 이름으로 일컫는 만국을 기업으로 얻게 하리라 이 일을 행하시는 야훼의 말씀이니라(암 9:12).

주목해야 할 단어는 '에돔의 남은 자' (שְׁאֵרִית אֱדוֹם/쉐에리트 에돔)다. 에돔 족속이라고 무조건 심판의 대상이 되는 것은 아니다. 그들도 행위대로 심판을 받을 뿐이다. 유다 백성도 언약 백성이라고 해서 무조건 심판에서 제외되지 않았다. 칼, 기근, 전염병에 의해 심판을 받고 그것에서 살아남은 자들은 포로로 끌려간다. 또한 그중에서 하나님의 약속을 붙든 소수의 남은 자들만이 하나님의 보호하심을 입는다. 주전 8세기 선지자인 아모스 선지자가 에돔 족속에 대한 심판을 선언했었다.

> 11야훼께서 이와 같이 말씀하시되 에돔의 서너 가지 죄로 말미암아 내가 그 벌을 돌이키지 아니하리니 이는 그가 칼로 형제를 쫓아가며 긍휼을 버리며 항상 맹렬히 화를 내며 분을 끝없이 품었음이라 12내가 데만에 불을 보내리니 보스라의 궁궐들을 사르리라(암 1:11-12).

에돔 족속은 심판을 받을 것이지만, 에돔 족속 중 남은 자는 다윗의 무너진 장막이 회복되는 날에 하나님의 기업이 된다. 훗날 야고보는 아모스 9:11-12를 인용하며, 이방인들이 주를 찾게 될 예언 성취 말씀으로 인용했다(행 15:15-18). 에돔 족속의 심판에 대해 목소리를 낸 건 오바댜뿐만은 아니다. 이사야, 예레미야, 에스겔 선지자도 심판을 선언했다(사 21:11-12; 렘 49:7-22; 겔 25:12-14; 35장). 하나님의 진노는 열방만이 아니다. 언약 백성이라 할지라도 하나님의 뜻에서 벗어나면 심판받는다.

하나님은 에서의 후손인 에돔이 이삭의 축복을 받지 못했지만, 에서의 후손을 보호하셨다. 이스라엘이 출애굽할 때 하나님께서 이스라엘 백성에게 에돔의 영토를 취하지 못하도록 하셨던 이유는 그 땅을 에서의 후손에게 복으로 주신 것 때문이었다. 그런데 그들은 그 복을 하나님의 은혜가 아닌 자신들이 얻은 자랑의 원천으로 삼았다. 자신들의 지혜를 의지했으니 멸망이 코앞에 다가와 있어도 그것을 알아차리지 못했다(8절). 에돔이 형제 나라인 유다가 바벨론에 멸망할 때 방관하고 바벨론에 협력한 행위는 순간 배고픔 때문에 장자권을 팔았던 지난 어리석었던 행동을 되풀이한 것과 같았다.

바벨론에 항복과 바벨론의 행위에 동조와 추종은 근본적으로 다르다. 유다가 바벨론에 항복하지 않은 것은 하나님의 뜻을 거스르는 죄였다. 반면 에돔이 형제 나라인 유다가 바벨론에 항복하게끔 바벨론 편에서 유다를 괴롭힌 것은 명백한 죄였다.

7. 나가는 말

오바댜서는 21절로 되어 있기 때문에 누구나 1분안에 일독할 수 있다. 오바댜서가 21절만으로도 구약의 정경에 들어 있다는 걸 생각하면, 그 중요도는 매우 크다고 봐야 한다. 오바댜서를 읽어보면, 유다 나라와 껄끄러운 관계를 지속하던 에돔 족속이 바벨론의 등장으로 자신들이 그동안 가슴에 응어리로 남아있던 유다 족속(이스라엘)에 대한 분노를 푼 것을 하나님이 심판하신거로 읽게 된다. 유다 족속이 에돔 족속을 지배했던 지난 역사를 기억하면, 에돔 족속의 이와 같은 행동은 충분히 용납될 수 있는 것으로 이해할 수 있다. 그러나 문제는 두 나라가 단순히 이웃 나라가 아닌 '형제 나라' 라는 사실에 있다. 두 나라의 관계는 이삭의 아들 에서와 야곱으로 올라간다.

야곱의 후손인 남유다는 하나님 앞에 죄와 불의로 공의로운 심판을 받아 바벨론에 의해 침략되어 멸망하는 심판을 받고 있었다. 그것에서 에서의 후손 에돔 족속은 자신들을 돌아볼 줄 아는 지혜를 가져야 했지만, 그렇지 못했고 오랫동안 품어왔던 야곱에 대한 원한을 풀 복수의 기회로 삼았다. 바벨론에 맞서기 위해 예루살렘에서 가졌던 모임에서 에돔은, 유다의 뒤통수를 치는 반역을 뒷날 행했다. 단순히 바벨론 반역에 가담하지 않은 것이 문제가 된 건 아니었다. 유다 나라가 바벨론에 멸망하는 것에 적극 가담한 것이 문제였다. 오바댜서는 형제의 아픔, 불행을 자신의 기쁨과 즐거움으로 삼은 에돔 족속을 심판하시는 하나님의 공의를 다루고 있다.

언약의 피를 나눈 교회 공동체 안에서도 시기와 질투는 있다. 만일 형제의 아픔과 불행을 보고도 그저 몇 마디 말로 위로한 것에 만족하고 그를 위해 아무런 행동을 취하지 않는다면, 에돔 족속과 다름없다. 유다 백성은 형제 나라인 에돔이 자신들을 배반하고 바벨론과 함께 자신들을 약탈하며 도망하는 자들을 잡아 바벨론에 넘긴 그들의 비열함에 커다란 상처가 있었다. 상처는 모르던 사람보다 내가 평소 믿었던 사람에게서 받을 때 가장 아프고 오래 가는 법이다. 에돔이 유다에게 행한 행동은 곧 자신에게 그대로 돌아올 행동이었다. 유다 백성의 '에담' (אֵידָם/그들의 환난)은 결국 '에돔' (אֱדוֹם)의 것이 될 것이다(13절).

오바댜서는 형제들이 즐거워할 때 함께 즐거워하고 고난 당할 때 함께 슬퍼하며 도와주는 공동체를 머릿속에서 그리게 한다. 남의 불행이 나의 행복이어선 안 된다. 사랑의 반대말은 미움이 아니라 무관심이란 말이 있다. 자기네끼리는 싸워도 누구 하나가 남한테 맞으면, 나서서 가만히 두지 않는 것이 형제다. 오바댜서는 억압 받는 의로운 자를 하나님이 반드시 회복시킨다는 믿음을 준다. 또한 자신을 대적한 세력을 하나님이 반드시 심판하신다는 믿음을 준다. 형제끼리 티격태격 싸울 순 있다. 그러나 생명을 빼앗는 일은 있을 순 없다. 오바댜서는 형제인 믿는 자에게 심한 상처를 입어도, 그걸 직접 갚지 않고 하나님의 진노하심에 맡김으로 하나님의 통치를 이뤄가는 '모쉬임' (מוֹשִׁעִים/the victorious)으로 초대한다.

[묵상과 나눔]

1. 내가 지금 누리고 있는 안정, 평안 이런 것이 오히려 나를 교만으로 이끌고 있는 것은 아닌가? 에돔 나라의 교만 4가지를 요약 정리해 보고 자신과 비교해 보라.

2. 믿는 형제, 자매 관계 안에서 그들을 대하는 나의 태도가 개인적 이익을 위해 고의적이었든 아니었든 신의를 저버렸던 적은 있었는지 나눠보라.

3. 나를 괴롭힌 사람을 하나님의 방법으로 대항할 방법은 어떤 것이 있을지와 남은 자 가운데 모쉬임의 삶의 방식을 나눠보라.

05

쉽지만 결코 쉽지 않은 이야기:

요나는 어디에 있었어야 했나?

1. 들어가는 말

예언서라는 이름이 주는 무게감 때문일까? 예언서하면, "너 잘못했으니 회개해!"라고 무조건 윽박지르는 것 같아 회피하고 싶고, 내용도 어찌나 어려운지 읽은 줄 또 읽게 되고 뭐라 말하는지 도통 알아먹지 못하겠다는 게 일반 성도들의 푸념이다. 그럼에도 예외인 예언서가 있다. 일명 소예언서(소선지서)라고 불리는 12예언서(12선지서) 안에 재미있게 후딱 읽게 되는 책이 있다. 아마도 교회에 다니는 사람 중, 이 예언서를 안 읽어본 사람은 있어도, 이 예언서 내용을 모르는 사람은 없을 것 같다. 주일학교 유치부 아이들도 다 아는 이야기, 이쯤이면 짐작했겠지만 바로 요나서다.

다시스로 도망가려다가 물고기 뱃속에 들어갔고, 결국 처음부터 가야 했던 니느웨로 갔지만 하나님의 결정이 맘에 안 든다고 성질 팍팍 부리다가 또 혼난다는 얘기, 스토리 구성이 전래 동화 권선징악(勸善懲惡) 구조를 갖고 있어 요나서는 누구에게나 재미지다. 예언서 어디를 봐도 도통 뭔 소린지 모르는 말만 도배하고 있는 것 같아 떡 먹다 체한 것처럼 답답했는데 요나서를 읽으면 시원한 청량음료 한 잔 들이킨 것처럼 뻥 뚫리니 좋다. 재미있는 요소는 죄다 있다. 요나가 물고기 뱃속에서 3일 동안 있었다는 얘기나, 요나가 하나님과 니느웨 멸망 갖고 티키타카 하는 얘기나, 책을 읽는다기 보다는 시트콤 한 편을 보는 것 같은 느낌이다. 워낙 얘기가 이렇듯 재미나다 보니 실제 이야기가 아니라 만들어 낸 페이크(fake)가 아닐까, 오해 받는다.

요나는 가공의 인물이 아니라 여로보암 2세 시대 때 실제 활동했었던 북이스라엘의 선지자였다(왕하 14:25). 요나의 존재는 믿지만 물고기 뱃속에 있다 살아남았다는 이야기는 도저히 못 믿겠다는 사람이 있다. 하지만 이것도 실제로 고래 뱃속에 들어갔다가 살아남은 사람에 관한 뉴스가 있다는 것을 알게 된다면, 요나서가 허구라는 생각을 버려야 한다.[36]

요나서 이해하기 참 쉬울까? 요나서를 너무 물로 보고 말하는 것은 아닐까? 스토리에 대한 이해는 쉬워도 우리가 쉽다고 말할 수 없는 이유 몇 개가 있다.[37] 그 중 두 가지를 본 글에서 생각해 보자. 하나는

---

36 1891년 2월, 제임스 바틀리가 고래 뱃속에 15시간 있다가 살아 나왔다. 2019년 2월, 남아공의 레이너 쉼프가 고래 뱃속에 들어갔다 살아 나왔다. 인터넷 나우뉴스(nownews), 2019년 3월 9일 판; 인터넷 기독일보, 2021년 6월 7일 판.

37 여기서 요나서는 누가 썼을까 생각하는 건 오지랖일 수 있다. 요나서이기 때문에 저자는 요나라고 생각하는 건 나이브(naive)한 생각이다. 누구라도 자신의 부정적 이야기를 적나라하게 까발리는 기록을 남기는 건 어렵기 때문이다. 아마도 누군가 요나의 이야기를 통해서 하나님의 보편적 사랑을 나타내고자 하는 사람이 썼을 것이다. 우리가 사실 관심 갖는 건 요나서 저자보단 요나서 자체가 되어야 한다. 하나님이 어떻게 요나서 전반에서 나타나고 있으며 하나님이 요나

요나라는 인물에 대해서고 또 다른 하나는 40일 동안 니느웨에서 요나의 행적이다.

2. 요나는 도대체 어떤 인간이야!

요나라는 이 사람, 참 별종이다. 사람보다 인간이라고 표현하는 게 낫겠다 싶다. 물론 쉽게 그를 '고집불통', '하나님과 맞장뜬 막가파 선지자', '불순종의 대명사', '선지자의 오명' 등으로 싸잡아 말하면 그만이다. 그런데 왜 요나가 그런 형태의 행동을 보였는지 인물 분석을 할 것 같으면 쉽지 않다. 평상시는 지극히 정상적이지만, 자신의 욕구가 충족되지 못했을 때에는 사소한 일에도 공격적 성향을 보이는 전형적인 사이코패스(psychopath) 기질을 보인다. 그는 어떤 인간일까? 무엇이 그를 미쳐 날뛰게 했을까?

요나서 4장을 보면, 요나는 하나님께 죽여달라고 협박한다(4:3). 죽고 싶으면 자기가 그냥 죽으면 되지 하나님보고 죽여 달라는 건 뭘까? 그건 죽겠다는 얘기가 아니다. 자신이 원하는 유리한 쪽으로 협상하기 위한 계산된 심리 설득 기술이라고 봐야 한다. 하나님을 감히 가스라이팅(gaslighting)하려 한다. 다시스로 가는 배 안에서 광풍을 만나 파선 위기에 처했을 때는 진짜 죽고자 했던 것 같다. 거기에는 선택의 여지가 없었다. 하나님 앞에 잘못했다고 싹싹 빌면서 회개라도 했으면 모르겠는데 그는 그렇게 하지도 않았다. 살아서 불편하게 사는 것보다

와 니느웨 사람들을 어떻게 다루고 있는지가 관전 포인트다.

는 확 죽어버리는 게 편하다고 생각했는지 모른다. 이왕 죽고자 했다면, 쿨한 모습으로 죽는 게 낫겠다는 심정으로 요나는 말했다.

> 나를 들어 바다에 던지십시오. 그러면 바다가 여러분들을 위해 잔잔하게 될 것입니다. 여러분들이 이 큰 폭풍을 만난 것은 나 때문인 줄을 제가 알고 있습니다(1:12).

자신의 잘못을 인정한 것이 회개는 될 수 없다. 회개였다면, 선원을 부르지 말고 하나님을 불렀어야 했다. 어찌 보면 짱 멋있다. 파선의 위기를 본인이 자초했으니 본인이 바다에 빠지는 걸로 책임지면 모든 상황이 클리어 된다고 말한 것이다. 남자도 이런 상남자가 없다. 시쳇말로 쩌는 대사를 쳤다. 한편 "나는 바닷물에 빠져 죽어도 니느웨에 말씀을 전하러 못 갑니다"라는 엄청 고집스러움도 날 것으로 보여주고 있다. 선원들에게 요나는 상남자일 수 있겠지만, 하나님에겐 그냥 못된 놈이다.

우리는 "사람은 고쳐 쓰는 게 아니다"라는 말을 한다. 하지만 하나님은 그러시지 않는 것 같다. 못된 놈도 된 놈으로 고쳐 쓰시는 분이 바로 하나님이시다. 요나가 뭐 그리 대단하기에 그를 끝까지 선지자로 붙드셨는지 모를 일이다. 사실 하나님은 요나를 통해서 자신이 어떤 분이신지 증명하시려고 했다. 그분은 고래 힘줄만큼이나 센 요나의 고집을 꺾기 위해 물고기 한 마리를 준비하셨다. 바닷속에 던져진 요나를 물고기로 꿀꺽 삼키게 해서 3일 동안 캄캄하고 매스꺼운 물고기 창자 속(מְעֵי הַדָּגָה/메에 학다가)에다 가둬놓고 혼쭐을 내셨다. 하나님이 이만하면 충분하겠다 싶어 물고기에게 명령하여 그를 육지에 토해 내게 하셨다(2:4, 10). 요나는 그렇게 3일 동안 물고기 뱃속에서 정신 교육 받고 얼빠진 상태로 퇴소했나.

정신을 차릴 무렵, 하나님이 요나에게 말씀하셨다. "이제 일어나 저 큰 성읍 니느웨로 가서 내가 네게 명한 바를 그들에게 선포하라"(3:1-2). 컴컴한 바닷속과 물고기 뱃속 고문을 다시 당하기 싫었는지 요나는 이번엔 하나님 말씀대로 벌떡 일어나 니느웨로 갔다(3:3). 어쩌면 자신을 삼켰다가 토한 그 물고기가 "언제든지 하나님 명령만 내리십시오"라며 요나를 토해 낸 해변 언저리에서 빙빙 돌고 있었는지 모른다.

나래이터는 니느웨를 3일 동안 걸을 만큼 하나님 앞에 큰 성읍이라고 소개하고 있다(3:3). 요나가 물고기 뱃속에 있던 3일을 연상시키는 듯한 설명이다. 그가 3일 동안 물고기 뱃속에 있었다면, 3일 동안 니느웨를 돌아다니며 하나님이 명령하신 말씀을 선포해야 했다. 니느웨는 어쩌면 요나에게는 그가 있어야 할 큰 물고기와 같았다. 그러나 그는 니느웨에 들어가서 고작 하루 동안만 다니며 외쳤다. "사십 일이 지나면 무너지리라." 하긴 싫지만 하나님이 하라고 하시니 시늉만 내는 억지춘향 선포였다. 개미 기어가는 목소리로 이니면 회딱지라도 부리듯 아주 큰 목소리로 외쳤을 수도 있다. 나 지금 하고 있어요, 시위라도 하듯 말이다. 그의 진정성은 처음부터 없었다는 게 빤히 보인다. 사흘 길을 돌아 다녀야 할 니느웨 도시를 하루만 딸랑 돌아다니며 선포한 걸 보면, 하나님께 나 숙제 하긴 했어요, 그런 식이었다. 그렇게 혼쭐 나고도 아직 정신 덜 차린 요나의 모습이다. 자기는 어쨌든 니느웨 성 안에서 말씀을 전했으니, 뭐라 말씀하지 말라는 심보였다. "요나, 도대체 이 인간은 어떤 인간이야? 도통 이해할 수 없는 별종"이라는 말이 갑툭튀한다. 하나님은 이런 요나를 어떻게 다루실까?

3. 뭐가 먼저 얘기야?

요나의 니느웨 성 안에서 하루 동안의 행적은 분명해도 나머지 39일의 행적이 어디에서 무엇을 하고 있었는지 묘연하다. 있기도 싫은 그 니느웨 성 안에서 니느웨가 망하는 꼴을 직접 보려고 39일 더 머물렀을까? 하나님이 만일 니느웨를 물로 쓸어 버린다면(참고. 나 2:6-8), 자신도 죽는 거나 마찬가지였을텐데, 과연 요나가 니느웨 성 안에 머물고 있었을까? 하나님이 한 번 물고기로 자신을 살리셨다지만, 두 번을 물고기로 살리실 것이라고 장담할 수 있었을까?

성경의 기록 순서에 따르면 요나는 하나님 말씀을 선포한 후에 39일 동안 니느웨 성 안에 있다가 멸망하지 않자, 니느웨 성에서 나가 죽기를 바라면서, 혹시 자기 마음을 하나님이 받으시고 니느웨를 멸망시키시는지 살피는 것으로 끝난다. 40일 동안 요나는 니느웨 성 안에 있었던 것처럼 보이는 것이다. 그런데 여기서 의구심이 생긴다. 만일 그가 니느웨 성 안에서 40일 동안 머물렀다면 하루야 당연히 심판 선언을 하기 위해 머무른 날이 되는 것이고 나머지 39일을 그렇게 싫어하는 니느웨 사람들과 같이 성 안에서 있을 이유가 있었겠느냐, 하는 점이다. 삼손 코스프레라도 하는 것처럼 니느웨 사람들과 함께 죽겠다는 것인지 쉽게 납득이 가지 않는다. 상황적으로 보면 요나는 니느웨 성 안이 아니라 성밖에 있어야 한다.

요나서는 사건의 기록 순서대로 적히지 않았을 가능성이 엿보인다. 일례로 2:2-9은 2:10 뒤에 일어난 사건일 수 있다. 내용이 물고기 뱃속에서 한 회개 기도가 아닌 물고기 뱃속에서 나오게 된 이후 한 감사 기도에 가깝기 때문이다.[38] 요나가 니느웨에 들어가 "사십 일이 지나면 니느웨가 무너지리라"고 선포한 후, 요나가 어디에 있었는지 그의 행적을 사건 발생 순서에 따라 재구성해 볼 필요가 있다.

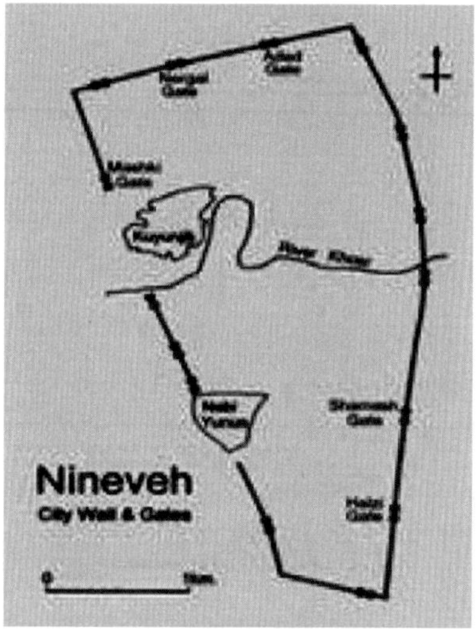

니느웨 성읍 유적지 지도

3.1. 사건 발생의 순서 재구성

우리가 재고할 사건의 재구성은 니느웨에서의 요나의 40일 행적이다. 그의 행적을 조사하려면 3장에서부터 살펴야 한다. 3장은 4개의 내용으로 구성되어 있다: (1) 요나가 니느웨로 갔고, 거기서 하루 동

38 요나 2:2-9은 실제적으로 시간적으로 요나 2:10뒤에 일어난 일일 가능성이 있다. 개역개정에서는 요나 2:1에서 "요나가 야훼께 기도하여"라고 하고 요나 2:2에서 "이르되"라고 했기 때문에 자연스럽게 요나 2:2-9을 요나가 물고기 뱃속에서 기도한 것으로 읽게 한다. 그러나 요나 2:1(히브리 텍스트 2:2)에서 "요나는 물고기 뱃속에서 기도했다"고 했다(2:1). 그러자 하나님은 물고기에게 그를 육지에 토하게 하고(2:10), 요나는 하나님께 구원에 대한 감사 기도를 드렸다고 볼 수 있다(2:2-9).

안 니느웨를 다니며 "사십 일이 지나면 니느웨가 무너진다"고 선포했다(3:4). (2) 그 선포를 들은 니느웨 사람들은 하나님을 믿고 금식 선포와 함께 굵은 베 옷을 입었다(3:5). (3) 니느웨 왕이 소식을 듣고 대신들과 함께 조서를 내려 재앙을 피하고자 백성에게 금식을 선포하고 악한 행위에서 떠날 것을 명령했다. (4) 하나님은 니느웨 사람들의 회개를 보시고 재앙을 내리지 않으셨다(3:6-10). 이 4개의 내용에서 (2)와 (3)이 별개의 내용인지, 아니면, 같은 내용에 대한 다른 설명인지 살펴 봐야 한다.

3.2. 3:6에서 '그 일'

3:6의 시작은 "그 일이 니느웨 왕에게 들리매"라고 시작한다. 무슨 일 때문에 니느웨 왕은 왕복을 벗고 굵은 베 옷을 입고 재 위에 앉은 것일까? 3:6은 5절, "니느웨 사람들이 하나님을 믿고 금식을 선포하고 높고 낮은 자를 막론하고 굵은 베 옷을 입은지라" 다음에 일어난 일을 설명하는 게 아니다. 5절을 자세히 보기로 6-9절까지 다시 설명하고 있을 뿐이다.

3:4 요나의 니느웨 멸망 선포
3:5 니느웨 사람들의 반응에 대한 개괄적 설명
3:6-9 니느웨 사람들의 반응에 대한 구체적 설명

3:6, "**그 일이** 니느웨 왕에게 들리매"는 "**그 말이** 니느웨 왕에게까지 이르매"(וַיִּגַּע הַדָּבָר אֶל־מֶלֶךְ נִינְוֵה /바잇가 핫다바르 엘-멜레흐 니느

베)로 봐야 한다. '다바르' (דָּבָר)는 말(word)과 사건(affair/event)의 의미가 있다. '바잇가' (וַיִּגַּע/원형, נָגַע)는 '이르렀다/도달했다' (reached)이기 때문에 '일/사건' 이 아니라 여기선 '그 말' (the word)이다.[39] 즉 3:4의 요나가 외친 내용 "사십 일이 지나면 니느웨가 무너지리라"(오드 아르바임 욤 베니느베 네흐파헷/עוֹד אַרְבָּעִים יוֹם וְנִינְוֵה נֶהְפָּכֶת)는 말이 니느웨 왕에게까지 들린 것이다.

3.3. 4:5 "요나가 성읍에서 나가서"

4:5은 이전의 문맥과는 다른 새로운 단락의 시작이다. 그 증거는 첫째, '요나' 라는 주어의 사용이다. וַיֵּצֵא יוֹנָה מִן־הָעִיר(바예쩨 요나 민-하이르)에서 요나(יוֹנָה)라는 단어는 불필요하다. '바예쩨' (וַיֵּצֵא /그리고 그가 나갔다)만으로도 충분하다. 또한 '민-하이르' (מִן־הָעִיר/성읍에서, out of the city)에서 '나갔다' 라는 표현은 성읍 안에 있던 요나가 성읍 밖으로 나갔다는 설명이 된다. 4:5을 4:1-4의 사건 발생의 순서로 본다면, 하나님이 니느웨를 멸망시키지 않겠다고 이미 결정하셨는데(3:10), 그 결정에 요나는 목숨까지 내거는 성질을 부리고(4:3), 하나님이 그런 요나에게 "네가 지금 내게 성깔 부리는 게 옳으냐"(הַהֵיטֵב חָרָה לָךְ/하헤테브 하라 라흐)라고 호되게 혼나는 것으로 이해된다(4:4)[40]. 그런데 요나는 하나님의 호된 질책에 마음을 누그러뜨리지 않고, 성읍에서 뛰

39 개역개정의 요나 3:6의 "그 일이 니느웨 왕에게 들리매…"는 "그 말이 니느웨 왕에게 들리매…"로 수정되어야 한다.

40 요나 4:4의 원문 직역은 "네가 성내는 게 맞냐?"이다. 문맥을 고려하여 필자가 의미 번역했다.

쳐나가 하나님이 자신의 뜻을 받아들여 성읍에 재앙을 내리시길 기대하면서 바라보았다는 건 논리적으로 맞지 않다.

4:5의 '바예쩨' (וַיֵּצֵא)의 발생 시점은 4:4 다음이 아니라, 3:4 다음이다.[41] 요나는 하루 동안 니느웨 성 안에서 하나님 말씀을 선포하고 성밖으로 나갔고, 거기서 초막을 짓고 지내면서 성읍 안에서 무슨 일이 일어날 지를 39일 동안 관찰했던 것이다. 3장과 4장을 발생사건 순서에 따라 재구성하면 아래와 같다.

(1) 요나의 하루 동안 니느웨 심판 선포(3:1-4)
(2) 39일 동안 니느웨 성밖에서 니느웨 성 안을 지켜보는 요나(4:5-11)
(3) 40일 동안 니느웨 성 안에서 일어난 회개(3:5-9)
(4) 40일 이후 니느웨 사람들에 대한 하나님의 용서(3:10)
(5) 하나님의 니느웨 용서에 대한 요나의 분노(4:1-3)
(6) 하나님의 분노하는 요나 질책(4:4)

4. 요나라는 인간과 하나님의 다루심

사건 발생을 재구성하여 이해하면, 요나는 니느웨 성 안에서 하루 동안만 심판 선언을 하고 나서 바로 성밖으로 뛰쳐나갔다(3:1-4). "이제 내 일은 했으니, 하나님이 어떻게 하시나 보자"라는 생각이었다. 하나님이 심판하신다고 하셨으면 말씀 그대로 심판하실 것인지, 만일

41 요나 1:16에서 사람들이 야훼를 두려워하여 야훼께 제물을 드리고 서원을 했다고 했다. 그다음 절인 17절에서 야훼께서 큰 물고기를 예비하셨다고 했다. 이것은 요나 1:16의 사건이 있고 난 뒤 요나 1:17이 있었던 것을 말하지 않는다. 요나 1:17의 동사 '바예만' (וַיְמַן)은 여기서 대과거(pluperfect)로 사용된 wayyaqtol이다. 개역개정의 번역대로 '이미' 예비한 것이다.

저들이 회개한다면 재앙을 내리시지 않을 것인지, 요나는 그게 궁금했다. 그는 북이스라엘에 있을 때 하나님은 니느웨 사람들이 회개하면, 심판하시겠다는 뜻을 분명 철회하실 것이라는 생각을 갖고 있었다. 요나는 실제 그렇게 될까 봐 싫었다. 그냥 싫은 게 아니라 진짜 진짜 싫었다. 니느웨가 확 망해버려야 하는데, 자기가 전한 심판 선언을 듣고 혹 회개라도 해서 하나님이 재앙을 내리시지 않으면, 니느웨를 눈뜨고 못 볼 일이라 생각했다. 그래서 그는 니느웨로 가기 싫어, 다시스로 도망쳤던 것이다.

하나님께 붙잡혀 니느웨로 끌려 왔으니, 어쩔 수 없었다. 그래서 요나는 하나님이 하라는 대로 했다. 이제 그가 궁금한 것은 자신의 생각대로 될 것인지, 아니면 그냥 괜한 기우였는지가 궁금했다. 그래서 성 밖으로 나가 초막을 짓고 남은 39일 동안 머물면서 니느웨가 망하는지 안 망하는지 살펴보았다(4:5). 성밖 초막에서 성 안을 살펴 보던 어느 날, 하나님이 요나를 박넝쿨, 벌레, 뜨거운 동풍으로 요나를 다루시면서, 뭐가 잘 못 된 것인지 그를 가르치셨다(4:6-11).[42]

---

42 요나 4:6, 7, 8에 "예비하사"라 번역된 히브리어는 '바예만'(וַיְמַן)으로 '지정하다'(appoint)의 의미다. 이 단어는 이미 1장 17절에서 '하나님이 요나를 삼킬 큰 물고기를 예비하셨다'고 했을 때 '예비하다'에 사용된 단어다(욘 1:17). 요나서에서 총 4번 등장하는 '바예만'(וַיְמַן)은 고집스런 불순종의 요나를 교육시키기 위한 하나님의 마음을 보게 한다. 하나님은 요나를 교육시키기 위해 큰 물고기, 박넝쿨, 벌레, 뜨거운 동풍을 준비하셨다. 3일 동안 이루어진 큰 물고기 뱃속 교육 훈련은 결국 먹히지 않았다. 하나님은 니느웨 성 바깥에 있는 요나를 박넝쿨로 교육시켰다. 그것도 효력이 없었다. 다음으로 벌레로 교육시켰다. 그것도 효력이 없었다. 그다음에 꺼낸 카드가 뜨거운 동풍이었다. 물고기 뱃속에서 모든 털이 다 빠질 열기 속에 있었는데, 뜨거운 바람으로 머리를 쪼이니, 차라리 죽는 게 낫다고 요나는 더 성질 부렸다.

> 하룻밤에 났다가 하룻밤에 말라 버린 박넝쿨을 네가 아꼈다. 네가 박넝쿨을 아꼈다면 내가 가축과 십이만 명이나 되는 이 니느웨 사람들을 아끼는 게 뭐 잘못된 일이냐(4:10-11).

아니 이런! 사람들이 왕이고 신하들이고 뭐고, 남자나 여자 할 것 없이, 어른이나 아이나 할 것 없이 심지어 가축까지 굵은 베 옷을 입고 먹을 것이라고는 아예 입에 대지 않고 심지어 물도 마시지 않으면서 하나님께 회개하는 게 아닌가! 잘못을 인정하는 울부짖음, 하나님께 기도하는 소리가 성밖 자신이 머물고 있는 초막까지 들렸다(3:5-9). 그래도 아직은 모르는 법, 마지막 결전의 날, 40일째가 지났을 때, 혹시나 하는 마음으로 니느웨 성읍을 지켜보았다. 하나님이 재앙을 내려 니느웨가 폭싹 주저 앉을 것인가? 아닐까?

……

……

멀쩡했다. 조금 더 기다려 보았다. 그래도 멀쩡했다.

요나는 화가 몹시 났다.

> "하나님! 제가 뭐라 했습니까? 고국에 있을 때, 제가 분명히 저들이 회개하면 하나님은 재앙을 내리시지 않을 거라 했지 않았습니까! 내 이리 될 줄 다 알고 있었습니다"(4:2).

> "내 차라리 죽는 게 낫습니다. 저 완전히 거짓 선지자 다 됐습니다"(4:3).[43]

---

43 신명기 18:22에 의하면 참 선지자 판명은 야훼의 이름으로 말한 일에 증험과 성취 여부로 판결되었다. 요나는 자신의 전한 야훼 말씀이 성취되지 않은 것 때문에 거짓 선지자라는 판명이 고국의 사람들에게 날까 봐 두려워했다.

하나님이 말씀하셨다.

"네가 지금 성내는 것이 옳으냐"(4:4).
"……"

요나는 국수주의에 빠져 있는 이스라엘이 언약백성이라는 이유로 하나님의 보호하심을 무조건 받을 것이라고 착각하고 있는 이스라엘의 모습을 대변하고 있다. 반면 니느웨 백성은 야훼 하나님 앞에 회개하고 악한 행위를 버리면 누구나 하나님의 긍휼하심을 입을 수 있음을 보여주고 있다.

5. 사건 발생 순서가 아닌 최종 형태로 읽는 효과

이제 우리가 살펴야 할 것은 사건 발생 순서(3:1-4, 4:5-11, 3:5-9, 3:10, 4:1-3, 4:4)가 아니라 기록된 순서대로 읽을 때 요나서 저자 또는 최종 편집자가 어떤 문학적 효과를 의도했는가를 따져 보는 일이다. 4:5-11이 요나서 최종 형태 본문에서 마지막에 위치한 문학적 기능을 생각해 보자.

4:5-11이 글 구성상 3:5 뒤가 아닌 4:4 다음에서 요나서 전체 마지막에 배치된 것은 요나가 왜 성밖으로 나갔는지 그 이유를 깊게 생각하게 한다. 그리고 하나님이 그런 요나를 어떻게 다루시고 있는가를 선명하게 부각시키면서 집중시킨다. 하나님은 하루 밖에 살지 못할 것에 아끼는 요나의 모습과 자신이 아끼는 대상과의 비교를 통해 과연 무엇을 아껴야 하고, 무엇에 분노해야 하는지를 던지는 것이다.

하나님은 박넝쿨을 하룻밤에 생기게 했다가 하룻밤에 말라 버리게 했다. 요나는 어땠는가? 그는 3일 동안 전해야 할 하나님의 심판 선언을 단 하루만 하고 말았다. 요나는 하루만 니느웨 사람들을 아끼는 것처럼 행동했다. 하나님도 하루만 박넝쿨로 요나를 아꼈다. 그랬더니 요나는 죽는 게 낫다고 화를 냈다. 마찬가지로 하루만 니느웨를 아낀 요나는 하나님께 당연히 혼나야 한다. 하나님은 자신이 한 일도 모르고 화내는 그런 요나를 다루신다.

요나서 최종 형태를 당시 북이스라엘 사람들의 모습을 비판하는 관점에서 보면 다음과 같은 교훈을 얻을 수 있다. 여로보암 2세 때 북이스라엘은 큰 경제적 번영과 안정을 누리고 있었다. 그들의 최고 가치는 물질이었다. 하지만 하나님의 가치는 물질이 아닌 사람 그 자체에 있음을 보여주고 있다. 북이스라엘은 경제적 번영과 안정의 이유로 야훼 하나님을 찾지 않고 오히려 이방 나라의 영향을 받아 이방신을 섬겼다. 하지만 이스라엘의 적국인 앗수르는 지금 야훼 하나님을 찾고 있다. 요나의 모습은 언약 백성이라는 이유로 자신들의 범죄와 상관없이 무조건 자신의 편에 서야 한다고 하나님을 조종하는 이스라엘 백성의 모습을 대변하고 있다. 요나서는 그래서 니느웨까지 품는 하나님의 보편적 자비가 주요 주제가 아니라 오히려 교만과 아집의 이스라엘을 다루시는 하나님의 인내와 자비를 주요 주제로 봐야 한다. 요나는 성 밖에서 성질 부리며 초막에 있을 게 아니라 성 안에서 니느웨 백성과 함께 굵은 베를 입고 회개의 자리에 함께 있었어야 했다.

6. 나가는 말

쉽다고 생각하는 게 어렵고, 어렵다고 생각하는 게 의외로 쉽다. 요나서는 우리에게 너무 쉽게 다가오는 예언서다. 그런 면에서 요나서는 예언서 중 우리에게 큰 감동과 교훈을 주는 하나님 말씀이다. 예수님도 요나서를 인용하시면서 자신의 죽음과 부활을 말씀하셨다. 우리는 무덤(스올)까지 내려가는 경험을 하더라도 상황이 좋아지면, 언제 그랬냐는 식으로 다시 본래의 요나로 너무 쉽게 돌아간다. 그래서 요나는 바로 자신이라는 의미에서 "요~(바로) 나!"라고 말하곤 한다. 요나의 변덕, 고집불통, 분노조절 장애, 사이코패스와 같은 더러운 성깔은 자신만 아는 약한 특정한 부분에서 예민하게 나타난다. 자신의 성냄이 옳은 것이라고 생각한 요나를 다루시는 하나님은 여전히 우리의 생각과 행동에 있어서도 내가 옳았다고 죽기까지 우기는 완고함을 인내와 자비로 다루신다.

요나 4:5-11은 요나가 니느웨 성밖에서 니느웨 사람들을 바라보고 있지 말고 니느웨 성 안에서 저들과 함께 회개의 자리에서 하나님을 바라보고 있었어야 했다고 간접적으로 말한다. 우리는 어느 자리에 앉아 있는지, 그리고 누구를 무엇 때문에 바라보고 있는지 요나서를 통해 다시 생각해 봐야 한다. 요나서 쉽게 보이지만 이래서 결코 쉽지 않다.

[묵상과 나눔]

1. 요나서를 하나님 말씀으로 읽을 때 최대의 걸림돌이 되는 요소는 무엇인지 나눠보고 그것을 극복할 수 있는 방법을 말해보라.

2. 요나의 태도와 구원받는 자가 갖는 근자감과 비교해서 나눠보고 바꾸어야 할 태도는 무엇이라 생각하는지 나눠보라.

3. 자신에게 아킬레스가 될 수 있는 상한 감정은 어떨 때 주로 나타나는지 생각해 보고, 그것을 어떻게 고칠 수 있는지 생각해 보라.

06

가짜가 판치는 세상에서 하나님의 찐이 되기 위한 몸부림: 미가 6:6-8

1. 들어가는 말

드릴 수 있다면 뭐든지 하나님께 드려 하나님을 기쁘시게 하겠다는 생각은 좋다. 그걸 갖고 뭐라 말할 사람은 없다. 미가서 6:6-7만 보면 "음메 기죽어"라는 순악질 여사 단골 멘트가 저절로 나오게 하는 대단한 헌신이다.

> 6내가 무엇을 가지고 야훼 앞에 나아가며 높으신 하나님께 경배할까 내가 번제물로 일 년 된 송아지를 가지고 그 앞에 나아갈까
> 7야훼께서 천천의 숫양이나 만만의 강물 같은 기름을 기뻐하실까 내 허물을 위하여 내 맏아들을, 내 영혼의 죄로 말미암아 내 몸의 열매를 드릴까(6:6-7).

이런 성도님이 교회 안에 두 세 분만 있어도, 그 교회 목사님은 날마다 "할렐루야"하실 것 같다. 성도에게 좋은 교회는 헌금 강요 없는 교회일진 몰라도, 목사에게 좋은 교회는 성도들이 헌금 잘 내는 교회다. '코비드(COVID)-19' 시대에 비대면 예배를 드릴 수밖에 없게

된 목회자들이 제일 염려하는 게 줄어든 헌금이라고 한다. 성도들이 헌금 잘 내는 교회, 목회자 세계에선 제일 부러운 교회다. 그렇다고 목회자의 목표가 헌금 많이 거두는 것에 있으면 문제 있다. 성도들이 헌금 많이 낼 수 있도록 목회자가 축복하고 기도하는 건 할 수 있겠다 싶지만, 그것에 빠지면 삯군된다. 하나님께 드리겠다는 사람 보고, 좋아라 할 것이 아니라 삶에서 하나님 뜻대로 살려고 얼마나 몸부림치고 있는지부터 점검해야 한다. 아나니아와 삽비라 복제 인간은 지금도 교회 곳곳에 있다(참고. 행 5:1-6).

미가 선지자는 하나님께 행할 선을 제시했다. 미가 선지자 활동 당시 주전 8세기 남유다 사회에선 하나님께 많이 값나가는 것을 드릴수록 선(善/טוֹב)이었고, 그렇지 않으면 선이 아니었다. 하나님은 백성들의 이런 선을 부정하고 정의를 행하며, 인자를 사랑하며, 겸손히 당신과 함께 걷는 것을 요구하는 선이라고 말씀하셨다. 당시 백성들이 갖고 있었던 하나님께 행할 선에 대한 그들의 믿음 체계를 뒤엎으신 것이다. 미가서는 오늘날에도 여전히 무엇을 얼마나 드림으로 하나님을 기쁘시게 할까, 고민하는 우리에게 같은 대답으로 말씀하신다. 하나님이 요구하시는 찐 신앙을 미가서에서 만나고 어떻게 하면 하나님의 찐이 될 수 있는지 생각해 보자.

2. 미가서 구성과 미가 선지자의 애통과 애곡

미가서는 세 개의 신탁으로 구성되어 있다. 각 신탁마다, '들으라'(שִׁמְעוּ/쉼우)라는 문구로 시작한다(2:1; 3:1; 6:1). 첫 번째 신탁은 1:2-

2:13로 이스라엘의 임박한 심판과 미래 회복을 다룬다. 두 번째 신탁은 3-5장으로 통치자들과 선지자들에 대한 범죄와 미래적 소망을 다룬다. 세 번째 신탁은 이스라엘 대한 하나님의 고소와 그의 나라의 궁극적 승리를 다룬다. 각 신탁마다 심판 또는 고소가 있고 회복 또는 소망이 있는 구조다.

북이스라엘에서는 아모스와 호세아가 선지자로 활동하고 있었을 무렵, 남쪽 유다에서는 이사야와 모레셋가드 출신의 미가가 선지자로 활동하고 있었다.[44] 미가는 사역 방향에서 아모스 선지자의 미쉬파트(מִשְׁפָּט)와 호세아 선지자의 헤세드(חֶסֶד)를 추구했다. 아모스는 정의와 공의가 무너진 북이스라엘을 보면서 하나님의 심판을 울부짖는 사자의 모습으로 묘사했다(암 1:2; 3:8). 반면 미가는 직접 하나님께서 하늘 처소에서 이 땅으로 내려오셔서 심판하시는 것으로 묘사했다(1:3). 미가는 하나님이 모든 땅의 높은 곳을 밟는 소리를 들었다. 높은 곳은 지형이 아니라 하나님 앞에 높아진 마음, 즉 백성들의 허물과 죄에 대한 심판이었고, 그들이 새긴 우상들을 밟아 무너뜨리는 것이었다. 미가는 심판받을 유다 때문에 애통하고 애곡한 것도 모자라 벌거벗은 몸으로 돌아다니며 포로로 끌려갈 남유다의 모습을 시연했다(1:8). 언약 백성인 유다가 하나님을 떠난 삶 때문에 미가는 실오라기 하나 걸치지 않은 채 끌려가는 모습으로 울고 울어야 했다. 미가와 동시대 사역했던 이

---

44 모레셋 가드는 예루살렘에서 남쪽 쉐필라 지역의 유대 도시였다. 아버지 언급보다는 고향이 언급된 것으로 보아 예루살렘에서 사역하면서 출신이 언급된 것 같다.

사야 선지자도 그와 같은 행동을 했다(참고. 사 20:2-4). 당시는 어땠는지 모르지만 요즘 같으면, 당장 공연 문란죄로 처벌 받을 일이다. 이사야나 미가는 처벌 유무에 따라 하나님이 원하시는 행동을 하고 안 할 소심한 인물은 아니었다. 미가는 자신의 고향에서 반경 14km 안에 들어오는 성읍들이 심판받을 것을 보았다(1:10-16). 또한, 예루살렘이 무더기가 되고 성전 산은 수풀로 가득 찰 것을 보았다(3:12).

3. 미가가 본 당시 남유다의 범죄

미가 선지자는 남유다가 우상숭배 때문이기도 했지만 멸망 이유를 지배 계층과 선지자들의 타락에서 찾았다(1:7; 3:12). 지배 계층에 있는 자들은 잠자리에서조차 어떻게 하면 힘없는 자들의 재산을 빼앗을까 궁리했다. 선지자는 그들의 운명을 장례식에서나 할 수 있는 탄식으로 표현했다(2:1).[45] 지배층들의 가렴주구(苛斂誅求)는 심했다. 힘없는 자들은 밭, 집뿐만 아니라 집안 사람들까지 빼앗겼다. 지배층들은 예루살렘을 힘없는 자들의 피로 건설했다(3:10). 미가는 통치자들에게 "정의를 아는 것이 너희들의 본분이 아니냐." '할로 라헴 라다아트 엘-함미쉬파트'(הֲלוֹא לָכֶם לָדַעַת אֶת־הַמִּשְׁפָּט)라고 일갈했다. 구약에서 '안다'는 그저 머리 속의 지식을 일컫지 않는다. 미가 6:8에서 하나님이 원하시는 선은 '미쉬파트를 행하는 것' (אִם־עֲשׂוֹת מִשְׁפָּט/임-아솥

45 '호이' (הוֹי)는 화를 입은 것이나 입을 것에 대한 안타까움에 나오는 의성어다 (참고. 왕상 13:30).

미쉬파트)이라고 했다. 곧 선은 앎 자체에 있지 않고 행함에 있다. 통치자는 '미쉬파트' (מִשְׁפָּט)를 안다면 행해야 했다. 미가서 3:2-3은 '미쉬파트'가 무엇을 말하는지 실례를 통해 의미를 제공한다.

> 2너희가 선을 미워하고 악을 기뻐하여 내 백성의 가죽을 벗기고 그 뼈에서 살을 뜯어 3그들의 살을 먹으며 그 가죽을 벗기며 그 뼈를 꺾어 다지기를 냄비와 솥 가운데에 담을 고기처럼 하는 도다(3:2-3).

> 야곱 족속의 우두머리들과 이스라엘 족속의 통치자들 곧 정의를 미워하고 정직한 것을 굽게 하는 자들아 원하노니 이 말을 들을지어다(3:9).

'미쉬파트'는 한마디로 공정(公定)이다. 약한 자들이 압제나 학대를 당하거나 그들의 재산이 부당하게 강탈되지 않도록 법으로 보호하는 것이다. 그러나 통치자들은 자신에게 뇌물을 주는 자를 위해서 공정을 뒤엎었다(3:11). 유전무죄 무전유죄였다. 정경유착의 관계는 골이 깊었다. 그때는 지금보다 더 돈으로 모든 것을 쥐락펴락 할 수 있던 사회였다. 미가는 가난한 현실 속에서 통치자들에게 당하는 압제와 착취를 눈으로 보고만 있을 수 없었다. 이런 사회 속에서 백성은 자연스럽게 하나님에게까지 값나가는 제물이면 하나님의 마음도 바꿀 수 있다고 생각했다. 통치자들의 마음을 사기 위해 뇌물을 바치듯, 드리는 제물로 하나님을 조종할 수 있다고 생각한 것이다. "내가 무엇을 가지고 야훼 앞에 나아가며 높으신 하나님께 경배할까"(6:6)라는 그들의 말만 보면, 경건성이 지극히 깊어 보이지만, 실은 돈으로 자신의 죄를 무마하려는 보상심리가 있었다.

미가가 본 남유다의 죄는 선지자에게도 있었다. 개역개정은 그들을 '백성을 유혹하는 선지자들' (הַנְּבִיאִים הַמַּתְעִים/한네비임 함마트임)로 번역했지만, 원문에서 보면 '잘못된 길로 인도하는 선지자들' (the prophets who cause my people to go astray)이다. 거짓 선지자들에게 예언은 목적이 아니라 수단이었다.

그들의 관심사는 백성을 올바른 길로 인도하는 것에 있지 않았다. 자기 입에 무엇이 들어오느냐에 따라 평강과 전쟁이 입에서 나왔다. 그들의 예언은 철저히 돈(כֶּסֶף/케세프)에 의해 결정되었다(3:11). 처음부터 그들이 그랬던 것은 아니었다. 한두 번 물질에 유혹되더니 완전히 하나님을 떠나 자의대로 예언했다. 하나님이 그들과 함께하실 리가 만무했다. 그런데도 그들은 야훼 하나님이 자신들과 함께 하신다는 근거 없는 자만에 빠져 있었다(3:11).

> 6그러므로 너희가 밤을 만나리니 이상을 보지 못할 것이요 어둠을 만나리니 점치지 못하리라 하셨나니 이 선지자 위에는 해가 져서 낮이 캄캄할 것이라 7선견자가 부끄러워하며 술객이 수치를 당하여 다 입술을 가릴 것은 하나님이 응답하지 아니하심이거니와(3:6-7).

하나님이 그런 선지자들에게 자신을 감추시는 건 지극히 당연했다. 이스라엘 중에 왕이 없어지고 모사도 없어진다(4:9; 5:12). 범죄의 결과는 바벨론에 멸망하는 심판이다. 유다 백성은 바벨론에서 야훼의 구원하심을 기다리게 된다.

4. 백성들의 선 vs. 하나님의 선

4.1. 백성들의 선

유다 백성은 야훼 하나님께 나아갈 때, '무엇'에 집착했다. 미가 선지자는 백성들의 마음을 대변하여 일인칭 시점에서 그들의 모습을 두영했다. 유다 백성은 하나님께 경배하기 위한 것이라면 그것이 무엇이든 많이 드리겠다고 말했다. 일 년 된 송아지(עֲגָלִים בְּנֵי שָׁנָה/아갈림 베네 샤나)는 가장 값나가는 희생제물이었다(6:6).[46] 번제는 희생제물의 일부를 남겨 두지 않는다. 전부를 제단에서 태워 하나님께 향기로 드린다. 자신이 얼마나 하나님을 경배하는지 헌신을 표현하는 제사가 번제였다. 미가 선지자는 백성들이 천천의 숫양과 만만의 강물 같은 기름을 드리려는 마음을 표현했다(6:7a). 하나님이 원하신다면 집 문서도 바치겠다는 것과 같았다. 이런 신앙을 나쁘다고 볼 수는 없지만, 그렇다고 좋은 것이라고 말하기도 어렵다. 성전 건축을 위해서 자신이 살던 아파트까지 팔아 헌금하고 전세 살이 했다는 간증을 이전에 많이 들었다.[17] 아나니아와 삽비라 경우처럼, 남들을 의식한 잘못된 경건만 아니었다면, 또한 마음에서 감사와 기쁨에서 자발적으로 행한 섬김이

---

46 개역개정의 미가 6:6의 번역 '번제물'은 원문에서 보면 '올롵'(עוֹלוֹת)으로 복수형이다. 가장 값 나가는 일 년 된 송아지를 한 마리 드려보겠다고 말하는 게 아니다. "가장 귀한 것을 얼마나 많이 갖고 하나님께 나아갈까"라고 말하고 있는 것이다.

47 무엇이 성전인지도 모르고 예배당을 성전이라고 해서 아름답고, 크게 짓는 게 하나님의 영광을 나타내는 것이라 생각했었다. 한국 교회가 부끄럽게 생각해야 할 모습이다.

었다면 당연히 칭찬받아야 할 선한 일이다. 그러나 모든 이들이 그와 같이 행동해야 한다고 얘기하는 것은 곤란하다(참고. 행 5:1-11).

백성은 미가 선지자가 자신들 신앙을 대변하는 말에 금방이라도 그가 축복할 것이라는 기대감을 가졌을 것이다(참고. 3:5). 이보다 더한 열심도 있었다. "내 허물을 위하여 내 맏아들을, 내 영혼의 죄로 말미암아 내 몸의 열매를 드릴까"(6:7b). 왜 자신의 허물을 용서 받기 위해 자신의 맏아들을 드리겠다고 했을까?

필자의 20대 시절, 80년대 후반에는 자식을 주의 종으로 드리겠다고 서원하는 집사님들이 많았다. 전부는 아니었지만 게중에는 자기 아들을 목사로 만드는 것이 자신의 신앙의 깊이를 증명하는 것으로 여기는 분도 있었다. 자신의 뜻과 무관하게 서원된 자식은 신학교에 억지로 입학했다가 결국은 자퇴하는 걸 봤다. 미가 선지자 당시 유다 사회에서 백성들의 최고 신앙은 이방 종교에서처럼 자식을 인신제사로 드리는 것이었다.[48] 어쩌면 자식을 신학교에 보내 목사로 만드는 것은 자신의 허물과 죄악을 반감시키거나 감출 수 있는 최고의 방법이라고 무의식 속에서 믿고 있었는지 모른다.

인간적 시각에서 보면 유다 백성이 자식을 드리겠다는 생각은 칭찬받을 만한 헌신이다. 아브라함 코스프레라도 하려 했던 것일까! 그들이 간과한 것이 있었다. 하나님은 제물보다 드리는 자의 마음을 보신

---

48 성경시대나 지금이나 선지자든 목사든, 자신이 원해서 되는 게 아니라 하나님이 부르셔야 되는 것들이다. 신약의 관점에서 보면, 특별한 사람만 주의 종이 아니라 모두가 주의 종이다. 예전에는 '주의 종'은 '목사'를 지칭하는 고유명사인 것처럼 사용되었다.

다. 여기서 마음이란 삶 속에서 자신의 행위를 돌아보는 태도나 자세다. 백성은 자식을 제물로 드림으로 삶 속에서 하나님과 이웃과의 관계에서 죄악을 감추려 했다. 가장 값 나가는 자기 자식이면, 신심(信心)을 증명할 수 있지 않겠느냐는 것과 같았다. 하나님에게서 떠난 삶에서 드린 제물(헌금/헌물)과 봉사는 의미없다. 낭시 유다 백성은 하나님이 상한 심령, 통회하는 마음을 원하신다는 걸 놓치고 있었다(사 66:2).

4.2. 하나님의 선

미가 선지자는 백성이 아닌 하나님이 생각하시는 선을 세 가지로 제시했다(6:8). 첫째, 미쉬파트(מִשְׁפָּט)였다. 미쉬파트(מִשְׁפָּט)는 의, 정직, 공평의 의미를 담고 있다. 하나님은 "악인의 집에 아직도 불의한 재물이 있느냐?"(עוֹד הַאִשׁ בֵּית רָשָׁע אֹצְרוֹת רֶשַׁע/오드 하이쉬 베이트 라샤 오쯔롵 레샤)라고 말씀하셨다(6:10). 악인(רָשָׁע/라샤)과 불의(רֶשַׁע/레샤)는 동일한 자음을 사용하고 있다. 지배 계층들은 뇌물을 받고 재판을 굽게 했다(3:11). 자신보다 위에 있는 사람들을 뇌물로 매수했고, 가난한 자들에게서는 착취했다. 그들은 부자에게서 뇌물을 받고 그들이 유리하도록 판결해줬고, 힘없고 가난한 자들에게는 억울하게 판결했다. 또한 하나님은 "축소시킨 가증한 에바가 있느냐?"(וְאֵיפַת רָזוֹן זְעוּמָה/베에팥 라존 제우마)라고 말씀하셨다(6:10). 에바(אֵיפַת/에파)는 부피를 측정하는 단위로 약 23리터에 해당된다. 상인들은 무게를 속여 팔았다. 이와 같은 행위는 남유다만이 아니었다. 북이스라엘 사회도 마찬가지였다(호 12:7).

지금 우리는 보이스피싱, 세금탈루, 입시 부정, 부모 찬스와 같이 속임과 불공정이 판을 치는 세상에서 살고 있다. 걸리면 "그때는 관행이었다. 왜 나만 문제 삼나"라며 도리어 화를 버럭 낸다. 어떻게든 자신의 잘못을 정당화하거나 무마하려는 시도를 부끄럽게 생각해야 한다. 한바탕 고위공직자범죄수사처(공수처) 설치 문제로 시끄러웠다. 정파관계를 떠나 "법 앞에선 만인이 공평해야 한다"는 취지에서 보면 환영이다.

둘째, 헤세드(חֶסֶד)를 사랑하는 것이다. 헤세드는 하나님과의 언약관계에서 설명되는 단어로 충성을 내포하고 있다. 이스라엘은 하나님과 헤세드 관계에서 존재한다. 하나님과 어떤 관계인지 이스라엘은 늘 기억해야 했다. 그분은 이스라엘을 애굽의 종살이에서 구원하셔서 제사장 나라로 삼으신 하나님이시다. 하나님은 그들을 광야 40년 동안 만나와 메추라기로 먹이셨고, 발 부르트는 일이 없게 하셨다. 하나님의 헤세드를 입은 이스라엘은 긍휼로 고아와 과부를 돌보아야 했다(참고. 7:18-19). 하지만, 그들은 이집트에서 노예였을 때를 잊고 교만했다. 경제적 번영과 안녕은 자신들의 힘으로 된 것처럼 여겼고 타인의 고통엔 무심했다. 손해 되는 일엔 강자를 뇌물로 자기 편으로 만들었고, 약자를 압제와 강탈로 밟았다. 높은 이자율로 돈을 빌려 주고 갚지 못하면 겉옷을 빼앗아 추위로 고통 받게 했다(2:8). 돈을 제 때 갚지 못해 살던 집을 뺏기고, 거리로 나 앉아야 했던 과부들이 많았다(2:9).가난하고 궁핍한 이웃의 곤경에 연민이나 동정이란 눈꼽만치도 없었다. 오직 나 잘 먹고 잘 사는 것밖에 관심이 없었다.

우리는 이런 사람들을 보면 분개하면서도 자신이 이런 사람들 중 한 사람이라는 생각은 하지 않는다. 약한 자들을 사랑하고 배려해야 한다는 교과서 지식은 갖고 있지만, 행동에서 보여주는 참된 지식은 없다. 믿음은 언제나 행함으로 증명되어야 한다. 어려움에 빠진 이웃을 위해 기도하고, 불편한 관계에 있던 사람을 용서해야 한다. 하나님이 그리스도 안에서 우리를 용서하셨다(엡 4:32). 하나님께 드렸기 때문에 모든 게 용서된다는 생각은 잘못된 생각이다.[49] 호세아 선지자는 "나는 인애를 원하고 제사를 원하지 아니하며 번제보다 하나님을 아는 것을 원하노라"(호 6:6)고 했다.

셋째, 하나님과 함께 행하는 것(לֶכֶת עִם־אֱלֹהֶיךָ/레헤트 임-엘로헤하)이다. 단순히 '하나님'이 아니라 '네 하나님'(אֱלֹהֶיךָ/엘로헤하)이라고 했다. 하나님과 인격적 관계에 대한 철저한 인식은 삶의 근본적 변화를 가져온다. 하나님과 함께 걷기 위해선 우선적으로 필요한 일이 있다. 메시야를 통해 하나님 옆에 서 있어야 한다. 그렇지 않고선 하나님과 개인적 관계가 형성되지 않는다. 미가는 66장의 방대한 이사야서에 비해 7장이라는 비교도 안 될 짧은 분량에서 생생하게 메시야 예언을 했다.

> 베들레헴 에브라다야 너는 유다 족속 중에 작을지라도 이스라엘을 다스릴 자가 네게서 내게로 나올 것이라 그의 근본은 상고에,

---

49 고르반은 '하나님께 드렸다'는 뜻으로 종종 하나님께 드렸기 때문에 부모나 이웃에게 마땅히 해야 할 행동을 하지 않아도 되는 것으로 오용했다(민 7:3; 마 15:3-9).

> 영원에 있느니라(5:2).

> 4그가 야훼의 능력과 그의 하나님 야훼의 이름의 위엄을 의지하
> 고 서서 목축하니 그들이 거주할 것이라 이제 그가 창대하여 땅
> 끝까지 미치리라 5이 사람은 평강(שָׁלוֹם)이 될 것이라 앗수르 사
> 람이 우리 땅에 들어와서 우리 궁들을 밟을 때에는 우리가 일곱
> 목자와 여덟 군왕을 일으켜 그를 치리니(5:4-5).

오실 메시야를 통해 이루어질 평화를 받아들였다면 유다 백성은 이제 하나님과 함께 동행할 준비를 갖춘 게 된다. 이제부터 필요한 것은 무작정 하나님 옆에서 걷는 게 아니다. '겸손' 이라고 번역할 수 있는 '하쯔네아' (הַצְנֵעַ)가 필요하다. 하나님이 만드신 것들로 하나님께 드리는 것에 대단한 의미를 부여하는 것 자체가 인간의 교만이다. 유다 백성은 하나님 앞에 피조물임을 인식해야 했다. 어떤 제물을 드린다고 하더라도 그것들은 하나님이 만드신 것에 지나지 않는다. 그것 자체가 하나님을 만족시킬 수는 없다. 드리는 자의 마음, 곧 겸손 없이는 하나님을 기쁘시게 할 수 없다. 또한 겸손이 없다면 하나님과 동행할 수 없다.

동시대 선지자였던 이사야는 유다 백성이 각기 제 길로 가는 양과 같다고 했다. 목자의 음성을 듣지 않고 죄악의 길로 가는 양은 교만을 묘사한다. 하나님과 동행한다는 의미에는 목자이신 하나님이 가시는 길에 나도 간다는 순종의 의미를 담고 있다. 내가 가고자 하는 길에 하나님을 불러 들이는 게 아니다. 하나님의 음성을 듣고 내가 가던 길

에서 돌이켜 하나님 계신 곳으로 달려가는 것이 동행이다. 미가서 전체는 '들으라' 라는 말로 단락을 구성하고 있다. 미가 선지자는 유다 백성이 "오므리의 율례(חֻקּוֹת עָמְרִי/훗콭 오므리)와 아합 집의 모든 행위[50](כֹּל מַעֲשֵׂה בֵית־אַחְאָב /콜 마아세 베트-아흐압)를 지키고 그들의 전통을 따르고" 있나고 시적했다(6:16). 유다 백성은 하나님의 율례가 아니었고, 다윗의 행위가 아니었고 하나님을 대적한 자들의 철학을 국정과 삶의 철학으로 삼고 있었다.

5. 흔들리지 않는 미가 선지자

잘못된 길로 인도하는 거짓 선지자들의 모습을 보면서 선지자 미가는 선포했다.

미 3:8

וְאוּלָם אָנֹכִי מָלֵאתִי כֹחַ אֶת־רוּחַ יְהוָה וּמִשְׁפָּט וּגְבוּרָה
לְהַגִּיד לְיַעֲקֹב פִּשְׁעוֹ וּלְיִשְׂרָאֵל חַטָּאתוֹ

> 그러나 참으로 나는 야곱 그의 허물과 이스라엘의 죄를 선언하기 위해 야훼의 영으로 능력과 정의(מִשְׁפָּט/미쉬파트)와 용기로 충만해 있느니라(3:8/사역)

> 오직 나는 야훼의 영으로 말미암아 능력과 정의와 용기로 충만해지리라. 그렇게 해서 야곱의 허물과 이스라엘의 죄를 그들에게 보이리라(3:8/개역개정)

50 개역개정은 '아합 집의 모든 예법' 이라고 번역했다. 원문에서 보면 '아합 집의 모든 행위 또는 행동' 이다.

개역개정은 '말레티' (מָלֵאתִי)를 '충만해지리라' 로 번역함으로 선지자의 결단으로 보았다. 그러나 형태가 완료형인 것을 감안하면, 결단보다는 자기 변호에 가깝다. 즉 자신만큼은 거짓 선지자들과 달리 야훼의 영으로 능력과 미쉬파트(מִשְׁפָּט)와 용기로 충만해 있다고 말하면서 야곱의 허물과 이스라엘의 죄를 지적한다고 말하고 있는 것이다. 그의 변호는, 시대 풍조에 흔들리지 않고 있는 선지자의 모습을 보여준다. 미가 선지자는 '하지만 나만은' (וְאוּלָם אָנֹכִי/베울람 아노히)이라고 표현했다.[51] 미가 선지자는 모든 선지자들이 자기들 입에 무엇을 넣어 줄지만 관심 가질 때, 그는 백성들 입에 넣어줄 하나님 말씀을 찾고 있었다.

미가 선지자는 위기감으로 헌물을 바치게 하고 많이 바치면 복을 선포하는 거짓 선지자들의 작태를 용납하지 않았다. 선지자 본연의 직무는 백성들로 하여금 자신들이 지은 죄를 바라보도록 선포하는 것에 있었다. 백성들을 죄에서 돌이키는 사역을 하지 않는다면, 누구든 하나님의 선지자가 될 수 없다. 미가 선지자는 백성들이나 통치자들의 거부나 박해를 무릅썼다. 능력과 용기로 번역된 '코아흐' (כֹּחַ)와 '게부라' (גְּבוּרָה)의 의미 차이는 없다. '코아흐' (כֹּחַ)가 하나님이 주신 능력 자체를 강조한 것이라면, '게부라' (גְּבוּרָה)는 위협이나 박해 속에서도 하나님이 주신 능력을 행하는 것에 강조점이 있다. 미가는 선지자 사명과 역할에서 흔들리지 않고 있었던 것이다.

---

51 ' 베울람 아노히' (וְאוּלָם אָנֹכִי)를 직역하면 "그러나 참으로 나는"이다.

유다 백성의 죄 고발과 심판을 선언한 후 미가 선지자는 "나는 하나님을 똑바로 주의 깊게 바라보겠다"(7:1-13, 특히 7절)라고 다짐한다. 그는 하나님을 '자신을 구원하시는 하나님'(לֵאלֹהֵי יִשְׁעִי/렐로헤 이쉬이), '나의 하나님'(אֱלֹהָי/엘로하이)라고 고백하고 있다.[52]

미 7:7

וַאֲנִי בַּיהוָה אֲצַפֶּה אוֹחִילָה לֵאלֹהֵי יִשְׁעִי יִשְׁמָעֵנִי אֱלֹהָי

> 그러나 나는 야훼를 주의 깊게 살펴 바라보리라 나를 구원하시는 하나님을 기다리리라 나의 하나님이 나를 들으시리라(7:7/사역)

미가 선지자는 야훼의 영으로 미쉬파트가 충만한 상태에서 헤세드로 야훼를 바라보며 그분과 함께 걷기를 갈망한다(6:8; 7:7). 그는 엎어지고 어두움에 있게 될지라도 야훼는 구원이시며 자신의 빛이심을 선언한다(7:7-8). 유다에게 심판은 확정되었다. 하지만 회복 또한 확정되어 있었다. 미가 선지자 마음 속에는 훗날 유다를 회복하실 하나님에 대한 확신이 있었다. "주와 같은 신이 어디 있으리이까(7:18, מִי־אֵל כָּמוֹךָ/미-엘 카모하). 하나님은 헤세드를 기뻐하시기 때문에 자기 백성에 대한 진노를 오래 품지 않으시고, 다시 불쌍히 여기셔서 자기 백성에 대한 헤세드(חֶסֶד)를 진실함(אֱמֶת/에메트)을 보여 주시리라"(7:18-20).

52 선지자는 하나님이 백성에게 제시한 3가지 선을 자신이 행하고 있음을 표현하고 있다.

6. 나가는 말

하나님께 드리는 헌금은 모든 것이 그분의 것이기에 감사와 기쁨에서 자원함으로 드리는 것이 맞다. 하지만 드리는 헌금이나 헌물이 하나님의 은총이나 인정을 받기 위한 목적이 된다면 그것 자체로 순전함을 잃는다. 물질로 하나님을 조종하려는 행위는 이방 종교에서 하는 우상숭배와 같다. 하나님께 얼마나 바쳤고 어떻게 섬겼는지와 상관없이 우리는, "나는 무익한 종입니다. 오직 해야 할 의무를 했을 뿐입니다"(눅 17:10)라고 고백해야 한다. 진정성 없이 보여주기식 행함을 믿음인 것처럼 소란떨었던 위선과 교만을 회개하자. 이웃과의 관계에서 우리의 행함은 어떠했는지 돌아보자. 미가는 가짜가 판을 치던 주전 8세기에 남유다에서 하나님의 찐으로 살았던 선지자였다. "주와 같은 신이 어디 있으리이까!"라고 고백한 미가 선지자에게서 우리는, "너와 같은 내 종이 어디 있는가?"라고 고백하시는 하나님을 바라보게 된다. 나는 하나님의 찐인가?

[묵상과 나눔]

1. 하나님을 기쁘시게 하기 위해 내가 했던 행동들은 어떠했었는가? 그리고 그것이 미가 6:6-8과 어떻게 같고 달랐는지 말해 보자.

2. 열심은 나쁜 것인가? 바른 열심은 어떤 것인지 생각해 보자. 성경에서 나쁜 열심에서 선한 열심으로 바뀐 사람이 있다면 찾아보고 그에 대해 나눠 보자.

3. 가짜 신앙과 진짜 신앙을 구분하는 방법을 나눠보고, 진짜 크리스천이 되려면 어떤 문제를 극복해야 하는지 나눠보자.

07

요나서와 완전 다른 나훔서에서의 하나님

1. 들어가는 말

"하나님은 사랑이시라", 교회에 큼지막하게 적혀 있는 성경 구절이다. "야훼는 보복하시는 하나님이시다"라는 구절은 교회에서든, 가정집에서든 그 어느 곳에서도 본 적 없다. 나훔서는 표제 이후 바로 "야훼는 질투하시며 보복하시는 하나님이시다"라고 시작한다(1:2). 하나님을 따뜻하고 자상한 분으로 기대했다가 뒤통수 한 대 얻어 맞은 기분이다. 요나서를 알고 있는 독자라면 그 당혹감은 더 크다. 나훔서는 앗수르 니느웨 심판에 대한 예언의 말씀이다. "앗수르 니느웨는 한 때 구원 받았었는데 갑자기 어쩐 일이지?"라는 말이 나온다. 요나서에서 하나님은 니느웨에게 지극히 자비로운 분이셨다. 그런데 나훔서에서는 지극히 진노하시는 분으로 등장한다. 요나서에서 보여주신 야훼 하나님과 달라도 너무 달라 당혹스럽다. 야훼 하나님은 때에 따라 확확 달라지는 기분파이신가? 만일 야훼가 그런 하나님이시라면 겁난다. 언제 어떻게 변하실 줄 모르니 우리는 늘 쫄면서 살아야 한다.

요나서에서 우리는 요나에게 열불이 나는 걸 참아야 했다. 아무리 속상한 마음을 표현한다고 해도 적당히 했어야지 요나는 창조주 하나님께 거의 막장 수준으로 대들었었다. 요나서를 읽을 때, "고집쟁이, 이떼쟁이 나쁜 놈"이란 말이 나왔었다. 나훔서를 읽다 보니, 요나에게 했던 욕이 쏙 들어간다. 그에게 미안하다는 생각이 든다. 나훔서를 통해 요나서를 보면, 요나가 하나님께 화낸 것이 조금은 이해가 될 것 같다.

"그렇게 니느웨를 야훼 하나님께서 아끼시며 사랑하더니, 이제는 그렇게 니느웨를 싫어하신다?"

"복수까지 하신다?"

물론 당시 유다 백성의 관점에서 나훔서를 보면, 자신들을 괴롭히고 있는 앗수르가 하나님이 손봐 주시는 복수 때문에 그들이 쫄딱 망하게 될 거라는 메시지를 들을 때 속이 다 후련해지는 걸 느꼈을 것이다.[53] 그건 그네들의 마음이고, 나훔서를 읽는 오늘날 독자의 입장에서 보면, 니느웨를 향한 하나님의 마음이 이리 갔다 저리 갔다 하시는 것 같아, 야훼 하나님이 못 미더워진다. 요나서에서 언제는 니느웨 없이는 안될 것처럼 "니느웨 니느웨!" 하시며 "나는 자비로운 하나님이다" 하시다가, 나훔서에는 이젠 "니느웨를 작정하시고 심판하시겠다며 난 보복하는 하나님이다"라고 하시니 대체 어느 장단에 맞춰야 할지, 변

53 나훔 선지자의 활동 시기는 앗수르의 권세가 절정에 달하던 주전 663년 아슈르바니팔이 애굽의 수도 노아몬 혹은 테베(나 3:8)를 점령한 때부터 주전 612년 바벨론과 메대 연합군에 의해 앗수르 수도 니느웨가 함락될 때까지 활동한 것으로 추정할 수 있다. 당시는 므낫세(주전 686-642), 아몬(주전 642-640), 요시야(주전 640-609)의 통치 기간이었고, 스바냐, 하박국, 예레미야가 선지자로 활동하던 시대였다.

덕은 요나 보고 뭐라 할 게 아니라 하나님이 그러신 것 같다고 해야 할 것 같다. 혹 하나님이 우리에게도 그렇게 변덕을 부리실지 겁난다. 그나마 미가서가 요나서와 나훔서 사이에 있어서 다행이다. 중간에 미가서가 끼어있지 않았다면 그 당혹감은 더 클 뻔했다.

요나는 하나님과 니느웨의 사랑을 떼어 놓으려고 했지만, 하나님은 막무가내로 요나를 밀쳐내고 니느웨를 사랑하셨다. 그러더니 니느웨가 변심했다고 이제는 니느웨를 두들겨 패겠다고 하시니 요나가 만일 나훔 시대까지 생존했다면, "하나님! 저보고 뭐라 하실 게 아니었네요!"라고 했을 것 같다. "이러실꺼면 왜 그때 저에게 심하게 뭐라 하셨어요?"라는 말까지 했을 수도 있다.

야훼 하나님은 절대자라는 위치에서 심술을 부리시는 것일까? 종잡을 수 없는 하나님의 기분을 어떻게 맞춰야 할까? 요나서를 읽다가 나훔서를 읽으면 하나님을 이해하기 힘들다. 나훔서 상황이 역사적으로 먼저고, 요나서가 나중이라면 아무 문제 없다. 그런데 그게 아니니, 또한 성경 배열 순서도 요나서가 먼저고 나훔서가 나중이니 하나님에 대한 인식이 어지럽다. 나훔서를 통해 하나님의 성품을 알아보자.

2. 사랑한 니느웨를 이젠 심판하시겠다는 하나님

엘고스 사람, 나훔이 니느웨에 대한 말씀을 하나님으로부터 들었다. 갈릴리 가버나움이 '나훔의 집'이란 뜻이기 때문에 가버나움일 것이라고 추정하지만 어디까지나 추정일 뿐이다. 그의 활동 시기는 주전 663년에 일어난 테베의 멸망(3:8)과 니느웨 멸망(주전 612년)을 예언하고 있는 것으로 보아 그 사이가 될 것이다. 얼마나 또 어디에서 하나님의 말씀을 들었든, 지난 100년 전 선배 선지자 요나가 들었던 니느웨에 대한 선포 말씀과는 사뭇 달랐다. 선배 선지자 요나처럼 하나님의 니느웨 심판 계획을 니느웨에 가서 직접 전달해야 하는 것이었다면, 나훔은 기꺼이 니느웨에 가서 야훼 하나님의 심판 메시지를 진파하려 했을 것이다. 나훔은 요나처럼 하나님의 명령을 거부하면 자신도 물고기 뱃속에 들어가든지, 아니면 다른 더 무시무시한 것들에 의해서든지 사달이 날 것이라고 예상했을 것이다. 그런데 하나님이 "가서 전하라"는 명령 대신 그에게 니느웨에 대한 경고를 글로 남기게 하신 걸 보면, "다행이다" 싶었는지 모른다. 표제에서 보면, 나훔이 니느웨에 대한 묵시를 말로 전하고 또한 그것을 글로 남겼는지는 불확실하다. 통상 두 개를 다했다고 보아야겠지만, 말로 전하는 사역 없이 글로만 전했을 가능성도 배제할 수 없다. 12선지서 중, '세페르 하존' (סֵפֶר חֲזוֹן)은 나훔서가 유일하기 때문이다(1:1).

나훔은 니느웨에 대한 죄악과 야훼 하나님의 심판 이유를 먼저 이야기 하지 않는다. 먼지 야훼가 누구신지부터 언급한다. 요나서에서 언급된 야훼 하나님은, "은혜로우시며 자비로우시며 노하기를 더디하시며 인애가 크고, 뜻을 돌이켜 재앙을 내리지 아니하시는 하나님"이셨다(욘 4:2; 참고. 출 34:6). 그런데 나훔은 요나서에서 말한 야훼 하나님의 이미지를 완전 뒤엎는 선언을 한다. "야훼는 질투하시며 보복하시는 하나님이시니라"(1:2, אֵל קַנּוֹא וְנֹקֵם יְהוָה / 엘 칸노 베노켐 아도나이).[54] 무슨 말인지 딱 알아들을 만 하다. 하나님이 앗수르 니느웨에 대해 질투하시게 되었고, 보복할 수밖에 없게 되었다는 뜻이다. 이유 없이 하나님이 진노하신다면, 하나님은 결코 자비로우신 분이실 수 없다. 나훔은 야훼 하나님에 대한 인식을 유다 백성이 잘 못할까 봐 곧바로 "야훼는 노하기를 더디하시는 분"이라고 언급한다(1:3). 노하기를 더디하시는 분이 앗수르 니느웨를 보복하기로 진노를 품으셨다면, 문제가 하나님에게 있는 것이 아니라 앗수르 니느웨에게 있다고 말하는 것과 같다. 나훔은 야훼 하나님이 폭력적이라는 생각을 이렇게 무마시킨다. 앗수르는 확실히 벌 받을 나라였다(1:3).

대체 어디까지 참아줘야 사랑이라고 할 수 있을까? 니느웨는 멸망할 위기에서 전대미문의 회개로 하나님의 자비를 얻은 적이 있었다(욘 3:5-10). 니느웨를 반드시 심판하셔야만 한다고 우기고, 만일 심판하지 않으시면 차라리 죽겠다고 성질까지 팍팍 부려가며 보이콧하던 요나의 마음도 돌려 놓으면서까지, 야훼 하나님은 니느웨를 품으셨었다(욘 4장). 그런데 니느웨는 그런 야훼 하나님에게서 돌아서 다시 우상을 섬겼다.

> 나 야훼가 네게 대하여 명령하였나니 네 이름이 다시는 전파되지 않을 것이라 내가 네 신들의 집에서 새긴 우상과 부은 우상을 멸절하며 네 무덤을 준비하리니 이는 네가 쓸모 없게 되었음이라(1:14).

야훼 하나님의 입장에서 보면, 억울하다. 마치 이등병이 4성 장군에

---

54 야훼가 복수하시는 하나님이시라는 표현은 시편 94:1에서도 등장한다. "야훼여 복수하시는 하나님이여 복수하시는 하나님이여 빛을 비추어 주소서"(개역개정, אֵל־נְקָמוֹת יְהוָה אֵל נְקָמוֹת הוֹפִיַע /엘-네카모트 아도나이 엘 네카모트 요피아).

게 하극상을 한 것처럼 요나가 행동했음에도, 야훼 하나님은 그걸 참으시고 회개하는 니느웨를 변호하셨다. 그렇게 해서 니느웨를 품어 안으셨다면, 니느웨는 야훼 하나님의 체면을 살려 드리기 위해서라도 쭉 야훼 하나님만 섬겨야 했다. 그런데 니느웨는 그렇지 않았다. 요나서에서 야훼 하나님께 돌아선 니느웨 왕이 실제로 누구였는지, 또 야훼 하나님을 얼마나 오래 섬겼는지 성경에선 알 방법이 없다. 성경외 문헌에서 찾아야겠지만, 중요한 것은 그들이 야훼 하나님에게서 조금씩 돌아서더니, 우상을 다시 섬겼다는 것에 있다. 야훼 하나님은 그런 그들을 보시면서 노하기를 더디하시며 참으셨다(1:14; 참고. 사 10:10-11). 야훼는 나훔 선지자를 통해서 앗수르에게 말씀하셨다. "너희는 야훼께 대하여 무엇을 꾀하느냐?"(מַה־תְּחַשְּׁבוּן אֶל־יְהוָה/마-테핫쉐분 엘-아도나이)(1:9). 혹 야훼 하나님이 요나 선지자에게 민망할 정도의 수치스러움을 느끼시진 않으셨을까? 니느웨를 그렇게 아끼셨던 분이 이젠 니느웨의 대적자가 되겠다고 선언하신다(2:13).

3. 니느웨 멸망에 대한 유다 백성의 반응

유다 백성은 나훔의 니느웨 예언에 대해 어떤 생각을 가졌을까? 앗수르가 멸망한다는 예언만 놓고 생각하면, 나훔 선지자의 예언은 유다 백성에게는 오랜 가뭄에 소낙비를 얻는 것 같은 반가움에 쌍수 들고 환영했을 것이다. 나훔은 이런 기분을 "네 소식을 듣는 자가 다 너를 보고 손뼉을 치나니 이는 그들이 항상 네게 행패를 당하였음이 아니더냐"라고 했다(3:19). "잘 됐다"고 고소해했다는 얘기다. 자신들이 기대하던 예언을 하는 나훔은 반가운 선지자였을 테고, 그의 메시지는 큰 위로가 되었을 게 분명하다. 유다 백성은 자신들을 괴롭히고 있는 앗수르를 심판하시는 야훼 하나님께 감사하면서도, 한편으로는 앗수르를 끝까지 끌어안지 못하는 하나님을 보고, 100년 전 니느웨를 품으셨던 하나님의 앗수르 사랑은 모두 부질없는 일이었다고 생각했을 사람도 있었을 것이다. 나훔 선지자가 앗수르 니느웨 심판을 선포할 당시 유다 백성은 다음과 같은 질문을 갖고 있었다.

(1) 야훼 하나님은 언제 앗수르를 심판하실까?(1:9; 2:13)

(2) 야훼 하나님은 앗수르에게서 우리가 언제까지 괴롭힘 당하는 것을 방관하시는가?(1:12-13)

(3) 이스라엘은 이전에 지녔던 영광을 회복할 수 있을까?(2:2)

나훔서의 기록 목적이 하나님도 자신의 행동에 실수가 있을 수 있다는 것을 말하려고 하는 것일까? 이건 아닐테다. 하나님은 온전하신 분이시기에 그분의 말과 행함에는 실수가 없다. 그렇다면 나훔서의 기록 목적은 앗수르가 멸망할 것이라는 소식을 유다에게 알리는 뉴스 차원에 한정된 것이었을까? 만일 그렇다면 1:12-13, 15이 기록될 이유가 없어진다.

> 12야훼께서 이같이 말씀하시기를 그들이 비록 강하고 많을지라도 반드시 멸절을 당하리니 그가 없어지리라 내가 전에는 너를 괴롭혔으나 다시는 너를 괴롭히지 아니할 것이라 13이제 네게 지운 그의 멍에를 내가 깨뜨리고 네 결박을 끊으리라(1:12-13).

1:12-13에서 하나님은 유다를 위로한다. 앗수르 니느웨 군대가 아무리 강하고 많을지라도 야훼 하나님에게는 한 주먹거리에 지나지 않는다. 그들이 지금 유다를 괴롭히고 있지만 앞으론 전혀 그렇게 하지 못하게 될 것이다. 야훼 하나님이 유다 백성의 목에 놓인 앗수르의 멍에를 끊을 해결사로 능장하시기 때문이다.

> 볼지어다 아름다운 소식을 알리고 화평을 전하는 자의 발이 산 위에 있도다 유다야 네 절기를 지키고 네 서원을 갚을지어다 악인이 진멸되었으니 그가 다시는 네 가운데로 통행하지 아니하리로다 하시니라(1:15).

1:15에서는 유다 백성에게 기쁨을 던져 줄 자가 예루살렘에 서 있다고 선언한다. 이미 북이스라엘을 점령한 상태에서 남유다를 괴롭히던 앗수르가 멸망한다는 소식이 유다 백성에게 전해진다. 이제는 백성들에게 찾아올 것은 샬롬이다. 유다는 이제 이전대로 절기를 지키며 야훼 하나님 앞에 서원한 것들을 행하며 살게 된다.

4. 나훔서의 기록 목적

나훔서의 기록 목적은 첫째, 유다 백성을 위로하기 위해서다. 그 위로는 앗수르 니느웨의 멸망이다. 앗수르 니느웨의 멸망은 유다에게 화평을 가져다 주는 반가운 소식이다. 앗수르 위협의 멍에를 벗어 모든 삶에서 샬롬을 회복한다. 100여 년 전에 요나 선지자를 통해 니느웨 심판이 그때 이루어져야 할 말씀이 늦게 나마 성취된 건 유다 백성에겐 불행 중 다행이라면 다행이었다.

둘째, 나훔서는 유다 백성이 나훔서를 통해 단지 앗수르로터 해방의 기쁨을 주기 위한 목적만으로 쓰이지 않는다. 하나님은 왜 니느웨를 다시 심판하시려 했는가? 니느웨는 왜 야훼 하나님 앞에서 그분의 인애와 자비를 헛되이 했는가, 생각하게끔 한다. 유다 백성을 짓누르고 있는 앗수르의 멍에가 깨뜨려진다. 야훼께 악을 꾀하는 앗수르는 하나님의 불 심판을 받아들여야 한다. 그들은 어느덧 불에 타버릴 마른 지푸라기가 되어 있었다(1:10). 유다 백성은 니느웨가 멸망하는 걸 보고서도 우상을 섬기면 그들에게서 벗겨졌던 멍에가 다시 목에 씌워지게 된다. 남유다는 앗수르의 멍에에선 벗어나지만 불행히도 바벨론의 멍에를 쓰게 된다. 나훔 선지자의 신탁을 통해서 결국 그들이 듣고 싶었던, 앗수르 멸망에만 귀를 기울인 탓이다. 그들의 멸망이 곧 자신들에게는 위로가 되었지만, 그 위로가 끝까지 가지 못하고 바벨론에 의해 망하게 되는 운명을 맞이하게 된 건, 아무래도 비극이다.

나훔 선지자 당시 본서를 읽게 되는 1차 독자는 자신들과 함께 하시는 야훼 하나님을 노래하며 기뻐했을 것이다. 그들에게 있어 "야훼 하나님은 질투하시며 보복하시는 하나님이시다"(1:2)라는 나훔의 메시지는 자신들을 위해 앗수르를 심판하시는 하나님의 위로였다. 그러나 유다 백성은 보복하시는 야훼 하나님이 자신들에게도 적용될 수 있는 메시지로 받아들이지는 않고 있었다.

하나님의 백성이라고 해서 무조건 용서받고 사랑 받는 것이 아니다. 언약은 서로에 대한 약속으로 생명을 담보로 한다. 서로 사랑하기로 했으면, 지켜야 한다. 일방적으로 하나님과의 사랑을 파기하고 떠난 백성들을 하나님은 참고 참으셨다. 선지자들을 통해 "돌아오라"고 수 없이 타일렀음에도 그들은 돌아오지 않고, 자신들의 힘만 의지했다. 앗수르가 심판 받게 되는 이유는 단순히 그들이 행한 포악, 탈취, 음행이 전부가 아니었다(3:1, 4). 자신들이 소유하고 있는 힘을 의지했기 때문이었다(1:12). 마음속에서는 "오직 나만 있고 나 외에는 다른 이가 없다"는 말까지 했었다(참고. 습 2:15).

바벨론에 의해 포로가 된 백성은 나훔서를 기억하며 그들이 잠겼을 생각은 불보듯 뻔하다. "앗수르가 멸망 당할 때, 우리도 멸망 당할 수 있음을 왜 우리는 알지 못했는가?" "하나님의 사랑은 절대적이어서 우상을 사랑하게 될 때 하나님은 질투하시고 진노하실 수 있음을 왜 우리는 몰랐는가?" "우리는 왜 앗수르의 멸망에 환호하기만 했지, 차분하게 우리를 돌아보지 못했는가?"

5. 사랑이며 공의로우신 하나님의 질투

하나님은 사랑이신 것 맞다. 그렇지 않으면 자기 아들 예수님을 세상에 보내셔서 우리를 구원하기 위해 십사가에서 내속의 제물로 죽게 했겠는가. 하나님의 사랑 때문에 우리는 구원을 얻었다. 반면 하나님은 심판하시는 분이시기도 하다. 만일 심판이 없으신 분이라면, 우리는 굳이 하나님을 믿고 따를 필요 없다. 무슨 짓을 하면서 살아도, 하나님은 우리를 무조건 사랑하셔야 한다. 반대로 내가 사랑하는 사람이 나 싫고 다른 사람이 더 좋다고 따라 간다면, 얼마나 참고 기다릴 수 있을까? 서로에 대한 사랑은 서로 넘지 말아야 할 한계를 분명히 약속한 바탕 위에서 지켜져야 한다. 어느 누구든 사랑 약속을 깨뜨렸을 때는 약속 불이행에 따른 책임을 져야 한다.

나훔서는 요나서에서 보여준 하나님의 자비가 보복하시는 하나님으로 등장하여 우리를 하나님은 무조건 사랑이라는 편향적 시각에서 균형 잡기를 요청한다. 유다는 야훼 하나님이 마냥 자기편에 서신다고 하는 감성적 접근에서 차분하게 균형적 인식을 갖췄어야 했다. 악을 행할 때 하나님 앞에 돌아오면 살지만, 또다시 악으로 돌아서면 심판은 불가피함을 명심해야 했다. 앗수르의 운명은 그걸 가르쳐 주기 위해 충분했다. 하지만 유다는 철저히 실패했다. 상처를 입힌 존재는 하나님이 아니라 언제나 인간이다. 앗수르는 한 때였지만 하나님의 자비를 입었다. 100여 년이라는 기간 동안 앗수르 니느웨는 야훼 하나님에게서 점차 돌아서더니 우상을 다시 품고 이웃 나라에 포악한 행동을 저질렀다. 야훼 하나님은 노를 참으시고 다시 자신에게 돌아오기를 기다리고 기다리셨다. 앗수르가 다시 자신에게 돌아와 회개하기를 기다리는 동안 야훼 하나님의 마음은 큰 배신감에 깊은 고통을 겪으셨다.

야훼 하나님은 나훔 선지자를 통해서 자신은 "질투하기 때문에 보복하신다"라고 말씀하셨다(1:2). 질투는 연인이 자신과의 사랑을 버리고 다른 사람을 더 사랑했기 때문에 오는 좌절감, 배신감에서 오는 감정이다. 그분의 질투는 연인 사이에서 발생하는 데이트 폭력과는 다르다. 하나님은 자신을 버린 세상을 향해 자기 아들을 보내시고 그 아들을 십자가에서 죽게 했다. 요나를 통해 야훼 하나님은 그로부터 굴욕적인 하극상을 받으셨어도 니느웨를 사랑하셨기에 그들에게 내리려던 재앙을 거두셨다. 그럼에도 니느웨는 하나님의 자비를 헤아리는 데 오래 가지 못했다. 유다도 거기서 거기로 앗수르와 매한가지였다. 만일 하나님의 심판이 없다면, 불의한 자의 고통은 씻김 받을 수 없다. 그러니 하나님은 공의로우셔야 한다. 앗수르의 포악과 약탈로부터 이스라엘을 구원하시는 하나님은 앗수르에겐 한때 사랑했던 자에게 행하는 무차별 폭력으로 오해될 수 있어도, 유다에게는 위로가 되는 희망이다. 하나님은 자기에게 피하는 자를 구원하신다(1:7).

자신의 죄악을 감춰주고, 자신의 악행을 눈감아 주는 것이 사랑이라고 말한다면, 과연 사랑일까? 진짜 사랑하는 관계라면 연인을 범죄 행위로부터 벗어나도록 경찰에 자수시키거나, 신고함으로써 더 깊은 죄에 빠지지 않게 한다. 물론 연인을 직접 고발한다는 심적 고통을 짊어져야 한다. 의사가 환자가 아파할 것이 미안해서 수술을 머뭇댄다면, 환자는 생명을 잃는다. 하나님은 반역과 배신의 쓰라림을 견디면서 사랑하고 사랑하신다. 하나님은 자신을 떠나는 자기 백성에게 일정 기간 징계를 통해 처음 가졌던 자신과의 사랑을 기억하게 만들고 결국 그를 돌아오게 만든다. "돌아오라" 할 때 돌아오지 않으면 징계의 강도는 더 세지고 기간은 더 길어진다. 야훼 하나님의 진노를 피할 자는 아무도 없다. 하나님의 질투는 미움이 아니다. 사랑이며 공의다.

6. 나가는 말

이제는 "하나님은 사랑이시니라"는 말씀과 "야훼는 보복하시는 하나님이시니라"는 성경 구절을 함께 나란히 놓고 보는 게 좋겠다. 아무래도 그게 신앙에 도움이 될 것 같다. "하나님은 사랑이시니라"는 구절만 보면, 구원받고 난 이후, 방종에 빠질 우려가 있고, "야훼는 보복하시는 하나님이시니라"만 보면, 진정한 회개보단 두려움으로 하나님을 따를 것이니 마음에서 참된 경외심은 없을 것이기 때문이다.

이걸로 구약에서 하나님은 보복하시는 하나님이시고, 신약에서의 하나님은 사랑의 하나님이시라는 이분법적 생각을 가지면 성경을 크게 잘못 본 것이 된다. 하나님이 구약시대에는 보복만 하시는 무서운 분이시다가 신약시대에는 사랑으로 "짜~잔"하고 바뀌신 그런 분이 절대 아니다. 하나님이 '배드 파파'(bad papa)에서 '굿 파파'(good papa)가 되는 과정을 보여주는 게 성경이 아니다. 하나님은 처음부터 굿 파파이셨고 영원토록 굿 파파이시다. 굿 파파는 내 마음대로 행할 수 있는 자유를 허락하는 사랑을 베풀어야 할 분이 아니다. 굿 파파는 정해놓은 선한 질서 안에서 자식들이 마음껏 자유의 기쁨을 허락하시는 분이다. 자식이 그 한계를 넘어서는 것은 죄다.

굿 파파는 그래서 사랑과 공의를 둘 다 갖춰야 한다. 어느 한쪽만 갖고 있으면 굿 파파가 아니다. 하나님의 형상대로 지음 받은 인간이 하나님을 대적하고 떠났을 때는 하나님께서 사랑으로 공의를 베푸시는 것이 맞다(잠 3:11-12; 히 12:5-6). 그러나 그들이 죄에서 다시 돌이켜 하나님께로 돌아올 때는 하나님께서는 그들을 공의로 사랑을 베푸시는 게 맞다.

구약시대에도 하나님은 사랑이셨고 공의이셨다. 신약시대에서도 하나님은 사랑과 공의의 하나님이신 것은 불변이다. 요나서와 나훔서가 미가서를 사이에 두고 나란히 있다는 것만 기억해도 구약에서 하나님은 사랑과 공의 모두 드러내시는 분이심을 알기에 충분하다. 구약에서 하나님은 자기 백성을 사랑하셨다. 자기를 떠난 백성에게 선지자들을 통해 돌아올 것을 간곡히 호소하셨다. 그럼에도 야훼 하나님은 자기 백성을 끝까지 사랑하기로 한 언약 때문에 징계(심판)를 통해 그들이 따르는 우상 신의 허상을 알게 하고 다시 돌아오게끔 하셨다. 언약관계의 핵심은 사랑과 공의에 있다.

사람의 선함을 이용해 악행을 저지르는 것은 선한 자에 대한 폭력이다. 약한 자의 것을 빼앗는 것은 약한 자에 대한 폭력이다. 하나님의 오래 참으시는 사랑을 이용해 계속 악을 행하고, 우상을 따르는 삶을 산다면 그건 하나님에 대한 폭력을 행사하는 것과 같다. 하나님이 공의로 심판하실 때 그때 가서 하나님보고 하나님은 사랑이 없다고 말하는 것은 씨알도 안 먹히는 궤변이다. 본인은 하나님을 사랑하지 않고, 하나님은 자신이 무슨 짓을 하든 무조건 받아줘야 한다고 우긴다면, 자기 자신은 뭐란 말인가? 자신이 야훼 하나님보다 높은 신이라고 말하는 것과 같다. "오직 나만 있고 나 외에는 다른 이가 없다"고 생각하고 살아간 앗수르와 다를 바 하나 없다.

이제 요나서를 읽는 것만으로 끝나지 말자. 요나서를 읽었으면 동시에 나훔서도 읽자. 그래서 한 때 은혜 입었던 앗수르의 니느웨 사람들처럼 되지 말기를 다짐하자. 또한, 니느웨를 멸망시킨다는 나훔 선지자의 위로 메시지에서 위로만 느낄 게 아니라, 하나님을 떠나게 될 때 위로가 곧 심판 경고가 될 수 있음을 기억하자.

[묵상과 나눔]

1. 요나서에서 하나님과 나훔서에서 하나님이 어떻게 다른지 말해보고 하나님은 어떤 분으로 다가오는지 자기 생각이나 느낌을 나눠 보자.

2. 한때 구원 받았던 앗수르의 니느웨가 멸망 심판을 받게 되는 것에서 구원 받은 성도로서 무엇을 교훈 삼아야 하는지 나눠 보자.

3. 요나서만 읽을 때, 나훔서만 읽을 때, 요나서와 나훔서를 함께 읽을 때 얻게 되는 은혜를 각각 비교해 보고 차이점을 나눠 보자.

08

알고 나면 쉽게 하지 못할 기도:

하박국 3:2의 원래 의미를 찾아서

1. 들어가는 말

변혁이라는 멋스러운 글자가 대세를 이루기 전까지 부흥이라는 말 한마디만 들어도 뭔가 속에서 울컥 올라오는 걸 느낄 때가 있었다. 근데 지금은 옛 추억에 그저 박제되어 있는 그때 그 시절의 단어로만 남아있는 것 같아 아쉽다. 부흥이라는 두 글자 대신에 변혁이 오래 가나 싶더니 코로나 팬데믹이 단번에 변혁 마저 소멸시키고 교회에 영 어색한 단어를 끌고 왔다. 생존이다. 비대면 예배에 교회가 생존할 수 있을까? 사회적 거리두기로 예배는 언제까지 생존할 수 있을까?

교회는 신자들을 세상에 뺏길 것 같은 위기감에 다급해졌다. 다방보다는 까페가 고급져 보이고, 한글 이름보단 영어 이름 아파트가 고급져 보이듯 교회는 부흥 대신 '리뉴' 라는 글자를 선택했다. 이름이야 어찌 되었든 부흥이 다른 이름으로라도 다시 깨어나 한국 교회에 임하길 소망한다. "다시 부흥케 하옵소서," "회복시켜 주옵소서," "새롭게 하여 주소서" 뭐라 기도한들, 하나님이 다 알아들으시니 감사다. 그나저나 기도의 불길이 타올라야 하는데 한국 교회의 주특기 삼창 기도를 맘 놓고 할 수 없는 코로나 시국에 교회로선 골머리다.

'새로운 일상' (new normal)으로 받아들여야하는 교회는 비대면 예배로 난감하다. 장기화 되면 교회는 부흥은커녕 생존만 해도 감사해야 할 판이다. 언제 다시 "부흥의 불길 타오르게 하소서!"라며 목놓아 찬양할 수 있을까 고대한다. 교회는 부흥해야 한다. 하지만 하박국 3:2로 부흥을 말하는 건 다시 생각해 봐야 한다.

필자가 청년이었던 시절, 하박국 3:2이 한 해 교회 표어였던 적이 있었다. 지금에서 돌이켜 보면, '부흥'이라는 글자 그 하나 이유 때문에 한 해 표어로 선택한 게 아니었나 싶다. 지금도 하박국 3:2은 문맥과 상관없이 교회 성장과 관련하여 이해될 뿐 아니라 설교 되고 있다.

하박국 3:2에서 "수년 내에 부흥하게 하옵소서!"를 가슴에 품고 기도할 수는 있다. 하지만 하박국 선지자가 이해하고 기도했던 그대로 이해하고 기도해야 한다. 그래야 산다. 그렇지 않고, 그동안 우리가 생각했던 부흥의 차원에서 백날 기도하면, 복창 두들기는 소리밖에 되지 못한다. 부흥이란 말 대신 리뉴를 써도 좋다. 그게 좋다면 말이다. 어차피 번역에서 단어의 선택 차이일 뿐이니 뭐인들 상관없다. 하박국 3:2을 하박국 선지자가 의도한대로 기도하자. 알고보면 하박국 3:2은 코로나 팬데믹 시대에 교회에 가장 적합한 구절이다.

2. 하박국 1, 2장 내용 이해

하박국서 3장은 하박국의 기도로 구성되어 있다. 그가 어떤 기도를 했는지 알아보려면, 기도 내용을 직접 들여다 보아야 하는 게 당연한

답이다. 하지만, 먼저 그가 어떤 상황에서 그런 기도를 드리게 되었는지를 알게 된다면, 그가 드린 기도를 깊이 있게 이해할 수 있다. 1장과 2장은 3장에서 하박국 선자자가 왜 그런 기도를 하게 되었는지, 구체적 상황을 제공한다.

2.1. 하박국의 호소, 야훼 하나님의 응답, 하박국의 재호소(1장)

하박국은 하나님께 "어느 때까지입니까? 내가 외쳐도 주님은 듣지 아니하십니다. 내가 강포 때문에 외쳐도 왜 구원하지 않고 계십니까?"(1:2)라고 부르짖었다. 하나님은 도대체 뭐 하고 계신 것인지 하박국은 답답했다. '하나님의 공의는 도대체 어디에 있단 말인가! 지금 나라는 겁탈, 강포가 만연하고, 정의는 찾아볼 수도 없고, 하나님의 법을 지키려는 사람들은 없고, 패역만 가득한데 하나님은 공의로 다스려 주지 않고 뭐하고 계신가'(1:3-4).

하나님이 하박국에게 드디어 응답하셨다. "갈대아 사람을 일으켜 너희를 심판하겠다. 그들은 사납고 성급한 백성으로 자기들의 힘을 신으로 삼는 자들이다"(1:5-11).

이건 아니었다. 남유다를 하나님이 공의로 심판하시는 것은 오케이였다. 하지만 갈대아 사람들을 통해서 하는 건 아니었다. 그들은 남유다보다 악한 사람들 아니던가. 악한 사람이 의로운 사람을 삼키고 짓밟는 것은 남유다 안에서 일어나고 있는 문제와 같은 것 아닌가. 더군다나 투망으로 치어까지 모조리 잡아 씨를 말려버리는, 자비라곤 눈 씻고 봐도 손톱의 때만큼도 없는 무자비한 놈들 아니던가.

"하나님 그게 옳습니까?" 간이 배 밖으로 나온 사람처럼 하박국은 씩씩댔다(1:12-17). '선배 선지자 요나도, 야훼 하나님께 할 말은 다 했는데 뭐, 나란들 못할쏘냐', 이렇게 부아를 냈는지 모른다.

2.2. 하나님의 응답(2장)

하박국은 야훼 하나님께 소리 질러 놓고, 하나님의 대답을 기다린다. 자신의 생각이 옳은 것인지, 하나님의 생각이 옳은 것인지 하나님께 생각해 볼 시간을 드렸다. 자신의 질문에 하나님이 어떻게 대답하실까 궁금했다. 그때까지 자신도 파수하는 성루에서 기다리면서 서 있겠다고 다짐했다(2:1).

드디어 야훼 하나님이 하박국에게 응답하셨다. "묵시를 기록하여 판에 명백히 새기라. 달려가면서 읽을 수 있게 해라. 묵시는 정한 때가 있다. 종말은 속히 이른다. 결코 거짓되지 아니하리라"(2:2-3). 이어서 하나님이 말씀하셨다. "보라 그의 마음은 교만하며 그 속에서 정직하지 못한다. 하지만 의인은 그의 믿음으로 말미암아 살리라"(2:4). 하나님이 하박국에게 말씀하신 묵시는 갈대아(바벨론) 또한 반드시 심판될 것이라는 내용이다. 그들은 늘 교만하고, 정직하게 행하는 바가 없기 때문이다. 오직 의인은 믿음으로 살아야 한다.

야훼 하나님이 하박국에게 말씀하신 믿음, '에무나'(אֱמוּנָה)는 하나님 존재에 대한 입술에서의 믿음이 아니다. 악인이 득세하는 동안에도, 공의로운 하나님의 다스림과 심판을 끝까지 신뢰하며 하나님 말씀대로 살아가는 삶에서 증명하는 믿음이다. 하나님은 갈대아 사람들이 어떤 사람들인지 세세하게 나열하셨다. 그것들은 곧 그들이 심판받는 이유가 될 것들이었다(2:5-20).

3. 하박국이 기도한 부흥

하박국은 하나님께 "뭐 하고 계십니까?", "그렇게 하시는 게 옳습니까?"라고 기도했다가 야훼 하나님으로부터 그분의 계획을 듣고, 의인으로 어떻게 살아야 할지 알게 되었다(2:4). 야훼 하나님 앞에 온 땅이 잠잠하게 될 것이듯, 그도 불평하던 입을 다물고 잠잠해지는 순간이었다(2:20). 이제 그는 알았다. 가슴에 생긴 물음표가 마침표가 되는 순간이었다. 그는 기도했다.

> 야훼여 내가 주께 대한 소문을 듣고 놀랐나이다 야훼여 주는 주의 일을 이 수년 내에 부흥하게 하옵소서 이 수년 내에 나타내시옵소서 진노 중에라도 긍휼을 잊지 마옵소서(3:2/개역개정).

하박국 선지자가 기도 첫마디로 한 말, "야훼여 내가 주께 대한 소문을 듣고 놀랐나이다"의 의미는 무엇일까? 수년 내에 부흥하게 해 달라고 한 주의 일은 무엇일까? 우리는 "수년 내에 부흥하게 하옵소서"라는 문구만 보고, "성도수가 몇 년 안에 배가 되게 하소서!" "수년 내에 성전(예배당)이 건축되게 하소서!" 이렇게 적용했었다. 정확한 이해를 위해 원문에서 읽어보자.

하박국 3:2

야훼여!	יְהוָה	3:2a
내가 주님이 어떤 분이신지 듣고 놀랐나이다	שָׁמַעְתִּי שִׁמְעֲךָ יָרֵאתִי	
야훼여!	יְהוָה	3:2b
주님의 일, 수 년 안에 그걸 **새롭게 하소서!**	פָּעָלְךָ בְּקֶרֶב שָׁנִים חַיֵּיהוּ	
수 년 안에 **알게 하소서!**	בְּקֶרֶב שָׁנִים תּוֹדִיעַ	3:2c
진노 중에라도 긍휼을 기억하소서!(사역)	בְּרֹגֶז רַחֵם תִּזְכּוֹר	3:2d

개역개정의 '주께 대한 소문'은 '심아하'(שִׁמְעֲךָ)다. 쉐마(שֵׁמַע)라는 단어에 2인칭 소유격이 접미된 형태니, '당신(주)의 소식', '당신(주)에 대한 소문'으로 번역 가능하다. 하지만 문제는 '소문'의 우리말 어감은 직접 들은 것이 아닌 타인을 통해서 듣게 되는 소식이나 뉴스 의미이기 때문에 적절한 번역으로 다가오지 않는다. 하박국은 하나님이 어떤 분이신지 직접 듣고 알게 되었다. 세상 돌아가는 일에 방관하시고 있다고 생각한 하나님이, 실은 그게 아니고 그분의 시간표 안에서 공의로 심판하시는 분이시라는 것을 하박국이 알게 된 것이다. 구체적으로 야훼 하나님은 남유다의 패역을 그보다 더 패역한 갈대아를 통해서 심판하시고, 갈대아 또한 심판하심으로 세상이 자신의 영광을 인정하도록 만드는 분이셨다(2:14). 하박국은 뭐 하나 제대로 알지도 못하면서 마치 모든 걸 다 아는 것처럼 행동했던 어리석음이 부끄러웠고, 하나님의 큰 계획에 놀라 입을 다물 수밖에 없었다. "왜 하나님은 강포로 말미암아 외쳐도 구원하시지 않습니까?"라고 부르짖었던 입이 쏙 들어갔다.

마음에 평온이 찾아온 뒤 하박국은 야훼를 다시 부르면서 기도했다(3:2b). "주님의 일(פָּעָלְךָ/포올하), 그걸 하시옵소서(חַיֵּיהוּ/하예후)."

개역개정에서 "부흥하게 하옵소서"라고 번역한 '하예후'는 '다시 살아나게 하다', 또는 '다시 살아나다'라는 뜻의 '하야'(חָיָה)의 명령형에 3인칭 대명사가 목적격으로 결합된 형태다. 이 단어는 3:2c에서 '토디아'(תּוֹדִיעַ/알게 하다)와 평행으로는 동의어가 된다. 3:2b는 3:2c과 평행 본문을 이루면서 3:2c에서 의비를 명확하세 드러낸나.

יְהוָה פָּעָלְךָ בְּקֶרֶב שָׁנִים חַיֵּיהוּ
בְּקֶרֶב שָׁנִים תּוֹדִיעַ
בְּרֹגֶז רַחֵם תִּזְכּוֹר

하박국이 기도하는 '주의 일'(פָּעָלְךָ/포올하)은 결국 '진노'(רֹגֶז/로게즈)다. 하나님의 그 진노는 갈대아인들(바벨론)을 통해서 단행된다. 개역개정에서 "부흥하게 하옵소서!"라는 말은 결국 남유다를 심판하시려는 진노를 어서 빨리 행해 달라고 기도하는 것이 된다. 놀랍게도 그는 그 진노를 자신의 시대(בְּקֶרֶב שָׁנִים/베케레브 샤님)에 맞이하게 해 달라고 기도하고 있다. 남유다가 범한 죄는 하나님으로부터 마땅한 심판을 받아야 한다.

하박국은 남유다에서 일어나고 있는 강포, 죄악, 패역, 겁탈, 변론과 분쟁, 율법의 해이, 불의, 악인의 득세에 야훼 하나님의 무개입을 보면서 악다구니 부리듯 하나님께 기도했었다. 하나님이 응답하실 때, 이제 자신의 부르짖음이 상달되었나 싶었는데, 그로서는 도저히 수용할 수 없는 응답이라 화가 머리끝까지 났었다. 흥분을 가라앉히고 이성을 찾을 시점이 되자 하나님이 하박국에게 응답하셨다. 그는 하나님의 말씀을 듣고 나서 정신을 차렸다.

이제 그의 기도는 "왜 대답이 없습니까"라고 부르짖는 기도도 아니요, "왜 그딴 식으로 말씀하십니까?"라며 따지는 기도도 아니다. "하나님, 어서 우리에게 진노하소서! 하지만 그 가운데도 긍휼을 베푸소서!"라는 기도였다.

하박국 선지자가 기도하는 부흥 '주의 일'(פָּעָלְךָ/포올하)은 유다 심판이었다. 곧 하나님이 바벨론 사람들을 통해 유다를 심판하시겠다는 계획을 받아들이겠다는 하박국의 기도인 것이다. 처음에 그는 유다의 불법, 부정, 죄악을 심판하시려는 하나님의 방법에 대해 이해할 수 없었고 수용할 수 없었다. 그러나 그는 하나님과의 논쟁을 통해 하나님의 방법을 받아들이게 되었다. 유다를 바벨론으로 멸망시키고 그런 바벨론 또한 패망시킬 계획 속에서도 야훼 하나님은 자기 백성에 대한 긍휼을 완전히 거두시지는 않을 것이기 때문이었다. 하박국은 야훼 하나님이 자기 백성을 구원코자 말을 타시고 권능으로 악인을 밟으시는 용사이신 것을 보았다(3:3-15).

환난 날을 기다리는 건 힘들다. 창자가 흔들리고, 목소리도 나오질 않는다. 그만큼 두렵다. 하지만, 그 환난 날에도 야훼 하나님 때문에 즐거워하고 종국에는 구원을 주실 하나님 때문에 하박국은 기뻐하겠다고 다짐했다. "야훼는 나의 힘이시라"(3:19). 하박국은 자신의 기도를 노래로 만들어 불렀다.

하박국이 야훼 하나님께 수년 내에 이뤄 달라고 간청한 부흥은 "어서 우리를 심판하소서"와 같은 의미로 쓰였다. 이걸 제대로 알았다면, 그 옛날 하박국 3:2로 "수년 내에 우리 교회를 부흥케 하소서!"라고 기도할 수 있었을까! 그땐 그랬었다 치고, 그럼 지금 우리는 "나의 죄악, 우리의 죄악을 심판하여 주소서!"라는 의미로 하박국 3:2의 "수년 내에 부흥하게 하옵소서"라고 기도할 수 있을까? 코로나 위기로 모든 일상이 셧다운된 시점에, "어서 이전으로 돌려 주세요"라고 기도는 해도, "어서 심판하여 주소서!"라고 기도하며, "비록 나는 그 심판의 과정 속에 두렵고 힘든 삶을 살겠지만, 주님을 나의 힘으로 삼아 기뻐하겠나이다"라고 고백할 수 있을까?

4. 나가는 말

너무 부흥되었던 것이 오히려 문제는 아니었을까. 사실 진정한 부흥이라면 이러진 않았을 것이다. 부흥인 것처럼 보인 것에 미혹되어 교만했고 방심한 게 문제였다. 잘못된 부흥이 혹 있었을까 싶어 변혁을 외쳤지만, 그것도 한때였다. 일시적인 정체인가 싶었는데 생각보다 오래 가다 보니 다시 부흥을 말해야 할 것 같은데 올드한 느낌이 들어 신박하게 '리뉴'라고 말을 대신 꺼내 들은 느낌이다.

하박국 3:2의 "수년 내에 부흥케 하옵소서"에서 "하나님 앞에 잘못 산 우리를 어서 심판하여 주시옵소서. 하나님 앞에 다시 새롭게 태어나길 원합니다. 진노 가운데 심판하실지라도 당신의 백성인 우리를 향한 아버지의 긍휼을 언제나 기억하여 주옵소서"라고 기도해야 한다.

하루 빨리 이전의 일상으로 돌아가고 싶은 건 주를 믿는 우리에게만 국한된 소망은 아니다. 모두의 바람이다. 교회(예배당)에 모여 하나님께 큰소리로 찬양하며 기도하고 싶고 말씀마다 아멘을 외치고 싶다. 하지만 코로나 시대 이전 그때 그대로의 무작정 회귀는 우리 시대에 찾아온 위기의 의미를 놓치게 한다. 하박국 3:2에서 "수년 내에 부흥하게 하옵소서!"라는 기도는 나의 일, 우리 일이 아닌 주의 일의 부흥이다. 하나님께서 하시려는 그 일, 곧 바벨론을 통해 유다 백성을 새롭게 하시려는 계획은, 우리에게 코로나로 우리를 새롭게 하려는 하나님의 의도가 있는지 모른다.

코로나 위기는 비단 대한민국에서만 겪고 있는 우리만의 문제는 아니다. 유례를 찾아보기 힘든 전세계적인 위기다. 모든 것이 멈춰 버린 현 상황에서, 빨리 이 위기가 비켜 가기를 위해 기도하는 것이 아니라 이때에 어떻게 성숙할 것인지, 어떻게 하나님을 바라볼 것인지 심판을 받아들이는 게 하박국 선지자가 보여준 믿음이다.

> "무화과 나무에 소출이 없게 될 것입니다. 밭에 먹을 것도 없게 되겠죠. 외양간에 소도 물론 없게 되겠죠. 주님! 그래도 전 주님을 신뢰합니다. 하나님이 나의 힘이십니다. 나의 노래이십니다. 나는 기뻐할 것입니다. 오직 믿음으로 인내하면서 하나님의 구원을 노래할 것입니다."

하박국은 하나님이 "남유다를 바벨론으로 심판하시겠다"는 말씀을 자신의 이름 뜻대로 껴안았다. 하박국 3:2 "수년 내에 부흥하게 하옵소서!"라는 말을 이제 껴안을 수 있을까. 부흥이라는 말에 흥분하지 말고 담담하게 이제 기도해야 한다.

> "주여! 진노하시려는 주의 일을 이제 얼른 나타내시옵소서!" "나는 오직 믿음으로 지금이나 앞으로나 살아가겠나이다."

[묵상과 나눔]

1. 하박국 3:2의 말씀을 어떻게 알고 있었는지 나눠보자.

2. 하박국서에서 선지자의 질문(기도), 하나님의 응답, 선지자의 헌신(기도)에서 배우게 되는 교훈은 무엇인가?

3. 진정한 믿음이란 무엇인지 하박국 3:2의 기도와 관련해서 정리해 보자.

09

하나님의 기쁨이 되는 사람: 스바냐 3:17

1. 들어가는 말

너무 흥분돼서 '너' 라는 말이 몇 번이나 들어 있는지 세봤다. 한 구절에서 무려 다섯 번이다. 원문에서는 네 번이다.

> **너**의 하나님 야훼가 **너**의 가운데에 계시니 그는 구원을 베푸실 전능자이시라 그가 **너**로 말미암아 기쁨을 이기지 못하시며 **너**를 잠잠히 사랑하시며 **너**로 말미암아 즐거이 부르며 기뻐하시리라 하리라(습 3:17/개역개정).

습 3:17

יְהוָה אֱלֹהַיִךְ בְּקִרְבֵּךְ גִּבּוֹר יוֹשִׁיעַ יָשִׂישׂ עָלַיִךְ בְּשִׂמְחָה יַחֲרִישׁ
בְּאַהֲבָתוֹ יָגִיל עָלַיִךְ בְּרִנָּה

> 야훼, **너의** 하나님이 **너의** 가운데 계시도다. 그는 구원하시는 용사시라. 그가 **너로** 기뻐 즐거워하시라. 그는 자신의 사랑 가운데 잠잠하시리라. 그가 **너로** 기뻐 크게 외치시리라(사역)[55]

---

55 "하나님이 그분의 사랑 가운데 잠잠하시리라"(יַחֲרִישׁ בְּאַהֲבָתוֹ/야하리쉬 베아하바토)는 문맥을 고려할 때, 이스라엘의 죄를 더 이상 문제 삼아 이방 나라로 심판하지 않고 사랑으로 끌어 안으시겠다는 의미다(참고. 3:15).

‘너’ 라고 콕콕 집어 말씀하시니 어질어질하다. 너무 좋아 쓰러질 것 같다. CCM 찬양으로 불러보니 은혜가 온몸 마디마디에서 느껴진다. 온탕에 백 번 몸 담가도 이 기분 따라잡지 못한다. 스바냐 3:17이다.

하나님이 나 때문에 기뻐서서 즐거운 마음으로 노래 부르신다니, 학교에서 상 받았을 때 부모님이 어깨춤 추시면서 콧노래 부르시던 장면이 떠오른다. 여기서 찬물 끼얹을 생각은 하지는 말자. 스바냐 3:17에서 말하는 ‘너’가 필자의 ‘너’ 가 아닌 회복될 이스라엘이라면서.

“넌 나의 기쁨이요, 전부다.”

갓난아이로 포대기에 처음 싸였을 때 부모님이 안아 흔들면서 하셨던 말씀이리라. 나 또한 자식들에게 그렇게 말했다. 하지만, 자식은 자라면서 부모님께 기쁨과 즐거움이 되지 못하고 아픔과 괴로움이 될 때가 있다. 나와 하나님 관계에서도 크게 다르지 않다. 죄를 고백하고 예수님을 구세주와 주님으로 받아들였을 때, 하나님은 입을 못 다무시며 기뻐하셨으리라. 하나님 품 안에서 자녀로 쭉 그렇게 기쁨이 되는가 싶더니, 조금씩 비뚤어지다가 어지간히 하나님 속을 태우는 자녀가 되지 않았을까? 수치가 된 사람은 자신의 수치를 모르는 법이다(참고 2:1).

스바냐서는 독자에게 하나님의 기쁨이 되어 하나님을 노래하시게 하라고 도전한다. 하나님은 나를 보며 슬퍼하실까, 아니면 너무 기뻐 즐거이 노래하실까? 스바냐서를 통해 하나님이 기뻐하시는 사람이 어떤 사람인지 알아보고 그런 사람이 되어 보자.

2. 스바냐 선지자와 당시 상황

스바냐는 요시야 시대 때(주전 640-609) 선지자로 부름 받았다. 요시야는 아몬의 아들로 8살 나이로(주전 641) 왕이 된 인물이다.[56] 자신을 얘기할 때, 아버지 이름을 으레 대던 유다 관습을 기억하면, '아몬의 아들 유다 왕 요시야의 시대에' 라는 문구는 큰 의미를 주지 못한다. 하지만 '아몬' 이라는 사람이 어떤 왕이었는지를 알면 의미가 조금은 달라진다. 아몬은 남유다에서 야훼 하나님께 악을 행한 대표적 인물이었다. 그는 아버지 므낫세보단 야훼 하나님을 덜 대적했지만, 아버지가 말년에 극적으로 야훼 하나님께 돌아온 것과 같이 하나님께 돌아오지는 않았다. 반면 요시야는 야훼 하나님께 악을 행하던 아버지 아몬과는 달리 선을 행한 이스라엘 역사에서 전무후무한 인물이었다(왕하 13:25). 스바냐가 그런 요시야 왕 때 선지자로 부름 받았다.

요시야가 왕이 되었을 때 당시 우상숭배와 이방인 풍습은 심각했다. 왕위에 오른 지 18년째 되었을 때 요시야는 성전 보수를 지시했다(왕하 22:3; 참고. 대하 34:3).[57] 힐기야 제사장이 보수하던 성전에서 율법책을 발견했다. 요시야는 그 율법책 내용에 따라 대대적인 종교개혁을 단행했다. 개혁의 핵심은 이방 종교와 풍습의 온상인 산당 제거였다. 이방 문화 요소를 완전히 거둬낸 우상 숭배 철폐는 단지 내치에 국한된 일만이 아니었다. 앗수르에게 반역 요소로 비칠 수 있는 외교적 도

---

56 아몬은 반역한 신복들에 의해 암살당했다. 백성은 암살자들을 붙잡아 처형하고 8살밖에 되지 않은 요시야를 왕위에 앉혔다(왕하 21:19-22:2).

57 대하 34:3에서는 요시야가 왕이 된지 열두 해라고 말하고 있다.

발이기도 했다. 당시 앗수르가 스키티아인들(Scythians)의 위협과 이집트의 조공 거부(주전 655)로 이빨 빠진 사자가 되어 가는 길에 있었다지만, 대놓고 이방 요소를 제거하는 건 반역 행위였다. 요시야는 주변 국제 상황을 주시하면서 앗수르의 영향에서 벗어나고자 그렇게 애썼다.

스바냐는 이런 상황에서 자기 이름의 뜻, '야훼께서 숨기시다'를 메시지 선포에 적극 활용했다. 야훼의 날에 숨김을 얻을 사람은 야훼의 규례를 지킨 사람들이며 야훼를 찾으며 공의와 겸손을 구한 사람들이다(2:3). 스바냐는 왕족이었을 것으로 추정된다. 자신을 히스기야의 현손이라고 했다(1:1). 히스기야를 왕으로 지칭하지 않은 거로 봐선, 히스기야가 그냥 일반인일 수도 있다. 하지만 굳이 4대까지 거슬러 올라가면서까지 '히스기야'를 언급한 이유가 있어 보인다. 왕족 신분을 자랑하고 싶지 않았다면, 구시의 아들이라고만 했어도 족할 일이었다.[58] 조상 4대까지 거슬러 히스기야를 말하면서도 그를 왕이라고 말하지 않은 이유는 뭘 지를 생각해 보자. 백성들이 다 아는 사실을 굳이 표기까지 할 이유는 없었다고 봐야 할까?

이것에서 보면, 스바냐 선지자는 자신의 입으로 콕 집어 말하지 않지만, "난 왕족이야"라고 험블브레그(humblebrag, 은근 자랑)하는 사람

58 이사야 선지자는 자신을 그저 아모스의 아들 이사야라고 했고(사 1:1), 예레미야 선지자 또한 자신을 힐기야의 아들이라고만 했다(렘 1:1). 나훔은 자신을 엘고스 사람으로만 언급했고(나 1:1), 하박국은 자신의 고향이나, 아버지를 밝히지 않았다(합 1:1). 반면 스바냐는 조상 4대까지 언급하면서 자신을 말하고 있다는 점은 특별나다. 아버지 이름이 구시(כּוּשִׁי)이기 때문에, 아프리카 사람으로 오해나 취급되지 않기 위해 4대 위까지 언급할 가능성도 있다.

처럼 보인다. 꾸안꾸(꾸민 듯 안 꾸민 듯) 어필이다. 스바냐 첫인상이 썩 좋게 느껴지지 않는다. 백성들에게 "겸손을 구하라"는 외침에선 뜻밖이다(2:3). 자기소개에서 보여준 이미지와는 완전히 딴판이다. 하나님이 기뻐하시는 사람에 대해서도 말하고 있으니, 교만한 사람이라고는 볼 수 없을 것 같다.

스바냐서 전체에서 보니, 그의 메시지는 왕자, 재판관, 선지자, 제사장 등 상류층과 지배층에 집중되었다(1:8-9; 3:3-4). 4대까지 거슬러 올라가 자기 신분을 넛지(nudge)한 이유를 알 것 같다. 자신의 메시지를 듣는 청중들이 쉽게 저항하지 못하도록 슬쩍 신분으로 제압하려는 전략으로 보인다. 사도 바울이 위험한 순간에 로마 시민권 카드를 꺼내 드는 것과 같다고 생각하면 될 것 같다. 달리 생각해 볼 수도 있다. 메시지가 왕족인 자신에게도 동일하게 적용되는 갱신 촉구로 주장하기 위한 것이라면, 살짝 얄밉게 보이던 그의 첫 이미지가 한순간에 호감형으로 달라 보인다.

3. 스바냐 선지자가 외친 야훼의 날

스바냐 선지자는 유다 백성에게 처음부터 "너를 보며 하나님이 기뻐하실 것이다"라고 말하지 않았다. 그는 야훼의 날이 있을 거라고 말했다(1:7). 야훼의 날은 위로가 아닌 경고하기 위해서 한 선포였다. 그날은 환난과 고통, 황폐와 패망, 어둠과 절망, 구름과 흑암의 날이다(1:15). 야훼 하나님께서 땅 위의 모든 것을 멸절시키는 섬뜩한 심판의 날이다. 우상 숭배로 야훼를 배반한 자들, 야훼를 찾지도 아니하고 구하지도 아니한 자들, 그런 자들을 찾아 모조리 심판하시는 날이다(1:6).

요시야가 종교개혁할 때 하나님은 남유다 백성에게 살 기회를 주셨다. 백성은 겉모습에선 하나님께 돌아왔다. 하지만 마음에서는 아니었다. 므낫세 통치 55년, 아몬의 통치 2년, 도합 57년 동안 있었던 우상숭배 습관과 이방 풍습이 하루아침에 정리가 되긴 어려웠을 것이다. 스바냐 선지자는 "은과 금이 있어도 그것들로 너희들 스스로를 구하지 못할 것이다"라고 선포했다(1:18). 청중들에게 스바냐의 메시지는 귀신 씻나락 까먹는 소리로 들렸다. 우상숭배를 국가적으로 손보는 상황에서 "야훼의 날이 임박했다"라는 선포는 시의적절한 메시지는 아니었다. 지도층과 상류층들은 겉에선 요시야의 종교개혁을 통해 야훼 하나님만이 구원이라고 말했지만, 마음속에서는 자신들이 가진 재물이 자신들을 살릴 구원이요 안전이었다.

하나님이 바벨론으로 유다를 심판하신다는 말씀은 이미 정해진 사건이었다(왕하 20:16-18; 23:26-27). 성전이 파괴되고 포로로 잡혀가는 야훼의 날은 유다 백성에게 얼마 후에 있게 될 날만이 아닌 온 세상이 맞게 될 먼 훗날 심판의 날을 예고했다. 스바냐의 요지는 '유다를 심판하는 야훼의 날은 반드시 온다. 그때 살아남는 자가 되려면, 지금의 삶이 결정한다'에 있었다.

> "겉모습을 바꾸는 거로는 안 된다. 속마음을 바꿔야 한다."
> "하나님의 확실한 기쁨이 되어야 한다."

야훼의 날이 어디 유다에게만 있었을까! 그날은 유다보다 작은 나라, 멀리 있는 나라 구분 없이 열방에 임하는 날이었다. 스바냐 선지자는 앗수르가 무너질 것도 보았다(2:13-15). 스바냐 선지자 목소리에서, 요시야의 종교개혁이 백성들의 삶 깊숙까지 내려가지 못했던 것이 보인다. "남아 있는 바알"(אֶת־שְׁאָר הַבַּעַל/엩-쉐아르 합바알)(1:4)이란 문구는 종교개혁이 실패로 돌아갔음을 증거한다.[59] 동시대 사역자 예레미야 선지자는 백성들이 하나님께 돌이킨 척하는 거짓 태도를 강도 높게 비판했다(렘 3:10). 스바냐서 1장은 "진멸하리라"로 시작해 "멸절할 것임이라"로 끝을 맺고 있다(1:2, 18). 유다에게 하나님의 심판이 불가피함을 여실히 보여준다.

스바냐가 유다 백성에게 야훼의 날을 그냥 앉아서 맞으라고만 했다면, 그건 선지자로 할 역할은 아니다. 선지자의 진짜 임무는 백성들로 "하나님께 돌아오라"고 촉구하는 일이다. 그는 "야훼를 찾으며 공의와 겸손을 구해야 한다"라고 선포했다(2:3). 이것만이 야훼께서 분노하시는 날에 보호를 받는 방법이다. 다른 방법은 없다.

습 2:3

בַּקְּשׁוּ אֶת־יְהוָה כָּל־עַנְוֵי הָאָרֶץ אֲשֶׁר מִשְׁפָּטוֹ פָּעָלוּ
בַּקְּשׁוּ־צֶדֶק בַּקְּשׁוּ עֲנָוָה אוּלַי תִּסָּתְרוּ
בְּיוֹם אַף־יְהוָה

> 야훼의 규례를 지키는 세상의 모든 겸손한 자들아. 너희는 야훼를 찾아라. 공의를 구하라. 겸손을 구하라. 혹여 야훼의 분노의 날에 너희들이 숨겨질까 하노라(사역)

59 '쉐아르 합바알' (שְׁאָר הַבַּעַל)바알의 남은 자로 바알 숭배자를 가리킨다.

하나님께 돌아온다고 해도 야훼의 날, 그날 자체가 취소되는 건 아니다. 그날은 분명 온다(3:7). 하지만 야훼 하나님이 분노하시는 그날이 와도, 보호하심을 입을 수 있다. 야훼의 날은 열방에 미친다(2:4-15). 스바냐는 야훼의 날이 심판의 날인 것은 분명하지만, 유다 백성에게 구원과 회복을 기대하게 하는 소망의 날로 언급한다(2:6-7, 9, 11; 3:6-20). 또한 열방에게도 그날은 심판이면서 소망이 되는 날이다(3:9).

4. 하나님이 기뻐하실 나를 찾아서

스바냐 선지자가 전한 메시지는 '야훼의 날'이다. 여러 선지자가 야훼의 날을 얘기했지만 이렇게 스바냐 선지자만큼 물고 늘어진 선지자도 드물다. 그는 "야훼께서 심판하실 그날이 가까이 오니 빨리 하나님의 수치가 되지 말고, 기쁨이 돼라"라고 외쳤다. 환난의 날에 하나님의 기쁨이 되는 사람은 보호받는다. 야훼의 날은 이스라엘 역사에서 남유다라는 나라에 있었던 과거일 뿐이니, 우리가 기억해야 할 날은 아니라고 생각하면 오산이다. 예언서에서의 예언은 가까운 앞날에 일어날 그때의 사건이기도 하지만, 종말에 이루어질 사건도 되는 이중적 의미가 있다. 야훼 하나님이 메시야 예수의 재림으로 온 세상을 심판하시고 통치하실 그날을 준비하고 계신다.

야훼의 날을 앞으로 맞이하게 될 운명의 시간대에 살고 있다는 건 그때나 지금이나 똑같다. 정신 똑바로 차리지 않으면, 하나님께서 온 세상을 대청소하시는 날, 없어질 물건 짝이 된다. 스바냐서를 통해 하나님의 기쁨과 사랑이 되어, 하나님께서 노래하게 될 즐거움이 되려면 그분의 날을 기억하며 적어도 세 가지 모습에서 나를 결단해야 한다.

첫째, 겉이 아닌 내면의 모습에서부터 갱신하며 주를 찾는 나다. 스바냐가 선지자로 부름 받았을 때는 요시야 시대 때였다. 보이는 면에서는 선한 왕이 통치하고 있었고, 이전과는 달리 야훼 종교가 보수되고 강화되던 시절이었다. 그때 스바냐가 선지자로 부름 받았다는 건 시사하는 바가 크다. 백성들이 하나님의 큰 은혜를 입을 기회가 주어진 셈이다.

> [1]패역하고 더러운 곳, 포학한 그 성읍이 화 있을진저 [2]그가 명령을 듣지 아니하며 교훈을 받지 아니하며 야훼를 의뢰하지 아니하며 자기 하나님에게 가까이 나아가지 아니하였도다(3:1-2).

백성은 겉으로는 요시야 왕이 행하는 종교개혁 대열에 줄 서 있었다. 신을 내 마음대로 믿게 해달라는 허튼소리는 없었겠다. 몸에 배어 있는 이방종교 흔적을 말끔히 지우고, 찾지 않았던 야훼 하나님을 새삼스럽게 다시 찾는 일은 쉽지 않았다. 그만큼 우상숭배는 일상이 되어 있었다. 상류층과 지도층은 밤에 지붕 위로 살금살금 올라가 별 신에게 경배했다(1:5). 야훼 하나님께 맹세하면서 밀감을 가리켜 맹세했다(1:5). 야훼 하나님을 찾지도 않았고 구하지도 않는 자들도 꽤 있었다(1:6). 야훼께 제사를 드리는 날에도 언약 규정을 기억하게 하는 술 달린 겉옷을 입지 않고 이방인들이나 입는 옷을 버젓이 입고 있었다(1:8).

야훼 하나님께 돌아와야 할 것은 입술이 아니라 마음이다. 미가 선지자가 외쳤던 것처럼, 천천의 수양, 만만의 기름을 입에 올려도 하나님이 그것 때문에 기쁘셔서 노래 부르시지 않는다. 마음에서 돌아올 때 하나님이 기뻐하신다.

둘째, 수치를 아는 나다. 스바냐 선지자는 "수치를 모르는 백성아! 모일지어다. 모일지어다"(הִתְקוֹשְׁשׁוּ וָקוֹשׁוּ הַגּוֹי לֹא נִכְסָף/히트코쉐슈 바콧슈 학고이 로 니흐사프)라고 외쳤다(2:1). 야훼 하나님 또한 "너희는 수치를 알지 못한다"(וְלֹא־יוֹדֵעַ עַוָּל בֹּשֶׁת/벨로-요데아 아발 보쉐트)라고 말씀하셨다(3:5). 자신이 한 행동에서 수치를 알지 못한다는 것은 교만하다는 얘기다. 유다는 어리석은 교만에 빠져 있었다.

> 그날에 네가 내게 범죄한 모든 행위로 말미암아 수치를 당하지 아니할 것은 그 때에 내가 네 가운데서 교만하여 자랑하는 자들을 제거하여 네가 나의 성산에서 다시는 교만하지 않게 할 것임이라(3:11).

요시야 왕은 성전을 수리하다 발견된 율법책에서 수치를 알게 되었다. "왕이 율법책의 말을 듣자 곧 그의 옷을 찢으니라"(왕하 22:11). 은과 금이 있고 없고의 차이가 수치냐 아니냐가 되지 못한다(1:18). 요시야 왕은 야훼 하나님의 규례를 떠나 있었던 유다 나라의 모습에서 수치를 느꼈다. 수치를 느끼는 척도는 야훼 하나님의 규례를 대하는 태도에서 찾아야 한다(2:3).

소아시아 일곱 교회 중 라오디게아 교회는 부자가 모인 교회였다. 그들이 입고 있는 옷은 귀티 팍팍 나는 명품이었다. 보이는 신앙은 모두 품위 있었고 근사했다(계 3:18). 하지만 진짜 모습은 창피한 줄도 모르고 벌거벗고 있는 사람들이었다. 예수님은 그런 교회를 보고 "내 입에서 토해 버리겠다"라고 말씀하셨다(계 3:16).

하나님 말씀에서 자신의 수치를 보는 자가 복되다. 하나님은 자신의 수치를 아는 자의 수치를 가려 주신다. 하나님 앞에서 무화과 나뭇잎으로 수치를 가리려는 노력은 부질없다. 수치를 감추려는 나의 옷을 찢고 하나님이 입혀 주시는 옷을 입어야 한다.

> 야훼 앞 곧 내 앞에서 겸비하여 옷을 찢고 통곡하였으므로 나도 네 말을 들었노라 야훼가 말씀하였느니라(왕하 22:19).

셋째, 야훼의 날을 믿음의 삶으로 인내하며 사모하는 나다. 이점은 앞에 놓인 하박국서 내용과 일치한다. 하나님이 유다를 심판하는 날은 분명 온다. 그날은 하나님을 대적했던 자들을 하나님이 직접 심판하는 날이긴 하지만, 야훼 하나님을 찾으며 공의를 구하며 겸손했던 자들에게는 구원의 날이다(2:3).

현실은 어렵다. 체감하는 복이 없다. 그럴지라도 야훼 하나님을 신뢰한다. '하나님은 반드시 자신을 찾는 자들에게 상 주신다'라는 사실을 믿어야 한다(3:2; 히 11:6). 그것이 꼭 현실로 이뤄져야 한다고 생각만 안 하면 될 일이다. 이 세상이 아니면 하늘에서 맞을 세상에서 반드시 주신다(딤후 4:7-8). 값진 것으로 말하자면 이 세상보단 하늘에서 상 받는 게 더 귀하다. 그러니 인내해야 한다.

5. 나가는 말

스바냐 선지자는 외쳤다.

"야훼의 날이 가까웠다"(1:7, 14).

"그날은 매우 두려운 날이다"(1:10).

"모든 것이 진멸되는 날이다"(1:2, 18).

그가 외친 야훼의 날은 예루살렘 멸망으로 성취되었지만, 그것으로 끝나지 않았다. 종말론적 성취를 남겨두고 있다. 삶에서 우리는 크고 작은 야훼의 날을 통해서 그분의 살아계심과 다루심을 경험한다. 야훼의 날은 누구에게는 두려움의 날이지만, 누구에게는 분명 희망의 날이다. 세상 사람들은 정욕대로 살면서 야훼의 날을 믿는 자들을 조롱한다. 거짓 예언자들은 왜곡한 야훼의 날로 사람들을 겁박하면서 주머니를 턴다. 야훼의 날이 가까이 올수록 자신이 그리스도라 말하는 거짓 예언자들이 출현한다. 택함 받은 자들도 미혹된다(마 24:1-28, 24-25장).

우리 생애에 예수의 재림으로 세상을 심판하는 야훼의 날이 없을 수도 있다. 하지만 우리 생애에 그날이 있기를 소망하자(벧후 3:12). 그래야 목적 없는 삶을 살지 않고 하나님께 목적을 두는 하나님의 기쁨으로 살 수 있다. 야훼의 날에 대한 소망은 해이하게 된 자신의 신앙을 돌아보게 하고, 하나님보다 세상을 더 사랑했던 삶을 회개하며, 거룩한 행실과 경건을 따르게 한다(벧후 3:11). 하루를 천 년같이 천 년을 하루같이 여기는 하나님의 시간에서는 더딘 것이란 없다. 한 사람이라도 하나님께 돌아와 그분의 기쁨이 되어야 한다. 하나님이 나를 기뻐하려면 내가 하나님을 기뻐하는 것이 먼저여야 한다. 스바냐서 바로 앞에 배열된 하박국서에서 하나님을 기쁨 삼은 선지자의 노래가 있다.

> 나는 야훼로 말미암아 즐거워하며 나의 구원의 하나님으로 말미암아 기뻐하리로다(합 3:18).

스바냐서에는 야훼의 이름을 의탁하며 살아가는 자들을 기쁨 삼은 하나님의 노래가 있다.

> 너의 하나님 야훼가 너의 가운데에 계시니 그는 구원을 베푸실 전능자이시라 그가 너로 말미암아 기쁨을 이기지 못하시며 너를 잠잠히 사랑하시며 너로 말미암아 즐거이 부르며 기뻐하시리라 하리라(습 3:17).

나는 야훼 하나님으로 말미암아 기뻐하고 하나님은 나로 말미암아 기뻐하신다. 하박국 3:16과 스바냐 3:17의 특별한 케미가 우리의 신앙을 완성한다. 야훼의 날을 기억하며 남은 자로 사는 자가 누리는 복이다. 이 복보다 더 좋은 복이 세상 그 어디에 있겠는가!

[묵상과 나눔]

1. 하나님께 사랑과 기쁨이 되는 사람은 어떤 사람일지 나눠보자.

2. 스바냐가 요시야 왕 때 선지자로 부르심을 받았다는 것은 무엇을 의미하는지와 신앙개혁의 걸림돌은 무엇인지를 나눠보자.

3. 스바냐서 3:17을 하박국 3:18과 연관하여 하나님을 기뻐하는 나와, 하나님이 기뻐하는 나를 비교해 나눠보자.

10

학개서의 초대, 불편함이 아닌 흥분된 감동으로

1. 들어가는 말

바벨론 포로에서 귀환한 유다 백성이 무너진 성전을 재건하는 내용을 담고 있는 학개서는 그동안 한국 교회에서 성전(교회 건물) 건축 또는 성전 리모델링과 관련하여 주로 설교되어 왔다. 학개서는 설교자에게 교회 성장을 위한 흥분된 설계서였다. 하지만 성도에게는 강제는 아니라지만, 꼭 강제처럼 느끼게 되는 불편한 청구서였다. "그런즉 너희는 먼저 그(하나님)의 나라와 그의 의를 구하라. 그리하면 이 모든 것을 너희에게 더하시리라"(마 6:33)는 신약 말씀까지 당근 구절로 제시되었다. 한국 교회에서 성전 건축은 아직도 교회 부흥을 가늠하는 부동의 증거이고, 목회자의 능력을 측정하는 절대 기준이다.

학개 선지자는 바벨론에서 귀환한 백성들이 무너진 성전을 재건하다 중단한 일을 다시 시작할 것을 촉구했다. 당시 상황은 솔로몬이 성전을 건축할 당시와는 재정과 물자 조달 여건이 확연히 달랐던 때였다. 귀환 백성들이 처한 사회적, 경제적 환경은 매우 열악했다. 귀환 공동체가 다시 지으려는 성전은, 이전 솔로몬 성전과는 비교하기도 부끄럽게 보잘것없었다.

낙후돼 보수하는 것이라면 모를 일인데, 아이러니하게 한국 교회는 멀쩡한 교회 건물을 부수고 새롭게 짓고 있다. 교회 건물이 크고 세련될수록 사람들을 끌어모을 수 있다고 믿는 듯하다. 일단 빚을 지더라도 교회 건물을 백화점처럼 짓고 보자는 것이었다. 재정 리스크 염려는 믿음 없는 사람이나 하는 쓸데없는 짓이고, “전 교인이 믿음으로 하나 되어 기도하면 뭐든 할 수 있다”라며 덤벼들었다. 자동적으로 성도들에게 헌금이 강요되었다. 성도는 거룩한 교회 부흥의 열망 대열에 반강제적으로 참여해야 했다. 머뭇대거나 외면하면, 교회 공동체에서 하나님 나라와 의를 먼저 생각하지 않는 세속적인 크리스천으로 찍히는 낙인을 감내해야 했고 직분 임명에서도 소외되었다. 1506년 요한 테젤이 베드로 성당 건축 기금을 위해 면죄부를 팔았던 것과 같은 유사 행위가 한국 개신교에서도 쭉 있어왔던 것이다.

학개서를 제대로 적용할 것 같으면 성전(교회 건물) 규모는 오히려 더 작아져야만 한다. 학개서에서 귀환 백성들이 짓는 성전은 솔로몬 성전과는 비교도 안 되는 초라함 그 자체였기 때문이다. 큰 규모의 성전을 원하는 것이었다면, 차라리 솔로몬 성전 건축 기사를 다루는 열왕기 본문이나 성전 건축을 위해 예물을 준비하는 역대상 본문이 설교 본문으로 더 바람직했을 것이다(왕상 6장; 대상 29장). 그런데도 학개서를 설교하는 이유는 성전 건축에 미온적 태도를 보이는 성도들에게 헌금을 적극 유도하기 위한 목적이었다고 밖에 볼 수 없다. 결국 학개서는 목회자가 자신의 성공 야망을 이루기 위해 본문의 원 의미와는 동떨어지게 설교하는 책이라는 생각을 지울 수 없게 된다.

성전 건축 이외에 학개서는 무기력에 빠져 있는 성도들에게 용기를 북돋아 주는 본문 역할을 하기도 했다. 유다 백성은 예루살렘으로 귀환 후 성전 재건을 시작했지만(스 3:8), 지역의 반대로 오랜 부침을 겪으면서 16년 동안이나 재건 공사를 중단하고 있던 상태였다(스 4:1-5, 24). 그때 학개 선지자가 성전 재건을 독려했다. 학개 선지자의 외침은 귀환 공동체에게 '칼을 뽑았으면 무라도 베야 한다'는 우리식의 교훈이나 '해보자! 할 수 있다'와 같이 정신 무장을 새롭게 하는 일이기도 했다.

하지만 여기에는 두 가지 문제점이 있다. 첫째, 학개서 메시지를 성전 재건으로 제한하게 되었을 때 재건 사업 이후에는 학개서의 필요성이 없어진다는 사실이다. 이사야 선지자는 "풀은 마르고 꽃은 시드나 우리 하나님의 말씀은 영원히 서리라 하라"(사 40:8)라고 했다. 학개서는 그때 잠시를 위한 쓸모의 말씀이 아니라 영원한 쓸모가 있는 하나님 말씀이기 때문이다. 둘째, 학개서의 관심이 유다 백성의 편안한 삶에 있는가, 하는 점이다. 학개서는 유다 백성의 성공한 삶이 아니라 영광을 받으셔야 할 하나님에 대해 말하고 있기 때문이다.

우리는 학개서에서 성전 재건 보단 성전 재건 그 너머에 있는 하나님의 영광에 주목해야 한다. 더 이상 학개서가 헌금을 강요하는 청구서로 다가와선 안 된다. "뒤져서 나오면 10원에 한 대씩"이라는 협박

성 설교로 거룩한 학개서 본문을 훼손시키지 않기를 희망한다. 학개서가 자기계발서로 읽히는 것도 유의해야 한다. 나의 성공을 위해 신을 조종하는 행위는 이방 종교에서나 있을 법한 일이다. 기독교의 본질은 무릎 꿇고 하나님을 경배하며 그분의 영광을 드높이는 데 있다. 이제 학개서를 불편한 책이 아니라 감동되는 책으로 만나 보자.

2. 당시 상황과 성전 재건 중단 이유

포로 백성들의 예루살렘 귀환은 감격 그 자체였지만 삶에서 그 감격은 체감되지 않았다. 에스겔 선지자가 예언한 회복은 오랫동안 나타나지 않고 있었다.

> 28내가 너희 조상들에게 준 땅에서 너희가 거주하면서 내 백성이
> 되고 나는 너희 하나님이 되리라 29내가 너희를 모든 더러운 데
> 에서 구원하고 곡식이 풍성하게 하여 기근이 너희에게 닥치지
> 아니하게 할 것이며 30또 나무의 열매와 밭의 소산을 풍성하게
> 하여 너희가 다시는 기근의 욕을 여러 나라에게 당하지 아니하
> 게 하리니(겔 36:28-30).

학개 선지자는 그 이유를 다음과 같이 말했다.

> 4이 성전이 황폐하였거늘 너희가 이 때에 판벽한 집에 거주하는
> 것이 옳으냐 5그러므로 이제 만군의 야훼가 이같이 말하노니 너
> 희는 너희의 행위를 살필지니라 6너희가 많이 뿌릴지라도 수확
> 이 적으며 먹을지라도 배부르지 못하며 마실지라도 흡족하지 못
> 하며 입어도 따뜻하지 못하며 일꾼이 삯을 받아도 그것을 구멍
> 뚫어진 전대에 넣음이 되느니라(1:4-6).

성전 황폐는 백성들의 삶과 직결되어 있었다. 귀환 백성들의 성전 재건 마음이 애초부터 없었던 게 아니었다. 나름 해 볼 수 있는 조치는 다 해 본 그들이었다. 성전 재건 시작은 바벨론에서 귀환하고 난 뒤 약 이 년이 지난 시점부터였다. 처음 하게 되는 일이 다 그러하듯, 모두 흥분된 상태에 있었다. 너무 기쁜 나머지 소리를 지르는 자들도 있었다(스 3:12-13). 그때 앗수르 에살핫돈에 의해 북이스라엘로 이주하여 살아온 이방인 후예들이 성전 건축에 참여하겠다는 의사를 밝혔다. 자신들도 그때부터 하나님께 예배를 드렸다고 했다. 하지만 귀환 백성은 단호히 그들의 의사를 거절했다. 그때부터 그들의 조직적 훼방이 시작되었다. 그들은 "귀환 백성들이 제국에 반란을 꾀하려는 목적이 있다"라며 바사 관리를 뇌물로 매수하여 귀환 백성들의 성전 재건을 막기 시작했다.

그러니 성전 건축은 지지부진할 수밖에 없었다. 결국 중단까지 이르게 되었다. 무려 16년이란 긴 시간이 흘렀다. 바사의 다리오 왕이 통치 한지 2년째(주전. 520) 되었을 때였다. 그때까지도 성전 재건을 포로 귀환 백성들이 부정하거나 포기하고 있었던 건 아니었다. 성전 재건의 당위와 필요는 알고 있었지만, "지금은 시기가 아니다"라고 생각하고 있었을 뿐이었다(1:2). 성전 재건 사업은 그렇게 귀환 백성들 마음에 지금은 아니지만 언젠가는 해야 할 일로 우선순위에서 밀려 있었다.

포로 귀환 백성들이 "야훼의 전을 건축할 시기가 이르지 아니하였다"(1:2)라고 판단한 이유는 사마리아 사람들의 훼방이 전부가 아니었다. '내 집이 편안해야 하나님의 집도 편안하게 지을 수 있다' 라는 생각이 마음속에 크게 자리 잡고 있었다. 그들에겐 방치된 야훼의 전 재건보단 먹고사는 현실이 우선이었다.

3. 새로 지어질 성전과 영광

성전 건축을 지도해야 할 유다 총독 스룹바벨과 대제사장 여호수아도 사마리아 사람들의 훼방에 두려움을 갖고 있었다(스 4:2). 다시 성전 공사를 시작하려면 무엇보다 그들에게 담대한 용기가 필요했다. 학개 선지자의 설교로 귀환 백성은 16년 동안이나 중단 되었던 성전 공사를 다리오 왕 2년 6째달 24일에 재개할 수 있었다(1:14).

다음 달 21일이 되었다. 이때는 8일 동안 진행되는 초막절(장막절)의 7일째 되는 날이었다(참고. 레 23:34-36). 초막절은 출애굽한 이스라엘 백성이 지난 광야 생활을 기억하며 임시 처소에서 지내는 기간이었다. 이때 모든 남자는 예루살렘 성전으로 모여야 했다.

> 그러나 야훼가 이르노라 스룹바벨아 스스로 굳세게 할지어다 여호사닥의 아들 대제사장 여호수아야 스스로 굳세게 할지어다 야훼의 말이니라 이 땅 모든 백성아 스스로 굳세게 하여 일할지어다 내가 너희와 함께 하노라 만군의 야훼의 말이니라(2:4).

이 말씀은 사마리아 사람들의 성전 건축 훼방에 마음을 뺏기지 말라는 것도, 자기 집을 먼저 돌보려는 이기적 마음을 버리고 성전 건축에 대한 마음을 먼저 지키라는 것도 아닌 다른 의미에서 하신 말씀이었다.

> [3]너희 가운데에 남아 있는 자 중에서 이 성전의 이전 영광을 본
> 자가 누구냐 이제 이것이 너희에게 어떻게 보이느냐 이것이 너
> 희 눈에 보잘것없지 아니하냐 [4]그러나 야훼가 이르노라 스룹바
> 벨아 스스로 굳세게 할지어다 여호사닥의 아들 대제사장 여호수
> 아야 스스로 굳세게 할지어다 야훼의 말이니라 이 땅 모든 백성
> 아 스스로 굳세게 하여 일할지어다 내가 너희와 함께 하노라 만
> 군의 야훼의 말이니라(2:3-4).

2:3은 2:4에서부터 시작하는 야훼 하나님이 귀환 백성들에게 성전 재건을 촉구하며 격려하는 이유를 설명하는 구절이다. 야훼 하나님은 건축이 중단 된 성전을 가리키며 "이제 이것이 너희에게 어떻게 보이느냐? 이것이 너희 눈에 보잘것없지 아니하냐?"라고 물으셨다(2:3).

포로 귀환 백성들이 예루살렘에 도착한 후 이년 둘째 달, 성전 기초가 처음 놓였던 그날, 슬픔의 큰 통곡과 기쁨의 함성이 동시에 있었다. 옛 성전을 본 적 있는 팔십 넘은 노인들은 감격하면서도 짓고 있는 성전 규모가 너무 초라하고 볼품없어 애통한 마음에서 울었고, 옛 성전을 본 적 없는 사람들은 기쁜 마음에서 함성을 질렀다(스 3:12-13). 하지만, 그렇게 역사적인 순간을 작은 일의 날이라고 폄하하는 자들도 있었다(슥 4:10).

야훼 하나님이 학개 선지자에게 성전 재건의 중요성을 말씀하셨다. 하나님의 가르침은 통상 우리가 갖고 있는 크고 화려함이 좋은 것이라는 통념과 거리가 있었다. 하나님은 성전에 충만할 영광을 말씀하셨다.

> 또한 모든 나라를 진동시킬 것이며 모든 나라의 보배가 이르리
> 니 내가 이 성전에 영광이 충만하게 하리라 만군의 야훼의 말이

니라(2:7).

> 이 성전의 나중 영광이 이전 영광보다 크리라 만군의 야훼의 말이니라 내가 이 곳에 평강을 주리라 만군의 야훼의 말이니라(2:9).

새로 지어질 성전은 솔로몬 성전과는 비교할 수 없을 정도로 보잘것없다. 그런데도 하나님이 귀환 백성들에게 성전 재건을 독려하는 이유에는 순전히 충만하게 머물 그분의 영광 때문이었다. 야훼 하나님의 영광은 솔로몬 성전보다 새로 짓게 될 보잘것없는 성전에 충만하게 머물 것이다. 이전에 하나님의 영광은 솔로몬이 지은 성전에서 떠났었다. 이제 다시 새롭게 짓게 될 성전으로 돌아오려 한다. 야훼 하나님은 성전 규모가 자신의 영광을 담는 기준이 될 수 없음을 간접적으로 말씀하신 것이다. 하나님에게 중요한 것은 성전의 크기나 화려함이 아니라 그곳에서 야훼 하나님을 찾는 자들의 상한 심령과 경외하는 마음이었다. 하나님은 그들에게서 영광을 받으시고 그곳에서 자신의 영으로 충만하게 임하시려 하셨다(참고. 2:5).

야훼 하나님은 백성들에게 "내가 너희와 함께 하노라"(키-아니 잇트헴/ כִּי־אֲנִי אִתְּכֶם)고 말씀하셨다. 백성들이 용기를 갖고 성전 재건에 매진할 이유가 여기에 있었다. 하나님이 함께 하시면 두려워할 것이 없다(2:5). 보잘것없어 보이는 작은 성전이라 할지라도 야훼 하나님이 성전 재건에 "함께 하시겠다"라고 말씀하시니 백성은 기쁨으로 순종해야 했다. 야훼 하나님이 새롭게 지어질 성전에서 평강을 주실 것이라고 말씀하셨다(2:9, וּבַמָּקוֹם הַזֶּה אֶתֵּן שָׁלוֹם / 우밤마콤 핫제 엣텐 샬롬). 솔로몬 성전보단 보잘것없이 지어진 성전인데도 거기로 오는 자는 하나님의 평강을 경험한다.

제2성전에 대한 하나님의 약속은 당대뿐만 아니라 그때를 뛰어넘는 예언적 기능을 갖고 있다. 하나님은 지어지고 있는 성전에 대해 말씀하시면서 "조금 있으면"(עוֹד אַחַת מְעַט הִיא/오드 아하트 메아트 히)이라는 말씀을 하셨다.

> [6]만군의 야훼가 이같이 말하노라 **조금 있으면** 내가 하늘과 땅과 바다와 육지를 진동시킬 것이요 [7]또한 모든 나라를 진동시킬 것이며 모든 나라의 보배가 이르리니 내가 이 성전에 영광이 충만하게 하리라 만군의 야훼의 말이니라(2:6-7).

문자적 의미에서 보면, '조금 있으면'은 '곧'으로 멀지 않은 가까운 미래를 가리킨다. 야훼 하나님은 자신이 말씀하신 그때, 하늘과 땅과 바다와 육지와 모든 나라를 흔드신다. 학개 2:6-7은 학개 선지자 당시 성전 건축을 방해하는 모든 세력을 무너뜨리겠다는 하나님의 계획에 대한 예언이자 약속이다. 하지만 '오드 아하트 메아트 히'(עוֹד אַחַת מְעַט הִיא, 조금 있으면)는 하나님의 시간대에선 먼 미래까지 표현하는 전문 용어인 것을 감안할 때(참고. 벧후 3:8), 메시야와 관련된 본문으로 읽어야 한다.

천지 진동은 메시야 초림과 재림 때 일어날 일이다(마 24:39-31; 눅 2:13-15; 벧후 3:10). 모든 나라의 보배가 이르게 되는 것은 일차적으로는 이방인들이 성전으로 가져오게 될 보배를 가리키지만(2:7, 8; 참고. 슥 8:23; 14:16-19), 메시야를 가리키는 표현임과 동시에 새 하늘과 새 땅에 대한 반영이다(계 21:1). 모든 나라의 진동은 야훼 하나님이 누구신지 알게 되는 열방의 두려움이다.

4. 학개서 메시지 적용

학개 선지자 당시, 성전 재건은 하나님의 심판에서 회복을 의미했다. 성전이 예루살렘에 있다는 것만으로 안전 의식을 누리던 유다 백성에게 하나님은 성전을 떠나셨고 바벨론으로 성전을 파괴하셨다. 파괴된 성전이 다시 지어진다는 사실은 이스라엘에게는 회복 약속이었다. 하나님은 "솔로몬 성전보다 아름답지 못하게 지어지는 새 성전이 영광에서는 이전 성전보다 더 클 것이다"라고 말씀하셨다. 나중 성전의 영광은 다윗 왕조 회복과 더불어 이뤄질 것이며, 그것은 궁극적으로 나사렛 예수에게서 성취되었다(요 1:14). 성전은 그리스도 예수시다. 또한 그의 몸인 교회, 예수를 메시야로 믿고 따르는 자들이다. 건물로서 성전은 지금 예루살렘에 없다.

낡은 교회 건물은 보수해야 한다. 실내 장식도 현대 트렌드에 따라 바꿀 수 있다면 바꾸는 게 좋다. 하지만, 그러한 일은 사람을 보수하는 것보다 우선도 아니고 중요하지도 않다. 새롭고 멋진 건물 안에 있다고 해서 사람이 저절로 품격있는 사람이 되는 건 아니다. 우리의 새로움은 오직 그리스도 예수 안에서 자신의 소위를 살핌으로 하나님의 영광을 바라볼 때 이뤄지는 성령의 역사여야 한다.

큰 것이면 좋은 것이고, 하나님이 복 주신 것이다라는 편협적인 생각부터 버리자. 스룹바벨 성전이 솔로몬 성전보다 작았지만, 그곳에 임하실 하나님의 영광은 더 컸다. 솔로몬 성전이 지어진 때는 모든 것에 풍족하고 평화로울 때였다. 하지만, 스룹바벨 성전이 지어질 때는 사회, 경제적으로 불안한 상태였고, 반대 세력도 이겨내야 하는 어려울 때였다. 고난 가운데 일궈낸 성전 완공은 그렇지 않을 때보다 훨씬 값지다.

작은 교회를 회피하는 현상이 예전보다 심해졌다. 작은 교회는 누리기보단 섬겨야 하는 불편한 곳이다. 반면 큰 교회는 누리면서 여유를 맛보는 편안한 곳이다. 하나님을 섬기고 이웃을 돌보는 곳이 편안한 곳에서만 이뤄지는 것이 되어서는 안 된다. 하나님의 영광이 머무는 곳은 큰 곳도 아니요, 작은 곳도 아니다. 서로의 연약함을 짊어지고 사랑과 선행을 격려하며 그리스도의 몸을 세워나가는 공동체를 하나님은 기뻐하시고 그곳에 머무신다. 하나님의 성전인 그리스도의 몸을 이루는 최소 단위는 바로 나 자신이다. 호박에 줄 긋는다고 수박이 되지 않듯 내가 바뀌지 않는 한 어디에 있든 그곳은 좋은 곳이 되지 못한다. 그리스도의 남은 고난을 짊어지자. 그래야 하나님의 영광을 알 수 있다.

시련을 만나면, 누구나 좌절하고 처음 가졌던 마음에서 위축된다. 귀환 백성은 야훼 하나님이 학개 선지자를 통해 말씀하시는 "내가 너희와 함께 하노라"에서 큰 감동을 경험하고 처음 가졌던 마음을 되찾았다. 우리가 시작했다가 하지 못하고 있는 수많은 주님의 일들은 주변의 문제가 아니다. 성령의 능력을 온전히 의지하지 못하는 자신의 믿음 부족때문이다. 하나님의 성전인 교회를 세워나가는데 늘 고난은 있다. 그 고난은 때론 경제적 위협으로, 때론 건강의 위협으로, 때론 관계의 단절 위협으로 우리를 옥여싼다. 모든 것이 어렵고 힘들어도 함께 하시는 하나님을 이길 순 없다. 사망 권세를 이기신 예수 그리스도의 이름으로 일어서자. 스스로 굳세게 하자. 성령이 "두려워 말라"라고 하신다(2:4-5).

'무엇을 우선순위에 두어야 하는가?' 도 학개서에서 매우 중요한 메시지 중 하나다. 귀환 백성들이 약속의 땅에서 경험했던 어려움은 레위기 26장과 신명기 28장에서 언급했듯, 하나님의 계명을 지키지 않았기 때문이었다. 귀환 백성은 만족하지 못할 양과 질의 먹을거리를 얻었다. 아무리 열심히 살아도 삶이 나아지지 않았다(1:6, 9). 거룩하지 못한 삶은 하나님의 전을 더럽힌다. 우리는 하나님의 성령이 거하시는 하나님의 전이다. 우리가 거룩한 삶을 살아야 하는 이유는 하나님의 영광을 위한 존재로 부름받았기 때문이다. 사실 복의 누림 여부는 그다지 중요하지 않다. 그리스도 예수를 믿는 믿음으로 하나님의 자녀가 된 이상, 이미 모든 복을 누리고 있음과 다름없기 때문이다. 우리의 신앙 목표는 하나님이 거룩하신 것처럼 거룩해야 하는 것에 있다. 결코 모든 것을 넉넉히 누리는 삶에 있지 않다.

5. 나가는 말

학개서를 설교로 듣게 될 때 여전히 불편함이 있다. 굳이 필요 없는데도 복 받으려면 성전을 건축해야 한다며 학개서를 말하는 게 듣기 거북하다. 살림이 나아지고 있지 않은 이유가 성전을 먼저 돌아보지 않은 이유 때문이라는 확신에 찬 주장은 겁박으로 들린다. 학개 선지자는 이현령비현령식으로 자신이 외친 예언이 오늘날 선포되는 것에 어떤 기분일까!

이제 우리는 학개서를 불편한 책이 아닌 감동시키는 하나님 말씀으로 바라보자. 그것은 성전이 건물이었던 시대는 끝났고, 예수님이 성전이고 예수님을 하나님이 보내신 메시야로 믿는 우리가 성전이라는 사실에서 출발한다. 하나님의 전인 우리(교회)에게 있어야 할 것은 아름답고 웅장한 시설물이나 첨단장비가 아닌 하나님의 영광 그 자체여야 한다. 예수님이 하나님의 영광으로 세상에 오셨다. 우리가 예수 그리스도의 삶을 체현할 때 성전의 본 기능을 감당할 수 있다. 성령으로 시작하였다가 육체로 마칠 순 없다. 하나님이 이미 우리 안에 착한 일을 시작하셨다. 예수님이 다시 오시는 그날까지 하나님은 작정하신 일을 이루실 것이다.

하나님의 성전인 교회를 세우고 그것을 견고히 하는데 주께서 성령을 통해 힘주신다. 우리에게 있는 것이 작다고 실망할 필요 없다. 하나님이 함께 하시는 것이라면 그것 자체로 하나님이 영광 받으신다. 우리의 삶에서 중요한 것은 규모와 상관없이 하나님이 함께 하심으로 영광 받으시냐 아니냐의 문제이고, 우리가 또한 하나님 말씀대로 거룩하게 살았느냐 아니냐에 있다. 학개서를 더 이상 잘못 전하지도 말고 잘못 읽지도 말자. 불편하게 만드는 책이 아니다. 우리를 흥분과 감동으로 이끄는 하나님의 말씀이다. 짧고 적은 2장 분량이 우리를 새롭게 한다.

[묵상과 나눔]

1. 학개서 설교를 들었던 경험을 나눠보라.

2. 좌절했던 다시 일어났던 경험을 학개서와 관련하여 나눠보라.

3. 학개서 메시지를 오늘날 어떻게 적용할 수 있는지 나눠보라.

11

오실 메시야를 예표했던 사람들

스가랴 선지자가 본 두 환상

1. 들어가는 말

스가랴를 '환상 선지자' 라고 불러도 될까? 14장까지 있는 스가랴서에서 1-6장까지 여덟 개 환상이 기록되어 있으니 그래도 될 것 같다.[60] 영화 매니아라도 여덟 편을 하룻밤에 다 보는 것은 무리다. 그런데 스가랴 선지자는 그걸 해 냈다. 자원해서 환상을 본 게 아니고 하나님이 보여 주셨으니 봤을 뿐이겠지만, 어쨌든 대단한 체력이다. 체력은 체력이고 8편 환상을 죄다 기억해서 기록으로 남겼다는 게 더 놀랍다. 스가랴 이름에는 '야훼께서 기억하신다' 라는 뜻을 갖고 있다. '야훼께서 기억을 도우신다' 라고도 생각해 볼 수 있다. '환상 선지자' 보단 '기억의 선지자' 가 더 어울릴 것 같다.

스가랴서는 환상도 환상이지만, 분량 대비 메시야 언급이 타 책과

---

60 스가랴서는 크게 두 부분으로 구분된다. 1-8장은 귀환 백성들이 처한 삶의 문제 및 성전 재건을 다루고, 9-14장은 하나님 나라에 관한 신탁을 묵시적으로 다룬다.

비교가 불가할 정도로 압권을 이루는 책이다. 메시야 구절 인용으로 신약에서 탑 순위에 랭크한다. 동시대 사역을 공조했던 학개 선지자보다 메시야 예언이 많다.[61] 학개 선지자가 스가랴 선지자 보조라는 말은 아니다. 학개, 그라고 해서 메시야 예언이 없었던 게 아니기 때문이다. 새롭게 지어질 성전에서 메시야 영광을 예언했고, 스룹바벨을 통해 메시야가 올 것을 내다봤다(학 2:9, 23). 하지만 스가랴 선지자는 메시야가 단지 오실 것을 넘어 어떤 모습으로 오셔서 어떻게 구속 사역을 하실지 구체적으로 예언했다는 것에서 차이가 있다.

스가랴 선지자는 자신의 이름, 스가랴(זְכַרְיָה/제하르야, 야훼께서 기억하신다)에서 그분이 기억하시는 것을 귀환 백성들에게 일깨워 주듯, 메시지를 선포했다. 하나님이 기억하신 것은 화려했던 솔로몬 성전이 아니라 태초에 무너진 에덴동산을 복원할 메시야를 보낸다는 약속에 대한 기억이었다(참고. 창 3:15).[62] 그는 새롭게 지어질 성전 모양이 아니라 그 안에 거하실 영광의 실체인 메시야에 사로잡혀 있었다.[63]

---

61 학개는 시작되지 않은 성전 건축을 독려했다면, 스가랴는 시작된 성전 공사가 마무리 되도록 메시지를 선포했나. 스가랴는 유력한 제사장 가문에서 태어나 스룹바벨과 대제사장 여호수아와 쉽게 만날 수 있었다(느 12:16; 슥 1:1). 스가랴의 아버지는 베레갸로 "야훼가 복 주시리라"는 뜻이고 할아버지 잇도는 '정해진 시간이 되면"이라는 뜻이다. 스가랴는 "야훼가 기억하신다"이다. 이 세 이름을 합치면 "야훼는 기억하시는 분이시기 때문에 정해진 시간이 되면 복 주실 것이다"가 된다.

62 스가랴는 바벨론에서 태어났다. 그의 이름, 스가랴(야훼께서 기억하신다)는 함축적 의미로 아버지로부터 지음 받은 것 같다. 아마도 야훼 하나님이 자기 백성을 예루살렘으로 돌아가게 하시겠다는 약속을 기억하시고 지키실 것이라는 믿음에서 그렇게 지었을 가능성이 짙다. 스가랴는 자신의 이름 그대로 하나님의 기억하심으로 예루살렘으로 돌아오게 되었다.

스가랴는 구원을 베푸시며 겸손하신 그분의 통치로 샬롬이 세상에 임하고(9:9), 그런 그분이 은 30에 팔리고(11:12), 백성들이 찔린 바 된 그를 보고 통곡하고(12:10), 그분의 죽음으로 죄와 더러움을 씻는 샘물이 터지고(13:1), 열방이 예루살렘으로 올라와 하나님께 경배하게 될 것을 알았다(14:16-21). 메시야 예수의 완벽한 구속 사역이다.

당시 귀환 백성은 모처럼 재개된 성전 복구에 흥분되어 있었다. 스가랴가 선지자로 부르심 받았을 때는 다리오 왕 제 이년 여덟째 달이었다(1:1). 그때는 학개 선지자가 부르심 받은 후 두 달 후였고, 학개 선지자에게 두 번째 하나님 말씀이 임하고(학 2:1), 세 번째 임하던 달 사이에 끼어 있던 여덟 번째 달이었다. 귀환 백성은 16년 동안이나 중단된 성전 재건을 학개 선지자의 독려로 다시 시작하고 있었다. 그때 스가랴 선지자는 성전 재건 책임자였던 유다 총독 스룹바벨과 대제사장 여호수아를 격려했다(3-4장).

스가랴는 자신이 본 환상을 성전 재건의 주요 인물인 대제사장 여호수아와 유다 총독 스룹바벨에게 전했다. 성전을 짓는다는 것을 신약 시대엔 그리스도의 몸인 교회를 세운다고 적용할 수 있다. 스가랴 선지자가 지어질 성전에서 오실 메시야를 보았듯, 우리는 지어진 또는 짓고 있는 교회 공동체에서 메시야 예수를 보아야 하고 또 그분을 나

---

63 스가랴서는 스가랴 선지자가 처음 계시를 받은 다리오 왕 2년(1:1, 주전 520년)에서부터 다리오 왕 4년(슥 7:1, 주전 518년)까지 2년에 걸쳐 기록되었을 것으로 보는 1-8장과 알만한 단서로는 '헬라'(슥 9:13)라는 표현이 유일한 9-14장으로 구분된다. 후반부 9-14장은 성전 재건 후 오랜 세월이 지난 선지자 말년에 기록되었을 것으로 추정한다(대략 주전 480-470년경).

타내야 한다. 여호수아와 스룹바벨 두 인물이 오실 메시야를 대망케 할 예표의 사람이었듯, 우리도 다시 오실 메시야 예수를 예표하는 사람들이 되어야 한다.

2. 대제사장 여호수아에게 들려진 스가랴 선지자 세번 째 환상 메시지

스가랴 선지자는 대제사장 여호수아를 보았다. 여호수아라고 하니 모세의 후계자를 생각하면 곤란하다. 시대가 다른 동명이인이다. 그의 할아버지는 느부갓네살에 의해 처형된 스라야이고, 아버지는 바벨론으로 끌려간 여호사닥이다(왕하 25:18; 스 7:1).

시대는 다르지만, 같은 이름에서 역할도 비슷한 데가 있다. 애굽에서 태어난 모세 후계자 여호수아가 가나안 땅에 들어갔듯, 바벨론에서 태어난 대제사장 여호수아도 가나안 땅에 들어갔다. 모세 후계자 여호수아가 야훼 율법에서 좌로나 우로나 치우치지 말고 지키는 자로 하나님 앞에 서야 했던 것처럼(수 1:7-8), 대제사장 여호수아도 야훼 율법을 지키는 자로 서야 할 것을 명령받았다(3:7).

야훼 천사 앞에 대제사장 여호수아가 이스라엘 백성을 대표하는 자로 재판받기 위해 서 있다. 사탄은 여호수아 오른쪽에 서서 그를 고소하고 있다(3:1). 사탄에 정관사가 붙어 있는 것으로 보아 단순히 보통명사가 아니다. 그는 천상적 존재로 대제사장 여호수아를 대적하고 있다. 사탄의 고소 모습은 낯설지 않다(왕상 22:19-23; 욥 1:6). 사탄이 왼쪽에 서서 여호수아를 대적하면 모를까 오른쪽이라니 의아스럽다. 이슬람 종교에서는 오른쪽 어깨에서 라낍이라는 천사가 선행을 행할 때마다 기록한다. 왼쪽 어깨에서는 아티드라는 천사가 악행을 기록한다. 예수님이 다시 세상에 오실 때 양(의인)은 오른쪽에, 염소(악인)는 왼쪽에 두신다고 하셨다(마 25:31-46). 그러면 사탄은 여호수아의 왼쪽에 서 있어야 하는데 오른쪽에 서 있다니 스가랴 선지자가 잘못 본 게 아닌가 순간 의심이 든다. 하지만 고소하는 법정 상황일 때는 위치가 달라진다. 왼쪽이 아니라 오른쪽이다. 시편 109:6은 "악인이 그를 다스리게 하시며 사탄이 그의 오른쪽에 서게 하소서"라고 말한다.

여기서 사탄은 대제사장 여호수아를 직접 유혹하거나 시험에 들게 하고 있지 않다. 한글번역(개역개정)이 오해를 불러 일으킨다. 원문에서 읽을 때, 사탄이 야훼 하나님께 대제사장 여호수아를 고소하는 걸 야훼 하나님이 스가랴 선지자에게 보여 준 것으로 이해하면 된다. 사탄은 하늘 법정에서 재판장이신 하나님 앞에서 여호수아를 고소하는 검사 모습이다.

슥 3:1

וַיַּרְאֵנִי אֶת־יְהוֹשֻׁעַ הַכֹּהֵן הַגָּדוֹל עֹמֵד לִפְנֵי מַלְאַךְ
יְהוָה וְהַשָּׂטָן עֹמֵד עַל־יְמִינוֹ לְשִׂטְנוֹ

> 야훼께서 내게 야훼 천사 앞에 서 있는 대제사장 여호수아를 보이셨다. 고소하는 자, 사탄은 그를 고소하기 위해 그의 오른쪽에 서 있었다(사역)

사탄의 주특기는 고소로 밤낮을 가리지 않는다(계 12:10). 사탄의 대제사장 여호수아 고소는 없는 사실을 조작해낸 거짓 고소가 아니었다. 대제사장 여호수아가 입고 있는 더러운 옷 자체가 여호수아가 죄인임을 증명했다(3:3, וִיהוֹשֻׁעַ הָיָה לָבֻשׁ בְּגָדִים צוֹאִים /비호슈아 하야 라부쉬 베가딤 쪼임). 야훼 하나님 앞에 제사장은 정결한 옷을 입고 있어야 한다. 사탄이 대제사장 여호수아의 모습에서 야훼 하나님께 고소하는 건 팩트 폭격이다. 그러면 야훼 하나님의 얼굴은 자연스럽게 대제사장 여호수아를 향하시며 말씀하셔야 한다. 그런데 의로운 재판장이신 야훼 하나님이 대제사장 여호수아가 아닌 사탄을 향해 말씀하셨다.

슥 3:2

וַיֹּאמֶר יְהוָה אֶל־הַשָּׂטָן יִגְעַר יְהוָה בְּךָ הַשָּׂטָן וְיִגְעַר
יְהוָה בְּךָ הַבֹּחֵר בִּירוּשָׁלָםִ הֲלוֹא זֶה אוּד מֻצָּל מֵאֵשׁ

> 야훼께서 사탄에게 말씀하셨다. "사탄아! 야훼께서 너를 책망하노라. 예루살렘을 택한 야훼께서 너를 책망하노라. 이는 불에서 꺼낸 그슬린 나무가 아니냐?"(사역)

"사탄아! 야훼께서 너를 책망하노라"(יִגְעַר יְהוָה בְּךָ הַשָּׂטָן/이그아르 아도나이 베하 핫사탄). '책망하다' (גָּעַר/가아르)가 두 번이나 사용되어 강조되고 있다. 대제사장 여호수아를 '불에서 꺼낸 그슬린 나무' (אוּד מֻצָּל מֵאֵשׁ/우드 메짤 메에쉬)라고 감싸시며 변호하신다. 죄목이 무엇이었는지 본문은 말하지 않는다. 주목할 만한 문구는 사탄을 책망하는 야훼 하나님에 대한 설명이다. 그분은 '예루살렘을 택한' (הַבֹּחֵר בִּירוּשָׁלָםִ/합보헤르 비루샬라임) 야훼시다. 사탄은 긍휼 없는 심판을 원하지만, 야훼 하나님은 택한 자기 백성에 대해 긍휼을 베푸신다. 불의 상징은 바벨론 심판이다. 바벨론에서 귀환한 백성은 불에서 이제 건져진 그슬린 막대기와 같았다. 야훼께서 은혜로 그를 불에서 끄집어냈다는 의미다.

사탄은 계속 팩트를 야훼 하나님께 주지시켰다. "대제사장이 성결한 세마포 옷을 입어야 하는데 더러운 옷을 입고 있지 않냐?"라고 했다. 대제사장 여호수아가 입고 있는 옷이 더러워진 이유는 불에서 그슬렸기 때문이 아니었다. 개역개정은 '깨끗하지 않은'에 가까운 의미인 '더러운 옷'이라고 번역했지만, 원문에서 보면 '오물을 뒤집어쓴 옷' (garments covered with dung/בְּגָדִים צוֹאִים)에 가깝다(참고. 신 23:14; 겔 4:12). 야훼 하나님 앞에 이스라엘은 죄로 부정한 사람들이었다. 대제사장 여호수아에 대한 사탄의 고소는 정당했다. 이스라엘 백성을 대표하는 대제사장 여호수아가 더러운 옷을 입고 있다는 사실은 이스라엘 전체가 죄를 범했음을 의미했다. 야훼 하나님은 사탄의 고소에 구토나 배설물을 뒤집어써서 더럽고 냄새나는 옷을 입고 있는 여호수아의 옷을 벗기고 축제 때 입는 특별한 흰 옷(מַחֲלָצוֹת/마할라쪼트)을 입히라고 명령하신다(3:4; 참고. 겔 16:8-12).

하나님이 여호수아로 하나님 앞에 떳떳히 설 수 있도록 자격을 새롭게 하셨다. 그는 이제 깨끗한 새 옷을 입고 머리에는 '코데쉬 라도나이' (קֹדֶשׁ לַיהוָה/야훼께 성결)이라는 문구가 새겨진 순금 관을 쓴다(3:4-5; 참고. 출 28:36). 스스로 더러운 옷을 벗고 새 옷을 입은 것이 아니다. 하나님이 죄악을 제거하시고 의롭게 여겨 주셨다. 속죄는 하나님의 은혜와 주권 하에 이뤄진다. 하나님이 여호수아에게 새 옷을 입혀주심은 이스라엘의 죄를 용서하고 새로운 존재로 받아들인다는 의미다. 이사야 선지자는 일찍이 구원의 옷, 공의의 겉옷을 입혀 주시는 하나님을 기쁨으로 노래했다(사 61:10). 시편 기자는 "주의 제사장들은 의를 옷 입고 주의 성도들은 즐거이 외칠지어다"라고 선포했다(시 132:9).

야훼 천사가 여호수아에게 말했다.

슥 3:7

כֹּה־אָמַר יְהוָה צְבָאוֹת אִם־בִּדְרָכַי תֵּלֵךְ וְאִם אֶת־מִשְׁמַרְתִּי
תִשְׁמֹר וְגַם־אַתָּה תָּדִין אֶת־בֵּיתִי וְגַם תִּשְׁמֹר אֶת־חֲצֵרָי
וְנָתַתִּי לְךָ מַהְלְכִים בֵּין הָעֹמְדִים הָאֵלֶּה

만군의 야훼가 말하노라. 만일 네가 나의 길(도)을 걷는다면(행한다면), 만일 네가 나의 규례를 지킨다면, 너는 진실로 내 집을 다스릴 것이요, 진실로 내 뜰을 지킬 것이요, 여기 서 있는 자들 사이를 네가 왕래하도록 허락하리라(사역)

이스라엘 백성은 하나님의 도와 규례를 지켜 행한다면 제사장 나라로 살아갈 수 있다. '데레흐' (דֶּרֶךְ/도)를 하나님과 개인적 관계에서, '미쉬메레트' (מִשְׁמֶרֶת/규례)를 대제사장으로서 공적 임무 수행에서 거룩으로 구분할 수 있겠지만, 도와 규례를 하나님 말씀 그 자체로 받아들여도 무방하다. 출애굽한 이스라엘 백성이 시내산에서 하나님과 언약을 체결했던 장면 재현이다(출 19:5-6). 선조가 하나님으로부터 율법을 수여 받고 난 뒤 성막을 짓게 되었듯, 귀환 백성은 하나님의 도와 규례를 행하고 지켜야 성전을 재건할 수 있다. 하나님의 거룩한 전은 정결케 된 공동체에 의해 세워진다. 하나님의 집을 다스리고 뜰을 지킨다는 말씀은 제사장 직무를 지속할 수 있다는 약속이다. 또한 대제사장 여호수아는 천사들 사이를 왕래하는 복을 누리게 된다. 대제사장이 천사들 사이를 왕래할 수 있다는 약속은 실로 놀랍다. 하나님 보좌 앞에 언제든 나아갈 수 있다는 약속이기 때문이다.

이어서 말씀이 계속되었다.

슥 3:8

שְׁמַע־נָא יְהוֹשֻׁעַ הַכֹּהֵן הַגָּדוֹל אַתָּה וְרֵעֶיךָ הַיֹּשְׁבִים לְפָנֶיךָ
כִּי־אַנְשֵׁי מוֹפֵת הֵמָּה כִּי־הִנְנִי מֵבִיא אֶת־עַבְדִּי צֶמַח

들어봐라 대제사장 여호수아야! 너와 네 앞에 앉아 있는 네 동료들아! 이 사람들은 내가 나의 종 싹을 나게 할 한 표식이니라(사역)

스가랴 선지자는 대제사장 여호수아와 그 동료 곧 제사장들이 오실 메시야를 상징하는 인물이 되어야 한다는 말을 들었다. 여호수아의 제사장 직무는 그동안 단절되었던 제사 회복을 의미한다. 여호수아와 제사장들, 그들의 존재와 사역은 백성들이 하나님께 나아가는 통로로 중보자이신 거룩하고 흠 없는 제사장인 메시야를 대망하게 한다. 싹은 메시야를 지칭하는 단어다. 이사야 선지자는 야훼의 구원이 나타날 때 야훼 싹이 아름답고 영화로울 것을 예언했다(사 4:2). 예레미야 선지자는 다윗에게서 의로운 가지가 나올 것이며 그가 세상에서 정의와 공평을 행할 것이라고 예언했다(렘 23:5; 33:15).

야훼의 천사가 대제사장 여호수아에게 세운 돌을 보게 했다. 그 돌에 일곱 눈이 있었다. 그 돌에 하나님이 무엇인가를 새긴다. 그것이 무엇인지는 모른다. 중요한 것은 무엇인가를 새김으로 이 땅의 죄악을 단 하루 만에 제거하는 일이다. 그렇다면 그 한 돌은 단순하게 기념하기 위한 것이 아니다. 그 한 돌이 가리키는 것은 전 절(3:8)에서 '쩨마흐' (צֶמַח), 곧 싹과 같다. 그 한 돌에 있는 일곱 눈은 기초석 위에 세워진 성전에서 온 땅을 다스리시는 야훼의 감찰하심이며 그 돌에 있는 상처는 땅의 죄악을 단번에 제거하기 위한 고난이다(참고. 히 9:26; 10:10). 그분의 구원 사역, 찢김으로 포도나무와 무화과나무 아래에서 평화와 번영을 누린다(3:10; 참고. 미 4:3-4).

3. 스룹바벨에게 들려진 스가랴 선지자 네번 째 환상 메시지

대제사장 여호수아는 종교적 위치에서 스룹바벨은 정치적 위치에서 이스라엘의 지도자였다. 스룹바벨은 유다 총독으로 임명되어 성전 재건을 감당했다. 때는 다리오 왕의 성전 재건 허락 조서가 내려지기 전이었다. 유브라데 강 건너편 총독 닷드내와 스달보스내와 그 동료들은 예루살렘 귀환 유다 백성이 재개한 성전 재건 사업을 중단시키기 위해 모의하고 있었다(스 5:1-5). 스가랴 선지자는 이때 스룹바벨에 대한 환상을 보았다. 그 환상의 내용은 이랬다.

순금 등잔대(מְנוֹרַת זָהָב/메노라트 자하브) 좌우에 두 개의 감람나무가 있었다. 등잔대는 일곱 개의 등잔에 일곱 개의 관이 연결되어 있었고 그릇에 저장되어 있는 감람기름이 일곱 개의 관을 타고 일곱 개의 등잔을 밝히고 있었다. 이와 같은 등잔대의 모습은 출애굽기 25:31-40, 37:17-24에서 묘사된 모습과는 사뭇 다른 것이었으며, 두 감람나

스가랴가 환상에서 본 순금 등잔대

무 또한 성막에 없는 것이었다. 기름 또한 아침 저녁 하루 두 번 제사장이 공급하는 것과는 달리 감람나무에서 직접 급유되는 방식이었다.

스가랴 선지자는 이 환상이 무엇을 의미하는 지 몰라 천사에게 물었다. 천사의 대답은 아래와 같았다.

슥 4:6

וַיַּעַן וַיֹּאמֶר אֵלַי לֵאמֹר זֶה דְּבַר־יְהוָה אֶל־זְרֻבָּבֶל לֵאמֹר
לֹא בְחַיִל וְלֹא בְכֹחַ כִּי אִם־בְּרוּחִי אָמַר יְהוָה צְבָאוֹת

그가 내게 대답하여 말했다. "스룹바벨에게 하신 야훼의 말씀은 이러하니라. 말씀하시길 '힘도 아니고 능력도 아니고, 오직 나의 영으로만 되느니라' 만군의 야훼께서 말씀하셨느니라"(사역)

스가랴 선지자에게 보여준 등잔대와 두 감람나무 환상에서 천사가 그 뜻을 "오직 하나님의 영으로만 된다"라고 말한 것은 기름 그릇에 기름이 온전히 공급된다는 걸 의미한다. 그런데 기름 그릇에 기름을 공급하는 건 두 감람나무다. 두 감람나무가 가리키는 실체는 제사장과 왕이며 그 가지가 가리키는 것은 스룹바벨과 여호수아다(4:14). "힘과 능력으로 되지 않는다"라고 했으니 이것은 두 감람나무의 힘과 능력만으로는 안 된다는 뜻이다. 곧 하나님의 영의 임재와 그 영의 적극적인 개입이 있어야 기름 그릇은 끊임없이 채움 입게 된다는 걸 의미한다. 스룹바벨과 여호수아는 자신들에게 맡겨진 성전 재건 임무를 야훼의 영을 힘입을 때에야 완수할 수 있다(4:6, 참고. 학 2:5). 그들 앞에 있는 벽은 아무리 높고 강해도 무너진다.

슥 4:7
מִי־אַתָּה הַר־הַגָּדוֹל לִפְנֵי זְרֻבָּבֶל לְמִישֹׁר
큰 산아 너는 누구냐? 스룹바벨 앞에서 평지가 되리라(사역)

대제사장 여호수아 앞에서 사탄을 책망하셨던 야훼께서 이번에는 스룹바벨 앞을 가로막는 큰 산을 מִי־אַתָּה הַר־הַגָּדוֹל("미-앗타 하르-학가돌"/큰 산아 너는 누구냐)이라며 책망하신다. 큰 산이 가리키는 메타포는 성전 재건을 대적하는 무리다. 그 무리들에게 야훼는 "무너져 평지가 될 것이다"(4:7)라고 선포하신다. 스룹바벨이 자신의 힘과 능력이 아닌 하나님의 영을 힘입을 때, 그 앞에 있는 대적이 무너진다(4:7). 중단된 성전 공사를 재건하려는 스룹바벨과 여호수아 그리고 백성들의 마음을 감동시킨 것은 하나님이 함께 하신다는 격려 때문이었다(학 1:13-14). 하나님의 영은 귀환 백성들의 마음을 격려하고 끝까지 성전 공사를 완수할 힘과 용기를 주신다. 스룹바벨은 성전 공사를 마무리하면서 머릿돌(הָאֶבֶן הָרֹאשָׁה/하에벤 하로샤)을 놓았을 때, 백성은 새롭게 지어진 성전에 있게 될 은총을 외치게 될 것이다(4:7). "헨 헨 라흐"(חֵן חֵן לָהּ/은총 은총 그곳에).[64] 스룹바벨의 성전 재건은 전적으로 야

64 개역개정은 "헨 헨 라흐"(חֵן חֵן לָהּ)을 "은총 은총이 그에게 있을지어다"라고 번역했다. '그에게'는 스룹바벨에게 백성들이 한 말로 오해될 수 있는 번역이

훼의 영의 임재와 격려로 마무리 된다(4:9).

백성들 중에 "제2성전이 솔로몬 성전보다 형편 없이 보잘것없다"고 멸시하는 이들이 있었다(4:10; 학 2:3). 그러나 그들의 멸시는 곧 수치로 바뀌게 된다. 내외부의 끊임없는 훼방에도 불구하고 야훼의 영의 임재와 도우심으로 스룹바벨은 성전 재건을 마무리할 것이기 때문이다. 온 세상을 두루 다니는 야훼의 눈 일곱은 앞으로 있게 될 모든 상황을 완벽히 보고 계셨다(4:10).

4. 스가랴가 본 네 번째, 다섯 번째 환상에서 우리에게 들리는 메시지

스가랴가 본 네 번째와 다섯 번째 환상은 성전 재건 지도자였던 대제사장 여호수아와 스룹바벨에 대한 환상이다. 그들의 공통적 역할은 오실 메시아를 예표하는 인물로 서는 것이었다.

네 번째 환상에서 이스라엘을 대표하는 대제사장 여호수아는 하나님 말씀을 지킬 것을 명령받았다. 이스라엘은 야훼 하나님의 자비로 사탄의 고소에도 불구하고 죄악을 용서받는다. 그가 입었던 오물로 뒤집어쓴 옷은 의의 정결한 옷으로 갈아 입혀진다. 이제 은혜를 입어 죄 용서받은 이스라엘은 하나님 말씀에 순종하는 거룩한 삶을 살아야 한

다. '라흐' (לָהּ)는 전치사에 3인칭 여성 인칭이 접미된 형태로 '그것에게' 라는 번역이 올바르다. 그것이 가리키는 것은 성전이다. 백성은 성전 건축을 마무리하는 머릿돌을 놓으면서, 그곳에 있게 될 은총을 기념할 뿐만 아니라 성전 완공은 그들의 힘과 능력이 아닌 하나님의 임재와 도우심의 은혜였음을 고백하게 될 것이다.

다. 대제사장 여호수아가 성전에서 계속 제사장 직분을 감당할 자격은 성결한 삶이다.

메시야로 오신 나사렛 예수는 온전한 대제사장이시며 하나님의 성전이셨다. 우리는 머리 되신 예수님에게 연합된 각 마디로 서로 연결되어 하나의 성전을 이뤄간다. 각 마디가 주님과 연합하여 온전한 몸, 성전을 이뤄나가는 것은 성결한 삶을 통해 완성된다. 더러운 옷을 벗고 아름다운 옷을 입게 된 것은 성결한 삶의 시작일 뿐이다. 정결한 옷을 입고 하나님 말씀을 지키는 삶이 수반될 때 성결은 지속된다. 성결은 메시야 예수의 속죄를 믿음으로 의롭게 된 하나님의 백성이 그분의 말씀 아래 순종하며 나아감으로 이뤄야 하는 하나님의 성품이다. 대제사장 여호수아는 싹이라는 메시야를 예표하는 왕 같은 제사장이 되어야 했다(벧전 2:9-10). 하나님의 긍휼하심으로 예수 그리스도를 믿는 믿음으로 구속 받은 성도는 하나님이 베푸신 은혜가 헛된 것이 되지 않도록 의로움에 머물러 있어야 한다. 그 의는 하나님 말씀을 삶 속에 두고 지킴으로 성결한 삶을 지속하는 것에 있다.

스가랴 선지자는 다섯 번째 환상에서 순금 등잔대와 그 양 옆에 서 있는 두 감람나무를 보았다. 순금 등잔대는 성전을 상징했고, 두 감람나무는 여호수아와 스룹바벨을 상징했다. 두 감람나무에서 나온 기름이 기름 그릇으로 모이고, 그 모인 기름은 일곱 관을 통해 일곱 등잔으로 흘러 등잔대를 밝힌다. 스룹바벨이 성전을 재건할 수 있는 힘은 그가 아닌 하나님의 영을 통해 이뤄진다. 성전 재건은 하나님께서 기름 부으신 종의 하나님 영의 충만으로 이뤄진다.

학개 선지자는 만군의 야훼께서 하늘과 땅을 진동시킬 그날, 여러 왕국 보좌를 엎을 그날에 스룹바벨을 세우고 인장으로 삼으시겠다는 만군의 야훼의 말씀을 선포한 적이 있다(학 2:20-23). 스룹바벨이 지금 짓고 있고 제2성전은 확실히 이전 솔로몬 성전과 비교했을 때 보잘것 없었다. 작은 일이라고 멸시하는 자들이 있었지만(4:10), 스룹바벨은 지금 짓고 있는 성전에서 하나님이 가져다주실 큰 영광을 알고 있었기에 낙심하지 않았다. 그는 자기 손에 들고 있는 다림줄을 귀하게 여겼다. 스가랴 선지자보다 약 200년 전, 이사야 선지자는 앞으로 오실 메시야가 하실 사역을 예언했다(사 61:1).

> 1주 야훼의 영이 내게 내리셨으니 이는 야훼께서 내게 기름을 부
> 으사 가난한 자에게 아름다운 소식을 전하게 하려 하심이라 나
> 를 보내사 마음이 상한 자를 고치며 포로된 자에게 자유를, 갇힌
> 자에게 놓임을 선포하며 2야훼의 은혜의 해와 우리 하나님의 보
> 복의 날을 선포하여 모든 슬픈 자를 위로하되 3무릇 시온에서 슬
> 퍼하는 자에게 화관을 주어 그 재를 대신하며 기쁨의 기름으로
> 그 슬픔을 대신하며 찬송의 옷으로 그 근심을 대신하시고 그들
> 이 의의 나무 곧 야훼께서 심으신 그 영광을 나타낼 자라 일컬음
> 을 받게 하려 하심이라 4그들은 오래 황폐하였던 곳을 다시 쌓을
> 것이며 옛부터 무너진 곳을 다시 일으킬 것이며 황폐한 성읍 곧
> 대대로 무너져 있던 것들을 중수할 것이며 5외인은 서서 너희 양
> 떼를 칠 것이요 이방 사람은 너희 농부와 포도원지기가 될 것이
> 나 6오직 너희는 야훼의 제사장이라 일컬음을 받을 것이라 사람
> 들이 너희를 우리 하나님의 봉사자라 할 것이며 너희가 이방 나
> 라들의 재물을 먹으며 그들의 영광을 얻어 자랑할 것이니라 7너
> 희가 수치 대신에 보상을 배나 얻으며 능욕 대신에 몫으로 말미
> 암아 즐거워할 것이라 그리하여 그들의 땅에서 갑절이나 얻고

영원한 기쁨이 있으리라 [8]무릇 나 야훼는 정의를 사랑하며 불의
의 강탈을 미워하여 성실히 그들에게 갚아 주고 그들과 영원한
언약을 맺을 것이라 [9]그들의 자손을 뭇 나라 가운데에, 그들의
후손을 만민 가운데에 알리리니 무릇 이를 보는 자가 그들은 야
훼께 복 받은 자손이라 인정하리라 [10]내가 야훼로 말미암아 크게
기뻐하며 내 영혼이 나의 하나님으로 말미암아 즐거워하리니 이
는 그가 구원의 옷을 내게 입히시며 공의의 겉옷을 내게 더하심
이 신랑이 사모를 쓰며 신부가 자기 보석으로 단장함 같게 하셨
음이라 [11]땅이 싹을 내며 동산이 거기 뿌린 것을 움돋게 함 같이
주 야훼께서 공의와 찬송을 모든 나라 앞에 솟아나게 하시리라
(사 61:1-11).

본 예언은 메시야 예수에게서 성취되었기 앞서 포로 후기 공동체에서 먼저 이뤄졌다. 포로 백성은 의의 나무로 일컬음을 받게 되어 황폐하였던 곳을 다시 쌓고 무너진 곳을 다시 일으켰다(사 61:3; 슥 4:7-9). 이스라엘은 야훼의 제사장으로 계속 직무를 감당하게 될 것이라는 약속을 받았다(사 61:6; 슥 3:7-8). 메시야 사역의 핵심은 야훼의 영에 있다(사 61:1). 성전 재건은 야훼의 영에 의해 이뤄진다.

5. 나가는 말

대제사장 여호수아는 죄를 범한 이스라엘을 예표했다. 그는 새 옷을 입고 대제사장의 일을 새롭게 감당한다. 이제 그는 단순히 대제사장 한 사람이 아닌 오실 메시야를 예표하는 인물로 바뀌어 하나님 말씀을 지켜 행하는 거룩한 자로 서야 했다. 메시야 예수는 십자가에 달림으로 우리 죄를 담당하심으로 우리로 죄에 대해 죽고 의에 대해 살

게 했다(벧전 2:24). 메시야 예수가 징계를 받음으로 우리는 평화를 누리고 채찍에 맞음으로 우리는 나음을 입었다(사 53:5). 제사장적 삶은 성결에 있다.

이전 우리는 불에서 꺼낸 그슬린 나무였고, 오물을 뒤집어쓴 더러운 자였다. 하나님의 은혜로 생명을 유지하게 되었다지만, 하나님 앞에 도저히 설 수 없는 죄인이었고, 아무 쓸모 짝 없는 존재였다(참고. 암 4:11). 사탄은 대제사장 여호수아를 고소했듯, 역겨운 오물로 뒤범벅된 옷을 입고 있던 우리를 고소했다. 그런 사탄의 고소는 정당했다. 하지만 하나님은 우리를 메시야 예수를 믿는 믿음 안에서 우리를 택하셨다. 그리고 우리의 죄를 용서하셨다.

지금 우리는 하나님이 베푸신 은혜로 그분 앞에 완전히 새로운 존재로 서 있다. 더러운 옷은 없고, 의의 새 옷을 입고 있다. 만일 우리가 메시야를 예표하는 사람으로 살아야 한다면, 우리가 제일 먼저 적용해야 할 메시야적 행위는 용서다. 상처 준 이들을 용서해야 하는 이유는 우리가 역겹고 혐오스러운 죄로 예수를 십자가에 못 박았기 때문이다. 자격 없음에도 용서받은 우리는 하나님 말씀을 지켜 행하는 성결한 제사장으로 삶과 사역에서 다시 오실 메시야 예수를 보여 줄 수 있어야 한다.

우리 힘과 능력으로 몸된 주님의 전, 교회 공동체를 세울 수 없다. 공동체를 위협하는 큰 산과 같은 외부 장벽이 있는가 하면, 서로를 시기, 조롱, 멸시하는 내부 위협도 있다. 하나님의 영을 통해서만 외부와 내부의 장애물을 극복할 능력을 갖는다. 시작했던 일을 마칠 수 있는 힘은 오직 주께로부터 나온다. 크든 작든 맡겨진 주님의 일은 모두 하나님이 기뻐하실 일이다. 앞으로 주어질 영광스러운 결과를 바라볼 줄 아는 믿음이 필요하다.

사도 바울은 "너희 안에서 착한 일을 시작하신 이가 그리스도 예수의 날까지 이루실 줄을 우리는 확신하노라"(빌 1:6)라고 말했다. 스룹바벨과 함께하신 하나님의 영이 우리들과도 함께 하신다. 그분의 능력은 불가능해 보이는 일도 가능으로 바꾸어 놓으신다. 하나님의 영이 우리의 삶과 사역에 충만해 하나님의 교회를 세워가는 정결한 등잔대를 꿈꾼다. 하나님의 영을 힘입어야 한다.

기억하자. 메시야 예수를 예표할 사람은 주님의 몸된 교회를 이뤄가기 위해 하나님 말씀을 지켜 행하는 성결한 제사장적 삶과 하나님의 영을 힘입어 불가능하고 희망 없어 보일지라도 맡겨진 사역을 믿음으로 끝까지 완수한다.

[묵상과 나눔]

1. 성전 재건 시기에 스가랴 선지자가 메시야 예언을 했다는 의미에 대해 나눠보자.

2. 스룹바벨과 대제사장 여호수아의 성전 재건 사역과 그들의 메시야적 사역의 연관성은 무엇인지 정리해 보라.

3. 오늘날 교회 건물을 성전이라고 부르는 것의 문제점을 말해 보고 성전의 의미를 나눠보라.

12

십일조 싱크홀에 빠진 말라기서 구해 내기

1. 들어가는 말

말라기서 하면, 십일조 꼭 내라는 책, 바로 이것부터 생각난다. 그래서 말라기서는 "이제부터 십일조 헌금은 꼭 내야 한다"라고 주의 주는 알림장이거나 독촉장 같은 고지서처럼 느껴진다. 생각하기 나름이겠지만 누군가에게는 설레게 하는 책이다. "십일조 하면 하나님이 반드시 복 주신다"라고 말씀하고 있기 때문이다.

> 만군의 야훼가 이르노라 너희의 온전한 십일조를 창고에 들여 나의 집에 양식이 있게 하고 그것으로 나를 시험하여 내가 하늘 문을 열고 너희에게 복을 쌓을 곳이 없도록 붓지 아니하나 보라(3:10).

이쯤 되면 모든 크리스천들이 십일조를 다 할 것 같은데 현실은 그렇지 않다. 빠듯한 월급에서 십일조 명목으로 헌금하고, 주정 헌금, 감사 헌금 등 이런저런 명목 헌금까지 하면 못해도 십의 이는 헌금하게 되니 십일조 헌금은 부담도 그냥 부담이 아니라 왕 부담이다. '하나님이 진짜 십일조 헌금하면 복 주실까' 의심은 되지만, "시험해 보라"는 말씀에 시험해 보다가 자신이 시험에 들기도 한다. 십일조를 하지 않으면 믿음 없는 사람으로 비칠까 싶어 신약 시대에 구약의 십일조 준수는 잘못된 신앙관이라는 궁색한 변명을 늘어놓기도 한다.

신약에서 십일조 규정은 폐지되었다고 하더라도 십일조 정신이 사라진 건 아니다. 구약에서 하나님이 십일조 규례를 제정하신 목적은 이스라엘 공동체의 빈곤 문제와 제사 직무를 전적으로 담당하는 레위 지파의 생존을 위한 것이었다. 이스라엘은 제사장 나라로 부르심 받았으니 제사 직무를 전적으로 감당해야 할 레위 지파 사람들의 삶을 최소한이라도 보장해 주어야 했다.

말라기서가 아예 어떤 책인지도 모르는 왕초보는 말라기서를 '뭐, 뭐, 하지 말라는 책'으로 오해하기 쉽다. '말라기' 자체가 이름이다. 창세기(創世記)에서 '기'(記)처럼 '말라+기(記)'로 알고 있는 사람들이 의외로 있다. 말라기는 한국말이 아니라 히브리 말이다. 히브리식 발음은 '말아히' (מַלְאָכִי)다. 그 뜻은 '나의 천사'(my angel) 또는 '나의 사자'(my messenger)다. "어찌 이름이 그렇다냐?"고 생각할 이도 있겠다. 그래서 말라기는 고유명사가 아니라 3:1에 나오는 '내 사자'와 동일시하여 보통명사로 보는 시각이 있다. 헬라어로 기록되어 있는 구약성경 칠십인역(LXX)은 말라기 1:1의 '베야드 말아히'(בְּיַד מַלְאָכִי)를 '그의 사자의 손에 의해(by the hand of his messenger)'라는 의미를 지닌 '엔 케이리 앙겔루 아우투'(ἐν χειρὶ ἀγγέλου αὐτοῦ)로 번역하여 말라기를 고유명사가 아닌 보통명사로 보았다. 말라기는 '야훼의 사자' (YHWH's messenger)라는 뜻을 가진 실제 이름 '말아히야'에서 축약된 형태일 수도 있다. 소예언서 모두 책 이름이 선지자 이름에서 비롯된 것을 볼 때, 말라기는 '나의 사자' (my messenger)라는 뜻을 가진 고유명사, 즉 선지자 이름으로 받아들이는 것이 무난하다.

본 글의 목적은 십일조 싱크홀에 빠져 말라기서를 제대로 이해하지 못하는 현실에서 말라기서 전체의 신학적 주제를 온전히 제시하는 데 있다. 말라기서의 시대적 상황과 이스라엘 백성들의 범죄를 전체 구조 분석을 통해서 짚어보고 어떤 신학적 틀에서 야훼 하나님이 이스라엘의 범죄를 지적하고 있는지 살펴보겠다. 마지막으로 말라기서 전체를 요약하면서 말라기서가 우리에게 주는 교훈을 적용적 관점에서 제시하겠다.

2. 말라기서의 역사적 배경

2.1. 제2성전 재건 이후

자기가 어떤 사람이었는지 출신 배경 설명이 전혀 없다. 누구의 아들이라는 선지자의 상투적 소개도 없다. 쿨하게 이름만 딸랑 있다. 경고(מַשָּׂא/맛싸)라는 단어에서 느끼듯 분위기가 살벌하다. 바로 본론 행이다. 나훔 선지자는 그래도 니느웨에 대한 경고(מַשָּׂא/맛싸)라고 말하면서 자신이 엘고스 출신인 걸 밝혔는데 말라기는 아예 없다. 자기가 누군지 다 알고 있기 때문에 굳이 언급할 필요가 없었다면 그럴 수도 있다. 하지만 일부러 자기 배경을 말하지 않았다면 개쩌는 스웩이다.

2:7, "제사장은 만군의 야훼의 사자가 됨이거늘"(키 말아흐 아도나이-쩨바오트 후 / כִּי מַלְאַךְ יְהוָה־צְבָאוֹת הוּא)에서 제사장 출신을 추정

해 볼 수 있다. 어쨌든 그의 글을 읽는 독자의 입장에선 말라기의 쿨한 태도가 도대체 그가 어떤 사람이었는지 더 궁금하게 만든다. 의도했든 안 했든 말라기의 그런 접근은 독자에게 메시지에만 집중하게 하는 카리스마를 분출한다.

그의 메시지를 온전히 이해하기 위해서는 그가 선지자로 사역할 당시 상황 이해가 아무래도 필요하다. 이스라엘 백성이 진짜 혼날만했던 것인지 아니면 하나님께서 예민하게 반응하신 것인지 이해할 수 있다. 제2성전이 완공되었을 때 당시 백성은 상당히 고무되어 있었다. 말라기서 상황은 제2성전이 지어진 직후 발생한 일로는 맞지 않아 보인다. 말라기서에서 제사장들이 성전에서 드리는 제물에 관해 제사장들의 죄를 언급하는 걸 보면, 시대적 상황은 제2성전이 지어지고 난 뒤 시간이 흘렀을 때였을 것이다.

2.2. 에스라-느헤미야 직전 또는 동시대

말라기서 시대적 배경은 확실히 포로 후기다. "멸망 당한 에돔이 재건하려 애쓰지만, 하나님이 실패하게 하실 것이다"라는 말씀에서 바벨론 포로기 이후라는 사실이 분명해진다(1:4). 왕이 아닌 '총독'(פֶּחָה/페하)이 언급되는 것은 이스라엘이 식민지 상황에 있음을 보여준다. 총독은 바사(페르시아) 언어이다. 성전 제사 등장은 제2성전이 지어진 이후에나 가능한 얘기다.

바벨론 포로로 끌려갔던 유다 백성은 바벨론이 바사에게 패망하고 난 뒤 고레스의 관용정책으로 고국에 돌아와 무너진 성전을 지을 수 있었다. 처음에 지어졌던 솔로몬 성전과 비교 자체가 안 되는 보잘것없는 것이었다. 하지만 학개 선지자의 말에 따르면 그 영광은 처음의 영광에 뒤지지 않는, 오히려 더 큰 영광으로 선포되었다. 그런데도 학개 선지자가 자신만만하게 선포한 회복 메시지는 일어나지 않고 있었다. 백성은 혹여나 하는 마음으로 기다렸지만 역시나였다. 성전이 재건되고 무너진 성벽도 다시 수축되었으니 자신들이 해야 할 일은 완벽하게 끝났다. 이제부터 하나님이 복 주셔야 하는 타이밍이었다.

그런데도 여전히 정치적 상황은 바사의 지방 속국이었고 경제적 상황은 나아지는 것이 아니라 오히려 악화되고 있었다. 백성은 다윗 왕조의 후손이었던 스룹바벨을 통해 새 시대가 열릴 것이라는 부푼 희망을 갖고 있었다(참고. 학 2:23). 성전이 재건된 이후 성경에 스룹바벨의 활동 언급이 없다. 그에 대한 기록이 없는 것으로 보아, 이스라엘 사회에서 어떤 이유에서였는지는 정확히 모르지만 스룹바벨의 영향력이 사라진 것으로 보인다. 이것은 자연스럽게 선지자들에 의해 선포된 회복 약속은 여전히 오지 않고 있다는 실망과 절망을 주기에 충분했다.

급기야 백성은 가중된 세금 부담에 낙심했고(느 5:15), 레위인들은 성전세가 부족해지자 일을 해야 하는 상황까지 몰리게 되었다(느 13:10). 심지어 자녀들을 종으로 파는 사람들까지 나오게 되었다(느 5:1-5). 백성들의 입장에선 하나님이 처음부터 거짓말을 하셨거나, 하나님이 이스라엘에 무관심한 게 분명했다. 그렇지 않고서야 자신들이 힘겹게 사는 게 말이 될 수 없었다. "하나님을 섬기는 게 헛되다"라고 말하는 이들이 생겨났다(3:14). 도덕적 타락은 물론이거니와 하나님을 원색적으로 불평하기 시작했다.

보통은 선지자의 예언 활동이 있고 난 뒤 지도자들이 움직이는 게 순서였다. 스룹바벨과 여호수아가 중단되었던 성전 재건을 시작할 수 있었던 것은 학개와 스가랴 선지자의 예언 활동 때문이었다. 그렇다면 에스라-느헤미야의 활동은 말라기 선지자의 예언 활동이 있고 난 뒤에 사역을 시작했다는 추론을 얻어낼 수 있다.

성전과 성벽 재건을 하고 난 뒤 개혁 운동을 주도했던 인물은 에스라와 느헤미야였다. 말라기서에서 선지자 말라기가 지적하는 제사장들과 백성들의 죄는 에스라-느헤미야서에서 에스라와 느헤미야의 개혁 운동과 많은 부분에서 유사점이 발견되고 있다. 말라기 선지자는 제사장들의 희생제물로 제단을 더럽힘과 율법에서 떠난 삶에 대해 경고했고(1:6-2:9), 이방 신을 섬기는 사람들과 결혼을 지적하며(2:10-12), 이방 여인과 결혼하기 위해 본처를 버리는 이혼에 대해 신랄하게 비판했다(2:13-16). 이방 신을 섬기는 여인과의 결혼은 경제적 이유와 출세에 대한 욕망에서 비롯된 것이었다. 포로 귀환 백성은 예루살렘으로 돌아왔지만, 주류로 자리 잡지 못하는 상황이었다. 사마리아 사람들이 경제 사회면에서 지배층에 있었고 귀환 백성은 그들의 영향 하에 있었다. 에스라-느헤미야서는 이방 여인과 결혼한 제사장들의 명단을 공개하고 있다. 느헤미야 당시 대제사장 엘리아십이 손자 요야다의 아들 중 하나가 호론 사람 산발랏의 사위가 되었던 적이 있다(느 13:28-31). 말라기 2:10-16에 나온 말라기 선지자의 결혼과 이혼에 대한 문제는 그 누구보다 제사장들을 겨냥한 것이었다(참고. 느 13:28-31).

십일조와 헌물을 도둑질했다는 말라기 선지자의 비판은, 느헤미야 13:10-14 상황과 유사하다. 레위 사람들이 자기 직무를 비리고 각기 자기 밭으로 도망간 이유는 받을 몫을 받지 못했기 때문이었다(느 13:10). 느헤미야는 "하나님의 전이 어찌하여 버린 바 되었느냐"라고 질책하고 레위 사람을 다시 불러 모아 제자리에 세우고 곡식과 새 포도주와 기름의 십일조를 성전 창고에 채웠다(느 13:11-12). 이와 같은 내용에서 볼 때 말라기 선지자는 에스라-느헤미야가 사역하기 직전에 활동했을 것이다.

3. 이스라엘의 범죄

말라기서 전체 구조를 통해 당시 백성들이 지은 범죄(B-B')는 아래와 같다.

A. 하나님의 이스라엘 사랑(1:1-5)
B. 더럽혀진 성전 제물과 제사, 소홀한 율법 가르침과 적용(1:6-2:9)
C. 혼인 관계에서 불의(2:10-16)
C′ 이웃 관계에서 불의(2:17-3:6)
B′ 도적질된 십일조와 봉헌물(3:6-12)
A′ 하나님의 자신을 경외하는 자들에 대한 사랑(3:13-4:6)

말라기서는 A부터 A′까지 보듯 야훼 하나님과 이스라엘 백성과 여섯 개의 논쟁 형태로 되어 있다. 각 논쟁의 구성은 서론, 질문, 대답이 있는 형태로 제사, 언약, 결혼, 신정론, 종말론과 같은 다양한 주제들로 구성되어 있다.

3.1. 제사장들의 성전 더럽힘과 직무 태만

당시 가장 심각한 죄는 성전 제물에 온 마음을 다하지 않는 제사장들에게 있었다. 제사장들은 형식에선 제사를 빼먹지 않았지만 섬기는 마음에서는 진정성이 없었다. 그것은 그들이 드리는 제물에서 드러났다. '저는 것', '병든 것'(1:8), '흠 있는 것'(1:14)이 그들이 드리는 제물의 상태였다. 하나님은 "제사장들이 더러운 떡을 제단에 드림으로 자신의 식탁을 더럽혔다"(1:7)라고 말씀하셨다. 하나님은 통탄했다. 헛되이(חִנָּם/힌남) 드리는 제사 때문에 하나님은 "성전 문을 닫을 자가 있으면 좋겠다"(1:10)라는 말씀까지 하셨다. 감사와 즐거운 마음, 또는 통회하는 마음으로 드리는 제사는 없었다. 제사 절차와 규정을 번거롭다고 생각했고 그 자체를 비웃기까지 했다.

포로기 이후 제사장들의 역할은 매우 중요했다. 왕이 없던 시절, 백성들을 지도해야 할 역할은 오롯이 그들의 몫이었다. 율법을 가르치고 삶으로 적용해야 할 그들은 그러나 그렇지 않았다. 그들은 옳은 길에서 떠났고, 많은 사람을 율법에 거스르는 삶으로 방치했다(2:8). 그들은 진리의 법이 있고 불의함이 없고 화평함과 정직함이 있어야 하는 레위 언약을 깨뜨렸다(2:6, 8).

3.2. 이방 여인과 결혼

부부관계를 깨뜨리는 일이 빈번히 발생했다. 남편은 어려서 맞이한 아내에게 거짓을 행했다. 심지어 폭력까지 행사했다(2:16). 긴 옷으로 폭력의 흔적을 가렸어도 하나님의 눈을 가리지는 못했다. 이스라엘 아내를 버린 이유는 이방 신을 믿고 있는 이방 여인과 결혼하기 위해서였다. 그녀들이 사회 경제적으로 안정된 상황에 있었기 때문이었다. 제사장들에 의해 율법 가르침이 무너진 시점에, 가정에서 본부인을 내쫓고 이방 신을 믿는 여인을 아내로 맞아드리는 행위는 야훼 하나님을 버리는 것과 같았다. 오직 야훼 하나님만 섬겨야 할 순수신앙은 이렇게 심각하게 위협받고 있었다. 제사장들이 이방 신을 믿는 여인과 결혼하기 위해 어려서부터 얻은 이스라엘 아내를 버렸다는 게 충격이다.

3.3. 이웃과의 관계에서 불의

제사장들이 무너지고 집안의 남편이 무너진 것은 사회 전반의 붕괴를 의미했다. 간음하고, 거짓으로 맹세하고, 품꾼의 삯을 떼어먹고, 힘없는 고아나 과부를 압제하고, 나그네를 속이고 학대하는 일이 비일비재했다. 사회 정의는 찾을 수 없었고 불의만 판을 쳤다. 백성은 악을 행하는 자들이 잘 되는 것을 보고 공의대로 심판하시는 하나님을 두려워하지 않았다. 야훼 하나님을 무능한 하나님으로 인식하고 점치는 자들을 찾았다(3:5).

3.4. 경홀히 여긴 십일조와 헌물

십일조와 봉헌물을 바치는 행위는 모든 것이 하나님의 것임을 인정하며 주님의 돌보심을 간구하는 이스라엘의 고백적인 신앙이었다. 하지만 이것의 미작동은 하나님의 약속, 번영된 미래가 오지 않은 것에 귀환 백성들의 실망과 불신앙이 투영된 이유 때문이었다. 당장의 삶이 어렵다고 십일조와 봉헌물 드림을 소홀히 한 것은 그들의 신앙이 하나님 자체라기보다는 물질에 있었음을 나타냈다. 십일조와 봉헌물에 대한 하나님의 시험 명령은 자기 백성이 하나님을 진실로 경외하는지 아닌지를 판단하는 가늠자가 되었다.

4. 말라기서 전체 주제

말라기서는 하나님이 말라기 선지자를 통해 이스라엘 백성에게 하시는 질책이며, 자신을 경외하는 자들에 대한 하나님의 보호에 대한 약속이다. 말라기서의 핵심은 언약으로 레위 지파와의 언약(2:8), 조상들과의 언약(2:10-13), 결혼 언약을 깨뜨린 이스라엘의 범죄를 다루고 있다(2:14-16). 말라기서의 마지막은 "호렙에서 이스라엘을 위해 모세에게 명령한 율례와 법도를 기억하라"는 명령과 그 이유로 끝난다. 곧 '하나님 율법에 순종하며 살아가는 언약 백성의 의무를 다하라' 로 집약된다.

야훼께서 처음 레위 지파와 생명과 평강의 언약을 맺으셨을 때, 레위 지파 사람들은 하나님을 두렵고 떨리는 마음으로 경외했다. 그것은 곧 하나님 앞에서 율법을 가르치는 직무를 충실히 감당하고, 진실하게 행함으로 많은 사람을 진리의 삶으로 이끄는 것으로 나타났다. 그러나 말라기 선지자 당시 제사장들은 과거 레위 지파 사람들이 보였던 태도와는 전적으로 다른 길을 걸었다. 오히려 스스로 바른길에서 떠나 많은 사람을 율법에서 떠나도록 만들었다. 조상들과의 언약은 하나님이 시내산(호렙산)에서 맺은 언약이다(4:4). 그들은 이웃에게 행해야 할 도에서 벗어나 모독했고, 더럽혔고, 거짓을 행했다. 결혼 언약 파기 언급은 백성들이 우상 숭배하는 이방 여인과 결혼하기 위해 자신들의 동족 여인들과 이혼하고 있었기 때문이었다. 우상을 숭배하는 여인들과 결혼은 그 자체로도 악한 행위이지만 이방 문화의 유입으로 하나님 배교와 타락으로 결국 이방 나라에게 멸망 당한 지난날의 범죄를 반복하는 것이었다.

4.1. 내가 너를 사랑하였다

야훼 하나님이 말라기 선지자를 통해 하신 첫 말씀이 폭탄이다.

말 1:2

אָהַבְתִּי אֶתְכֶם אָמַר יְהוָה וַאֲמַרְתֶּם בַּמָּה אֲהַבְתָּנוּ

> 내가 너희를 사랑하였노라 하나 너희는 이르기를 주께서 어떻게 우리를 사랑하셨나이까 하는도다

이 말씀을 보니 미치고 환장할 노릇이다. 자식을 키워 본 부모는 십분 공감한다. 안 먹고 안 입고 힘들게 키웠더니만, "엄마 아빠가 날 위해 해 준 게 뭔 대?"라고 박박 대드는 사춘기 자녀를 보는 듯하다. 싸대기를 후려도 시원치 않을 화가 치밀어 오른다. "후레자식, 무자식이 상팔자다"라는 말이 나올 수도 있다.

야훼 하나님: (따뜻하지만 한편 안타까운 마음이 실린 차분한 목소리로) "난 널 사랑했다."

이스라엘: (따지듯) "어떻게 우리를 사랑하셨는데요?"

이스라엘이 하나님께 시비조로 말하는 데는 이유가 있었다. 핑계 없는 무덤은 없다고 했다. "하나님이 지금 우리를 돌보시지 않는데 사랑하고 있다고 말씀하실 수 있습니까?"라는 것이었다. 첫째 논쟁은 말라기서 전체가 어떤 관점에서 서술되고 있는지 엿보게 한다. 언약은 사랑을 바탕으로 세워진 하나님과 백성들과의 관계 지속에 대한 서약이다. 하나님이 "내가 널 사랑하였다"라는 말씀에는 "너희들이 언약을 깨뜨렸다"라는 뜻이 내포되어 있다.

4.2. 너희는 나를 멸시하고 대적했다(1:6-3:12)

1:6에서 분위기가 바뀐다. "나는 너희를 사랑했다. 너희들은 나를 사랑했느냐?" 먼저 하나님이 제사장들에게 말씀하셨다.

> 야훼 하나님: "너희들은 내 이름을 멸시하고 있다. 공경이 없다. 두려워하는 마음이 없다."
>
> 제사장들: (절대 그런 일 없다는 식으로 따지듯) "우리가 어떻게 주의 이름을 멸시했습니까?"

말라기서 청중들은 바벨론에서 귀환한 백성들과 그 후손들이었다. 기대했던 회복과 번영은 실현되지 않고 있었다. 하나님에 대한 실망과 배신감이 컸다. '하나님은 어디에 계신가?', '우리에게 관심이 있는가?' 라는 생각에 빠져들었다. 하나님이 침묵하시는 기간이 오랫동안 지속되었다. 백성은 자신들의 궁핍이 무관심한 하나님 때문이라 여겼다. 하나님은 먼저 하나님 나라와 의를 구하지 않는 백성들에게 문제가 있음을 말씀하셨다. 에돔은 무너진 곳을 다시 쌓으려 하지만 하나님은 그걸 원하지 않으셨다(1:4). 그렇지만 야곱에 대해서는 달랐다. 야곱(이스라엘)에게 무너진 곳을 쌓을 은혜를 주시고 그곳에 거하시려 했다. 야곱(이스라엘)은 처음만 야훼 성전을 다시 세우려는 일에 적극적이었다. 어려움을 만났을 때, "지금은 때가 아니다"라고 말하며 차일피일 미룬 것이 16년이었다. 하나님이 학개와 스가라 선지자를 일으켜 스룹바벨과 여호수아에게 힘을 주어 성전을 재건하게 된 것은 하나님의 은총이었다(슥 4:7).

성전이 다시 지어졌으면, 이제 제사에서 삶에서 하나님의 율법이 통치되어야 했다. 성전 재건이 전부가 아니었다. 그것은 시작에 불과했다. 제사장들은 야훼 하나님의 사랑을 망령된(헛된) 제사로 멸시했다. 존귀하신 주님의 이름을 모시는 성전이 드리는 제물로 더렵혀졌다. 제사장들은 제사 드리는 일이 번거롭다는 말까지 했다(1:13). 야훼 하나님은 제사장들을 일컬을 때 "내 이름을 멸시하는 제사장들"(הַכֹּהֲנִים בּוֹזֵי שְׁמִי/하코하님 보제 쉐미)이라고 하셨다(1:6). 제사장들은 깜짝 놀라기라도 하는 듯, "우리가 어떻게 주의 이름을 멸시하였습니까?"(1:6)라고 되물었다. 사실 몰라서 그런다기보다는 모르는 척한 발뺌이었다.

하나님께 눈멀고, 절고, 병든 것으로 희생제물을 드리면서 그것이 죄가 안 된다고 믿을 사람은 아무도 없다. 희생제물은 흠 없는 정결한 것이어야 한다. 하나님은 이스라엘 백성이 드리는 제사를 더는 못 받겠다고 하셨다(1:10). 하나님은 당신의 이름이 이방 민족에서 크게 될 것이라고 말씀하셨다(1:11). 이스라엘 백성들이 드리는 야훼의 식탁은 더럽혀져 있었다. 그들은 하나님께 드리는 제사를 번거롭게 생각했다(1:13). 희생제물을 이리저리 살피면서 흠 없는 것을 찾지 않고 대충대충 손에 잡히는 데로 드렸다. 야훼 하나님을 경외하고 두려워하는 마음이 없었던 것이다.

하나님에 대한 사랑은 하나님 이름을 경외하는가로 표출된다. 그것은 구체적으로 드리는 제물에서 드러난다. '하나님께 성결' 이라는 옷을 입고 있는 제사장들은 하나님께 흠 있는 제물로 제사했다. 하나님을 욕되게 하는 말도 했다. 심지어 경제적 안정을 위해 이방 신을 섬기는 딸과 결혼까지 했다. 하나님께 드려야 할 십일조와 헌물이 어떤 것에서는 드려지나 어떤 것에서는 드려지지 않았다. 모든 십일조(כָּל־הַמַּעֲשֵׂר/콜-함마아세르)가 아니었다. 부분적인 십일조였다(3:10). "하나님을 섬기는 것이 헛되다"(3:14)라고 말하는 이가 있는가 하면, "교만한 자가 복되고 악을 행하는 자가 잘 된다"(3:15)라고 말하는 이들도 있었다. 하나님께 할 수 있는 말이 아니었다. 세도 너무 세게 하나님을 거슬리게 하는 말들이었다. 이스라엘 백성은 말로 하나님께 크게 범죄하고 있었다.

> 14하나님을 섬기는 것이 헛되니 만군의 야훼 앞에서 그 명령을 지키며 슬프게 행하는 것이 무엇이 유익하리요 15지금 우리는 교만한 자가 복되다 하며 악을 행하는 자가 번성하며 하나님을 시험하는 자가 화를 면한다 하노라 함이라(3:14-15).

출애굽 한 후 선조들이 행하던 죄를 답습하고 있다. 광야에서 먹을 것, 마실 것이 도전받을 때 선조들은 "애굽으로 돌아가자"라는 말을 입에 달고 있었다. “하나님을 섬기는 것이 헛되다”라는 귀환 백성들의 말은 출애굽 백성이 “애굽에서 우상을 섬기면서 먹을 것 마실 것 걱정은 하지 말자”는 것과 같았다.

4.3. 정한 날에 심판하리라(3:13-4:6)

한글성경에서는 3:16-18이 4:1-6과 장으로 분리되어 있다. 하지만 맛소라 텍스트(Masoretic Text)에서 보면, 4장은 없고 3:16-24로 되어 있다. 문맥을 고려할 때 한글성경의 3:16-4:6는 하나의 의미 단락이다. 야훼 하나님을 경외하지 않는 자들이 완악한 말로 하나님을 대적할 그 때, 야훼 하나님은 자신을 경외하는 자들이 서로 말하는 소리를 들으셨다(3:16). 야훼 하나님을 경외하는 자는 하나님의 이름을 존중히 여긴다. 그들은 삶의 여건이 여전히 그대로여도, 절대 실망하지 않고 하나님을 인정하며 하나님의 선하심을 고백하며 서로를 격려한다. 야훼 하나님의 사랑하심을 알고 끝까지 마음에서 야훼 그 이름을 영화롭게 하는 자는 ‘하나님께서 정한 날’(לַיּוֹם אֲשֶׁר אֲנִי עֹשֶׂה/라욤 아쉐르 아니 오세)에 ‘하나님의 특별한 소유’(סְגֻלָּה/쎄굴라)가 된다. 하나님을 경외하지 않았던 자들, 교만하고 악을 행하던 자들은 용광로 불에 삼킨바 된다. 반면 하나님을 경외하던 자들은 하나님의 보호를 받는다.

5. 나가는 말

말라기서를 하나님의 입장에서 요약하면, “난 널 사랑했는데 넌 날 멸시했다. 내가 정한 때에 내 이름을 경외하는 의인을 특별한 소유로 삼을 것이며 악인은 불로 심판하겠다"이다. 말라기 선지자 당시 이스라엘 백성은 먹고사는 현실적 문제 때문에 하나님을 경외하는 믿음에서 떠나 있었다.

먹고사는 문제는 생존의 문제다. 일부 국가에서는 아직도 먹는 게 하루 생존의 중요한 요소이기도 하다. 하지만, 한국 사회에서는 먹고사는 문제는 생존이라기보다는 여유의 문제에 가깝다. 우리는 도대체 어디까지 소유하게 될 때 만족할까. 오늘 먹을 것이 있고 입을 것이 있다면, 그걸로 족한 줄 알아야 한다. 그 이상이라면 탐심이다. 탐심은 죄를 낳는다. 포로 귀환 백성들이 보여준 그들의 삶의 모토는 하나님 앞에서 거룩한 백성이 아닌 남들 앞에서 부유한 존재였다. 하나님이 복을 주시면 거룩한 삶을 살고 그렇지 않으면 거룩하게 살지 않겠다는 것과 같았다.

거룩과 사랑은 야훼 하나님과의 언약 관계 깊이를 설명하는 가장 중요한 요소다. 하나님이 약속하신 회복이 더디 올 때, 백성은 회의에 빠져 낙심했다. 하나님의 율법에서 절대 흔들리지 말아야 할 레위 사람들이 무너지자 사회 전반이 모두 무너졌다. "하나님을 섬기는 것이 헛되다"라는 말까지 하기 시작했다. 믿음으로 하나님의 약속을 인내하며 기다리는 사람이 야훼 하나님을 경외하는 사람이다. 삶이 불안하다 하여 악인의 형통을 부러워하고 언약 백성의 삶을 포기하는 자는 주님의 날에 하나님의 보호하심을 받지 못한다.

이스라엘은 하나님에 의해 선택받은 백성으로서 성결한 삶을 살며 선지자들이 예언한 메시야의 초림을 맞이할 준비를 해야 했다. 하지만 그들은 자신들의 생각과 달리 회복과 번영의 메시야 왕국이 더디 오자 도덕 불감증과 신앙적 회의에 빠졌다.

우리는 재림하실 메시야를 기다리며 살아가는 크리스천이다. 그분을 믿음에도 우리의 삶은 여전히 사회적, 경제적 어려움 가운데 있을 수 있다. 하나님을 부정하는 사람들은 오히려 형통한 삶을 누린다. 그러나 흔들리지 말아야 한다. 하나님이 정하신 그날, 모든 것이 역전될 것이다. 말라기서는 메시야를 기다리는 사람들이 현재의 삶이 어찌하든 그것에 절대 흔들리지 않고 끝까지 하나님의 약속을 신뢰하며 언약 백성의 삶을 살아가도록 도전한다.

어떤가? 이만하면 십일조 싱크홀에서 빠진 말라기서 구해 낼 수 있지 않겠는가!

[묵상과 나눔]

1. 말라기서의 역사적 배경에 대해 말해보라.

2. 말라기서의 주요 신학적 주제가 무엇이며 왜 그것이 중요한지 소예언서 시작인 호세아서와 연관하여 말해 보라.

3. 하나님으로부터 기대한 것들이 더디게 되었을 때 나는 어떻게 반응하며 그 상황을 어떻게 이겨낼 수 있을지 나눠보라.

에필로그

소예언서에서 쓸모 있는 인생 찾기

한해 한해 나이를 먹어감에 따라 쓸만한 머리카락(毛)이 줄어들고 있다. 이마는 이전보다 한층 넓어졌다. 예전엔 천안 조금 못 미친 것 같은데 이젠 대전을 지나 거의 대구까지 왔다. 조만간 부산에 도착할 것 같다. 넓어져야 할 곳은 어깨와 가슴인데 다른 데서 넓어졌다. 머리에 쓸毛(모)가 없어진다고 해서 하나님께 쓸모까지 없어선 안 되겠지 싶다.

젊었을 땐 활력이 넘쳤다. 지금은 건강하기 위해 악착같이 노력하지 않으면 안 되는 50 중반이다. 만(滿)을 이야기하면서 아직도 50대 초반이라고 우기고 싶진 않다. 한때 건강이나 지혜에 있어 꽤 쓸모 있던 적이 있었다. 팩트 체크하겠다고 덤벼들지 마시길, 내 생각에 그렇다는 것이니 다들 나름 자뻑에 라떼를 말하는 것 있지 않은가. 지나친 게 문제지 약간의 나르시시즘은 정신건강에 좋다지 않은가. 지금의 나는 예전의 나하고는 확연히 다르다. 작은 글씨를 보려면 안경을 벗어야 한다.

"에구 나도 이젠 늙었어."

없던 흰 머리가 나면서 머리가 간질간질한 게 많아졌다. 이게 나를 가끔 우울하게 만들고 좌절에 빠뜨린다. 왕년의 쓸모를 계속 붙들고 있을 순 없다. "나잇값을 하라"는 말이 있다. 나이에 맞는 역할과 쓸모가 있다는 뜻일 게다. 그러고 보면 젊으면 젊은 대로, 늙으면 늙은 대로 쓸모가 있다. 나이는 먹었는데 젊을 때의 쓸모를 붙들고, 나이는 젊은데 늙을 때의 쓸모를 붙들면, 모두 엉뚱한 쓸모다.

나 죽지 않았어! 괜히 밀리기 싫어서 꼰대 짓을 한다. 쓸모 찾기는 자아를 상실하지 않으려는 몸부림이다. 그럴싸한 말로 포장하면, 사명이다. 나이를 먹었다고 해서 사명이 없어지는 것은 아니다. 나이에 맞는 새로운 사명이 주어진다. 자신의 쓸모 찾기는 존재 이유를 확인하는 숭고한 작업이다.

"그놈 참 쓸모 있구먼!"

세상에 쓸모없는 건 없다. 이건 내가 붙드는 삶의 지조다. 살아가면서 그 쓸모가 무엇이었는지 알아가는 게 인생이고, 그것을 알만하면 세상에 남은 시간이 얼마 없어 한숨 짓게 되는 게 인생이다. 하루를 사는 하루살이도 쓸모가 있다. 최고의 쓸모는 아무래도 성경이다. 영생의 말씀이 거기 있으니 쓸모를 논할 테면, 완전 찐쓸모다. 적당한 쓸모도 아닌 완전 찐쓸모.

구약의 쓸모를 말하고 싶었다. 특히 나는 예언서의 쓸모를 말하고 싶었다. 우선 소예언서부터 말해보려 했다. 그래서 시작했다. 딱 들어맞은 것은 아니지만, 한 달에 한 권씩 열두 권의 소예언서와 그렇게 일 년을 보냈다. 천천히 읽다가 빨리 읽기도 했고, 열두 권 전체를 한 번에 읽었다가 한 권 한 권 나눠 읽기도 하는 여러 방식으로 읽었다.

호세아서에서 난 그동안 하나님의 사랑을 왜 호세아처럼 실천해야 한다고만 읽었을까, 생각했다. "고멜 참 나쁜 여자"라며 읽던 나는, "주님 그 여자가 저였네요"라고 고백한 것은 큰 은혜였다. 호세아서의 쓸모가 원래 거기 있었다는 걸 알게 되었다. 보여지는 것만 갖고 이야기하면 호세아의 자식이 3명이다. 그것 갖고 고멜이 남편 호세아를 사랑한 증거라고 말해도 좋다. 하지만 고멜은 보이는 것에서만 그랬을 뿐, 실제로는 그렇지 않았다. 세 명의 자식들 중 둘은 호세아의 친자가 아닐 가능성이 있다.

지난 나의 사역을 말하자면, 누구 못지 않게 고난과 역경을 많이 겪었고 도전과 감동적인 간증도 많이 갖고 있다. 그런데 그게 뭐라고! 하나님이 날 사랑한 것만큼 나는 하나님을 사랑하지 못했다. 내가 고멜이었다. 내가 이제서야 찐쓸모가 되어가고 있나 보다.

소예언서의 쓸모로 쓸모 있는 나를 그려본다. 말씀과 하나된 내 쓸모가 궁금하다. 버나드 쇼는 생전에 묘비명을 손수 이렇게 적었다.

"우물쭈물하다 내 이럴 줄 알았다." 하루를 사는 하루살이도 최선을 다해 산다. 쓸모는 사용할 때 찾게 된다.

재미없는 글은 범죄라는 생각으로 썼다. 독자의 입장에서 이해하기 쉽게 쓰려고 했다. 하지만 뜻대로 되지 않을 때 나의 쓸모를 의심했다. 글을 만드는 괴로움은 내 존재를 괴롭혔다. ㅅㅂ이 식빵으로 재탄생된 김연경 선수의 카리스마가 필자의 글에는 부족하다. 마음에선 소예언서의 쓸모를 하드캐리해서 독자를 모두 녹다운시키고 싶지만, 딸리는 필력은 성령께서 강하게 역사하셔서 독자 모두 척척 알아 듣게 되는 기적이 일어나길 간구한다.

20년 뒤의 나를 상상해 본다. 그때 나이에서 지금의 나에게 뭘 조언할지 생각해 본다. "20년 전에 소예언서의 쓸모에서 쓸모 있는 사람이 되겠다고 결심한 너에게서 지금 내가 쓸모 있게 되었다"고 말하게 되길 희망한다. 머리칼은 듬성듬성해지고, 八자 주름은 선명해지고, 관절들은 욱신대도 주먹을 그러쥔다. "그래 소예언서로 쓸모 있는 사람이 되자."

<소예언서의 쓸모> 본서가 독자 손에서 쓸모 있게 되기를 소망한다. 본서를 세상에 빛을 보게 한 그리심 출판사 조경혜 대표님과 하나의 작품으로 멋지게 편집해 준 장종길 편집장님께 감사를 드린다. 또한 원고를 꼼꼼하게 읽고 필자의 맞춤법을 잡아 준 그말씀연구소

최용현 연구원님께 특별한 감사를 드린다. 항상 내 옆에서 힘이 되어 준 아내 앤젤리나에게 진정 고맙다는 말을 전한다. 여전히 나를 쓸모 있는 존재라며 북돋아 주었다. 필자의 책을 읽어줄 독자에게 고맙다. <소예언서의 쓸모>로 당신의 인생이 더욱더 쓸모가 있기를!

소예언서의 쓸모

2022년 5월 25일 초판 1쇄 인쇄
2022년 5월 30일 초판 1쇄 발행

저 자 • 권 혁 관
발행인 • 조 경 혜
발행처 • 도서출판 그리심
07030 서울시 동작구 사당로2길 72 인정 인정 B동 (B01)

등록번호 • 제 7-258호(1998. 4. 23)
출 판 사 • 전화 523-7589 팩스 523-7590
전자우편 • grisimcho@hanmail.net
홈페이지 • grisim.net
• http://smartstore.naver.com/grisimgrisim

ISBN 89-5799-470-2 93230